江西省 2011 朱子文化协同创新中心资助项目
国家社科重大课题"东亚朱子学的承传与创新研究"阶段性成果
泉州师范学院中国史学科资助项目

朱人求　主编

# 朱子新探

## ——朱子学与泉州文化研究

林振礼　著

商务印书馆
The Commercial Press
创于1897
2018 年·北京

**图书在版编目(CIP)数据**

朱子新探：朱子学与泉州文化研究/林振礼著.—北京：
商务印书馆，2018
(朱子学文库)
ISBN 978-7-100-15788-9

Ⅰ.①朱…　Ⅱ.①林…　Ⅲ.①朱熹(1130—1200)—哲
学思想—研究②地方文化—研究—泉州　Ⅳ.①B244.75
②K295.73

中国版本图书馆 CIP 数据核字(2018)第 019167 号

**朱子新探：朱子学与泉州文化研究**

林振礼　著

商 务 印 书 馆 出 版
(北京王府井大街 36 号　邮政编码 100710)
商 务 印 书 馆 发 行
北京顶佳世纪印刷有限公司印刷
ISBN 978-7-100-15788-9

2018 年 1 月第 1 版　　　　开本 710×1000　1/16
2018 年 1 月北京第 1 次印刷　印张 26½
定价：78.00 元

# 《朱子学文库》编委会

# 朱子学的精神与未来

## ——《朱子学文库》序

陈　来

在儒家思想文化史上，有两个集大成的人物。如果说孔子是上古文化集大成的代表，那么，宋代的朱子就可以说是近古文化集大成的代表。朱子是南宋著名的思想家、哲学家、教育家和大学者，后人称其学术为"致广大，尽精微，综罗百代"，在南宋以后，朱子和他的思想对中国乃至东亚的社会文化影响甚大。朱子学是行动的哲学、实践的哲学。朱子思想不仅统治了南宋以后元明清七百多年的中国，而且影响到整个东亚世界，并演化为东亚世界的统治哲学。不仅如此，《朱子小学》《增损吕氏乡约》《朱子家礼》所倡导的日常生活礼仪也日益成为东亚民众普遍遵循的生活方式，朱子学因之成为近世东亚文化的共同信仰。

"问渠哪得清如许，为有源头活水来。"在全球化的背景下，朱子学仍然焕发着生机和活力，《朱子家礼》在韩国、中国仍然发挥着它的部分功能，韩国和中国每年都会举行朱子祭礼来缅怀朱子的丰功伟绩，朱子学仍然存活在我们身边，仍然是我们重建精神世界的活水源头。在全球化的背景下，现代人从朱子的思想中可以学到什么东西？朱子学对现代社会和现代生活有什么意义？换言之，全球化需要什么样的朱子学？朱子学的精神怎样参与人类未来精神世界的建构？我想至少可以从以下几个方面来初步了解朱子学在全球化时代的现代意义。

### 1. 文化传承

朱子的文化实践可归结为一句话，就是文化传承与创新。朱子对古代文化做了全面的整理，对四书的集辑与诠释尤花费了毕生精力，是文化继往开来、传承创新的典范。朱子在孔子以后的文化传承方面做出的贡献，是近一千年来无人可以与之相比的。今天的中华民族是由历史上的中华民族发展而来的，中华民族今天的成就是以发展了几千年的中国文化为基础的，而文化传承最核心的是价值观。以中华文化价值体系为核心的文化传承，不仅具有延续民族文化的意义，更具有满足当今重建社会价值的意义。应当学习朱子在文化传承方面的抱负和努力。

2. 主敬伦理

朱子学的学问宗旨，常常被概括为"主敬穷理"，所谓"主敬以立其本，穷理以进其知"。"主敬"是一种内心的状态，也是一种行为的状态，是"教人随事专一谨畏，不放逸耳"。从广义的内心生活态度来讲，敬畏感是一种带有超越性的内心态度和感受，其根本必归结到康德所说的对头上的星空和心中的道德律令的敬畏。头上的星空代表宇宙法则，宇宙法则加上心中的道德，这就是朱子讲的天理。"主敬"包含的敬畏感，是一种值得肯定的心灵境界和道德境界。从做事的角度来说，朱子学的现代意义之一，是可以为东亚社会提供一种"工作伦理"，朱子学的"主敬"精神为传统到现代的工作伦理提供了一种现成的资源、现成的伦理概念。

3. 学习精神

朱子学最为强调的是格物穷理，大学的"格物"朱子解释为即物穷理，格物穷理之方法是多种的，朱子特别强调的是读书讲学，其中特别突出学习的精神。就哲学的精神来看，朱子学可以说是孔子学习思想最大的继承、发展、推动者。朱子学的格物论可以说是对儒家自古以来的"学习"思想的一种哲学的论证和展开。今天的现代社会在教育程度上已与古代不同，以古代朱子学的标准来看，现代人的受教育程度都属于"大学"，所以朱子学几乎适用于今天现代社会的所有人。现代社会越来越是一个"学习型社会"，朱子学的"学习精神"应当说给我们提供了最好的指导。

4. 教育理念

除了学习精神，朱子学的教育理念也有其现代意义。从当代大学通识教育的角度来看朱子的格致论，朱子所强调的格物和问学，很大程度上都是为了肯定经典讲论在儒学中的正当地位。朱子对经典的学习非常重视，朱子所推动的读书主要也是读圣贤之书，读经典之书。朱子学的格物致知思想更近于受到大家重视的大学"通识教育"理念。因为朱子的格物说的确不是朝向某些专业的科学研究，而是重在培养学习者的综合素质，培养学习者的人文精神、道德理解、多元眼界和宽阔胸怀。这些思想都是与当代大学通识教育相通的文化资源。

5. 实践哲学

朱子不仅强调知识的学习，而且更为强调实践，这种对实践的强调，特别体现在朱子一贯提倡的"知行相须""力行为重"上。照朱子的讲法，致知与力行之间相互联系，密不可分，二者如车之两轮、鸟之双翼，不可偏废。但论先后，知在先，行在后。论轻重，力行为重。知而不行，就不是真知，真知一定能付诸实践、表现于实践。这种精神合乎19世纪以来实践哲学的发展，当代哲学对社会实践的重视和关怀已经成为一种趋势。在这个意义上，朱子学的精神和近代哲学是相通的。

6. 化民成俗

朱子的儒学思想固然着眼于成年读书人的修身，但也关注社会风俗的改善。他强调大学之教不仅与"学者修己治人"有关，也与"国家化民成俗"有关。所以，其论教育的结果，"其学焉者，无不有以知其性分之所固有，职分之所当为，而各俛焉以尽其力"。学习者经过学习，不会脱离人伦日用，而能够更加理解自己的天性和职分，在其本职位置上尽伦尽职、尽力尽心。每个人都在其社会职位上尽其力，国家自然就可得化民成俗之效。朱子是对传统蒙学教育贡献最大的人，他的著作如《蒙童须知》《小学》《增损吕氏乡约》以及《家礼》等，在社会上流行甚广，对儒学价值的大众化、通俗化，对培养少年儿童养成德行，对形成文明的社会礼俗，都起了积极的作用。今天应当重视朱子这方面的贡献，使朱子的这些著作与目前流行的《弟子规》一起，古为今用，在道德教育中起到应有的作用。

近百年来，我国朱子学研究在现代社会的转型中起落消长，虽然有过种种曲折，但总体上处于蓬勃向上的发展态势；尤其21世纪以来，朱子学研究开拓的范围已相当广泛，如对朱子的易学、朱子的"四书"学、朱子的工夫论、朱子的经学、朱子的经典诠释、朱子的文学、朱子的自然学，以及朱子后学的研究、东亚朱子学的研究、朱子礼学的当代社会实践研究等，都出现了不少专著和论文，取得了很好的成果。这种研究的多元化和广泛性在宋明理学其他大思想家的研究中（如陆象山、王阳明）是很少见的。

　　在肯定成绩的同时，我们也要看到，宋、元、明、清四个朝代对朱子学的研究构成了现如今我们所研究的朱子学的整体，我们今天仅仅是对于朱熹本人的研究，也不能说是很充分的。如何发展朱子哲学研究的理论思维，提高理论的把握和处理朱子学材料的水平，关注较大范围的哲学思考，仍是朱子学研究应当持守的层面。在朱子后学的研究方面，近年来也有一些发展，只是总体上比起阳明后学的研究来还很不够。就此而言，我们要对各个朝代（宋、元、明、清）的朱子后学的重要见解进行分析，把他们流传下来的书籍、文献进行整理、研究。如果完成这些工作的话，对于学科的发展会有很大的建树。我们应当在不长的时间内使朱子后学的研究有一个较大的改观。进一步说，朱子后学，若只限于一传二传乃至三传的意义上，还不能穷尽"朱子学"的范围；从更广的朱子学的角度看，元明清的朱子学家思想群体都应有规划地一步步地开展其研究，成为体系，使"朱子学"理论深化和发展的历史得以呈现，使"朱子学"的研究更加丰满。

　　美国文化人类学家克利福德·吉尔兹（C.Geertz）曾经呼吁，我们要研究那种具有全球意义的"地方性知识"，而朱子学正是这种具有全球意义的"地方性知识"。我们认为，朱子学有三个层次，犹如一个同心圆展开的过程。第一个层次，中国文化圈中的朱子学；第二个层次，东亚文明圈中的朱子学；第三个层次，全球朱子学。中国朱子学研究多停留在第一层次，今后我们要大力提倡和发展第二、第三层次的朱子学研究。

以朱子学和阳明学为核心的"新儒学是东亚文明的共同体现"。不全面了解朱子学的各个方面，就无法了解东亚朱子学者对朱子学的承传与创新。只有全面了解中国宋元明清儒学内部对朱子哲学的各种批评，才能真正了解德川时代儒学对朱子的批评中，哪些是与中国宋明儒学的批评相同的，哪些是与宋明儒学的批评不同而反映了日本思想的特色。反过来，只研究朱子的思想，而不研究李退溪、李栗谷、伊藤仁斋的思想，就不能了解朱子哲学体系所包含的全部逻辑发展的可能性，不能了解朱子思想体系被挑战的所有可能性，以及朱子学多元发展的可能性。这样的朱子哲学的研究是不完整的。换言之，中、日、韩朱子学的相互交涉、相互促进，构成了东亚朱子学承传与创新的独特风景。未来的东亚朱子学研究应填补真空，走向综合，从整体上揭示和阐释东亚朱子学的话语体系，揭示出其内在的问题意识、思想脉络和朱子学的相互交涉，并给予其思想以正确的理论定位。

反观近世东亚的朱子学（主要是韩国和日本的朱子学），20世纪80年代以来全国各地也有不少研究，后来因学科目录中原有的"东方哲学"不再存在，使得相关研究的发展受到一些影响，现在应继续努力加强其研究。近十年来中国台湾学者尤其是新儒家学者对韩国朱子学加强了研究，取得了明显的成绩，给这一领域增添了新的动力和活力。另一方面值得注意的是，中国台湾朱子学界近年普遍出现了对牟宗三先生朱子研究范式的一些反省和讨论，也促进了朱子哲学研究在我国台湾地区的新的开展，并将推动整个朱子哲学研究的深化。

最近，厦门大学国学研究院、朱子学会积极吸纳全球朱子学专家和学者的最新成果，拟用5年时间出版30册左右的大型《朱子学文库》。这是继20世纪日本发行《朱子学大系》以来最为重要的一次朱子学著作的大集辑，文库的作者群来自全球各地，主要以中青年学者为主，内容也以东亚朱子学研究和全球百年朱子学研究为主，我认为，这将是21世纪朱子学研究中的一件大事。

厦门大学朱子学研究有着悠久的历史传承。老一辈的邹永贤教授、高令印教授、何乃川教授在朱子学研究领域筚路蓝缕，开拓创新，为厦门大学朱子学研究奠定了很好的基础。邹永贤教授主编的《朱子学研究》《朱子学论丛》，在学术界影响颇佳。高令印教授从20世纪80年代开始从事朱子学研究，其著作《福建朱子学》《朱子学通论》等在朱子学界有一定的影响，其作品《退溪学与东方文化》《朱熹事迹考》被翻译成韩文，为韩国朱子学研究者所重视。2006年，厦门大学国学院复办，复办后的国学研究院，在国学研究方面取得了引人注目的成就。厦门大学国学院研究组织校内外相关科研队伍，在开展以朱子学为核心的、以中国传统文化为主要领域的科学研究方面，取得了引人注目的成绩，特别是在推动朱子学、海峡两岸国学研究与互动交流方面，成绩突出。近五年来，先后举办（包括联合举办）规模较大的国际和海峡两岸朱子学研讨会六次，出版朱子学研究专著、译著十余部。2011年9月，朱子学会在厦门大学成立，创办《朱子学年鉴》，组织举办多次大型国际朱子学会议，团结了一大批海内外朱子学研究专家，引领朱子学研究走向国际化，厦门大学朱子学研究步入了一个全新阶段。2012年和2013年，厦门大学分别获得"百年朱子学研究精华集成""东亚朱子学的承传与创新研究"两项国家重大招标项目，并以此为基础编辑出版《朱子学文库》，它也标志着厦门大学已经成为我国东南沿海朱子学研究的中心。

"旧学商量加邃密，新知培养转深沉"。未来的路很长很长，我们坚信，发展朱子学研究是大有可为的，我们要加强规划，抓紧开展，促进国际交流，利用目前重视文化发展的大好时机，使朱子学的研究开创出一个新的局面。

是为序。

# 蒙培元先生序

林振礼同志积二十年之功，完成了这部朱子研究的厚重之作，要我写一篇小序，我不能推辞。

作者在研究、写作此书的过程中，经常以通信或电话的方式与我讨论一些问题。对于研究范围之内所涉及的每一个问题，他都是那样认真，决不轻易放过，总要追究到底。这种一丝不苟的精神和严谨的作风使我深受感动。我除了从他那里知道很多有关朱子生活实践方面的知识之外，最大的感受是，在当今这个急于成名的时代，还有像他这样孜孜不倦、埋头耕耘、披荆斩棘、持之以恒地研究学问的学者，真是感到莫大的欣慰。

这本书并不是纯理论的学术著作，但是却洋溢着理论探索的精神和理论分析的气息。这本书也不是编年式的传记著作，但是却对朱子的人生经历有真实的描述，对朱子的心路历程有深刻的体会。这本书是深入到朱子的生活世界与心灵世界，对其人生和思想进行微观研究的独特之作，也是作者实地考察、亲身感受之作。其中有许多鲜为人知的逸闻逸事，也有迄今未曾涉猎或"语焉而不详"的学术问题。

这是一部史实考证与理论分析相结合的学术著作。他将文献资料与实地考察相结合，将哲学理念与时代背景相结合，将理论学说与生活实践相结合，将经典文化与民俗文化相结合，在互相补充，互相印证和比较的过程中，开拓出一个新的领域，呈现出一个有血有肉、活生生的朱熹，并与之展开对话。这种研究方法，拉近了今人与朱子的距离，能够身临其境，"感同身受"地理解朱子其人其学，同时又有很强的历史感。

要从事这样的研究，当然不能只在书斋中去完成，而要进行大量的野外作业。为了考证朱子的有关经历和事迹，作者不惜花费大量时间到各地去考察，收集各种资料。他曾亲赴朱子当年从政与讲学的湖湘地区，两次到朱子祖籍江西婺源，三次登临朱子办学的赣南、庐山，八次踏访朱子最喜爱且居住最久的武夷山。每到一地，他都要仔细寻访朱子的遗迹、遗物和遗墨，收集各种民间传说和地方志，甚至向当地老人询问各种习俗，从而为此书的写作奠定了坚实的基础。这种"踏破铁鞋无觅处"的精神，是他能够完成这部著作的重要保证。

他所收集到的各种宝贵资料，构成了这部书中最有价值的内容。比如他第一次发现了朱子在庆元年间的手迹，再与文献、方志互证，对于搞清朱子在"庆元党禁"中的实际处境及其思想活动，提供了过硬的第一手资料做依据，对朱子的研究就深入多了。

但是，实际考察和文物收集，虽然是他独有的优势，却不是他的最终目的。他用力最勤而为之不懈追求的，还是一些理论和学术问题。在这方面他广泛地吸收了今人的研究成果，但又不是轻易做判断、下结论，而是在涵泳朱子著作的基础上，从当时当地的历史背景和具体情境出发，从每一次历史事件入手，透过朱子的实践活动，剖析其思想形成的条件和历程，在相互比较中提出自己的见解。正因为如此，此书不是对朱子生活经历的一般叙述或逸闻逸事的描写，而是通过朱子的实践活动展示其内心世界及其理论学说。"情境意识"和"实践意识"是此书的最大特点。中国古代的哲学家们，都是在具体情境与实践活动中阐明他们的学说的，每一个概念、范畴，都不是在纯粹的"理论沉思"中形成的，因而不是形式的、抽象的，而是有实际内容的。朱子也不例外。此书就是在这一思路之下写成的。

比如，朱熹的"中和"新旧说，是学者们经常谈论的话题，它标志着朱子思想的一次重要转变。但是，朱子为什么从"中和旧说"转变为"中和新说"？这种转变是如何可能的？其意义何在？学者们通常都是从理论层面进行分析和解释（包括笔者）。作者则从理论和实践两方面同时展开研究。在比较各种观点的同时，更重视朱子所处的历史时代及其实践活动。具体地说，他是通过朱子38岁时的湖湘之行，第三代主战派的学术集会，苦参"中和"的经历，说明其由"旧说"向"新说"升华的内在联系。他既不取牟宗三先生的"别子为宗说"，亦不取金景芳先生的"程朱悖谬说"，而是吸收任继愈先生的"文化嫁接说"，使其更能接近朱子诠释《中庸》的历史实际。同时又参照某些学者（蒙培元等）关于情感哲学的观点，阐明朱子"心统性情说"的理论内涵，使朱子"中和新说"的意义得以彰显。这是从具体情境和实践出发，从方法上解读朱子的一个突出的例证，也是一次有益的尝试。

这部著作开辟了许多新领域，提供了理解朱子的许多新空间，体现了作者敢于言人之所未言的探索精神。"朱子的风水观""朱子与摩尼教""朱子在民间的多重形象"等重要章节，就是其中最有特色、最有突破的成果。作者从逸文考辨和野外调查开始，进到生态、宗教和美学等诸多领域，提出了很多有价值的见解，填补了朱子研究的许多空白。

"风水"是我国传统文化中的一个重要问题，与人民的日常生活关系密切，也为一些思想家所重视。但是，过去一律被斥之为"封建迷信"，因而很少有人研究。其实，"风水"涉及很多方面的问题，而人与自然的关系即生态问题，就是其中很重要的内容。作者根据朱熹的有关资料，对这个问题做了详细考证和理论分析，提出了新的见解，使他成为我国研究朱熹风水观的最早、最重要的学者。

朱熹与摩尼教的关系，是涉及中外文化关系的一个极有意义、极有趣味的问题，但是，由于资料的缺乏，长期以来无人进行研究。今天，摩尼教虽然已经不复存在，但在泉州仍保存着一座该教的寺庵。这为研究朱熹与摩尼教的关系提供了重要线索。20世纪80年代，美籍华人陈荣捷教授来大陆，走访并收集了有关朱子的遗迹和资料，写成《朱子新探索》，其中也有"魔"之讨论，但由于时间和精力有限，未能继续研究，故只讨论朱子知漳州时"禁魔"一事，并且认为，朱子所禁者，为佛教而非摩尼教。作者根据相关资料，重新考证了摩尼教在泉、漳一带的传播情况以及朱子与之有关的行踪与言行，认为朱子所禁之"魔"正是摩尼教而非佛教，并进而提出"仕泉偶涉，知漳则禁"的结论，真可谓"石破天惊"。他的结论是有说服力的，如果要推翻这一结论，则需要花更大气力，提出更有力的证据。

历史上的朱子与民间传说中的朱子是不同的，"道学化"的朱子和人性化的朱子也是不同的。但是，二者同时存在于福建一带。这是一种很奇特的文化现象。后者虽不是"历史的真实"，却活在人民的心中。作者对于大量的见诸笔记小说与口头传说中的逸闻逸事，给予了高度重视，作为俗文化的重要资料，与正史记载互相参照，互相比较，从不同层面说明朱子人格形象的多重性，赋予其新的文化意涵，为重新解读朱子提供了新的视角。

实际上，书中的每一章都有新材料、新见解。诸如"考评""杂识""出版""教育"以及"逸文辑录"等，都是作者辛勤耕作、呕心沥血之所得，具有重要的文化史的价值。这些价值将随着朱子研究的不断深入而逐渐呈现。当然，其中的某些见解，不无可商榷、可讨论之处。但这都是作者独立体会出来的，不是轻易得出的，更不是简单的概念推演所能做到的。

作为一部以实地考察为基础的著作，此书具有浓厚的地域文化的特征，但是，其中包含着普遍的文化价值。正如朱子学被称为"闽学"，其影响则不止于中国，而且及于东亚地区一样。全书并没有什么"宏大叙事"，但是，能从细微之处见其全豹。这正是此书的一大优点。

读此书者，必将得到享受。

蒙培元

甲申年季夏于北京

# 洪辉煌先生序

　　林振礼教授早年（1999）出版的专著《朱熹与泉州文化》，虽然只是七万多言的小册子，但是内容涵盖书题相关诸多方面的史迹史实，资料翔实，论从史出，打开了朱子思想与地域文化课题"一个别开生面的新视角"（何乃川），是新时期以来关于泉州"二朱过化"事迹考评的集成之作。嗣后，他踔厉风发，开阔视野，扩大成果，于2004年完成了熔实际考察、文献搜集与理论阐释为一炉的三十万言《朱熹新探》。哲学家蒙培元先生慨然为是书作序，高度评价——

　　　　这部著作开辟了许多新领域，提供了理解朱子的许多新空间，体现了作者敢于言人之所未言的探索精神。"朱子的风水观""朱子与摩尼教""朱子在民间的多重形象"等重要章节，就是其中最有特色、最有突破的成果。作者从逸文考辨和野外调查开始，进到生态、宗教和美学诸多领域，提出了很多有价值的见解，填补了朱子研究的许多空白。

　　《朱熹新探》标志作者的朱子思想研究达到了新高度，进入了新境界，也使他成为泉州学界研究朱子的重要学者。

　　林振礼教授始终抱持"为世界性朱子学研究的百花园增添一片绿叶"的初心，未曾停歇探求路上攀登的步伐。多年来，每有与朱子学有关联的省市学术研讨会，多能读到他令人耳目一新的论文。2015年他到龄退休，被推选为泉州孔子学会副会长，我与他又有共事交流的机会。传承朱子文化，泉州应该发挥独特优势，我向他提出增订《朱熹新探》的建议。经过一番深思熟虑，他接受了我的意见，并给我写了封信，谈增订稿拟增补的内容和结构框架。特别提到将会彰显以下诸方面新意。一是从政治、经济、文化诸多视角，着重写出泉州社会对青年朱熹的影响，揭示朱子理学产生的社会原因。二是将朱熹置于多元文化接触视野中进行观照。不止于谈朱子与禅道的关系，而要进一步从"赵令衿案"揭示其与伊斯兰教的关系，抉发朱熹之于摩尼教，仕泉偶涉、知漳则禁的思想轨迹。三是以朱子理学阐发泉州关岳信仰。四是探索朱熹"湖湘之行"苦参"中和"的政治原因，彰显"中和新说"之于情感哲学的重大意义。四是以新发现庆元间朱熹录唐代诗人李群玉《言怀》诗手迹，进一步追寻朱子在"庆元党禁"期间的行踪。五是详解朱熹的堪舆思想（风水观）。六是评价作为编辑出版家的朱熹。七是考证辨析朱熹与梁克家相知相敬的关系，以"昔岁调饥政"，纠正流行朱著诸版本悼梁克家诗"几岁调娱政"的舛误。八是重新考证朱熹仕泉期间往见大慧禅师的历史公案，阐述朱熹往见大慧禅师的思想史意义。九是深入考察庆元间朱熹与留正的交谊。十是竭尽全力，对朱熹仕泉逸文、事迹搜集稽考几尽，辨析之细，有如把"千寻瀑布如飞练，一簇人烟入画图"的著作权归还晚唐诗人韩偓。

经过近两年的潜心著述，增订稿顺利杀青并列入《朱子学文库》出版。我以近水楼台之便得以先睹为快。我认为，作者很好地实现了原初的构思设想，其中有三方面给我留下的印象尤为深刻。一是作者增补了不少新发现的史料和新的论述。全书不只是篇幅的扩张，而且是质量的提升，内容更为充实饱满。二是作者把朱熹与泉州文化的不解之缘放在他的一生中审视，与其不同时期的思想行为相联系，既让人物的思想逻辑更明晰，又增强了论证的说服力。三是深入考察朱熹与闽南泉州多元宗教的关系，得出了"兼融而非宽容"的结论。"兼融"是指当朱熹在建构他的理学思想体系时，他对多元宗教采取的是兼容并蓄、改造吸收、自我更新的态度。"不宽容"是指当宗教活动严重触犯伦理，危及社会安定时，作为成熟的政治家，他则是防患未然，毫不姑息手软。这部分应该是全书最具学术创见的内容之一。总之与初版相比较，增订本的社会背景更为宏阔，地域文化特征更为鲜明，人物的思想内涵更丰富，篇章结构也更合理。作者画出了一幅朱熹在闽南泉州可读的精神地图，也为开展国学教育提供了一部有乡土特色的教材。我在高兴之余谈了以上几点粗浅体会就教于方家。权为序。

洪辉煌

丁酉年仲夏于丰泽新村

# 引　言

朱熹是我国封建时代影响极为深远的思想家、哲学家和教育家。以朱熹为代表的新儒学是我国传统文化发展史上的一个重要的里程碑。1988年"武夷山朱熹研究中心"成立时，蔡尚思先生题诗道："东周出孔丘，南宋有朱熹。中国古文化，泰山和武夷。"

然而，朱熹又是一位聚讼纷纭的历史人物。他在极其复杂的人生历程中饱受忧患，遭谗受贬，晚年在"庆元党禁"中被打成"伪学魁首"，饮恨终生。死后其著作与学说被历代封建统治者奉为圭臬，影响我国哲学、教育、礼制凡700年。支配日本、朝鲜之文化，亦数百载。

"五四运动"以来，朱子学说失去了往昔的独尊地位，"打倒孔家店"，批判"以理杀人"，朱熹首当其冲。"文化大革命"中批林批孔批朱熹，人们记忆犹新。20世纪80年代以来，国内外兴起儒学和朱子学研究热，举行了数十次国际性学术讨论会。学术界拨乱反正，摆脱了以西律中的固有模式，提倡注重历史演变与层次角度，强调历史还原与科学再现朱子，使学术研究绕过了历史的弯道而步入坦途。

余于20世纪80年代读张立文先生《朱熹思想研究》，始窥朱子之宏阔；读蒙培元先生《理学范畴系统》，粗知理学之门径；读陈来先生《朱子哲学研究》，略悟创新之方法。其后，新成果不断涌现，束景南先生《朱子大传》《佚文辑考》《年谱长编》，郭齐先生点校《文集》，笺注诗词，《新考》并《传》，其个人花费了巨大精力，却为研究者提供了莫大之便。而经学、文学、美学、史学、自然哲学、书院教育、生平传记、事迹考论、历史世界、思维世界等专著，亦不胜枚举。世纪交替之际，朱杰人、严佐之、刘永翔诸先生集群体力量编纂而成的《朱子全书》出版，又使朱子学研究出现新的高潮。

回顾1990年秋福州—武夷山国际朱子学术研讨会，学者云集，其间前往建阳谒朱子墓，是日雨天路滑，当地村民用轿子把年届 90 高龄的陈荣捷先生抬上山，陈先生在墓前毅然下跪，其庄严虔诚之状，余深深为之感动。归后读陈先生《朱子新探索》，获益良多。遥想前辈筚路之功，后学尤当勤勉不怠。是故长期以来，在汲取诸多学者研究成果的同时，刻意寻觅朱子研究之薄弱点，涵泳其间，以成文字。

　　"濒海通商，民物繁夥，风俗错杂"① 的泉州，被誉为"世界宗教博物馆"，在海外交通鼎盛的宋元时期，就有多种外来宗教聚集在这里。著名人类学家费孝通考察泉州时指出，泉州历史上有个"中外文化接触"② 问题，必须深入研究。换言之，费老所倡导研究的就是"多元文化接触"亦则"多种宗教并存"问题，这是泉州历史文化的特质。本书揭示并力图论证朱熹是一位经历这种"多元文化接触"的极其重要的思想家。泉州素称"佛国"，多元宗教聚集。朱熹初仕泉州同安县主簿，晚年出知漳州，与多元宗教有着千丝万缕的关系。仕泉之前，朱熹所学杂驳，既受孔孟学说和二程理学的熏陶，又曾问禅学佛，访道焚修。同安任初，朱熹也曾沉浸于佛道。然而，通过从同安一县及泉州一郡透视整个南宋社会政治、经济、文化现实，使其接受李侗之教而"逃禅归儒"。泉州之"胡贾建层楼"（伊斯兰教寺）事件为朱熹应对禅佛教、摩尼教的挑战提供了借鉴。朱熹对于摩尼教（明教），仕泉偶涉，知漳则禁。总之，本书的结论是"朱熹之于泉南多元宗教，兼融而不宽容"。

　　朱子学含有超越具体时代的智慧。有如本书通过对朱熹"理欲初辨"的阐述，在一定程度上揭示了朱熹理欲之辨的原始意蕴，有助于认识朱熹这一伦理命题的合理内核。随着历史的发展，朱熹政治伦理哲学赖以产生的时代背景虽已消失。但以朱熹为代表的理学文化的道德精神仍然积淀于我们民族的传统中，生长于我们民族的心理结构之上。然而，我们过去因为缺乏"文化自觉"能力，造成了一些认识上的模糊和混乱。回顾 20 世纪 70 年代初，报纸杂志对于孔子"克己复礼"和朱熹"存天

---

① 《朱熹集》卷八九《范如圭神道碑》，四川教育出版社，1996 年。
② 王连茂：《"泉州学"与海外交通史研究刍议》，《泉州学研究》，福建教育出版社，2002 年。

理，灭人欲”的批判，大多缺乏实事求是的科学分析。事实上，朱熹的理欲之辨并非禁欲主义，他曾以饮食为例，说明理欲分际：“饮食者，天理也；要求美味，人欲也。”12世纪的南宋国运日衰，灾害频仍，劳动人民谈何美味，存理灭欲实际所指是奢侈无度的少数官吏。因此，对于“人欲”，朱子的原意指的是“过度的欲望”。这个“度”，在不同时空中，是有差异的，不能一概而论。是故朱熹有以理性原则统制、驾驭感性欲望的“理欲之辨”。朱熹“理欲之辨”实质是综罗了先儒的义利、公私之辨提出的修养准则，其初衷在于规谏统治者不能“竭泽而渔”，以利社会和谐。然而，历史的发展往往出现事与愿违的悖反，即统治者顺手接来，使理欲之辨由道德修养的向内工夫转化成为奴役劳动人民的工具。值得反思的是，当年批孔批朱的同时，我们的政治经济生活中也在提倡“狠斗私心一闪念”“舍小家为大家”“国家的事再小也是大事，个人的事再大也是小事”等一系列克己奉公、舍己为人的口号。试想，“斗私”不正是“克己”的转生吗？“集体个人之辨”亦即公私之辨，不也正是理欲之辨在近世的转生吗？再如理学家的堪舆思想对于民间建筑与葬俗的影响，本书第七、八章通过对朱熹风水观的文化解读，既揭示了其风水理论中蕴含的重要价值，又指出其“葬涉祸福论”的深远影响。承认理学文化及其学术精神至今积淀于现代社会的文化土壤之中，以世纪之交为契机，以多元、开放、理性的心态和方法，对博大精深的中华传统文化进行深入反思，重新认识朱子熹理学的现代价值。在与世界文化的交融中做出选择，使其以新的活力应对新世纪的各种挑战。

　　朱熹一生不唯读书，又因“格物”而博学，成就其为一位百科全书式的思想家。而余所做的挖掘与诠释，仅冰山之一角。因此，拙著以“新”命名，非敢自诩，当自励也。本书撰写过程中，从诸多时贤的学术成果中吸取了营养。书中同某些专家学者的不同观点，也是在他们的启发下提出的，首先应向他们表示感谢。

# 目 录

# 第一章　从早年游学与初仕泉州看
## 朱熹理学产生的社会原因

### 一　二十四岁前的游学、科考与婚姻生活

朱熹二十四岁赴泉州同安任之前，在朱松、父执及诸师的教导下，既潜心儒经与二程之学，以下学上达为进路，又泛滥佛老，以"驰心空妙之域"（《答薛士龙》）为旨趣。窃以为，下学上达，始备格物穷理之基，而"驰心空妙之域"，方具形上拓展之功。与刘清四的婚姻，使朱熹更早地成熟；而科考的成功，对于朱熹的自立与步入仕途，以及得到从事教育、著述与学术活动的广阔舞台，其意义是十分深远的。

建炎四年（1130）九月十五日午时，朱熹生于南剑尤溪郑氏寓舍。[①]三朝洗儿会，朱松[②]（1097～1143）咏《洗儿二首》道是：

> 行年已合识头颅，旧学屠龙意转疏。
>
> 有子添丁助征戍，肯令辛苦更儒冠？
>
> 举子三朝寿一壶，百年歌好笑掀须。
>
> 厌兵已识天公意，不忍回头更指渠。

（《韦斋集》卷六）

南宋朝廷偏安一隅，有着强烈抗金复国意识和继承道南文化的朱松，寄望新生的朱熹今后的人生道路——或奋战沙场（助征戍）保家卫国，或传承道统（更冠儒）济世救民，殊途而同归，都是为了国家民族的长治久安。

生于多事之秋的朱熹（小名沈郎，小字季延），襁褓之中（四个多月）便过着颠沛流离的生活。绍兴元年（1131）二月一日，因范汝为拥

---

① 朱松、朱棹兄弟多有与郑德舆（郑安道之子）唱酬诗文，可见朱、郑之交游。朱松任尤溪尉时，郑德舆为尤溪宰，故后来朱松寓居郑氏义斋。

② 朱松，字乔年，号韦斋（尝自谓卡急害道，因取古人佩韦之义为号）。

军建安不受命，剑州余汝霖、余胜、建安张毅起事，攻犯古田，朱松携家自尤溪先逃往古田龙爬，六月则转寓长溪龟灵寺。绍兴二年（1132）正月初，又因范汝为复叛，占据建州城，破邵武，并欲攻福州，朱松携家由长溪往福州，寓桐江。正月九日，韩世忠讨平范汝为。朱松携家归尤溪，途径福州谒福建路抚谕使胡世将。胡世将归朝，荐朱松为泉州石井镇监税。①

绍兴二年五月朱熹随父朱松在泉州石井（今安海镇）。绍兴四年（1134），朱松应诏入都召试馆职前，携家归尤溪，五岁的朱熹则入小学。始诵《孝经》，即书八字于其上："若不如此，便不成人。"②尝指日问朱松："日何所附？"朱松曰："附于天。"又问："天何所附？"③朱松奇之。又尝与群儿嬉游，独在郑氏馆前沙洲上用指画沙，视之，乃是八卦。是年朱熹始读《四书》④。九月，朱松丁忧归尤溪。

绍兴五年（1135），朱松携家离尤溪，寓居政和星溪，庐墓守丧。朱熹在政和，常往星溪书院、云根书院及湛庐山中苦读，初见延平李侗，约在是年。绍年六年（1136），朱松守丧，尽室饥寒，朱熹长兄、二兄约在此时夭亡。绍兴七年（1137）六月，朱熹母子寄居浦城，朱松单身襆被再次应召入都。绍兴八年（1138）三月，朱熹母子来临安（今杭州），延杨由义⑤为师，授朱熹以司马光《杂仪》等。时朱熹因侍父见到大儒尹焞，并得尹氏论语解抄录勤读。同年，朱熹初见刘勉之。⑥十二月二十一日，朱松与馆臣胡理、张广、凌景夏、常明、范如圭上书反对议和。绍兴九年，赵构定都临安，元旦布诏天下，与金议和。朱松对十岁的朱熹感慨叹息久之。是岁，朱熹在临安刻苦读《四书》，慨然有做圣人之志。绍兴十年（1140）三月十五日，秦桧讽右谏议大夫何铸劾朱松，出知铙

① 束景南:《朱熹年谱长编》卷上，华东师范大学出版社，2001年，第20页。
② 李方子《紫阳年谱》："先生幼有异秉，五岁入小学，始诵《孝经》即了其大意。"
③ 此乃朱子"格物"之天倪，也是其"驰心空妙之域"之根由。
④《朱子语类》卷一〇四："某自丱读四书，甚辛苦。"
⑤ 杨由义字宜之，隆兴初，使金不屈，全节而归……朱熹欲铭其墓，尝曰："忠义大节，夷夏称叹。"会熹卒，不果。
⑥ 时刘勉之应召入都，十一月四日，命中书后省召试策一道，不合而归。

州，朱松愤而请祠归闽。四月，朱松携朱熹自临安归，寓建阳登高山丘羲之家。五月，金毁和叛盟，大举南侵。六月，刘锜在顺昌以五千精兵大破十万金兵。朱松为朱熹诵读《光武纪》，讲解刘秀何能以三千精兵击破王寻包围昆阳之四十二万大军，并为朱熹大书苏轼《昆阳赋》。这对朱熹思想上的影响无疑是十分深远的。七月，朱松往崇安访刘子翚，朱熹可能同往并初识刘子翚。同年受学于家庭，朱熹始作诗文，董颖叹其笔力扛鼎[①]。秋后环溪精舍成，朱松举家定居建安城南紫芝上坊。

绍兴十一年（1141），十二岁的朱熹在建安（今建瓯）环溪精舍受教，开始"十年寂寞抱遗经"的生活，诗文同时大进，九月十五日生日，朱松作贺诗，有"骎骎惊子笔生风"之语。绍兴十二年（1142）九月，朱松往游福州，访福建安抚使程迈及友人张元幹、傅自得等（朱熹初识傅自得约在此时）。绍兴十三年（1143）三月二十四日，朱松卒于建安环溪寓舍。疾革时手书以家事托刘子羽、命朱熹禀学于武夷三先生：籍溪胡宪、白水刘勉之、屏山刘子翚，往父事之。刘子羽为朱熹母子筑室于崇安五夫里屏山之下、潭溪之上，并与胡宪、刘勉之经理其家事。朱熹母子约于是年下半年来居五夫里。五夫里乃藏龙卧虎之地：且不说柳永（约987～约1053）从白水村走向中原，成为天才的词人，把词从形式、内容、艺术上推向极致，形成"凡有井水处，皆能歌柳词"的盛况。仅史称忠义世家的刘氏三代，就足以成就五夫里的英雄气！中唐时迁徙入闽的刘氏家族，传至宋七世为文韬武略兼备的刘韐（1066～1126），生当兵燹灾难民不聊生、赵宋王朝危如累卵之际，刘韐出奇兵恩威并施慑服西夏，使夏人纳款请罪；金兵南侵，刘韐坚守真定府，使金人举步维艰，他率领三个儿子驰骋沙场，屡建战功。其间，朝廷派童贯带兵收复燕州地区，并派刘韐在河北招募"敢死士"，岳飞应募从军。刘韐慧眼识英才，他十分赏识岳飞，委以武职。后来，岳飞成了千古传颂的民族英雄，刘韐也因徽、钦二帝被虏出使金营，有辱使命自缢身亡。刘韐亡后，

①　婺源乡丈人俞仲猷尝得先生少年翰墨，以示其友董颖，相与嗟赏，颖有诗云："共叹韦斋老，有子笔扛鼎。"从《年谱长编》卷上，第63页。

三个儿子皆子承父志，各领风骚。长子刘子羽为抗金名将；次子刘子翼是南宋名臣；季子刘子翚成了理学家、文学家。刘子羽之子刘珙也是力主抗金复国的爱国忠臣。[①]这样的环境，是朱熹日后迅速成长的重要外部条件之一。

一到五夫里，朱熹则入刘氏家塾，受学于刘胡三先生，并与诸生及同舍生刘珙、刘玶、魏掞之、方士繇、黄铢、黄子衡等共学，时相过从。从绍兴十三年居五夫里潭溪至绍兴十七年赴建州秋举，此五年朱熹足迹大致未出崇安、建阳一带。其间，朱熹曾问道受学于刘勉之萧屯草堂、胡宪籍溪山居、刘中瑞樟书院、武夷山水帘洞。由于屏山到武夷水帘洞路远，刘子翚于中途建歇马庄，拨田二百亩供讲学费用。由此可见，当时朱熹既是"自卑的孤儿"，又过着非同一般寄人篱下的生活[②]。绍兴十三年（1143），朱熹始读二程与张载之书，用力于二程为己[③]之学。刘勉之、刘子翚授以张载《西铭》。是年，张敦颐归还婺源百亩先业田于朱熹母子。绍兴十四年，葬朱松于崇安县五夫里之西塔山（灵梵寺附近）。这年，他又勤攻《四书》，读吕大临《中庸解》与《孟子》"自暴自弃"章，并作《不自弃文》；在刘子翚处初见道谦，向其学禅，自此则"出入佛老十余年"；是岁，始读《周礼》，以为此书从圣人"广大心中流出"。绍兴十五年（1145），刘子翚作《字朱熹祝词》，其中云："字以元晦，表名之义：木晦于根，春容晔敷；人晦于身，神明内腴。昔者曾子，称其友曰：有若无，实若虚。……言而思愆，动而思踬，凛乎惴惴，惟曾、颜是畏。"[④]显然，这是在儒家的道德修养中融入了道家的虚静之说。在朝廷禁程学之际，朱熹既潜心理学，每早起反复诵读《中庸》《大学》，且于儒、佛、道，文章、楚辞、诗、兵法无所不学，事事都作有两册笔记文字。

---

① 寒月：《地灵人杰五夫里》，《炎黄纵横》，2004 年第 2 期。正是因为共同的政治遭遇，英年早逝的朱松才会托孤于刘氏家族。

② 参见何乃川：《画卦洲、紫阳楼、水帘洞》，《福建论坛》，1982 年第 3 期。然而，由于朱熹在潭溪生活清贫，刻苦读书，曾寄书三叔朱梓，诉说异乡寄寓之辛酸。

③ 为己之学：见本书第十三章"朱熹与古代泉州教育"中注释。

④ 《屏山集》卷六，《四库全书》（1134），第 402 页。

　　绍兴十六年（1146）夏，致堂胡寅自湖南衡山来访武夷三先生，朱熹侍坐见之。[①]丙寅之秋，朱熹既频频向居开善寺的道谦学佛，又常往竹原庵向宗元（道谦的师兄）问禅。十月二日，刘子羽卒，朱熹以诗挽之，得读其奏议，感慨奋发。绍兴十七年春，道谦往衡阳随宗杲（大慧禅师），朱熹寄书宗杲问禅约在此时，其后二人仍有问答往还。是年，朱熹生平第一部著作《诸家祭礼考编》成。八月，十八岁的朱熹"中建宁乡举"。十一月秋试毕归五夫里。十二月六日，刘子翚卒。临终前向朱熹具道平生学问次第，传授"不远复"思想，为诸生做遗训，命朱熹作《致张浚书》，勉力抗金复国大业。

　　刘子翚认为《周易》复卦是易学之门户，他以复卦初爻"不远复"作为自己终生服膺的三字符。所谓"不远复"又与道家的"主静观复"密切相关，[②]这与刘子翚以佛老证道的经历有关："吾少未闻道，官莆田时，以疾病始接佛老子之徒，闻其所谓清静寂灭者，而心悦之，以为道在是矣。比归，读吾书而有契焉。然后知吾道之大，其体用之全乃如此。抑吾于《易》得入德之门焉。所谓不远复者，则吾之三字符也。"[③]同时，刘子翚关于心性论的阐释："方寸之地精之，则为灵明虚净之府，杂之则为尘垢滓秽之囊，慎其所养，动无与抗，故心有兼人之动者，应对起居而不乱，力又倍者，喜怒哀乐而不乱，又倍者，死生忧患而不乱。"[④]构成对朱熹为己之学，尤其是心性论的最初影响。从内明之学的意义上说，这就种下了朱熹毕生为之求索的"正心诚意"的根由。而刘子翚的"维民论"，则成为朱熹以民为本治国平天下的外用之学的底蕴。

　　绍兴十八年（1148）春正月，十九岁的朱熹娶刘勉长女刘清四为

①《语类》卷一三一记"胡明仲与秦桧争和议"事，有"先生亲见致堂说"之语。

②《老子·十六章》："致虚极，守静笃，万物并作，吾以观其复。夫物芸芸，各复归其根，其根曰静。"后来朱熹在《刘屏山复斋蒙斋二琴铭》中说："主静观复，修厥身兮。"把老子的致虚守静，同儒家的克己复礼统一起来。

③《朱熹集》卷九〇《屏山先生刘公墓表》，四川教育出版社，1996 年。

④《屏山集》卷一《圣传论》，《四库全书》（1134），第 369 页。陈来《中国近世思想史研究》（商务印书馆，2003 年，第 18 页）谓："《圣传论》一书长期以来被认为已经遗失，赖《鸣道集》存之"云云。其实，《圣传论》还见于《屏山集》。

妻。①《诗经·国风·桃夭》中有"之子于归，宜其家人"之语，是很有深意的，婚姻使朱熹更早地趋于成熟。关于其夫妇间的关系，传记绝不提及。这是我国传记传统，以此为私人之事，与局外人无关。对于朱子生活史素有研究的陈荣捷先生推测说："其夫妇关系必甚圆满。"② 黄榦（1152～1221）谓其"闺庭之间，内外斩斩。恩义之笃，怡怡如也。"③ 属于概而言之，"内外斩斩"说明朱熹在家中是严格按照"男尊女卑"和"男女有别"的规矩行事的，而"恩义之笃"云云，似属理想化之辞。

2003年10月，在江西婺源"朱子学与当代社会"国际学术研讨会上，上饶师院朱子学研究所的汲军与童腮军撰《择婿婚及对朱熹女性观形成的影响》一文，对朱熹的婚姻形式、婚姻生活等进行研究，使这一长期阙如的问题有了新的突破。论文著者以女性特有的细腻，注意到他人容易忽略的层面。尤其是指出朱刘结合的婚姻形式属于"择婿婚"，以及分析刘清四早逝的主要原因。

择婿婚是指女方家庭主动选择男方为女婿的一种婚姻形式，或称"赠女婚"。主要特点有三：女方选择男方，此其一；其二，女方的条件（政治、经济等方面）优于男方；其三，男方的前途往往需要依靠女方。这种不合"男尊女卑"传统的婚姻形式，自春秋以来就见诸史载，而魏晋以降逐渐盛行："权门富室，均重择婿，而富戚豪家，依倚权势，更有以考选比试之法择婿者。……宋时此风，愈益盛行，宰相贵幸及士大夫之家，等而下之，至于土豪富室，莫不于春榜之时，竞斋佳婿。"④ 虽然择婿婚姻也是要男方下聘，也是女方嫁到男家，但由于女方处于优势位置，男方就有投靠依附女方之嫌，所以男方常常居于"准赘婿"的地位。

---

① 陈荣捷《朱子新探索》（第54页）说，刘清四"何年出世与何年结婚，则无从而知。假若绍兴三年癸丑（1133）出世，少朱子三岁，十七岁（1149）出嫁，二十一岁出长子，四十三岁生幼女，则死时四十四岁，婚姻生活二十八年而已"。兹从束先生《年谱长编》之详考，当接近事实。

② 陈荣捷：《朱子新探索》，台湾学生书局，1988年，第54页。

③ 黄榦：《勉斋集》卷三六《朱子行状》，《朱子全书》第二十七册附录《传记资料》，上海古籍出版社、安徽教育出版社，第561页。

④ 陈鹏：《中国婚姻史稿》，中华书局，1990年，第288～290页。

朱松临终命朱熹师事的二刘之一的刘勉之日后成为朱熹的岳父，使朱熹的婚姻具有戏剧性。十五到十七岁的朱熹主要跟随刘子翚学习，而秋试之后，刘子翚就去世了。于是乡试高中之后，跟随刘勉之学习，并由刘勉之主持，于绍兴十八年（1148）春与刘清四完婚[①]，亦即有了功名之后才结婚。刘勉之在朱熹婚后一段时间一直承担朱熹一家的生活，且其膝下无子，过继堂兄之子，因此特别看重朱熹自在情理之中，而朱熹婚姻初期，还没有经济来源[②]，生活上依赖刘氏家族是毋庸置疑的。朱熹亦曾自谓"自我少日，托婚高门"。[③]认为自己的婚姻是高攀了。因此，朱熹的婚姻形式属于择婿婚。

汲军、童腮军认为，正是朱熹的经历，直接影响了他的女性观，即承袭儒家与二程的女性观的最主要内容：男女有别和男尊女卑。同时，也影响他对于其妻刘清四的情感[④]。遍查朱熹千余首诗作，属于爱情诗只有写怨妇思念远行之夫的《拟古八首》，其首末两首云：

> 离离原上树，戢戢涧中蒲。娟娟东家子，郁郁方幽居。
>
> 濯濯明月姿，靡靡朝华敷。昔为春兰芳，今为秋藤芜。
>
> 寸心未销歇，托体思同车。
>
> ……
>
> 众星何历历！严宵丽中天。殷忧在之子，起步荒庭前。
>
> 出门今几时，书札何由宣？沉吟不能释，愁结当谁怜。
>
> 临风一长叹，泪落如奔泉！《文集》卷一

有人认为这是朱熹与刘氏新婚之后的情诗。但朱熹自己却说：

---

① 刘勉之何时许的婚，乡试之前或乡试之后，已难详考。

② 绍兴二十一年（1151）十月，朱熹为生计穷悴辗转行役于邵武、建阳间。因此，研究者疑其因不能待次坐穷，欲往觅一塾馆就教未果。参见《年谱长编》卷上，第148页。

③《朱熹集》卷八七《祭刘子礼文》。

④ 朱熹对刘清四见诸文字的感情之流露，如《拟古八首》，刘氏逝后《与刘洪甫书》《答吕伯恭》等，以及庆元间的两则《墓祭文》。汲军、童腮军二位学者认为朱熹对刘氏感情平淡，持之有据。然而，似不能忽视从"湖湘之行"至刘清四去世这一时期朱熹的重大学术成就。

向来初见拟古诗，将谓只是学古人之诗，元来却是如古人说"灼灼园中花"，自家也做一句如此；"迟迟涧畔松"，自家也做一句如此；"磊磊涧中石"，自家也做一句如此；"人生天地间"，自家也做一句如此。意思语脉，皆要似他底，只换却字。某后来依如此做得二三十首诗，便觉得长进。①

由此可见，这写情诗只是朱熹一种文字练习，更多的是学作诗的技巧，而"意思语脉，皆要似他底"，则感情内容仅是模仿而已。②

朱熹恪守"男主外，女主内"的家庭模式，而刘清四无疑是一个贤妻良母，她大约只活到四十四岁。她的死当与频繁生育、过度劳累有关。刘氏共生养了三男五女：长子朱塾，生于绍兴二十三年（1153）七月；次子朱野，生于绍兴二十四年（1154）七月；长女朱巽，约生于绍兴三十年（1160），次女朱兑，生于乾道元年（1165）；三子朱在，生于乾道五年（1169）；三女朱巳，生于乾道九年（1173）；四女生于淳熙元年（1174）；小女生于淳熙二年（1175），时朱熹四十六岁，刘氏约四十三岁。

从刘氏的生活经历就可以看出，其家庭负担极其沉重，一家老小的生活重担都落在她的身上。不仅有八个子女，还有活到七十高龄的婆婆祝氏也是由刘清四供奉伺候。婆婆过世之后，刘氏以四十多岁的年纪连续三年生下三个女儿。其时长子长媳却远在江西婺州，次子未娶，缺少帮手。而朱熹长期潜心于"为往圣继绝学"的事业中，自泉州同安县（现为同安区）初仕之后仅靠半俸祠禄度日，家庭处于"贫病困蹙"③之中。因此，刘氏是在劳累与贫困中死去的。

以上对朱熹的婚姻形式和刘清四的死因做简略的分析，其意义当不止于研究朱熹的生平及其思想。我们认为，对此问题，尚有继续讨论的空间。

---

① 《语类》卷一三九，中华书局，1986 年。
② 汲军、童腮军：《择婿婚及其对朱熹女性观形成的影响》，《朱子学刊》，2003 年第 1 辑。
③ 《朱熹集》卷九四《尚书吏部员外郎朱君孺人祝氏圹志》。

绍兴十八年（1148）春，朱熹赴临安省试、以道谦禅说中举；四月殿试，中第五甲第九十人，赐同进士出身。未冠则高中进士，对于朱熹跻身仕途，以及日后尽管清贫，亦可以祠禄维持生计，长期专心从事学术活动，其意义是不言而喻的。六月，离临安南归，经阑溪访范浚，得其《心箴》；又经江山县（现为江山市），访得龟山之传的徐存，徐氏遗以《心铭》。由此可以窥见，心性之学在宋代士大夫中已广为酝酿，这是朱熹中年苦参"中和"的社会基础和外部因素。是年，脱却场屋的朱熹更加发奋读书，始读《曾南丰集》，学曾巩文。绍兴十九年（1149）二月十日，朱熹岳父刘勉之卒，胡寅来祭。是年，朱熹得上蔡谢良佐《论语解》，刻苦研读，又得西山李郁《论孟说》读之。同时全面读《六经》《语》《孟》，晓知大义。因此，束景南先生认为"二十岁成为其学问思想转折之年"。岁末，如婺源展墓，封识先祖坟茔，拜祖宗姻党乡丈，谒朱氏家庙，以先业田百亩之租充省扫祭祀之用。绍兴二十年（1155）正月至二月，从婺源往歙县，至望京门飞来山八山小径拜见祝氏母家与外祖父祝确，往篁墩谒朱氏先世故居。三月，自婺源归，途中与诗人董颖、同年叶元恺交游。

在婺源之行这个过程中，朱熹讲学授徒的教育才能初显身手。在婺源，他一方面向学有所长的前辈讨教，另一方面与同辈的乡党姻亲讲论学术。比如他向王次山传授如何治学的经验，帮助他教育儿子"大凡治经之法，且先熟读正经，次则参考注疏，至于礼乐制度名数，注疏得之尤多，不知令郎如此下工夫否？若资质大段警悟，也须着下三年工夫，于此自然精通贯熟，何待他求？"[1] 他又向程允夫传授以《论》《孟》《骚》《诗》为本，出入陶柳门径的诗教等。他以新科进士的名望与新安[2]众多的后生学子讲学论道，开始他生平第一次的讲学生涯，他的学术传播和影响正是从新安开始的。他的才华与新科进士的桂冠使得他在祖籍婺源得到平生第一次盛大的称赞，既有前辈的首肯和美誉，又有同辈的倾慕

---

[1]《新安文献志》卷九；转引自《朱子学刊》，2003年第1辑，第180页。

[2] 婺源历史上为皖南徽州属县，古徽州又称新安，是故朱子经常题署"新安朱熹"。

与崇拜，这使得他的自尊心得到极大的满足。从一个寄人篱下的孤儿到前呼后拥的成功者，这一人生中巨大的飞跃就是在他的祖籍地完成的。朱熹这次婺源之行还有更为深层的心理原因，就是他压抑已久的独立意识终于得到张扬：他不再是依附于岳父的女婿，依附于老师的学生了，而是一个可以独立担当学业与家庭重任的男子汉。他从此可以名正言顺地自称为"新安朱熹"，这不仅是在血缘关系上的认祖归宗，更是精神上庄严的独立宣言。①

从婺源回到崇安五夫里后，适道谦自衡阳归密庵，朱熹屡至山中，与道谦学禅问道。夏间，洛人范仲彪避祸来崇安，朱熹从之游，得读司马光《潜虚》与《易说》，多知司马光事。读史书亦自此始。

绍兴二十一年（1151），赴临安铨试中等，授左迪功郎、泉州同安县主簿，待次。五月，离临安，北游湖州，见三叔朱槔。是年建斋室名"牧斋"，日读《六经》百氏之书。之所以名为"牧斋"，盖取刘子翚《圣传论》中"善牧心者，摄思虑於未萌之时"之意，是故朱熹作《牧斋记》谓："余为是斋而居之三年矣。饥寒危迫之虑，未尝一日驰于其心。"②

牧斋三年，朱熹往武夷山冲佑观访道，其耽读道经，学长生飞仙之术，可从诗《读道书作六首》中窥见一斑：

岩居秉贞操，所慕在玄虚。清夜眠斋宇，终朝观道书。

形忘气自冲，性达理不余。於道虽未庶，已超名迹拘。

至乐在襟怀，山水非所娱。寄语狂驰子，营营竟焉如！

失志坠尘网，浩思属沧州。灵芝不可得，岁月逐江流。

碧草晚未凋，悲风飒已秋。仰首鸾鹤期，白云但悠悠。

（《文集》卷一）

既然"灵芝不可得，岁月逐江流"，道家老庄不能满足其异常活跃的精神需求，朱熹又继续追随道谦，究味禅悦，学禅自牧。绍兴二十二年（1152）九月，道谦卒，为文往祭。其间始读周敦颐《通书》，初不解其

---

① 汲军、童腮军：《择婿婚及对朱熹女性观形成的影响》，《朱子学刊》，2003年第1辑。
② 《朱熹集》卷七七《牧斋记》，四川教育出版社，1996年。

意。绍兴二十三年（1153）春，作《牧斋记》，为其牧斋三年读儒经与出入佛老之总结。五月踏上赴泉州同安县主簿任之途，经南剑，初见延平李侗。

## 二　殷忧启圣：南宋泉州社会对朱熹的影响

泉州是朱熹初仕、任地方官时间最长的地方。24 岁至 28 岁为其"逃禅归儒"思想转变的重要阶段，对其一生产生极为深远的影响。因此，从政治、经济、思想诸方面研究南宋泉州社会对朱熹的影响，对于揭示其理学文化的发生，无疑是很有意义的。

### （一）从赵鼎诸贤被逐反思君权吏治

朱熹仕泉之际，正值高宗赵构统治后期，秦桧窃国的最后阶段。因钦宗、徽宗被掳而自立为帝的赵构，其帝业本来就没有合法的根据。秦桧窥测到高宗唯恐复失帝位的心病，挟主擅政。其维持卖国小朝廷的惯用伎俩，即安插心腹爪牙，控制台谏言路，劾逐坚决抗金的主战派和一切异己，那帮依附秦桧的同党、无耻之徒无不从台谏平步青云擢为宰辅。最早受打击遭摈逐的如赵鼎、朱松、刘子羽、范如圭等。上述四人均在绍兴间仕宦泉州。

赵鼎（1085～1147），字符镇，解州闻喜（今山西）人。高宗尝谓其"两为相，于国大有功"。其宦海生涯尤为曲折，际遇也最为悲壮。

绍兴四年（1134），南宋王朝"以赵鼎为尚书右仆射、同中书门下平章事兼知枢密院事"[1]。在这一年，他促使高宗皇帝"亲总六师，临江决战"，大破金兵，震动朝野。时赵鼎被称为"中兴宰相"。然而，秦桧为相后，朝廷的中兴局面不再，赵鼎的命运也发生了逆转。绍兴八年（1138），由于秦桧的排挤，赵鼎"出知绍兴府"。秦桧率同僚为之送行，但早已看透秦桧为人的赵鼎对其"不为礼，一揖而去"。这使得秦桧对赵鼎更加忌恨，矛盾进一步升级，最终秦桧将赵鼎置之于死地。秦桧先找机会将赵鼎徙知泉州，不久谪官居兴化军，再移漳州，后又转侧潮州安

---

[1]《宋史》卷二七，中华书局，1977 年。

置。为使赵鼎永远不得复用，秦桧给赵鼎罗列了“汲引亲党”“邪谋密计，深不可测”等罪状。所谓“邪谋密计”，实际是说不出所以然的，等同于“莫须有”。在潮州，赵鼎闭门谢客，过着离群索居的生活。然而，政敌仍然不放过他。绍兴十四年（1144），秦桧唆使言官诬陷赵鼎曾经受贿，移海南吉阳军（今海南三亚）安置。

赵鼎被贬海南吉阳军，还给朝廷上谢表说：“白首何归，怅余生之无几，丹心未泯，誓九死以不移。”他的雄心抱负并没有因个人受迫害而动摇。秦桧看到这则文字之后无可奈何地说：“此老倔强犹昔。”[①] 而这进一步给赵鼎招来灭顶之灾。在吉阳军三年，心力交瘁的赵鼎寄居在水南村裴闻义家里，基本上过着一种与世隔绝的生活，其门人故吏因为惧怕秦桧，都不敢同他来往，甚至书信也没有，只有广西将军张宗元偶尔给他送一些酒食。这让秦桧非常恼火，他一方面将张宗元调离，另一方面责令吉阳军每个月将赵鼎的具体情况上报。绍兴十七年（1147），“诏赵鼎遇赦永不检举”[②]，并且追究先前厚待赵鼎的潮州录事参军石恮，将其除名，流放“浔州编管”。

赵鼎知道秦桧不会放过自己，这样下去只会连累自己的子孙，就派人对儿子赵汾说：“桧必欲杀我。我死，汝曹无患；不尔，祸及一家矣。”赵鼎只能以死明志，他给自己写了墓志铭：“身骑箕尾归天上，气作山河壮本朝。”[③] 赵鼎绝食而死，遗言“属其子乞归葬”“天下闻而悲之”。虽然赵鼎逝世了，但秦桧仍不放过他的儿子赵汾。在绍兴二十五年（1155），秦桧逼迫赵汾承认自己与张浚、李光、胡寅等“谋大逆”，株连贤士达53人之多，所幸秦桧不久一命呜呼，不然不知还会有多少人惨遭毒手呢。赵鼎逝世后，其子嗣先是将其葬于昌化县（今海南昌江）旧县村。直到第二年（1148），赵鼎才“得旨归葬”，昌化的赵鼎墓便成为衣冠冢。因为赵鼎一心为国，坚持和权臣抗争，同时又因绝食而死，其气节备受后人尊重。每逢清明时节，当地百姓纷纷到墓地缅怀“赵鼎公”。可惜赵鼎

---

①《宋史》卷三六〇，中华书局，1977年。
②《宋史》卷三〇，中华书局，1977年。
③《宋史·赵鼎传》卷三六〇，中华书局，1977年。

墓石毁于"文化大革命"时期。2005 年，昌江县旧县村村民筹资重新为赵鼎衣冠冢树碑。

历史是公正的，地方志说赵鼎知泉州年余，安抚泉民，民感其德，祀于名宦祠。[①] 绍兴二十五年（1155）秦桧死，第二年（1156）春，朝廷追复赵鼎旧职，朱熹就在同安县学建祠纪念赵鼎。[②]

图 1-1　海南三亚为赵鼎塑像　　图 1-2　2005 年，昌江县为赵鼎衣冠冢立碑

朱松、范如圭在秦桧决策议和时，同列上章，"极言其不可"，桧怒，风御史论松"怀异自贤"，出知饶州；范如圭同时被贬，闲居十余年，绍兴二十九年（1159）知泉州。[③] 刘子羽是辅助过张浚的知名抗战派，为秦桧所忌，"风谏官论罢之"[④]。类此者不胜枚举。

然而，出任同安主簿前的朱熹，尽管 18 岁举建州乡贡时，考官蔡兹（泉州永春人）就说他"三篇策皆欲为朝廷措置大事，他日必非常人"，但对于南宋社会的政治生活，仅得父师的濡染，还缺乏亲身感受。前辈们恐其"迷昧没溺，丧失所守"，故"亲为讲画，反复辨告"。[⑤] 宦宦泉南的朱熹，不仅深知诸贤受迫害始末，而且耳闻目睹傅自得与"赵令衿案"[⑥] 始末，则对秦桧以讲和误国，以异议摈逐诸贤，致使"埋厄沦谢"，

① 乾隆《泉州府志》卷二九《名宦》。
② 民国《同安县志》卷一四《学校》"赵简公祠，在儒学内。宋绍兴间，主簿朱熹建，祀故丞相鼎"。
③《朱熹集》卷八九《范如圭墓志铭》，四川教育出版社，1996 年。
④《宋史》卷三七〇，中华书局，1977 年。
⑤《朱熹集》卷八九《范如圭神道碑》，四川教育出版社，1996 年。
⑥ 因"赵令衿案"与伊斯兰教有涉，下详第二章。

产生刻骨铭心的理性认识。

秦桧为相，权倾一时，其党羽遍布各地。曾仕泉的主战派、正直的士大夫几乎都遭打击。诸贤被逐的残酷现实对初仕的朱熹有极为深刻的影响。慑于秦桧的政治高压："猜暴叵测，故家大族一罹飞语，无不糜碎。"[1]朱熹在《策试榜谕》中劝诫学生说："若夫朝廷之事，则非草茅所宜言。而师生相与之诚意，亦不当数见于文字之间也，二三子慎之。"[2]由于前鉴，其深层意识与私下言论，不能直接诉诸文字而授人以柄。由此可见朱熹在同安前期的压抑情绪与韬晦意识，与诸贤遭受迫害以及赵令衿案密切相关。

绍兴二十五年（1155）十月秦桧一死，其党羽纷纷被罢逐。朱熹在讲学之际给学生出的一道策问，对南宋朝廷的吏治腐败的反思不再隐晦曲折，而是直言不讳：

> 问：台谏，天子耳目之官，于天下事无所不得言。十余年来，用人出宰相私意，尽取当世顽钝嗜利无耻之徒，以充入之，合党缔交，共为奸慝。乃者天子灼知其弊，既斥去之。乃咨人望，使任斯职；又下明诏，以申警之。士怀负所学以仕于世，至此可谓得所施矣。而崇论弘议，未能有听闻于四方，何耶？今天下之事众矣，二三子试以身代诸公而任其责，以为所当言者，何事为大？[3]

朱熹以一县主簿，言台谏用人之弊，敏锐地洞察秦桧党同伐异所造成的恶果。他对于治国之君必须广开言路——崇论弘议，"听闻于四方"的思考，已表现出非同寻常的深谋远虑。此后，整顿吏治，防止大臣、近习弄权，以及限制君权成为他终生执着抗争的政治目标。

绍兴三十二年（1162）六月，孝宗即位，诏求直言。秋八月，朱熹在应诏所上封事中，称朝廷为君权吏治的"本原之地"，谓四海利病，斯民休戚，系于"守令之贤否"，而监司则为守令之纲，朝廷为监司之本。

---

[1]《朱熹集》卷九二《李缜墓碣铭》，四川教育出版社，1996年。
[2]《朱熹集》卷七四《策试榜谕》，四川教育出版社，1996年。
[3]《朱熹集》卷七四《策问》，四川教育出版社，1996年。

对于贤不在位，从朝廷宰执、监司、郡守直至县令结成一张官官相护、层层腋削的巨大关系网，则认为是极大的隐患。他问新君赵眘：

> 今日之监司奸赃狼藉，肆虐以病民者谁？则非宰相台谏之亲旧宾客乎？其失势者，陛下既按见其交私之状，而斥去之矣；尚在势者，岂无其人？顾陛下无自而知之耳。①

这是朱熹第一次向皇帝进言，俨然有几分"帝王师"口气。"岂无其人"实有所指，足见其不畏权贵的道学胆识，也为他日后卷入政潮埋下伏笔。他又有"惟以正朝廷为先务，则其患可不日而自革"之论，所谓"正朝廷"实则是要"正君心"，其深层意义在于限制君权。然而，当时朱熹仅是一个"监潭州南岳庙"的祠官（管庙，有禄无事，住地听便，利于专事学术研究和讲学教育活动），虽已有"程门"传人的名声，但还是官卑言轻，产生不了多大影响。

隆兴元年（1163），朱熹入都奏事，第三札言内修政事，直指赵眘宠信佞臣的君过：致使"谏诤之途尚壅，佞幸之势方张"②；淳熙七年（1180）庚子封事，以倡道救世为己任的朱熹，用淋漓之笔批评赵眘宠信曾觌、王抃等近习权倖：

> 此一二小人者，上则蛊惑陛下之心志，使陛下不信先王之大道，而悦于功利之卑说；不乐庄士之谠言，而安于私昵之鄙态。下则招集天下士大夫之嗜利无耻者，文武汇分，各入其门……使陛下号令黜陟不复出于朝廷，而出于此一二人之门，名为陛下之独断，而实为此一二人者阴执其柄……③

淳熙十五年戊申（1188）延和奏事，他面责赵眘亲宠内侍甘㫜，痛斥"累年窃位盗权之奸"④王淮。鉴于王淮表里台谏排击异己的教训，以及龚茂良受小人诬陷冤屈致死事，再次批评赵眘不知悔悟的致命弱点；被论者称为朱熹"生平对南宋社会的一次登峰造极的全面解剖"⑤的戊申封事，

---

① 《朱熹集》卷一一《壬午应诏封事》，四川教育出版社，1996年。
② 《朱熹集》卷一三《垂拱奏札三》，四川教育出版社，1996年。
③ 《朱熹集》卷一一《庚子应诏封事》，四川教育出版社，1996年。
④ 《朱熹集》卷一四《戊申延和奏札》，四川教育出版社，1996年。
⑤ 束景南：《朱子大传》，福建教育出版社，1992年，第711页。

所陈天下六大当务之急，其中"选任大臣"摆在仅次于"辅翼太子"的位置；当垂暮之年的朱熹被新君赵扩召请入都，作为"帝王师"入侍经筵46日之际，其所面陈四事，以第三事论"朝廷纲纪"[①]最为尖锐，即抨击赵扩的独断与韩侂胄的弄权，并提出限制君主专制的更革措施。

然而，历史往往有惊人的相似之处：绍兴间秦桧弄权，控制台谏，陷害忠良，朱熹的父师、父执等一批正直的士大夫遭受打击；而庆元间韩侂胄擅政（光宗晚年卧病不能视朝），同样利用台谏作为工具，纳结邪恶，制造"伪学之禁"，打击朱熹和散于各地的朱氏门人。庆元六年（1200），朱熹在党禁的阴霾中去世。而韩侂胄则因倡"开禧北伐"，逞"立功自固"的一念之私，失于审时度势，落得个兵败误国的可耻下场。

从初仕泉州到"庆元党禁"的四五十年间，朱熹最初透过"赵令衿案"反思南宋吏治，在讲学时向诸生"策问"，其后一次又一次地向最高统治者进言抗争。他后来的限君思想已升华到更深层次，触及君主制度本身的改革。由此可见，泉州的仕宦生涯，对其政治思想的形成与发展，是至关重要的。

### （二）从经界赋税透视财政弊端

在绍兴初期就名噪京师、声达宫廷的泉南诗人林外，于绍兴三十年（1160）前为临安（今杭州）太学生时，曾有一绝《题临安邸》："山外青山楼外楼，西湖歌舞几时休？暖风熏得游人醉，直把杭州当汴州。"[②]诗寓深意于洒脱，隐讽嘲于赏悦，把不图恢复、醉生梦死的南宋君相刻画得入木三分。然而，当我们横向检讨几乎同时发生的历史事件时，发现事物竟是这样的具有讽刺意味：泉南诗人林外在临安题咏抒写胸中块垒，发泄对南宋君相偏安纵逸的不满之际，官宦泉南的同安主簿[③]朱熹正在

---

① 《朱熹集》卷一四《行宫便殿奏札三》，四川教育出版社，1996年。

② 汤兴中：《泉南诗人林外考略》，《福建论坛》，1985年第1期。

③ 关于主簿的职责，朱熹《建宁府建阳县主簿厅记》说："县之属有主簿，秩从九品，县一人，掌县之簿书。凡户租之版，出内之会，符檄之委，狱讼之成，皆总而治之，勾检其事之稽违与其财用之亡失，以赞令治，盖主簿之为职如此。"（《朱熹集》卷七七）

忠于王事，恪尽职守地向百姓催交赋税。当他发现漳、汀、泉三州经界不行，赋税苛重不均，贫弱之民不堪忍受时，则极力为推行经界，蠲减经总制而奔走呼号。"海邑三年吏，勤劳不为身"[①]"王事贤劳只自嗤，一官今是五年期"[②]，正是朱熹莅职勤勉，"苟利于民，虽劳无惮"的真实写照。

宋室南渡，高宗的政权极为脆弱。当赵构从扬州巡幸回杭州时，即遇宫卫警戒的军官叛变，立他刚一岁多的小儿子为帝。韩世忠勤王，赵构才得以复辟。而惊魂未定，又被金兵追逐得浮海逃命，直到绍兴五年（1135）建太庙于临安，才算替南宋立都。而南方各地叛兵作乱，农民起义频仍，戡乱及求和攘扰达十余年之久。[③]因此，著名史家黄仁宇认为，南宋自始就没有一个机会将财政税收重新组织得合理化。绍兴年间土地集中和贫富分化已成为严重的社会问题，大将张俊家每年收租60万斛，杨沂中家单在楚州就有田产39000余亩，金州石泉县杨广家中积谷可支30年。[④]土地集中造成赋税不均，强宗豪右隐田逃税，贫弱细民产去税存。有田无税，有税无田成为全国普遍现象，直接造成朝廷的财政危机。绍兴十二年（1132）至绍兴十九年（1139），在两浙转运副使李椿年的主持下，全国施行经界，以后部分地区仍继续进行，一直到绍兴二十八年（1148）才全部结束。唯独泉、漳、汀三州却因赵构听信提刑孙汝翼颠倒黑白的上状："泉漳汀三州，近经草寇，民多逃移，乞将三州诸县不以己未打量均税，一切权行住罢，俟盗贼宁息日，申取朝旨施行。"[⑤]于绍兴二十年（1147）七月诏罢了三州经界。而"富者日益兼并，贫者日以困弱"，正是朱熹作为同安主簿的最大难题。他特地拜访了惠安县丞郑昭叔，听取他在仙游任上推行经界的办法，记录下来，准备在同安推广。永春县令黄瑀（德藻）也有相类似的政绩：

① 《朱熹集·别集》卷七《考试感事戏作》，四川教育出版社，1996年。
② 《朱熹集》卷二《之德化宿剧头铺夜闻杜鹃》，四川教育出版社，1996年。
③ 黄仁宇：《赫逊河畔谈中国历史》，三联书店，1998年，第172页。
④ 束景南：《朱子大传》，福建教育出版社，1992年，第121页。
⑤ 李心传：《建炎以来系年要录》卷一六一，中华书局，1988年，第2617页。

> 及来永春，承寇乱盅弊之余，田莱多荒，民力凋瘁。公（黄璃）
> 至，首蠲其宿负。民有鬻业而税籍不除者，悉厘正之，其文书或不
> 具，则履亩而均其税。于是豪民无得幸免，而民弱以苏。①

在向上述二位泉属资深官员做深入调查的基础上，朱熹不顾上司停罢经
界的禁令，自行在清查版籍田税上做了一番论证筹划，请县令陈元滂施
行，得到一些收获，这件事他后来在漳州任上提过：

> 熹绍兴二十三四年间，备员泉州同安主簿，是时已见本州不曾
> 经界。县道催理税物，不登乡司，例以逃绝为词，官司便谓不可追
> 究。徐考其实，则人户虽已逃亡，而其田土只在本处，但或为富家
> 巨室先已并吞，或为邻至宗亲后来占据，阴结乡吏，隐而不言耳。
> 固尝画策，以请于县。一时均割虽亦颇多，然本原未正，弊随日生，
> 终不能有以为久远之利。②

朱熹力图把正经界作为自己在同安推行仁政的实际行动，但孙汝
翼所谓"俟盗贼宁息日，申取朝旨施行"只不过是堂皇的幌子。绍兴
二十五年（1145）以后甚至连全国各路推行经界也因大地主官僚的反对
作梗而"往往中辍"。漳汀泉三州重新恢复经界之事，三十余年后即绍熙
元年朱熹守漳时再次重提。《泉州府志》以沉重的笔调记其事：

> 承平既久，荒垦互易，而伪愿冒寄，蠹弊丛生。朱文公主簿
> 同安，深知其弊。后守漳州上言：经界为民间莫大之利，绍兴中已
> 推行处，公私两便，独泉漳汀三州未行，民困枵败，官失常赋……
> 请推择官吏，委任责成打量亩步，攒造图帐，费从官给，随产均
> 税……而贵家豪右侵渔贫弱者，胥为异论挠之，前诏遂格。终宋之
> 世，田土高下，变眩莫据。③

正经界与整顿赋税是密切相关的，经界版籍越是混乱不行的地方，赋税
就越苛重不均。南宋绍兴年间赋税激增，秦桧"密谕诸路，暗增民税

---

① 《朱熹集》卷九三《朝散黄公墓志铭》，四川教育出版社，1996年。
② 《朱熹集》卷二一《经界申诸司状》，四川教育出版社，1996年。
③ 乾隆《泉州府志》卷二一《田赋》。

七八"。各种无名苛税层出不穷，尤以经总制钱最为扰民。经制钱本是北宋经制使陈亨伯以镇压方腊起义为名增收的临时税，总制钱则属朝代草创时筹款的办法。两税一般从既有的税额增派附加。初时每千文增二十三文，以后增至五十六文。又全面征收官方办事的手续费[①]，与赃罚并在一起。再指令各地方政府向附近驻军定期提供"每月桩发"。此外，赵宋宗室——南外宗正司为避战乱，于建炎三年（1129）迁泉州。初始时期，朝廷应瞻之数多，本州出备少。后来朝廷应瞻数量减少，泉州地方还要负担南外官署和学校的开支，则所谓"官子之养廉，宗学之养士"[②]。这样，南渡以来国运衰落和统治阶级的奢靡腐败所造成的财政危机迭经层层转嫁，最后全落在老百姓身上。负担最重的人们，也是最无力负担的人们。朱熹到同安不久，便遇户部急如星火催逼州县地方督办积年亏欠的经总制，一场不顾百姓死活的催勒情景令人触目惊心：

> 前日之为户部者，又为之变符檄，急邮传，切责提刑司，提刑司下之州，州取办于县，转以相承急。奉行之官如通判事者，利于赏典，意外督趣，无所不至……计今天下州县以此（经总制钱）为号，而率取其民者，无虑十之七八，幸其犹有未至于此者。则州日月使人持符来逮，吏系治挞击，以必得为效。而县吏不胜其苦，日夜相与撼其长官。以科率事不幸行之，则官得其一，吏已得其二三，并缘为奸，何所不有！[③]

同时遭受督责之苦的朱熹，愤而写信给先父故旧、户部侍郎钟世民，敏锐地指出经总制是"民所不当输，官所不当得，制之无艺，而取之无名"[④]，痛斥"公卿以下，共事媕阿"[⑤]，无人敢批评这种掠杀百姓的巧取豪夺。而第一个冲破被满朝大臣诸公视为"禁区"，主张悉予蠲免经总制积

---

① 此外，还得给经办人好处。《语类》卷第一〇六"外任"第四条说："某在同安作簿，去州请印。当时有个指挥使，并一道家印，缘胥吏得钱方给。"官办公事尚且如此，何况普通百姓。

② 真德秀：《西山先生真文忠公文集》卷一五，万有文库本，第256页。

③ 《朱熹集》卷二四《与钟户部论亏欠经总制钱书》，四川教育出版社，1996年。

④ 同上。

⑤ 同上。

年欠额的，竟是一名初登仕途的二十五六岁的小小主簿。由此可以窥见其早熟的理性思辨才华和敢于犯上抗言的正直性格。但钟世民对其上书不置可否，朱熹减免赋税的努力落空了。

对于防止官吏赃私，朱熹也煞费苦心。他利用"檄书按事涉其境"之便，向永春县令黄瑀取经。黄瑀对付百姓输赋过期，吏人为奸作弊采取的办法："民输赋或后期，不使吏与其间，独揭其姓名于市，为之期日，而闻者相先以至，间不一岁，流庸尽复，赋入再倍"。①朱熹仿效变通，且有所创新：

> 每点追税，必先期晓示，只以一幅纸截作三片，作小榜遍贴云：本厅取几日点追税甚乡分税，仰人户乡司主人头知委。只如此，到限日近时，纳者纷纷。然此只是一个信而已。如或违限遭点，定断不恕，所以人怕。②

然而，正如朱熹所忧虑"输尽王租生意微"，③官方"赋入再倍"，只能使百姓陷入更深的贫穷困苦之中。南宋朝廷竭泽而渔的财政措施，致使百姓不能按期如数纳税，在走投无路之际，势必铤而走险进行反抗。同安濒海，由于盐法弊坏，盐贩流民起义不断，或攻城作乱。绍兴二十五年夏，有一股起义军进攻县城，朱熹与监盐税曹德广同守县城西北，两人尽心协力登城指挥，击退起义军。事后，世代习兵的曹氏以"仰高临下则弓矢"为固城之计，在城角辟圃习射。朱熹为作《射圃记》，叙述守城和练兵的"治绩"。朱熹作为主簿，在城"不能守，吾属死无处所"④之际，采取"治民以法"代替"爱民以仁"。事实上，自幼接受父师和武夷三先生儒家仁政理想教育的朱熹，对"爱民"有着非同一般的执着。而催讨赋税、课督劳役、以弓守城都有违于关心民瘼，由"忠君"走向"爱民"的反面。这种矛盾在他的心底时隐时现，有如其"拙勤终不补，

---

① 《朱熹集》卷九三《朝散黄公墓志铭》，四川教育出版社，1996年。
② 《语类》卷一〇六"外任"，中华书局，1986年，第2639页。
③ 《朱熹集·别集》卷七《题焚天方丈壁》，四川教育出版社，1996年。
④ 《朱熹集》卷七七《射圃记》，四川教育出版社，1996年。

谁使漫劳心"①"仕身谅无补，憔悴欲归休"②之吟咏。由于掌管簿书赋税使朱熹从同安一县及泉州一郡透视了整个南宋社会的腐败糜烂和财政弊端。他给诸生出的一道策问，忧患的背后隐伏着对秦桧之流把持朝政时期巧立名目，明征暗增，搜刮刻剥无所不用其极的仇视：

> 问：泉之为州旧矣，其粟米市缕力役之征，岁入于公者，盖有
> 定计，禄士廪军，自昔以来，量是以为出，不闻其不足也；有不足，
> 则不为州久矣。而比年以来，困竭殊甚，帑藏萧然，无旬月之积。
> 二千石每至，往往未及下车，而惟此之问。然文符益繁，县益急，
> 民益贫，财富益屈。此其故何耶？③

秦桧死后，赵构"数下宽大诏书，弛民市征口算"等，以示惠民。但积弊既深，更张软弱无力，不能解民于倒悬。尽管朱熹认为推行经界、蠲减赋税对于挽救南宋衰世，比起从文化思想深层结构改变人心道德，只是治标未能治本，但事关生民休戚。因此，自同安任上及其后三四十年间，他一直不失时机地为之执着抗争。

淳熙庚子（1180）封事，朱熹对整顿南宋财政，提出以恤民、省赋、治军为要务，其本则直指人君心术：

> 天下国家之大务莫大于恤民；而恤民之实在省赋；省赋之实在
> 治军；若夫治军省赋以为恤民之本，则又在夫人君正其心术以立纪
> 纲而已矣。④

在历经"笔端雷动奸豪息""政声报最惟清白"（赵善括诗）的南康赈荒；"大节殊伟"（陆九渊语）的浙东提举以后，朱熹对整个南宋社会的弊端已洞若观火。戊申（1188）封事之际，东南赋税已由南渡之初的一千万缗增加到六千五百多万缗。对于经总制这一无名之赋，他一反过去蠲免欠额的温和要求，提出概予罢免"以幸天下"的主张。⑤视经总制为南宋

---

① 《朱熹集·别集》卷一《督役城楼》，四川教育出版社，1996年。
② 《朱熹集·别集》卷一《晚望》，四川教育出版社，1996年。
③ 《朱熹集》卷七四《策问》，四川教育出版社，1996年。
④ 《朱熹集》卷一一《庚子应诏封事》，四川教育出版社，1996年。
⑤ 同上。

小朝廷的经济命脉的赵昚皇帝，面对朱熹“振廪蠲租，重禁科扰……宽疲民力”，以图“固有邦之本”①的忠告，只能佯装听谏而虚与蛇委。绍熙元年（1190），朱熹出知漳州，再次向经界、盐法、经总制三件关乎国计民生的财政弊端开刀。然而，朱熹将近一年的临漳之政，以经学理学的传播最为可观，次则盐法的整饬，经总制的蠲减略有更革，唯经界用心最多费力最大则终不能行。经界不行的原因，从朱熹离任前夕给左相留正（泉州永春人）的信中可窥一斑：“熹之所忧，独恐温陵（泉州）富室既多，其间岂无出入门墙之下，承眄睐之恩者，必将巧为说词，乘间伺隙，以济其私，窃愿高明审焉。”②与前引《泉州府志》谓“贵家豪右侵渔贫弱者，胥为异论挠之”互为印证，则可知漳泉汀三州“终宋之世，田土高下，变眩莫据”的历史教训。

朱熹对南宋泉州财政弊端的透视为论者所鲜及者，有如其对皇族宗室的考察及预言：

> 宗室俸给，一年多一年。骎骎四五十年后，何以当之？事极必有变。如宗室生下，便有孤遗请给。初立此条，止为贫穷全无生活计者，那曾要得恁地泛及！③

他早已关注南外宗官寄治泉州，挟势为暴，“夺胡浮海巨舰”及“占役禁兵以百数”，又“盗煮海之利，乱产盐法，为民病苦”④等。他认为朝廷不虑久远，宗室日盛，为州郡之患。他说：“宗室请受浩翰，直是孤遗多。且如一人有十子，便用十分孤遗请受；有子孙多，则宁不肯出官。盖出官，则其子孙孤遗之俸皆止，而一官之俸，反不如孤遗众分之多也。”⑤周密《齐东野语·宗子请给》记南渡后，宗室按实际人数“仰食县官”，西南两宗无赖者，“至纵其婢使与闾巷通，生子则认为己子，而利其请给”。⑥唆使婢女与人通奸生子以获得“请给”，实属罕见之弊例！因此朱熹深忧

---

①《朱熹集》卷一一《庚子应诏封事》，四川教育出版社，1996年。

②《朱熹集》卷二八《与留丞相》，四川教育出版社，1996年。

③《语类》卷一一一，中华书局，1986年，第2720页。

④《朱熹集》卷八九《范如圭神道碑》，四川教育出版社，1996年。

⑤《语类》卷一一一，中华书局，1986年，第2720页。

⑥ 周密：《齐东野语》，中华书局，1983年，第143页。

宗室既坐享其成又贪得无厌，终致"事极必有变"，这是洞察社会经济问题的哲学思考。再如对南宋滥行纸币，他更是预见到其隐伏的严重危机：

> 这物事轻了，是诱人入于死地。若是一片白纸，也直（值）一钱在。而今要革去其弊，须是从头理会方得。①

其说纸币（官会）"诱人入于死地"，既看到货币贬值，通货膨胀之恶果，又引唐仲友伪造官会以为鉴。果如其言，南宋初米一石值 3 缗为常情，100 年之后有提到 340 缗、700 缗及 1000 缗的记载，其货币贬值已超过 300 倍。② 在市场狭小、交通拥塞的条件下，社会已是险象环生。到了宋季，虽"官降钱甚优厚"，但丁壮还是要逃避募兵，于是"野无耕人，途无商旅"。元军南下，蒲寿庚献泉州城投降。景炎二年（1277）蒲寿庚为了投靠新主子，"尽杀南外宗子及士大夫与淮兵之在泉者，备极惨毒"。③ 1279 年，左丞相陆秀夫负帝昺赴海死，南宋亡。朱熹去世未远，其"事极必有变"语，则成为现实。

综上所述，朱熹初仕为泉州同安县主簿，对其政治上影响最为深远的莫过于秦桧摒逐诸贤诛杀异己。经济上，赵宋王朝自元祐二年（1087）在泉州设立市舶司④，管理海外交通贸易税收，以往"量是以为出，不闻其不足"，财政情况历来优于其他地方的泉州尚且"比年以来，困竭殊甚，帑藏萧然，无旬月之积"；加上朱熹亲自参与管理赋税，深知上司"文益繁"，地方上"县益急，民益贫，财富益屈"的社会现实。这是朱熹从文化思想上回归儒家立场，及其理学思想产生的社会政治经济原因。

## 三　逃禅归儒："分殊"滥觞，"理欲"初辨

朱熹与二程同样有"出入释老，反求六经"的经历，其理学的整体结

① 《语类》卷一一一，中华书局，1986 年，第 2722 页。
② 黄仁宇：《赫逊河畔谈中国历史》，三联书店，1998 年，第 173 页。
③ 王连茂：《蒲寿庚屠杀南外宗子考》，《泉州文史》，第 4 期。
④ 泉州海外贸易自晚唐始而日趋繁盛，所谓"船到城添外国人"（《全唐诗》卷五五九，薛能《送福建李大夫》），可窥见蕃客憧憧的景象。至宋室南渡，"南外宗正司"寄治泉州。

构及其许多重要组成部分（命题），是在消化佛老、援佛学辟佛教的过程中逐步形成的。有如"格物致知""理一分殊"和"理欲""忠恕"之辩，既有其自身提出、形成并经历复杂演变的动态系统，又具有多方面、多层次的不同含义。笔者试图从其初仕"逃禅归儒"的思想转变中，即青年朱熹早期在寻觅匡救时弊的药方之际，初步构建其理论框架的思维活动中，从某个侧面入手，探讨其理学思想在发生酝酿阶段的思想要素和社会原因。

朱熹自谓"出入释老者十余年"，即十五六岁至二十六七岁之间。他又尝谓"驰心空妙之域二十余年"（答薛士龙），窃以为这当涵盖其出入释老的时期与消化融合佛老的时期。24 岁赴泉州同安任途中，受学于李侗（延平），李侗对他"悬空理会"的"无限道理"并不称许，说是"道亦无幽妙，只在日用间着实做工夫处理会，便自见得"①。并要他读圣贤书，看圣贤言语。而仕泉前的朱熹，既受孔孟学说和二程理学的熏陶，又有一个浸透佛老的灵魂。

作为异质宗教文化的佛学，与中国固有的传统思想观念和生活方式相冲突，自汉末以来一直遭到儒家理论的抨击，尽管佛教"僧尼不耕不赋，有害国家生计"，沙门"不臣不子，有坏人伦风俗"，佛学却能在与本土文化的抗衡中不断发展，呈现其生命力，至宋代已历经八九百年而禅风日炽，弥漫朝野。因此，宋初儒者每有"儒门淡薄，收拾不住"的慨叹。北宋以程颢、程颐、张载为代表的理学家，援佛学而非佛教，尤其是创造了作为理学理论标志的、形上本体的"理"的观念，使理学面对佛学的挑战，有了自己的理论支柱，进而自如地借鉴、援用高妙的佛理来建构自己不失儒者本质的理论体系。正当二程学说有待发扬光大，完成其理论超越之际，金人南侵，山河破碎。秦桧擅政时期，抑程学崇王（安石）学，士类思想受禁锢，佛禅风气依然笼罩着偏安的南宋。绍兴十八年（1148）四方举子云集临安之时，皇帝赵构驾幸天竺礼佛问法。时佛国界的领袖大慧禅师（1089～1164），出行四方，学者云集，所交皆俊彦。绍兴间，李邴、刘子羽、刘子翚都从之游。

---

① 李清馥：《闽中理学渊源考》，凤凰出版社，2011 年，第 74 页。

图 1-3　李侗像　　　　　图 1-4　康熙御笔 "静中气象"

　　然而，二程学说早已传道东南。当年闽北杨时（1053～1135）、游酢（1045～1115）于河洛程门立雪，与吕大临、谢良佐成为程门四大弟子。道南之脉一传杨时，二传罗从彦（1072～1135），三传李侗（1093～1163），四传而得朱熹。同安任上初期，朱熹对李侗的师教 "心疑而不服"，他把燕居之室更名为 "高士轩"①，白天 "左右朱墨"，晚上端坐诵读，超然物外，做着儒佛道并行不悖而各尽其妙，则以佛修心、以老养身、以儒治国的高士冥想。但他面对土地兼并严重，赋税苛重不均，豪右赃吏恣奸的同安，而当政者 "文符益繁，县益急"，致使民益贫，财富益屈，民生凋敝，百姓铤而走险，犯上作乱。由同安一县窥视泉州一郡乃至整个南宋社会，政治上秦桧当道，党同伐异，贤不在位，主战派大受迫害。释氏 "昭昭灵灵的禅"，虽对人生苦难处境的深切体验和人生归宿的终极关怀，为士人乃至社会群体创造了一个使人心有所归属的境界——或为现世消灾，或求来世福田，或向往永恒的彼岸世界，但对于诸如土地赋税，恃强凌弱，民贫财屈，阶级矛盾激化等急切的社会现实问题，佛老学说则显得苍白无力。只有儒家经世治邦的入世精神，才能

① 初到同安的朱熹，以 "高士" 自居。然而，当他更多地接触现实，佛老的玄思则愈显空幻。救世药方当求之于儒，而佛老则成附庸。

挽狂澜于既倒，遏人欲于横流；只有理学，才是拯救南宋衰世的精神力量和伦理支柱。于是，朱熹在官余，遂将那禅佛姑且搁置，意中道禅亦自在，且将圣人书来读。他还把读书的主要精力放在思量"义理"的融会贯通上，有时为了搞透一段文字的"义理"而废寝忘食，"凡三四夜穷究到（天）明"。由于朱熹记挂"李先生令去圣经中求义理"，而"刻意经学"，着力于"推见实理"，因而"始知前日诸人（好佛老）之误"。朱熹经过潜心读经反思，摒弃"好同而恶异，喜大而耻于小"①的方法路径，始知李侗之言"其不我欺"，治学开始注重从"面前事"和"日用间"下功夫，渐渐转向李侗。最初的觉醒在于领会李侗的"理一分殊"说。绍兴二十六年（1156）春间，他因公事到德化，寓居剧头铺寺院，寒夜听着杜鹃的啼叫苦读《论语》，忽然从程颢的解说中弄通了"子夏之门人小子"章，后来他多次谈起这一不寻常的"杜鹃夜悟"：

> 问："子夏之门人小子洒扫应对进退"章。曰："某少时都看不出，将谓无本末，无大小。虽如此看，又自疑文义不是如此。后来在同安作簿时，因睡不着，忽然思得，乃知却是有本末大小。然不得明道（程颢）说"君子教人有序"四五句，也无缘看得出。圣人'有始有卒'者，不是自始做到终，乃是合下便始终皆备。"②

问"洒扫应对"章程子四条。曰：

> 此最难看，少年只管不理会得"理无大小"是如何……因在同安时，一日差入山中检视，夜间忽思量得不如此。其曰："理无小大"，无乎不在，本末精粗，皆要从头做去，不可拣择，此所以为教人有序也。③

> 某旧年思量义理未透，直是不能睡。初看子夏"先传后倦"一章，凡三四夜穷究到明，彻夜闻杜鹃声。④

---

①《延平答问》，四库全书本（698），第643页。

②《语类·子夏之门人小子章》卷四九，中华书局，1986年，第1207页。

③ 同上。

④《语类·自论为学工夫》卷一零四，中华书局，1986年，第2615页。

理学产生以前的儒家，本体（道）与作为其显现的事物（器）之间，可以用先与后、主与次、微与显等来表述其关系或做区分。二程理学的理论贡献，在于强调本体的"理"与其显现的事物（器）之间的不可分离性，如程颢说："体用无先后"，即"体用一源"。朱熹领悟到明道理学的"真谛"就是"事有大小，理却无小大"。宇宙间事物千差万别，贯串着共同的一理：从"洒扫应对"到"精义入神"，从事上说有精粗之别，而从理上说却无大小之分，万物都具一理之全。这就是李侗对他说的"理一分殊"。"理无小大"指理一，"事有大小"指分殊。从朱熹于绍兴二十六年为泉州人柯国材故居写的《一经堂记》，提出"惟格物足以致之知，则意诚心正而大学之序"①看，他开始相信李侗说的就分殊上体认理一，即事穷理循序渐进的思想。因此，朱熹对"理一分殊"的阐发，是从"格物致知"作为出发点的，特别强调"分殊"——"虽毫发不可失"，且在自然界中刻意寻找比附，其《梅林春信》诗云："天公为我传消息，故遣梅花特地开。"②朱熹同安秩满，绍兴二十六年（1156）冬与李伯玉（李邴之子）盘桓于梅园唱和，一改"问祖师西来意"③的旧好，有道是："北风日日霾江村，旧梦正尔劳营魂。忽闻梅蕊腊前破，梦客不爱兰佩昏。"④被李侗称为"力行可畏""何患不见道"的朱熹，在夜阑人静

---

① 《朱熹集》卷七七《一经堂记》，四川教育出版社，1996年。
② 《李延平集》卷一，转引自何乃川《朱熹启蒙师李侗的思想》，见邹永贤主编《朱熹思想丛论》，厦门大学出版社，1989年。文人画家正是借理学之"气"来论梅的。产生于北宋后期的仲仁《华光梅谱》就以"气"论对梅花进行解析。他说："梅之有象，由制气也：花属阳而象天，木属阴而象地……蒂者花之所自出，象以太极，故有一丁……"而杨补之继承华光的观点，也以太极阴阳来谈梅花，他说："梅之有象，犹制器之尚色，花属阳故象天，木属阴故象地……夫蒂者花之所自出也，象以太极，故有一丁。"南宋末年吴大素更在论梅画中敷畅理学的太极阴阳之论。他说："且如梅之写法，必一俯一仰，此不易之理，运思而得其俯仰之趣者，合阴阳之道也。一俯一仰，二气所萃，得此法于意象之表，方可与谈写梅之妙。……先儒有曰：阴阳虽是两个字，然却是一气之消息，一进一退，一消一长，进处便是阳，退处便是阴。只是这一气之消息，做出古今天地间无限事来。"这里所谓"先儒有言"乃是朱子之语，阴阳学说成了他论梅之气的立论之基。由此可见，朱熹早年以梅来阐发"分殊"，意在说明"一气之消息"。
③ 《朱熹集》卷九二《李缜墓碣铭》，四川教育出版社，1996年。
④ 《朱熹集》卷二《和李伯玉用东坡韵赋梅花》，四川教育出版社，1996年。

万籁俱寂之际，期待着"梅蕊腊前破"，不是正在追寻李侗咏梅诗魂——
"分殊"的春讯吗？季冬之末，大地孕育着春意及成物的生机，梅花盛
开，预示着天地自然的"生生之德"。以至五年之后，他回忆温陵旧事，
又有"江梅欲破江南村，无人解与招芳魂"①之吟。

近代同安仍有朱熹抑豪强、恤民疾的传说，与《尧山堂外纪》的一
则逸事相契，亦可看作是对"理一分殊"的滥觞：

> 文公为同安主簿日，民以有力强得人善地者，索笔题曰："此地
> 不灵，是无地理；此地若灵，是无天理。"②

对于恃强凌弱，朱熹讽以天理论。从这一记载中，可窥见朱熹在阐述
"理一分殊"之初，就将事物的规律与伦理的法则合而论之，而这种物理
与伦理的糅合是从匡救时弊出发的。由于"人欲"作怪，事物的规律与
道德的法则相对立而不得统一，朱熹求助于前辈理学家的内省工夫，首
先针对"人欲"（后又提出"气禀"），展开"克己"之论，进行"理欲
初辨"。

明道（程颢）——龟山（杨时）——豫章（罗从彦）一脉的理学思想，
朱熹早年就得到父亲及武夷三先生的启蒙，即以《中庸》为本的《四书》
教育，注重思孟派的内心自我修养，朱熹后来回忆父师的教诲，作诗
《唤醒》道是：

> 为学常思唤此心，唤之难熟物难昏。
>
> 才昏自觉中如失，猛省猛求则明存。③

向朱熹传授《圣传论》的刘子翚，阐发"人心惟危，道心惟微，惟精
惟一，允执厥中"为道统的十六字心传，把"复卦"作为《易》学根
本，以"不远复"作为儒家"克己复礼"的修养工夫，使朱熹自小就深
深地扎下了"内圣"之学的根基。此外，朱熹又作《观心说》，不讳言
佛家语，同时指出："人心之危者，人欲之萌也；道心之微者，天理之奥

---

① 《朱熹集》卷二《丁丑冬在温陵……呈诸友一笑同赋》，四川教育出版社，1996年。

② 民国《同安县志》卷四一《杂录》。

③ 束景南：《朱熹佚文辑考》，江苏古籍出版社，1991年，第33页。

也。"① 理学家何以要耗费大量精力穷究心性理论呢？窃以为既是出于对统治集团竭泽而渔和人欲横流的忧患，也还出于解决个人精神上的困惑，即确立其人生观、世界观的切实需求。南宋的土地兼并与科纳之弊，致使百姓难以生存的社会现实，理学家极为关注。诚如对朱熹寄予"荒寒一点香，足以酬天地"②的刘子翚，尝作《维民论》，说"维民之道，莫先于轻赋敛"③。他认为南宋朝廷"理财乏术"，致使素称富有的蜀地与财赋渊薮的江淮也"常有煎熬窘乏之忧"。希望建立"无苛政，无暴刑，无重役，无厚敛"④的理想社会。其诗《策杖》，对"耕人"寄予深切的同情：

> 策杖农家去，萧条绝四邻。
>
> 空田依垅峻，断蓑布窦匀。
>
> 地薄惟供税，年丰尚苦贫。
>
> 平生饱官粟，愧尔力耕人。⑤

刘子翚轻徭薄赋的民本思想对朱熹有着深远的影响。殷忧以启圣明：早在绍兴二十三年（1153）季秋，官府又征民兴役发往郊原，朱熹作为一县长吏在同安城楼督役，目睹百姓饥羸不堪，内心产生无补于民的矛盾自责，咏诗《督役城楼》："祇役郊原上，暄风一吹衣。仕身谅无补，课督渐饥羸。"⑥同安任上，在经界不行，经总制无名之赋蠲减不果，朱熹革除弊政的努力均告失败之际，"民本"与"理本"的思想驱使他转向道德内求，在米仓壁上题了一首诗作为"座右铭"：

> 度量无私本至公，寸心贪得意何穷？
>
> 若教老子庄周见，剖斗除衡付一空。⑦

程颐说："公则一，私则万殊。"⑧用老庄"剖斗除衡"的超越现世理想，要

---

① 《朱熹集》卷六七《观心说》，四川教育出版社，1996年。
② 《屏山集》卷一四，《四库全书》，第1134册，第472页。
③ 《屏山集》卷二，《四库全书》，第379、381页。
④ 同上。
⑤ 《屏山集》卷一五，《四库全书》，第1134册，第478页。
⑥ 《朱熹集》卷一，四川教育出版社，1996年。
⑦ 《朱熹集·别集》卷七《题米仓壁》，四川教育出版社，1996年。
⑧ 《二程遗书》卷一五，四库全书本。

求做到"度量无私",不要"寸心贪得"。这在"理一分殊"的道德意蕴中,"理欲之辩"已初见端倪。这其中则融会了儒家的民本与道家的脱俗。

绍兴二十七年（1157）十二月五日,朱熹即将结束泉州地方的仕宦生涯之际,为陈养正读书堂作《恕斋记》,谓其"少从先生长者游,尝窃闻夫恕之说,以为不过推己之心以及人而已。勉而行之,又以为无难也。然克己之功未加,而蔽于有我之私胜,则非此未尝不病焉"。① 他后来在《论语集注·里仁》解释"夫子之道,忠恕而已矣"时注云:"尽己之谓忠,推己之谓恕。"而他早期"忠恕观"未形成时,论"恕"则重克己弃私涵养。这也是我们考察其"理欲之辨"发生演变过程时应予注意的。朱熹在泉州初辨"理欲",仅仅在知识阶层中相与论讨。自同安归居闽北后,他深山奉祠（监潭州南岳庙）,靠半俸养家,再度往从李侗门下,在清苦的游学生活中默默铸造其理学之剑。

朱熹的《一经堂记》作于绍兴二十六年（1156）闰月,正式提出"格物致知"（此前与诸生《策问》,亦数谈"格物致知"）,《恕斋记》则作于绍兴二十七年（1157）十二月五日。"格物""分殊"之滥觞,"理欲""忠恕"之初辨,皆发生于泉州初仕期间,这时朱熹不仅一心向儒,而且其理学胚胎已经孕育于斯。李侗的启发,泉州社会现实的政治、经济环境对朱熹的刺激,使他由泉州一郡窥视整个南宋社会,从而产生"逃禅归儒"的思想转变,其早期的理学思想得以产生。而朱熹在泉州因出差凡三四夜穷究所得出的"'理无大小',无所不在,本末粗精,皆要从头去做,不可拣择,此所以为教人有序也"。这样的思想,已具《大学》"格物补传"中所谓"天下之物莫不有理""众物之表里精粗无不到"的雏形。

同安归后,朱熹再次往从于李侗,决心遵循"下学上达"的门径,踏上艰难的"困学"之路,历经长达10年的苦参求索,始有乾道间的"中和"新田之说此后,朱熹以微薄的祠禄维持生计,为了构建其理学思想体系,艰难地跋涉于从主"悟"到主"静"而主"敬"的"逃禅归儒"的崎岖漫长之路上。

---

① 《朱熹集·别集》卷七《恕斋记》,四川教育出版社,1996年。

# 第二章　朱熹与佛道、伊斯兰教

朱熹初仕闽南泉州府同安县主簿（1153～1157），晚年出知漳州（1190～1191），1183 年因吊傅自得重来泉州。是故，其政治学术生涯与教学实践，乃至整个思想体系都与闽南泉州有着千丝万缕的联系。"濒海通商，民物繁夥，风俗错杂"① 的泉州，既是朱熹初仕，又是其一生中任地方官时间最长的地方。宋元时期，泉州一度跃居为"梯航万国"的东方第一大港。繁荣发达的海外交通，招徕数以万计的外国人到这里侨居或定居。他们带来了伊斯兰教、佛教、基督教（含天主教）、婆罗门教（印度教）、摩尼教（明教）等多元宗教。然而，本土文化与多元外来宗教文化是怎样碰撞、交触、互为渗透的，必须加以重视和认真探讨。著名人类学家费孝通考察泉州时曾指出，泉州历史上宋元时期有个中外"文化接触"的问题。② 朱熹是经历这种中外多元"文化接触"的最重要的思想家，其在闽南泉州，与诸多宗教人士交游，既谒奠过摩尼教（明教）呼禄法师墓，又深知"胡贾建层楼"（伊斯兰教清净寺）之历史事件，晚年则禁止"传习魔教"。任继愈先生《朱熹与宗教》《儒教再评价》诸文，在认为朱熹的思想体系是宗教的同时说："儒教作为在中国的社会历史条件下产生的一种复杂的历史现象，它对中国的社会和文化的影响也是多方面的，这些都应该联系到具体的历史进程作细致深入的研究。"③ 因此，考察朱熹与闽南泉州多元宗教的关系，既关系到具体而微的地域文化的历史进程，又是对朱熹理学文化发生学的一种观照。

## 一　与佛道教：高士焚修、凤山题偈、交游题词

朱熹自谓"出入释老十余年"，即大约从绍兴十四年（1144）初见道

---

① 《朱熹集》卷八九《范如圭神道碑》，四川教育出版社，1996 年。
② 王连茂：《"泉州学"与海外交通史研究刍议》，《泉州学研究》，福建教育出版社，2002 年。
③ 任继愈：《任继愈宗教论集》，中国社会科学出版社，2010 年，第 502 页。

谦（1152 卒）至绍兴二十七年冬离开泉州。

仕泉（1153）之前，朱熹既受孔孟学说和二程理学的熏陶，又有一个浸透佛老的灵魂。自卯读《四书》，后又曾频频向道谦、宗元问禅学佛；所学杂驳，并建斋室名"牧斋"，日读《六经》百氏之书；铨试得官待次期间，既有谦谦自牧、究味禅悦的工夫，又往武夷山访道，耽读道经，作室仿道士步虚焚修。其诗《宿武夷妙观堂二首》有"稽首仰高灵，尘缘誓当屏"①之咏；《月夜述怀》作"抗志绝尘氛，何不栖空山"②之吟；《读道书作六首》道是："岩居秉贞操，所慕在玄虚"③足见其陷坠佛老之深。仕泉途中，经南剑（今南平）往见李延平（1093～1163），其学禅有得的"无限道理"，并不为李延平所肯。

1153 年秋七月，任泉州府同安县主簿之初，朱熹将县署西北隅一轩名为"高士轩"，虽有"待后之君子"④的谦辞，但实用于吏事之暇，斋居读道书佛经，步虚焚修，以发高士之趣。如《同安官舍夜作二首》云："聊从西轩卧，尘虑一萧疏"⑤；《将理西斋》则慨叹"偶此惬高情，公门何日了"⑥？《步虚词二首》道是"扉景廓天津，空同无员方……千载何足道，太空自然畴"⑦。由此来看，所谓高士轩者，乃其焚香修道之斋室。是年九月，因其母耳背重听，经服上人（佛教高僧）所开药方，"遂良已"。朱熹有诗《与一维那》，称上人医术高超："探囊出刀圭，生死毫厘间。"有感于"相逢瘴海秋，遗我黄金丹。高堂得听莹，斑衣有余欢"⑧。青年朱熹直抒胸臆："谢师无言说，舌井生波澜。"后来他回忆说："泉州医僧妙智大师后来都不切脉，只见其人，便知他有甚病。又后来，虽不见其人，只教人来说，因其说，便自知得。此如他心通相似。盖其精诚

① 《朱熹集》卷一《宿武夷妙观堂二首》，四川教育出版社，1996 年。
② 《朱熹集》卷一《月夜述怀》，四川教育出版社，1996 年。
③ 《朱熹集》卷一《读道书作六首》，四川教育出版社，1996 年。
④ 《朱熹集》卷七七《高士轩记》，四川教育出版社，1996 年。
⑤ 《朱熹集》卷一《同安官舍夜作二首》，四川教育出版社，1996 年。
⑥ 《朱熹集》卷一《将理西斋》，四川教育出版社，1996 年。
⑦ 《朱熹集》卷一《步虚词二首》，四川教育出版社，1996 年。
⑧ 《朱熹集·别集》卷七《与一维那》，四川教育出版社，1996 年。

笃至，所以能知。"①这位妙智大师，有可能是当年为其母治过病之上人。由此可以窥见仕泉之初，潜心禅道的朱熹对于李延平之教，还没有深切体会，故心存疑虑。

图 2-1　安溪凤山古寺

1153 年冬，朱熹往泉属安溪县按事，曾登临县治北之凤山，于山顶通元（玄）观留下题偈："心外无法，满目青山。通玄峰顶，不是人间。"②可见朱熹此时仍然承袭大慧、道谦一脉否定外在权威，突出本心地位，以顿悟自性为标志的"看话禅"。

朱熹早年就粗通琴技，同安任上政务繁忙，曾有"援琴不能操"③之叹。1156 年季秋秩满候批之暇，他曾访道士苏绍成（委业于天庆观，后隐清源山），与之讨论乐律，书赠"廉静"二字并铭其琴："养君中和之正性，禁尔忿欲之邪心。乾坤无言物有则，我独与子钩其深。"④物有则同物有理。道教音乐在其历史演变过程中，曾探讨"静"的演奏心态，提倡"淡泊宁静，心无尘翳"，以达到"调气则神自静，练指则音自静"⑤的境界。这就需要摒弃"忿欲之邪心"的涵养工夫。这是借琴铭以辨"理欲"而对羽客方士投以心性理论。

①《朱熹集》卷四四，四川教育出版社，1996 年。
②《安溪县志》卷二《山川》，乾隆本。
③《朱熹集》卷一《寄黄子衡》，四川教育出版社，1996 年。
④《晋江县志》卷六〇《人物志·仙释》，道光本。
⑤ 卿希泰：《道教与中国文化》，福建人民出版社，1992 年，第 261 页。

关涉佛道及民间信仰之题词，略举数端：

其一，题焚天寺。焚天寺在同安县北大轮山，创于隋唐间，名兴国寺，有庵七十二所。宋熙宁中合为一区，改名焚天禅寺。1156 年秋秩满，朱熹暂寓焚天寺，题其法堂门曰："神光不昧，万古徽钦（猷）。入此门来，莫存知解。"① 此乃唐平田长老偈颂，朱熹早年读《大慧语录》已谙此偈。

**图 2-2    同安焚天寺**

其二，题开元寺。开元寺建于唐代，为泉州城内最著名之丛林。朱熹撰联："此地古称佛国，满街都是圣人。"已佚，近代高僧弘一法师重书，其木匾题刻今存开元寺藏经阁。

其三，题雪峰寺 。雪峰寺位于今南安市康美镇杨梅山麓，始建于唐代。相传朱熹与陈知柔偕游雪峰寺，依景作联云："地位清高，日月每从肩上过；门庭开豁，江山常在掌中看。"该联现镌刻于雪峰寺门楹柱。

其四，吊杨樵联。杨樵又名杨肃，唐末南安县水头人。原为樵夫，得异人指点，精医术，后为道士。因"为国母医疾愈，国王为遣御林军开为万人川，以为一方水利"。后来，杨樵被敕封为"杨府太乙真人"，进而演变为道教之神，俗称"杨仙公"。朱熹景仰杨樵心系民瘼，为民请

① 民国《同安县志》卷八《名胜寺观》。

命，书吊杨樵联云："仙子友英贤，一局曾消千日瞬；天王旌国手，三军为导万人川。"[①]

其五，正气匾。"正气"方正斗楷二字，黑匾金字，题款为"朱晦翁"，且有印章。陈允敦《泉州名匾录》记，朱熹闻悉抗金前线获得大捷，遂书此二字彰扬岳飞（时距风波亭冤案 20 年），赠予泉人，以张正气[②]。明清时代，泉州七城门附近关帝庙皆长期悬挂"正气匾"。清末缙绅杨家栋将舍人宫边竖式"正气匾"改为横式匾，悬挂于通淮关帝庙中殿。明代张瑞图"充塞天地"匾同悬于中殿，两匾合璧为"正气充塞天地"，民间视为镇邪防火之物。此为民间信仰吸取朱子文化之一例。

## 二　大慧禅师的泉州因缘及其以禅释儒的"物格说"

大慧禅师（1089 ～ 1163），俗姓奚，字昙晦，法名宗杲，号妙喜（高孝两朝，凡三赐号），宁国（今安徽宣城）人，因两住径山（距杭州城西北 50 公里）亦自称"径山"。大慧年少则不同于常人，"形体岐嶷，气宇如神"，年十二，入乡校，因与同窗"戏以砚投之，误中先生帽"[③]偿金后归，十七岁受具足戒（《年谱》与《五灯会元·径山宗杲禅师》），历经师事黄龙派真

图 2-3　大慧宗杲禅师像

净克文的法嗣湛堂文准，转事汴梁（今开封）天宁寺圆悟克勤，于言下豁然顿悟。圆悟"著《临济正宗记》付之，俾掌记室"[④]，从而名震京城。其后，两次住持径山，建千僧阁，从游者 1700 余人，被誉为中兴之主，上

① 民国《南安县志》卷三《舆地志·万人川》。
② 陈允敦：《泉州名匾录》，紫禁城出版社，1995 年，第 35 页。
③ 嘉兴藏《大慧普觉禅师年谱》，"师六十八岁"条。
④ 普济：《五灯会元》，中华书局，1997 年。

自名公巨卿，下至普通民众。大慧固然是重震禅林之巨擘，有另辟蹊径、矫正流弊之功。其创立"看话禅"，主张以禅林公案中疑义语句作为"话头"来进行内省式参究入门，强调"以悟为则"的宗教实践，不仅吸收云门、曹洞两宗的宗教智慧，而且也流淌着明教（摩尼教）之思想血脉①，这也是宗杲"看话禅"能够为中国禅宗注入新活力之不容忽视的重要原因。

大慧宗杲 50 岁之前与泉州有一段因缘。绍兴五年（1135）泉南给事江少明创新庵于小溪之上，延请大慧（道谦当侍行）以居。宗杲答缙绅孟仁仲、徐师川书说："去春入闽憩广因洋屿及八个月，而蔡子应以莆中灵岩天宫庵见招，坐席未暖，江少明复以今新庵遣人相延，遂领长乐五十三衲子卷祓此来。"可知其由福州、莆田辗转而来，一时名士如山东退休宰相李邴（1085～1146）、给事江少明、蔡子应、郎中储彦伦、李端友、蔡春卿皆从游。时大慧举自颂"赵州庭前柏树子话拈"云："庭前柏树子，今日重新举。打破赵州关，特地寻言语。"问："既是打破赵州关，因甚特地寻言语。"良久云："当初将为茅，长短烧了，元来地不平。"李邴别后以书与大慧曰："近扣寿室，伏蒙激发蒙滞，忽有省。……今一笑顿释。……临别叮咛之语，不敢忘也。"②六年丙辰（1136）住泉州云门庵，十月，李邴、吕居仁、郑尚明同访。大慧令莆田郑元亮写《顶相三公述赞》书其上，并自题曰："赵州云，似则打杀老僧，不似则烧却帧子。尽谓此本逼真，独未见有下毒手者，放过一着，两手分付钝叟（尚明之号）。"③其时大慧已遍历禅林，研究出一套融贯儒道释的工夫，自命以佛释儒，运用自如，泉南诸缙绅对大慧亦追随效颦。七年丁巳（1137），大慧被"诏住径山"，其答泉守刘子羽（1097～1146）书云："五月初离泉南，冒大暑艰苦备尝，七月方抵三衢。"④刘子羽在知泉任上，亦从之游，其弟刘子翚与宗杲交往，则在绍兴初年。

从其泉州宗教活动来看，大慧以"看话禅"说"公案"，在本体论则

① 林振礼：《朱熹千里往见大慧禅师的历史公案新解》，《东南学术》，2014 年第 1 期。
② 嘉兴藏《大慧普觉禅师年谱》，"师六十八岁"条。
③ 同上。
④ 同上。

根于"华严禅"。他要用其雄辩的"话头",则同一话题,正话反说,旧话翻新,称之为"死蛇弄活"。"点铁成金",为去开发人人都有的本性美妙光明的"心体",则所谓"妙明心印"(如来藏)。在引导参禅者在参究"狗子无佛性"的"无"字公案时,必须参究到"举话底亦不见有",则参究到主客双泯、人(举话底)法("无"字公案)俱忘的境界。只有这样,才能达到契悟,亦所谓"归家稳坐处"之际,也是"妙净明心"的时候。如大慧开示郎中蔡子应:"某近看'狗子无佛性'一语,恰似平地钉个击驴橛子,一除除却,顿觉廓然,本无挂碍,一切文字语言已没交涉,故见得'竹篦子'彻底分明,信知从上佛祖切要,为人处尤无多子,便见自己脚根下一段大事明,如皎日廓若太虚,从本已来,不生不灭不变不易,赤骨历地着一丝毫不得直饶,千佛出世亦无摸索处,菩提烦恼真如涅槃,皆为剩法花梢柳眼种种胜妙境界。"因作颂曰:"云门篦子,逢人便举,有眼无睛,徒劳下语。"又曰:"狗子无佛性,截断衲僧命,打破赵州关,识得云门病。……"[1] 综观大慧宗杲泉南活动之所谓"开示",其"自在无累说"以所举"话头",糅合(剽窃)道家老庄思想,或归于"空",或归"因果",但比起早期佛家,不必入山面壁,在俗也能参禅以求"解脱",从而吸引了泉南士大夫精英人物。诚如后来学生问朱熹,"今世士大夫晚年都被禅家引去者,何故?"答曰:"是他的高似你。你平生所读许多记诵文章,所借以为取利禄声名之计者,到这里都靠不得了,所以被他降下。……且省力,谁不悦而趋之。"[2] 不独李邴诸人,先前的王安石晚年亦是"舍宅为寺",请两个僧人来住持。

## 三　从径山论道到朱熹仕泉期间千里往见大慧禅师

朱熹与二程同样有"出入释老,反求六经"的经历,其理学是在消化释老,辟佛教援佛学的过程中逐步完成的。其初仕泉州同安"逃禅归儒"的思想转变中,亦即青年朱熹早期在寻觅匡救时弊药方之际,初步

---

① 嘉兴藏《大慧普觉禅师年谱》,"师六十八岁"条。
②《语类》卷一二六,中华书局,1986 年,第 3036 页。

构建其理论框架的思维活动中，就已突出《大学》"格物致知"这一重要命题。我们发现，这一命题是该时代知识精英共同关注的，朱子几乎花费毕生精力集注《大学》，并为之作"格物补传"。既是对以大慧为代表的禅师以佛释儒的回应，也是中国经学发展到一定历史阶段的必然产物。遵循任继愈先生"用历史说明宗教"[①]的方法，将朱子与大慧两位领袖人物的儒佛思想对话互动放在一定的历史条件之下进行考察，做出异质文化碰撞交流典型个案的初步诠释。

图 2-4　汪应辰像

关于朱子与大慧相会的时间，日本学者友枝龙太郎先生认为大慧北归（1155）途中[②]；美籍华人陈荣捷先生推定在 1156 年下半年[③]。余则确证两人相会于绍兴二十六年（1156）春，即秦桧死后，大慧由梅州贬所放还途中停留潮州之际。兹据大慧行迹，叙写如次。

时隔三载，大慧离开泉州之后，即绍兴十年（1140），52 岁的大慧在径山"创建千僧阁"，侍郎张九成（1092～1159）、状元汪应辰（1118～1176）登山问道，谈"格物之旨"。大慧说："公只知有格物，而不知有物格。"张汪追问究竟，大慧"笑而已"。张问："还有样子否？"即求示例。大慧答："不见小说所载，唐有与禄山谋叛者，其人先为阆守，有画像存焉，明皇幸蜀，见之怒，令侍臣以剑击像首，其人在陕西忽头落。"张九成闻之，乃题偈于壁间曰："子韶（张九成字）格物，昙晦物格，欲识一贯，两个五百。"[④]由此可见，大慧以小说家言注入禅说，用以解释儒家经典《大学·格物》。

---

① 任继愈：《任继愈宗教论集》，中国社会科学出版社，2010 年，第 150 页。
② 陈荣捷：《朱子与大慧禅师及其他僧人的往来》，《朱子学刊》，1989 年，第 1 期。
③ 同上。
④ 嘉兴藏《大慧普觉禅师年谱》，"师六十八岁"条。

绍兴十一年（1141）五月，大慧与张九成上堂言"神臂弓"，为秦桧所忌，"毁其衣牒"，流放衡州。二十年（1150）转侧梅阳（今广东梅州），颠沛流离达16年之久，直至秦桧死后才被放还。

绍兴二十三年（1153）夏，24岁的朱熹于赴任泉州同安县主簿途中，受学于李侗（1093～1163）。李侗对其"悬空理会"的"无限道理"（禅说）并不赞许，谓其"初从谦开善处下工夫来，故皆就里面体认"，[1]要朱熹读圣贤书，只看圣贤言语。

同安任上，经过读经反思，朱熹摒弃"好同而恶异，喜大而耻于小"[2]的方法路径，治学开始从"面前事"与"日用间"下功夫，始知李侗之言"其不我欺"，渐渐转向李侗。而回头再看禅佛，渐渐觉得"破绽罅漏百出"："禅只是个呆守法，如'麻三斤''干屎橛'。他道理初不在这里，只是叫他麻了心，只思量这一路，专一积久，忽有见处，便是悟。"[3]加上朱熹在主簿任上历练有年，由于李侗的启发，南宋泉州社会的影响，此时已悟禅佛之非。

图 2-5　李侗诞辰 920 周年纪念邮票

①《延平答问》，四库全书本（698），第 643 页。
② 同上。
③《语类》卷一二六，中华书局，1986 年，第 3029 页。

绍兴二十五年（1155）十月，秦桧死。受秦桧政治迫害而谪居岭南梅州的大慧宗杲放还。翌年正月二十一日，<sup>①</sup>大慧离梅赴潮（州）。在此期间，大慧以《朱主簿读赞》致朱熹："庞老曾升马祖堂，西江吸尽更无双。而今妙喜朱居士，觌面分明不覆藏。"前二句说的是其当年住持径山升堂弘法，上自王侯将相，下至普通民众从游之盛；三四句则隐含深意，如今秦桧既死，被流放16年的老僧大慧（时年68岁）与青年朱熹见面，不必再规避秦桧的政治罗网及嫌疑了。是年冬，程学解禁，朝廷开始摒逐"合党缔交，败乱成法"<sup>②</sup>的秦桧党人。在这样的政治背景下，朱熹在得到大慧"而今妙喜朱居士，觌面分明不覆藏"的邀请后，于绍兴二十六年（1156）春，毅然做千里之行，与大慧相会于潮州。诗《过飞泉岭》可证："梯云石磴羊肠绕，转壑飞泉碧玉斜。一路风烟春淡泊，数声鸡犬野人家。"<sup>③</sup>后来朱熹与傅自得、傅自修兄弟和唱《次韵潮州诗六首》其四《山丹》道是"昔游岭海间，几见蛮卉拆。……归来今几年，晤对祇寒碧。"<sup>④</sup>追忆之情景，十分清晰，非亲临其境不可作。根据《大慧普觉禅师年谱》，大慧于正月二十一日离开梅州。潮州、梅州相距约175公里路程，是年（1156）大慧北归经闽西汀州，宋代潮州可由水路乘船，沿鳄江而鄞江，这对老年大慧来说，甚为便捷。推算起来，在潮州相会与朱熹行迹时间相符。

那么，如今需要追问的是，当年大慧名气"震天骇地"，且已年近古稀，而年仅27岁的朱熹亲往趋见，自在情理之中。然而，泉州、潮州两地相距有近千里之遥，在古代的交通条件下，往还时间约两旬，加上逗留几天，合计近月。时朱熹还在同安主簿任上，是否因公务赴潮州，顺途往见大慧？还有，何人一同前往？由于文献无征，至今还是一个未解之谜。

关于这次相会，尽管后来朱熹讳谈其事，但还是在与学生讲学中有所流露："如杲老说'不可说，不可思'之类。他说到那险处时，又却不

① 嘉兴藏《大慧普觉禅师年谱》，"师六十八岁"条。
②《宋史》卷三一，中华书局，1977年。
③《广东通志》卷一零六《山川略》。
④《朱熹集》卷二，四川教育出版社，1996年。

说破，却又将那虚处说起来。如某所说克己，便说是外障；如他说，是说内障。他所以嫌某时，只缘是某捉著他紧处。别人不晓禅，便被他谩；某却晓得禅，所以被某看破了。"① 对于这段话，美籍华人陈荣捷先生（1901～1994）曾稍做解读，谓朱子以"克己"应对大慧之"观心"。② 这对于深化理解此次思想史上非常重要的儒佛互动无疑具有开山之功。而我的进一步思考也正是得益于陈先生的启发。

自 1993 年亨廷顿提出"文明冲突论"以来。文明对话日益受到知识精英的重视。窃谓青年朱熹与老年大慧这次相会，正是思想史上的一次不同寻常的"文明对话"。当年"大慧之名，震天骇地；道传其徒，遍满天下"③。明代理学家罗钦顺（1465～1547）阅其《语录》后说："宗杲者，当宋南渡初，为禅林之冠。……直是会说，左来右去，神出鬼没，所以能耸动一世。"④ 而比大慧小 41 岁的朱熹却不再被"不可说，不可思"的禅说所蒙蔽，且通过这次相会极力与之辩说。当时多少名公巨卿礼敬趋拜其讲坛，而初涉仕途的青年朱熹，需要何等的理论勇气。关于这次辩论具体而微的内容已不得而知，但窥测其所谓"内障"与"外障"的问题，当与 1140 年的张九成、汪应辰径山问"格物之旨"有相似之处，这关系到朱子理学的发展方向，亦即何以要"格物"的重大问题，有必要做进一步的解读。

大慧"看话禅"以其公案"话头"之"气魄大"鼓动人。其"话头"或多用"翻案法"，"即心即佛"可翻作"非心非佛"，尽管破关斩将，转凡入圣，终因其突出本心地位，否定外在权威，其"般若"探究，不仅难以体究觉悟宇宙人生之真谛，而坠入离事空悟，即只思量"话头"这一路，若有走作，应当"时时勤拂拭，莫使惹尘埃"，麻了心"专一积久"，豁然见到光明，悟而解脱。因此，当朱熹与其谈论"克己"时，自

① 《语类》卷四一，中华书局，1986 年，第 1057 页。
② 陈荣捷：《朱子与大慧禅师及其他僧人的往来》，《朱子学刊》，1989 年第 1 期。
③ 嘉兴藏《大慧普觉禅师年谱》，"师六十八岁"条。
④ 《禅篇·罗钦顺语》，四库全书本。

然仅说"内障",且就"那虚处说起来"。而朱熹其时既已初悟释氏之非而接受李侗之教,在日用间以"分殊"体认理一,即与大慧禅说"笼侗"之学异质的重视自然与社会千差万别的"格物"之学。也就是要走有别于禅家"就里面体认"(外息诸缘)的方法路径,即向外用力的"格物穷理",因而是说"外障"。换句话说,此时朱熹已转向李侗,从认为少时读儒经是"浪自苦辛"到始知"下学"缺失,故以"外障"应对大慧之"谩"。①

事隔两年之后,即绍兴二十八年(1158)大慧再度住持径山,又作一《偈》致朱熹:"径山传语朱元晦,相忘已在形骸外。莫言多日不相逢,兴来常与精神会。"②此乃余韵,足见这位"西江吸尽"的宗教领袖,既将朱熹作为忘年之交,也视为平生最大的论辩对手。抉发(揭示)这次对话,即找到了朱熹与陆九渊"鹅湖之辩"的前奏,亦即朱陆辩论的一个文化源头。

## 四　与伊斯兰教:"胡贾建层楼"事件为"文化接触"之镜鉴

"胡贾建层楼"实质是不同信仰之间由冲突演化为和合的重要事件,因南宋朝廷内部的政治斗争而引发赵令衿案。其结果是傅自得(1116～1183)被流放,赵令衿被迫害致死。它对于朱熹有着极为深刻的影响,朱熹于1183年为刚辞世的傅自得所撰写的《行状》中详细记录这一事件。赵令衿案的重要意义之一,即为朱熹后来应对禅佛教、摩尼教的挑战提供了镜鉴。

"胡贾建层楼"发生在绍兴二十一年(1151),即宗室赵令衿任泉州知府之际,傅自得同官通判,外国商贾建层楼(伊斯兰教清净寺)于郡庠之前。"贾赀巨万,上下俱受赂"。③郡庠亦即文庙州学(左庙右学)是祭拜孔子与教习士子之所、儒学教化的载体,是一个地方的文脉所系,

---

① 林振礼:《朱熹与梁克家的关系及其游历潮州考辨》,《厦门大学学报》,2008 年第 4 期。

② 束景南:《朱熹年谱长编》卷上,华东师范大学出版社,2001 年,第 154 页。

③ 《朱熹集》卷九八《傅公(自得)行状》,四川教育出版社,1996 年。

其地风水关涉人才之兴衰气运。于是，地方上的士大夫、读书人认为清净寺建于文庙州学之前破坏了"巽水汇洙泗"的好风水，群起而告官。地方官傅自得判决"化外人法不当城居"①，立戎兵官，即日拆除，清净寺由罗城内迁建于城外濠。这样，既不破坏泉郡孔庙州学受盛于山川的"科第人文"，又使清净寺作为点缀品，为文庙增胜。本来，事情至此已经相安，即本土文化与外来文化已由冲突演变为和合。然而，郡守赵令衿等人受外国商贾贿赂之事，则成为秦桧在绍兴二十五年命傅自得"体究"，打击政敌赵令衿的把柄。

**图 2-6　泉州涂门街清净寺**

赵令衿为赵宋宗室，于绍兴二十一年（1151）知泉州。关于他在泉"纳贿"事，《宋史》本传说他是因尝会宾客观"秦桧家庙记"，口诵"君子之泽，五世而斩"之句。秦桧的兄婿汪召锡，颇疑令衿，讽教官莫汲诉令衿"论日月无光，谤讪朝政"。其死党亦趁机劾之，"诬以赃私"。赵令衿则因此案下狱，死于绍兴二十八年（1158）。《宋史》本传认为赵令衿"纳贿"是被诬，但时人傅自得、朱熹则断言"上下俱受赂"，且于受理之时"追纳所受金"②。

① 《朱熹集》卷九八《傅公（自得）行状》，四川教育出版社，1996年。
② 同上。秦桧生前大肆搜刮民脂，积资之后，史家早有定评。"体究"赵令衿受贿是醉翁之意不在酒，在于赵令衿"诽谤"，且"语及丞相"。因此，秦桧玩弄权术，对傅自得拉拢不成，反为疑忌；用傅究赵，是以打击异己，傅自得若忤其意，则趁机罢贬之。可谓一箭双雕，用心险恶，手段毒辣。

　　傅自得乃赵明诚、李清照的外甥。由于傅自得的父亲傅察早在宣和末年抗金殉国，其母"携诸孤南度（渡）"[①]来居泉州。傅自得成年后以父殉死国事得补承务郎，步入政治生涯。初，丞相秦桧以自得年少力学，有文词，通吏事，企图笼络为党羽，而"遇之甚厚"。然又疑其刚果负气，终不为己用，故虽连佐两郡，皆铨格所当，得召博学宏词科，已奏名，而故黜之。及泉代归，秦桧又以升迁补入"故事三丞"诱之，傅自得则以母亲年事高，力请便郡归养。

　　绍兴二十五年（1155），傅自得在兴化军任上受命来泉，对赵案"力图宽解"，按事十得一二，"即不复穷究"，[②]极力为赵令衿开脱。其后，在向上陈述赵案时，又为"请得毋更置狱"，待"会廷尉狱成，令衿已坐"时，傅自得"遣奏上"，也只不过"追纳所受金而已"。这与秦桧对赵令衿"必欲置之死地"的态度，两相对比，暴露了南宋朝廷统治集团之间斗争的内幕。傅自得终因赵案，于绍兴二十五年底被罢官，"徙融州（今广西境内）为民"。流放前（1156年秋），初仕任满、志犹未酬的朱熹与仕途坎坷、纵情山水的傅自得结为忘年之交，同游九日山，泛舟金溪江，诗酒相和，互诉衷肠。[③]因此，朱熹对"胡贾建层楼"及其风波这一事件是刻骨铭心的。

　　作为通判的傅自得，为守护文庙州学这一尊孔读经载体，以"化外人法不当城居"处理穆斯林商人建寺，除了其正直与清白之外，还有诸多更为深层的原因。

　　首先，傅自得也深信风水祥瑞，是其个人文化价值追求使然。他题文庙大成殿之《夫子泉》道是："此泉与皂荚、芙蕖并瑞。图谍按五季间庙有皂荚，本州人举进士，视其生之多寡以为验。梁贞明中，忽生荚，有半人，莫测其祥。是岁，陈逖进士及第，黄仁颖学究出身。后唐同光中，仁颖亦进士及第，半荚之枝遂生全荚。"[④]皂荚树所结的皂荚（亦称

---

① 傅自得：《先太夫人墓志》拓品（吴幼雄教授提供）。
②《朱熹集》卷九八《傅公（自得）行状》，四川教育出版社，1996年。
③《南安县志》卷四六《艺文》，民国本。
④ 陈国仕：《丰州集稿》，南安县志编委会，1992年，第202页。

皂角）、芰藻（荷花的古称）与"夫子泉"并瑞，生长之多寡被视为地方上科第人文兴衰的征兆。从傅氏所题，足见其寄托于孔子庙堂的深厚情感。

　　其次，作为已"连佐两郡"的地方官，傅自得对百余年来州（府）学迁复的历史变迁与泉州士林守护文脉的文化心理有着十分深刻的了解，地方文化价值取向的经验教训使然。1150 年，他的岳父李邴（曾位居宰辅）与"善属文"的张读（曾知兴化军、官至直讲）两个地方上极有影响的人物，联手撰写了《泉州重建州学记》[①]树碑勒铭，字字千钧，严厉斥责于北宋大中祥符四年（1011）将州学"迁而西之"的郡守高惠连，极力讴歌于绍兴六年（1136）出知泉州、重建学宫的刘子羽（朱熹的父执、朱松入闽投靠主战派之核心人物）。过去近 150 年的历史证明，由于尊孔读经与地理选择已深深地积淀于缙绅士子的文化心理结构之上，"即庙建学""左学右庙"（《闽书》作"左庙右学"）是该时代的文化选择，谁背离这一选择，就会为泉州士林所不齿。因此，殷鉴未远，如果谁让外国商贾在孔庙之前建寺，破坏泉州缙绅士人的风水情结，将会受到地方士林的千古唾骂。[②]

　　再次，作为学贯经史的儒者，在处理中外不同信仰的文化冲突之际，对于重大是非问题，选择维护国家法律尊严，是义不容辞的责任。实践证明，傅自得的判决为后来治泉者树立了榜样。考南宋外国人的城内杂居状况，如广州"番禺有海獠（航海而来之蕃商）杂居，其最豪者蒲姓……定居城中"[③]；泉州也有"蕃商杂处民间"[④]。可见外国商贾居住在本土城内，乃地方官不干涉或默许之结果，非国家法律所允许。由于蕃商杂处民间，以前的地方官员，对蕃汉纠纷中的不法外商，常用阿拉伯人的习俗，"以牛赎罪"。因此，蕃汉争讼频频发生。乾道七年（1171），汪

---

① 道光《晋江县志》卷一四《学校志》。

② 林振礼：《宋代泉州府学、石笋变迁管窥》，《泉州师范学院学报》，2006 年第 5 期。

③ 岳珂：《桯史》卷一一，四库全书本。

④ 楼钥：《攻媿集》卷八八《赠特进汪公（汪大猷）行状》，四库全书本。

大猷出任泉州知州,严正地说:"安有中国而用番俗者!苟至吾前,当依法治之。"① 此后,蕃商有所惮惧,犯禁者遂减。

初仕闽南泉州的青年朱熹,除了与傅自得结为忘年,与名儒陈知柔,以及李邴之子李缜也有深交。因此,熟谙中外不同信仰之间"文化接触"的社会原因与复杂过程。因此,由于"胡贾建层楼"事件引发傅自得与赵令衿案,成为朱熹后来应对其他宗教的镜鉴,则是毋庸置疑的。

## 五 朱熹之于多元宗教——兼融而不宽容

朱熹后来反思初仕泉州"逃禅归儒"的经历时,曾对赵师夏说:"余之始学亦务为儱侗(意为笼统)宏阔之言,好同而恶异,喜大而耻于小。……(泉州)同安官余,以延平之言反复思之,始知其不我欺矣!盖延平之言曰,吾儒之学所以异于异端者,理一分殊也。理不患其不一,所难者分殊耳。"② 由此可见,"理一分殊说"作为其思想体系的理论基石,而泉州同安官余,泛滥于诸家,出入于佛老的青年朱熹穷究"分殊",目的是救以往"笼统"之失,以应对异端之禅佛教。根据蒙培元先生对"朱熹关于世界的统一性与多样性"("理一分殊说")之追溯与阐微:程颢发挥《中庸》之"一理"与"万事"关系,程颐(1033~1107)则对张载《西铭》做进一步抉发,正式提出"理一分殊说"。这一哲学命题历经百年薪传,至朱熹始从生命存在的意义上注入新的文化蕴涵。然而,程朱既为重视"分殊"的学说,这就意味着必须承认并尊重不同文化,严肃认真地对待和研究不同文化③。这是一个十分复杂的问题。窃以为,朱熹作为"理一分殊说"的光大者,又是经历闽南多元"文化接触"的最重要的思想家,其在构建新儒学的过程中,对于闽南多元宗教,在深入至"骨髓"的理解之同情的基础上,进而加以兼容而非宽容。

1156 年仲春(仕泉期间),朱熹于潮州与大慧别后,一直关注其行

---

① 楼钥:《攻媿集》卷八八《赠特进汪公(汪大猷)行状》,四库全书本。
② 李清馥:《闽中理学渊源考》卷五《备考·赵师夏》,四库全书本。
③ 蒙培元:《朱熹哲学十论》,中国人民大学出版社,2010 年,第 48~61 页。

踪，大慧至赣南时，军学教授王师愈以儒学教官去听禅师说佛法为"辱吾道"，而不愿"北面于彼"。朱熹在《王公（王师愈）神道碑》中说："行僧杲有时名，窜领外（今广东梅州）得归，所过士大夫争先礼敬。至临江（今江西抚州），郡守延致，俾升高座说佛法，而率其属往听焉。召公俱往，公谢曰：'彼之说某所不能知，然以儒官委讲而北面于彼，某纵自轻，奈辱吾道何？'"①他褒扬王师愈疏远大慧事迹，自然也就对自己千里趋见大慧之事讳莫如深了。这说明朱熹对大慧之禅有非常复杂的情感：他曾"师其人，尊其道，求之亦切至"②；先于自己的王侯将相、父师前辈亦曾竞相从游大慧禅师；而他要抨击禅佛教，以维护"吾儒"道统之地位。这是需要具有挽狂澜于既倒的理论勇气的。由于朱熹长期"驰心空妙之域"，他也公开承认"释老之书极有高妙者"③；"老子说他一个道理甚缜密"④。然而，令朱熹深感严峻的，是不仅大慧以禅释儒，就连二程的再传弟子张九成（1092～1159）也因追随大慧而"逃儒归禅"。因此，朱熹批评张九成"格物致知之学"乃"释氏看话之法"⑤。其晚年在闽南漳州，当叶适（1150～1223）写信告诉他闲暇读佛书，"乃知世外瑰奇之说"时，朱熹致书告诫叶适，对于佛书"若偶读之，亦须便见得其乱道误人处"⑥。同时，他在《答项平父》中极力抨击释氏"笼罩之说"，为"异端诐、淫、邪、遁之害"⑦。

朱熹之于多元宗教，可谓"兼融而非宽容"。不宽容则诚如其后来所言："吾儒万理皆实，释氏万理皆空。"⑧老子"只是不见实理，故不知礼乐刑政之所出，而欲去之。"⑨"佛老之学，不待深辨而明，只是废三纲

---

① 《朱熹集》卷八九，四川教育出版社，1996年。
② 《朱熹集》卷三〇，四川教育出版社，1996年。
③ 《语类》卷一二六，中华书局，1986年。
④ 同上。
⑤ 《朱熹集》卷七二，四川教育出版社，1996年。
⑥ 《朱熹集》卷五六，四川教育出版社，1996年。
⑦ 《朱熹集》卷五四，四川教育出版社，1996年。
⑧ 《语类》卷一二四，中华书局，1986年。
⑨ 《语类》卷一二五，中华书局，1986年。

五常，这一事已是极大罪名！"①关于外国商贾在泉州"建层楼"（伊斯兰教寺）事件，朱熹赞赏傅自得以"化外人法不当城居"，令其拆迁另建为判决。体现了在接触与输入外来文化的同时，不能失去本来民族的地位与法律尊严的价值理念。其晚年 61 岁知漳州之际，摩尼教（明教）活动已严重触犯伦理，危及社会安定，作为成熟的政治家，则竭尽全力禁"传习魔教"。兼融则如其仕泉之谒莫呼禄法师墓，其时摩尼教（明教）水波稍息，青年朱熹以开放心态偶涉。其"理一分殊"说对于禅佛哲理的吸取，则如其门人所问："理性命"章何以下"分"字？漳州陈淳记："不是割成片去，只如月映万川相似。"②又因行夫问"理一分殊"而答："所以谓格得多后自能贯通者，只是为一理。释氏云：'一月普照一切水，一切水月一月摄。'这是那释氏也窥得这些道理。"③至于对本土道教思想文化之兼融，则可谓深远而微妙，诸如老庄的辩证思维，以及道教之易图等，均为朱熹理学所改造与吸取。

　　嘉定间（1208 ～ 1224），叶适应其门人毛当时（泉州府同安知县）之请，为撰《朱文公祠记》，他感慨朱熹生前对儒佛之异"极辨于毫厘之微，尤激切而殷勤"；对朱熹当年批评其耽读佛书有深刻的理解："夷佛疾痛也，科举痒痾也，公所甚惧也。"④最后，对朱熹一生的学术政教活动给予中肯的评价："夫政之得民速，不如教之及民远也。"⑤

---

①《语类》卷一二六，中华书局，1986 年。
②《语类》卷九四，中华书局，1986 年。
③《语类》卷一八，中华书局，1986 年。
④ 郑振满等：《福建宗教碑铭汇编·泉州府》，福建人民出版社，2003 年，第 955 ～ 956 页。
⑤ 同上。

# 第三章　朱熹与摩尼教

朱熹青年时代仕泉（1153～1157）与晚年知漳（1190～1191），均涉摩尼教（明教）。庆元二年（1196）即"庆元党禁"之际，监察御史沈继祖奏劾朱熹六大罪状，开头就有"剽张载、程颐之余论，寓以吃菜事魔之妖术，以簧鼓后进"[①]云云。其中"吃菜事魔"即指摩尼教。对此，若如论者简单地说沈继祖根据传闻而说谎诬陷，既不利于弄清事实，也不足以为朱子辩解。通过新资料，揭示朱熹仕泉时与草庵（摩尼教址）之关涉，提出前贤寻觅未果的呼禄法师墓的新线索。学界前辈认为朱熹知漳《劝谕榜》所禁为佛教。通过勾勒摩尼教在中国的流播及其对赵宋王朝的影响，征诸同时代陆游、真德秀遗留文献，并以史实、文物相印证，辨析朱熹知漳所禁即摩尼教。

## 一　摩尼教在中国的流播及其对赵宋王朝的影响

公元 3 世纪，摩尼教由南巴比伦人摩尼创立，后发展成为一种世界性宗教。675 年，摩尼教传入中国新疆地区，然后逐步扩散到中国内地。[②]唐开元十九年（731），《摩尼光佛教法仪略》一书由古叙利亚文本译成汉语文本，公开刻印发行，流播于民间。公元 8 世纪中叶，摩尼教被回鹘的登里可汗立为国教。唐王朝为了平息"安史之乱"，向登里可汗求援。762 年，登里可汗派兵杀入洛阳等地，他要求唐朝在长安建摩尼教大云光明寺，在荆州、洪州、扬州、越州、河南府和太原等地也建立摩尼教寺庙。这样一来，摩尼教成为仅次于佛教与道教的一大宗教派别。唐武宗"灭佛"，同时下令敕禁摩尼教。此后，宋、元、明、清各代的封

---

① 束景南：《朱熹年谱长编》卷下，华东师范大学出版社，2001 年，第 1272 页。
② 刘清泉：《摩尼教兴衰因缘及其罗山草庵遗迹探究》，《世界宗教研究》，1999 年第 3 期。

建统治者也都下过限制摩尼教活动的禁令，遂使摩尼教归于湮灭。[①]摩尼教在其流传过程中，佛道色彩越来越浓。五代后梁贞明六年（920），母乙、董乙以摩尼教为旗帜，在陈州（今河南淮阳）起义，其徒"画魔王踞坐，佛为跣足"，宣称"佛是大乘，我法乃上之乘"，意谓其教主摩尼比释迦牟尼还要高明；宋真宗时修《道藏》，两次命福州献上《明使摩尼经》编修入藏[②]。宋代摩尼教转入地下，向东南沿海秘密渗透。这种秘密宗教的参加者不喝酒，不吃荤，互相以财相助，很受贫苦民众欢迎。因此，揭竿而起的农民领袖利用其宗教形式组织农民起来斗争。北宋政和四年（1114），浙江明教信徒各在所居乡村，建立斋堂，鼓动民众，夜聚晓散。徽宗这才感到问题严重，颁布取缔禁令。时隔六年，方腊则以明教相号召，树帜起义。其后，统治者以"吃菜事魔"和"魔教"侮称明教，并视之为邪教。南宋初对于"吃菜事魔"的取缔尤为严酷。高宗一再颁布禁令，因告发株连，被籍没流放者不计其数。然而，统治者的镇压无异为渊驱鱼，迫使异教徒们进行殊死反抗。实际上，方腊以后，"吃菜事魔"在东南民间一直禁而不止，频生事端。南宋立国百余年间，与"魔教"有关的农民起义此起彼伏：建炎四年（1130），王念经在江西贵溪聚众起义，信州、饶州数万民众纷起响应；绍兴三年（1133），余五婆、缪罗在浙江遂安"传习魔法"，反抗官军；绍兴十年（1140），浙江东阳"魔贼"谷上元率众起事；绍兴十四年（1144），安徽泾县俞一发动"事魔者"举义；绍兴二十年（1150），贵溪黄曾继王念经之后，再次"以魔惑众"，扰乱一方。[③]

　　距方腊起义一个世纪后，绍定元年（1228），陈三枪在赣南松梓山举义，奉张魔王小张魔王为领袖，声势波及三路十余州郡，时间持续了7年之久。宋代与摩尼教相关见诸记载的农民起义，以方腊始，以陈三枪

---

① 刘清泉：《摩尼教兴衰因缘及其罗山草庵遗迹探究》，《世界宗教研究》，1999 年第 3 期。

② 虞云国：《细说宋朝》，上海人民出版社，2002 年，第 279 页。宋徽宗亦曾再修《道藏》，两次命温州送明教经文入藏。

③ 虞云国：《细说宋朝》，上海人民出版社，2002 年，第 281 页。

终，两者首尾呼应。由此可见，摩尼教对赵宋王朝的社会生活和历史进程产生过不容忽视的重大影响[①]。

## 二  青年朱熹仕泉谒呼禄法师墓与草庵题刻

对于朱子所谒呼禄法师墓之所在地，20 世纪 50 年代就有学者寻觅未果。近有泉州许添源先生撰文，认为泉州城北清源山埔任村"墓庵埔"极可能是该墓的具体地点。此外，陈允敦教授《泉州名匾录》一书，其中有一条史料，可作为朱熹与草庵（摩尼教址）关系之佐证。

图 3-1  泉州晋江草庵寺

一般学者在研究摩尼教传入福建泉州时，均引用何乔远《闽书》卷七《方域志》的记载："会昌中（841～846）汰僧，明教在汰中，有呼禄法师者，来入福唐（今福清县），授侣三山（今福州市），游方泉郡，卒葬郡北山下。"所谓"汰僧"，即指武宗"灭佛"。摩尼教僧侣呼禄法师避难入闽，先驻福清，又徙福州秘密传教，继而游方泉州，老死后埋葬在泉州城北清源山下。由此可见，唐季摩尼教已在泉州等地播下了薪传火种。至迟在五代，泉州已有摩尼教活动（称为明教）。据南唐徐铉《稽神

---

① 台湾学者王见川所撰《从摩尼教到明教》一书，有诸多创见，但认为"摩尼教厌恶杀戮，不仅在西方是这样，在中国也是如此。"（转引自韩秉芳《评〈从摩尼教到明教〉》，《世界宗教研究》，1994 年第 1 期）从而反复论证中国的摩尼教（明教）与农民起义无涉。对此，我们不敢苟同：因为传入中国的佛教与基督教，都是反对杀戮的，可两者在历史上都曾被起义的农民所利用。

录》卷三记载：

> 清源（泉州别称清源）人杨某……有大第在西郭……鬼出没四
> 隅，变化倏忽，杖莫能中。……乃召巫立坛治之。鬼亦立坛作法，
> 愈盛于巫，巫不能制，亦惧而去。后有善作魔法者，名曰明教，请
> 为持经一宿，鬼乃唾骂某而去，因而遂绝。

那么，朱熹之世，摩尼教在泉州的活动情况又是怎样的呢？该教如
果没有一定的社会基础，朱熹等人何以会有"谒奠"之举呢？20世纪80
年代前后，泉州文博部门在草庵前发掘出带有"明教会"字样的宋代瓷
碗，继而又在晋江县图书馆发现清嘉庆十三年（1808）泉州学者蔡永兼
《西山杂志》抄本。据黄世春先生介绍，1979年他在草庵前二十米处发
掘出"明教会"黑釉瓷碗一件及同类瓷牌六十多片（其中十三片带有残
存的"明""教""会"字样）。为了寻找这批瓷器的烧制窑址，黄世春先
生花了3年时间，终于在磁灶大树威发现了这批瓷器的烧制窑址，并确
定烧制年代为宋代早期①。宋代"明教会"瓷器的成批发现，说明至迟在
南宋初年，这里已出现摩尼教寺院，是当时泉州摩尼教的一个活动地点。
从成批烧制专用食具可以窥见，当时这里必定有众多的教徒，过着平静
的山林寺院生活。与发现"明教会"宋瓷器几乎同时，在晋江县图书馆
发现蔡永兼《西山杂志》抄本，抄本云：

> 宋绍兴十八年（1148）宋宗室赵紫阳在石刀山之麓筑龙泉书院，
> 夜中常见院后石壁五彩光华，于是僧人吉祥募资琢佛容而建之寺，
> 曰摩尼教。元大德时（1297～1307），邱明瑜曾航舟至湖，格登摩
> 尼寺，捐修石亭，称曰"草庵寺"②。

这段文字提示：南宋绍兴十八年（1148），宋宗室赵紫阳在华表山建龙泉
书院以前，这里已有摩尼教徒活动，因在书院后面的石壁上发现"五彩
光华"，于是僧人募资在石壁上雕塑摩尼光佛，建寺，曰摩尼寺。今庵前
发现的"明教会"瓷碗，应是宋代摩尼寺僧众的专用食具。③

---

① 黄世春：《福建晋江草庵发现"明教会"黑釉碗》，《海交史研究》，1985 年第 1 期。
② 对于《西山杂志》抄本，李玉昆先生曾谓"该本系后人传抄"，当有所据。但即使后
　人在传抄过程中有所篡改添补，经校勘甄别，仍不失其史料价值。
③ 黄展岳：《摩尼教在泉州》，《学术泉州》，中央文献出版社，2003 年，第 244 页。

绍兴二十三年（1153）秋，初仕泉州、时年24岁的同安县主簿朱熹与同僚们一起往北山谒奠呼禄法师墓。其咏《与诸同寮谒奠北山过白岩小憩》①云：

> 联车涉修坂，览物穷山川。疏林泛朝景，翠岭含云烟。
>
> 祠殿何沉邃，古木郁苍然。明灵自安宅，牲酒告恭虔。
>
> 肸蠁理潜通，神蚪亦蜿蜒。既欣岁事举，重喜景物妍。
>
> 解带憩精庐，尊酌且留连。纵谈遗名迹，烦虑绝拘牵。
>
> 迅晷谅难留，归轸忽已骞。苍苍暮色起，反旆东城阡。

（《文集》卷一）

陈万里先生曾考该诗内容：

> 证以陈援庵先生之《摩尼教入中国考》（北京大学国学季刊第一卷第二号）文中，引用沈继祖劾朱熹所谓"剽窃张载程颐之余论，寓以吃菜事魔之妖术"之语，则朱文公之所谒奠者所谓祠殿，所谓明灵，所谓名迹，似有谒奠呼禄法师之可疑。余复稽诸志书，关于记载清源山部分，在朱子当时，是否别有可以谒奠之祠殿及遗留之名迹足供纵谈者，曰无有也（仅有梅岩，为留从效别墅故址）。中峰有纯阳洞，有喜雨亭为祷雨之所，大休岩为唐欧阳詹、林蕴、林藻读书处，而《清源山志》又有"……又西为观音岩……相与琢像岩端，下为羽仙岩，在罗武二山之下，即老君岩，宋时二山下，朱子游焉"之说亦可供参证焉。②

陈万里先生此处考证朱熹谒奠者为呼禄法师墓，语气并不肯定。然而，经林悟殊先生补证后，朱熹所谒奠者为呼禄法师墓则无疑。林先生说，诗中的"明灵自安宅"一句，其"明"字，虽一般应作"神明"解，但与"灵"组合，在这个具体语境中，则殆指明教之灵，盖指呼禄法师之灵也，整句的意思可解释为"呼禄法师安息在此"。若朱熹意在泛指神

---

① 郭齐《朱熹诗词编年笺注》以为"北山、白岩皆在同安城郊"。盖因郭先生为蜀人，似未曾莅泉之故。北山、白岩皆属清源山一带。乾隆《泉州府志·山川》将此诗附"清源山"条，还有清源山下埔任村民口碑亦可资为证。

② 陈万里：《闽南游记》，上海开明书店，1930年，第49～51页。

明，则通常有"神灵"一词可用，无必标新立异用"明灵"。何况，若"明灵"作"神灵"解，则"自安宅"便费解了。①

该诗的开头四句写来时朝景，尾四句写归时暮景；"祠殿"以下六句，抒谒奠高僧归葬之所，顿悟人神之间通感；"解带"以下四句，叙白岩僧寺小憩；中间横插"既欣岁事举，重喜景物妍"，过渡自然，以成章法。从诗中可以窥见青年朱熹对呼禄法师的景仰。然而，这位传教士的墓地早已湮没，文献也没有明确的记载。有学者推测其墓在清源山老君岩附近，如吴文良先生《泉州宗教石刻》书中说："泉州城北，传说有呼禄法师墓在老君山下，南宋朱熹有与同僚谒奠北山呼禄法师墓的诗。但我们在老君山下搜寻多次，毫无收获，仅见大石刻老君坐像一尊，与巨松数株而已。"②前不久，许添源先生撰《呼禄法师墓究竟在哪里》一文，为揭开这一千古之谜提供了难得的线索：

> 呼禄法师为史志记载中传教泉州的唯一有名的摩尼教僧侣，是一位非同寻常的道行高深的传教师。他的坟墓肯定也是圣墓，可惜有关记载甚少。今人据"卒葬郡北山下"6个字，只知其死后埋葬在泉州城北的清源山麓。但具体位置则不甚了了。有人说其墓在老君岩，但只是推测，查无实据。

> 笔者据民间口碑及儿时回忆，认为呼禄法师墓很有可能在北峰镇环清埔任村"墓庵埔"。主要依据是：埔任村位于狮峰山脉之末端，古时"大泽"之畔。村西原有小山丘，与"郡北山下"相符。村人称此小山丘为"五庵埔"，实应为"墓庵埔"（"五"与"墓"闽南话为谐音）。笔者小时候就曾见埔上有大墓好几处。其中有一大墓用糖水灰筑，村人叫"和尚墓"。听年长些的人说，原来墓边有庵，墓前有石碑、石塔。墓庵埔边原来住有一神姐阿晟，活到80余岁，"文革"后去世。据泉州华侨中学退休教师蔡景煌称，阿晟生前曾说

---

① 林悟殊：《泉州摩尼教渊源考》，《华夏文明与西方世界》，博士苑出版社，2003年，第85页。

② 吴文良：《泉州宗教石刻》，科学出版社，1957年，第44～55页。

新中国成立前草庵的"和尚"年年来此祭祀。今年60多岁的村民蔡毓远说，他小时候还吃过草庵和尚祭祀后分送的馒头等祭品呢！草庵是摩尼教寺院。草庵的"和尚"来此祭祀，说明此墓与摩尼教的渊源关系。村人称法师墓为和尚墓，意在相近。因摩尼教在经过明朝禁止后，逐渐与道教、佛教合流，已经失去其特色了。

世事沧桑，人物变幻（换）。过去荒冢累累的墓庵埔，几十年来已被高楼大厦村居民房所覆盖。历史遗迹是难以找寻了。关于呼禄法师墓址的"人证"和"物证"还是有的。"口碑"可询之埔任村墓庵埔上岁数的原住民。另据说有一高约2米、宽1米的大石碑，"农业学大寨"开山造田时，由一二十个年轻小伙子扛到"浯公潭"通溪蚀水利处当桥板。后又因建进（往）五一粮库公路，埋入地下。地点约在旧剑影武术学校前。若要发掘，则可调查当时参与的当地人。[①]草庵是位于晋江安海罗山的摩尼教寺院，距上述埔任村约五十里之遥。1949年以前草庵的"和尚"年年来此祭祀，说明此墓与草庵摩尼教的渊源关系。许添源先生所说的北峰环清埔任村西小山丘"五庵埔"（墓庵埔），位于清源山下，即今福建省泉州劳动教养管理所附近。因此，许先生撰文详述的"和尚墓"有可能就是学界刻意寻觅的呼禄法师墓。

据陈允敦先生《泉州名匾录》[②]记载，朱熹题刻"勇猛精进"四字横书木匾，原悬于晋江余店苏内村万石山（罗山）摩尼教寺草庵中。明清时代，摩尼教式微，草庵由佛教僧尼掌管。1933年冬弘一法师曾挂锡于此，在朱熹匾后半截加书一段小字："岁次癸酉，与传贯法师同住草庵度岁，书此以作遗念。除夕朝演音，时五十有四，贻赠庵中。"[③]陈允敦先生慨叹一匾之中，书者名儒，续者名僧，十分珍贵。可惜该匾于"文化大革命"失落。

① 许添源：《呼禄法师墓究竟在哪里》，《泉州政协报》，1999年7月16日第14版。
② 陈允敦：《泉州名匾录》，紫禁城出版社，1995年，第29页。
③ 此记载本于王洪涛《弘一法师在泉州》一文（《泉州文史资料》1962年9月第七辑）；查《弘一大师全集》（九·书法卷）第138页亦有落款为戊午年（1918）的"勇猛精进"四字。

　　关于该题刻的书写时间，我们认为应与绍兴二十三年（1153）秋朱熹谒奠呼禄法师墓同时。高令印教授认为，草庵寺距安海石井书院很近，因此，（"勇猛精进"）可能是朱熹早年至石井镇（安海别称）时写的（高令印：《朱熹事迹考》，第 239 页）。厦门大学刘青泉先生认为，晋江罗山草庵始建于南宋绍兴年间（1131～1162）。①1979 年，草庵的庵前曾经出土了刻有"明教会"字样的宋代黑釉瓷碗等一批珍贵文物（今存泉州海外交通史博物馆），证明罗山草庵一带在南宋时代就是明教主要活动地区之一。因此，朱熹谒呼禄法师墓应与明教活动有涉，但其草庵题刻的具体背景已难以详考。我们可以做这样的分析：其时朱熹莅同安仅数月，因好佛老而及于摩尼教。摩尼教宣扬的光明（善）黑暗（恶）二宗可与理学家的天理人欲说相比附，②故朱熹引申佛教教义"四法印"勤修涅槃之法"正精进"为"勇猛精进"，书赠明教徒。

　　关于朱熹莅同安仅数月，何以因好佛老而及于明教呢？还可以追溯其学禅佛之师承，做出解释。近阅《宋僧录》："宗杲……游方，时宣州（今安徽）有明教绍珵禅师者，师闻其饱参，倾心事之，常请益雪宝拈古颂及古宿因缘。复游郢州（今湖北江陵县），见大阳元首座、洞山微和尚、坚侍者，师参三人甚久，尽得曹洞宗旨。"③又读《续传灯录》："临安府径山妙喜大慧宗杲禅师……父母勉之，令游方。时宣州有明教绍珵禅师者，兴教坦之嗣琅邪觉之孙也。师闻其饱参，倒（倾）心事之。……珵指示惟要直下自见自说，不少假其言语。师洞达先德微旨。珵异之每叹云：'杲再来人也'。"④宗杲不仅师事明教绍珵禅师"甚久"，而且"洞达先德微旨"，得到"杲再来人也"之赏识。由此可见，两宋交替之际的佛教界领袖人物宗杲（大慧）禅师，其学脉流淌着明教（摩尼教）之血液。如陈垣谓："宋儒理欲二元之说，实与摩尼教旨有关。"⑤那么，已在闽北崇安密庵师事过道谦（宗杲之弟子），并以书信向宗杲问学；举建州

① 刘青泉：《摩尼教兴衰因缘及其罗山草庵遗迹探究》，《世界宗教研究》，1999 年第 3 期。
② 束景南：《朱子大传》，福建教育出版社，1992 年，第 145 页。
③ 李国玲：《宋僧录》（上），线装书局，2001 年，第 375 页。
④《续传灯录》卷 27 "大鉴下第十六世昭觉圆悟克勤禅师法嗣"。
⑤ 陈垣：《明季滇黔佛教考》（上），河北教育出版社，2002 年，第 182 页。

乡贡时"搜其箧，只《大慧语录》一帙"①，时年24岁的青年朱熹，步先师之后尘而谒奠明教高僧呼禄法师之墓，既有可追溯之学脉渊源，也就不再费解了。

## 三　朱熹晚年知漳《劝谕榜》禁"传习魔教"辨析

绍熙元年（1160）四月，61岁的朱熹出知漳州。作为名满天下的大儒，以《大学》修身、齐家、治国、平天下为己任的政治家，站在维护封建王朝长治久安的立场上，为了实现其"三纲五常"的政治目标与德性伦理而不遗余力。将近一年的临漳之政，对经界、盐法等时弊的整饬及经总制的蠲减收效甚微。然而，漳郡风俗丕变，与朱熹的教化厉治及经学理学的传播密切相关。因此，方志说，临漳自"晦翁过化以来，民知冠婚丧祭之礼，士习尧舜周孔之学"。②实施社会改良之举，从其发布的公告文书中可以窥见一斑：

劝谕榜

一、禁约保伍互相纠察事件：常切停水防火，常切觉察盗贼，常切禁止斗争。不得贩卖私盐，不得宰杀耕牛，不得赌博财物，不得传习魔教。保内之人互相觉察，知而不纠，并行坐罪③。

劝女道还俗榜

……盖闻人之大伦，夫妇居一，三纲之首，理不可废……降及后世，礼教不明，佛法魔宗乘间窃发，唱为邪说，惑乱人心，使人男大不婚，女大不嫁，谓之出家修道，妄希来生福报……幸而从之者少，彝伦得不殄灭。其从之者又皆庸下之流……血气既盛，情窦日开，中虽悔于出家，外又惭于还俗，于是不昏之男无不盗人之妻，不嫁之女无不肆为淫行……岂若使年齿尚少、容貌未衰者各归本家，听从尊长之命，公行媒娉，从便昏嫁……息魔佛之妖言，革淫乱之

① 《大慧普觉禅师年谱》，嘉兴藏本。
② 光绪《龙溪县志》卷十《风俗》。
③ 《朱熹集》卷一〇〇，四川教育出版社，1996年。

污俗，岂不美哉！ ①

以上引文有"佛法魔宗""魔佛""传习魔教"诸语。陈荣捷先生《朱子新探索》第 54 条"魔"，专门讨论朱子知漳关涉摩尼教（明教）与否。陈氏力辩"魔"非指摩尼教，认为朱子所攻纯为佛教。其主要论据：其一，两文均未提及教义，可知绝非排教；其二，所禁者乃私创庵舍，因女道住庵被控诉与人通奸，又因以传经为名，男女昼夜混杂；其三，陈淳（1159～1223）叙述民间宗教最详，并未提及摩尼教；其四，王懋竑《年谱》："其俗尤崇尚释氏之教，男女聚僧庐为传经会，女不嫁者私为庵舍以居，悉禁之。"乃专指佛教之谓。② 如上所述，最重要的是第一、二两条。我们反复细观《劝女道还俗榜》谓："幸而从之者少……其从之者又皆庸下之流，虽惑其言而不能通其意，虽悦其名而不能践其实。"说明事端仅处于萌芽状态因而"从之者少"，又都是些"不能通其意""不能践其实"的"庸下之流"，加上朱熹所作的是公告文书（非论辩所必须），故不涉教义。而与号称"泉南佛国"相邻同为闽南语系的临漳一带，对于佛教有众多的信奉者，绝非如朱子所明言的"从之者少"。"从之者少"非指摩尼教而何？因此，陈先生释"佛法魔宗""魔佛""魔教"三词之"魔"字，为妖邪魔鬼之意则无不可，但断言非指摩尼教则难以成立③。此外，所谓"以传经为名，男女昼夜混杂"（男女无别者为魔）不正是摩尼教（明教）的特征之一吗？至于第三、四条，因明教对赵宋王朝构成威胁，历经"庆元党禁"劫难之后，以讲学授徒作为生计的陈淳在其著作中讳言其事，是可以理解的；迨至清代，王懋竑著《年谱》时，摩尼教式微，沿袭黄榦《朱熹行状》之说④，认为朱子知漳所禁为佛教。

然而，研究朱子学达半个世纪的陈荣捷先生不愧为蜚声中外的老前辈，他在阐述自己观点的同时，以开放的胸襟客观地记录了不同意见。

---

① 《朱熹集》卷一〇〇，四川教育出版社，1996 年。
② 陈荣捷：《朱子新探索》，台湾学生书局，1988 年，第 345～347 页。
③ 陈荣捷先生认为朱子知漳所说"魔佛"是指佛教为邪恶害人，"魔教"非摩尼教之别名也。
④ 黄榦：《朱熹行状》："习俗未知礼……释氏之教，南方为盛，男女聚僧庐为传经会，女不嫁者私为庵舍，悉禁之，俗大变。"

他说：

> 1984 年 9 月有宋代教育之研讨会……名为宋代，实集中于朱
> 子……参与者国际专家 20 余人。席间有哥伦比亚大学研究生朱荣贵
> 君报告朱子各处外任之劝谕榜。彼译"魔"为"妖"，予赞助之。惟
> 西方学者数人，极端反对，坚持"魔"为魔教，即吃菜事魔教，亦
> 即摩尼教。其中 Erik Zürcher 为中国佛教史世界权威，对我国历史上
> 外来宗教，甚为熟识。彼谓南宋时代，摩尼教犹存云。①

窃以为那几位西方学者，尤其是 Erik Zürcher 先生的观点是正确的。征诸
文献，以及文物、口碑，我们得到可靠的印证。

朱熹的挚友陆游（1125 ～ 1209）于绍兴二十八年（1158）任闽东宁
德县主簿，亲眼见过明教徒的活动情况。他在《老学庵笔记》②中说："闽
中有习左道者，谓之明教。亦有明教经，甚多刻版摹印，妄取道藏中校
定官名衔赘其后。"③那些人烧必乳香，食必红蕈。陆游尝责问："此魔也，
奈何与之游？"其中参与活动的读书人则回答说："不然，男女无别者为
魔，男女不亲授者为明教。明教，妇人所作食则不食。"④陆游曾取其经
文观看，认为内容荒诞不经，斥之为"俚俗习妖妄之所为"。绍兴三十二
年（1162），孝宗即位，陆游在《应诏条对状》中，说摩尼教之危害甚于
"盗贼之兴"，希望朝廷采取严厉措施进行取缔。其所描述颇为翔实：

> 伏缘此色人，处处皆有，淮南谓之二桧子，两浙谓之牟尼教，
> 江东谓之四果，江西谓之金刚禅，福建谓之明教、揭谛斋之类，名
> 号不一，明教尤甚。至有秀才、吏人、军兵，亦相传习。其神号曰
> 明使。又有肉佛、骨佛、血佛等号。白衣乌帽，所在成社。伪经妖
> 像，至于刻版流布，假借政和中道官程若清等为校勘，福州知州黄
> 裳为雕监。以祭祖考为引鬼，永绝血食，以溺为法水，用以沐浴。
> 其他妖滥，未易概举。……汉之张角，晋之孙恩，近岁之方腊，皆

---

① 陈荣捷：《朱子新探索》，台湾学生书局，1988 年，第 345 页。
② 所记大多为其亲历、亲见、亲闻之事。该书的特点是内容丰富，态度严肃，资料性强。
③ 陆游：《老学庵笔记》，中华书局，1979 年，第 125 页。
④ 同上。

是类也。①

陆游对皇帝说的关于摩尼教在江南各地的称谓、传习者、神号、经文流布及祭祀活动等历史事实，向来为摩尼教研究者所重视（王国维《摩尼教流行中国考》、陈垣《摩尼教入中国考》亦引用这一史料）。尤其值得注意的是，该教以"肉佛、骨佛、血佛"为号，是朱熹称其为"魔佛"的原因之一。陆游所述皆发生在朱熹知漳之前。而从朱熹《答巩仲至》②诸书7次谈到陆游（包括1179年任闽北建宁常平使者之绩效），以及陆游于淳熙八年（1181）有诗《寄朱元晦提举》，③可知朱陆交谊之深，朱熹对于陆游所述的闽中摩尼教活动情况当有所知。朱熹知漳之际，据《语类》"外任漳州"门人必大记：

> 建宁自郑丙、程大昌至今，圣节不许僧子升堂说法。他处但人不敢担当住罢。某在临漳，且令随例祝香，只不许人问话。④

即使在其他地方不许"僧子升堂说法"的圣节，朱熹在漳州也允许善男信女"随例祝香"，其限制仅"不许人问话"而已。这正说明朱熹禁"传习魔教"不是指佛教，而是指摩尼教。那么，朱熹何以"佛""魔"并称呢？这是需要加以分析的。因为福建佛教盛行，其他外来宗教在其传播过程中，为生存计而入乡随俗，先以佛的面目出现以争取人心，进而图谋独立发展。以漳州相邻的泉州为例，外来宗教如景教、伊斯兰教、婆罗门教、明教遗留下来的实物和资料，皆称其信仰的主宰为"佛"。⑤是故朱熹《劝女道还俗榜》谓之"佛法魔宗"，"佛法"是其外在表现形式，"魔宗"（摩尼教）是其隐蔽的内在本质。由此可见，朱熹所谓"魔宗""佛魔""魔教"诸语应视为对摩尼教（明教）的侮称。朱熹的私淑门人真德秀（1178～1235）于嘉定十四年（1221）作《再守泉州劝农

---

① 陆游：《陆放翁集》，中国书店，1986年，第27～28页。又据宋绍兴间闽人庄季裕《鸡肋篇》卷上云："事魔食菜，法禁至严，而近时事者益众，云自福建流至温州，遂及二浙。"

② 《朱熹集》卷六四，四川教育出版社，1996年。

③ 欧小牧：《陆游年谱》，天地出版社，1998年，第102页。

④ 《语类》卷一○六，中华书局，1986年，第2654页。

⑤ 吴幼雄：《泉州宗教文化》，鹭江出版社，1993年，第295页。

文》："乡间后生子弟，各为善人，各守本业……莫习魔教，莫信邪师。"①所谓"魔教"就是明教，"邪师"即指明教僧侣。因此，我们认为《劝谕榜》禁"传习魔教"，是朱熹对蔓延渗透到漳州地区的明教进行取缔所采取的措施之一。

如上述陆游所记（摩尼教信徒自述）："男女无别者为魔，男女不亲授者为明教。"联系该教教徒淫乱的实际情况，则是以"男女不亲授"为名，掩盖其"男女无别"之实。正如朱熹所揭露，其教徒"虽悦其名而不能践其实"②，原因在于作为青年男女"血气既盛，情窦日开"，既悔于出家，又惭于还俗。于是"不昏之男无不盗人之妻，不嫁之女无不肆为淫行"，③造成风俗日败。如果予以追究，则"犯者已多"。故朱熹要求当地百姓不要以为"昏嫁必有聘定赍送之费"，就是出家也要"庵舍衣钵之资"，④为父母者可根据经济能力而"随家丰俭"，"移此为彼，亦何不可"？如此透彻的说理，加上行政措施，绝大部分庵舍信徒回归本家，择偶婚嫁，终于使漳州地区"魔佛之妖言"得以平息，"淫乱之污俗"得以革除。

摩尼教在漳州得以滋生除了外来影响，该地方也存在其蔓延的社会基础。据段凌平、张晓松先生调研认为，漳州地区历史上"好巫尚鬼"，其所隶属的十一个市、县、区域内，十平方米以上的庙宇达2806座，主神计490多种，是全国庙宇及神灵最多的地区。⑤另据方志记载，漳州旧号"佛国"，郡俗良家子女多学佛老。许多人不务实业，遁入空门，"别创精庐，错居市廛，峨冠缁袂，出入为群"⑥。这一地区鬼神迷信盛行，于春则诸寺为"传经之集"，诸坊为"朝岳之会"，于秋则诸乡为"礼塔之

---

① 真德秀：《西山文集》（四库全书，1174册），上海古籍出版社，1987年，第634页。

②《朱熹集》卷一〇〇，四川教育出版社，1996年。

③ 同上。

④ 同上。

⑤ 段凌平、张晓松：《漳州地区民间信仰调查与研究》，《漳州师院学报》（社科版），2004年第1期。

⑥ 光绪《漳州府志》卷四六。

社。"①《龙溪县志》说:"俗信巫,疾则祷于非鬼之庙。或假为王爷之号以惑众,岁敛钱至数十万。"②鬼神迷信为害之烈,宋人陈淳曾有这样一段惟妙惟肖的描述:"一般浮浪不检人话鬼神图衣食趋庙中,会首每装土,偶如将校衣冠,名曰'舍人',或曰'太保'。时骑马街道,号曰'出队',群不逞十数辈,拥旌鸣钲鼓随之。擎疏头,假签土,居尊秩,名衔为'都劝缘'……人人家抄题钱物……不分贵贱贫富,必足数而后去。虽肩担背小夫亦索百文五十为香钱",受害之广是连日自朝至暮"遍匝城市,无一户得免者"。③城市尚且如此,乡下自可想知。这些人打着"修庙"或"迎神禳灾"的幌子,"胁以祸福",使民众敢怒而不敢言,而会首之流借此中饱私囊。佛巫宗教如此活跃的社会环境,使"佛法魔宗"的摩尼教有了可乘之机。

## 四 泉州摩尼教偶像崇拜与漳州民间传说的文化意蕴

古代闽南泉州与漳州毗邻。泉州尚保存着该教的一所庙宇,即如上述著名的晋江罗山的摩尼教草庵寺。庵内仅供奉一尊摩尼佛石雕像,别无他神。该雕像采用佛陀趺坐的姿势,而下巴又留着两缕道士的长须,专门家蔡鸿生先生把其概括为"佛身道貌"。广州中山大学历史系林悟殊教授说:"供奉这样一尊雕像,表明其时泉州的摩尼教,已与当地的各种民间宗教信仰一样,实行偶像崇拜……其教主摩尼作为偶像,进入中国的万神殿,为民间信仰诸神之一。这就是摩尼教在中国的文化背景下的历史终结。"④西方摩尼教并无神像崇拜。然而,摩尼教的传播,地跨欧亚非,时间逾千年,它在不同地区、不同时期,为了适用当地的社会背景,必定有所变异。摩尼教进入东伊朗和中亚区域后,为适应当地的佛教环境,便渐次佛化。不仅大量采用佛教术语,而且把摩尼也称为佛⑤。宋代

---

① 光绪《漳州府志》卷四六。
② 光绪《龙溪县志》卷十《风俗》。
③ 同上。
④ 林悟殊:《元代泉州摩尼教偶像崇拜探源》,《海交史研究》,2003年,第1期。
⑤ 同上。

我国东南沿海摩尼教徒则广为流行神像崇拜，元代官方宗教政策较为宽松，在泉州草庵逐渐演变为偶像崇拜，而摩尼教佛身道貌的形象，在宋代应已大体定格。草庵摩尼佛石雕的形象，不外是继承宋代而已。

**图3-2　草庵寺的"佛身道貌"摩尼佛石雕像**

如上所述，东伊朗和中亚地区摩尼教的佛化，尤其是泉州草庵摩尼的"佛身道貌"，从文献与实物等不同侧面说明朱熹谓摩尼教为"佛法魔宗"，是由现象而本质的极其深刻的揭示，以及对摩尼教的变色龙特征的准确把握。而"佛身道貌"雕像（元时物），则证明摩尼教在闽南的进一步本土化。

此外，漳州地区民间流传着朱熹一则奇特的传说《计除恶僧》，我们认为它是朱熹知漳禁止摩尼教的折射反映[1]。兹录于下：

计除恶僧　漳州芝山开元寺住持和尚是老鼠精，既有魔法，又好色。进庙烧香的妇女在跪拜时，被看中，他就会触动预设的机关翻板，使之跌落地窖，任其奸淫。知漳的朱熹到任没有按例拜见住持和尚。老鼠精隐身跳上知府大堂中梁，用鼠牙猛啮屋梁，欲使梁断屋倒，将朱熹压死。朱熹用朱砂笔向大梁一指，大梁稳如泰山，安然无恙。老鼠精不甘心又躲到寺后的一口水井里作法，一股洪流

---

[1] 史乘与闽省地方志缺少记载的原因，一是因为统治阶级对该教的禁止，官方史志对此讳莫如深；二是相关史料因不受重视而散佚。因此，我们求证于民间口碑。

从井口冒出，滚滚冲向府衙，想淹死知府。朱熹拿起朱砂笔直指"漳州府"的大匾，大匾立即掉进洪流之中。只见差役和老百姓齐声高喊："漳州府被洪水冲走了！"老鼠精在井底听说"漳州府被洪水冲走了"，自以为得计，再次作法把洪水收回井里。可他没有想到，"漳州府"的大匾也随着洪水后退漂流，最后把井口紧紧地盖住了。朱熹写下"永镇洪流"四个大字，压住井口，老鼠精就再也不能作案了。计除了恶僧，朱熹又派人救出被关押的妇女，另招有道行的和尚住持开元院。①

这一传说，近乎神话（具浪漫气息而非迷信）。然而，却十分生动地反映了朱熹治漳禁"魔"，除暴安良，改变风俗的民间记忆。在直接的相关史料难以寻觅的情况下，借助历史人类学的方法，采集民间口碑资料，这一传说可以作为朱熹知漳禁摩尼教的佐证。虽然我们不能如同顾颉刚先生对"孟姜女故事"的演变做出广泛深入的考察，但运用顾氏关于"层累地造成的中国古史"②这一既蕴含"现代史学的观念"，又带有普遍意义的知识论命题的"疑古"方法，剥除历经千年的传说中时空景物的历史迷雾，透过朱熹"计除恶僧"这一故事的人性化版本，"可历历看出传说中的故事真相"，即其核心内容为恶僧"魔"（老鼠精）假"佛"的面目惑众，暗设机关，玩弄妇女；"善男信女长期住在庙里，僧俗不分，不合礼教"。朱熹"另招有道行的和尚来住持佛事，并禁止善男信女在庵堂中留宿"。上文已经指出，"男女无别者为魔"，这正是漳州摩尼教的重要特征。而朱熹与"魔"（老鼠精）斗法，最后获胜。由此可知朱熹当年禁摩尼教在社会上引起的风波及其投射之深，故民间传说千年不衰。

20 世纪末，漳州师范学院学报编辑部主任、漳州历史研究会会长郑铺先生在漳州市漳浦县威惠庙（又称西庙，始建于唐代，祀陈元光），发现三块边长约五十厘米、厚度约十二厘米的正方形花岗岩石刻，其内容

---

① 陈松年、王雄铮：《计除恶僧》，《中国民间故事集成·漳州分卷》，1992 年。

② 王学典、李扬眉：《层累地造成的中国古史》，《中国社会科学文摘》，2004 年第 1 期。顾颉刚关于"层累构成说"的创立，被誉为"二十世纪中国所发生的一个最为重大的学术史事件"，"其贡献是长远而不可磨灭的"。

为光明图案（太阳周围放射出曲线光芒）[1]。同时出土的还有开元铜钱、武士瓦当和鼓形圆柱。郑镛先生认为，这三块石刻是宋代摩尼教遗留下来的重要物证。如果可以得到确认，并通过漳州地区的考古工作，得到其他新发现，将是朱熹知漳禁摩尼教的有力证据。

## 五　朱熹仕泉偶涉，知漳则禁；沈氏奏劾，居心叵测

绍兴二十三年（1153）秋，青年朱熹在初登仕途，尚未完成"逃禅归儒"的思想转变之际，谒奠摩尼教僧侣呼禄法师墓，并为晋江罗山一带明教徒题词。窃以为，相对而言，其时摩尼教（明教）水波稍息，故涉世未深的朱熹以开放的心态对待之。遍查相关文献，即使在绍兴二十六至二十七年朱熹秩满候批，因代者不至而赋闲期间[2]，也没有与明教往来的任何记载。因此，充其量只能说是偶涉摩尼教。

朱熹61岁知漳州，泉南旧事已过去30余年。当漳州地方上"佛法魔宗乘间窃发，唱为邪说，惑乱人心"之际，朱熹即禁"传习魔教"。这既是现实使然，也有历史原因。朱熹的母家祝氏为新安名门望族，当年方腊以明教号召起义，祝氏祖上的巨大家业（拥有新安一郡产业的一半而号"半州"）大半被义军焚荡。[3]殷鉴不远，作为力图使国祚长久的成熟政治家，绝对不会姑息手软，坐失防患未然之良机，致使摩尼教（明教）由抚慰信徒的麻醉剂转化为激起民众反抗的异端说。因此，朱熹在漳州禁"传习魔教"无疑是禁传习摩尼教。

朱熹于淳熙间提举浙东，因弹劾唐仲友而卷入政治风波。因此，"庆元党禁"可谓冰冻三尺，非一日之寒，有着深刻的社会政治、经济、文化诸方面的原因。绍熙内禅，赵扩（宁宗）即位，改命赵汝愚（朱熹挚友）为右相。汝愚之前，宋朝确无宗室任相的先例。赵汝愚以天下为己任，踏上"同姓拜相"的犯忌危径。就在庆元改元诏书颁布前4天，经

---

[1] 这种石刻钊后来演变成为元代摩尼教偶像崇拜的组成部分。

[2] 其时则一意向儒，研读《语》《孟》。

[3] 束景南：《朱子大传》，福建教育出版社，1992年，第9页。

筵侍讲 46 天的帝王师朱熹被罢官出朝，"庆元党禁"由此揭幕。[①] 这场统治集团内部的党争，以道学之禁为其主要内容和外在形式，把朋党之争与道学之争搅和在一起。赵汝愚为人正直、为政忠廉却不通权变，对跑官者一概不见，对门人避嫌不用，招来嗜进者的嫉恨怨望，促使他们在党争中倒向对立面韩侂胄。当赵韩力量消长发生质变，赵汝愚被罢相之际，对朱熹的政治迫害也随之逐步升级。

庆元二年（1196）二月，知贡举叶翥、倪思、刘德秀奏论伪学之魁，乞毁语录；三月十一日，叶翥等再上奏攻伪学，乞考察太学、州学；六月十五日，国子监上奏乞毁理学之书，朱熹《四书集注》与语类在毁禁之列；八月九日，太常少卿胡纮奏论"伪学"猖獗，图谋不轨；十二月，监察御史沈继祖奏劾朱熹，开篇就有"剽张载、程颐之余论，寓以吃菜事魔之妖术，以簧鼓后进"诸语。沈氏所劾，极尽夸张诬陷之能事，攻朱熹早年仕泉偶涉摩尼教之事，不及其晚年知漳禁止摩尼教之实[②]，其本质是暗揸政敌危及皇室，使政治迫害由伪学升级为逆党。

皇权笼罩下的政治斗争，打击政敌最有效的手段，莫过于暗揸政敌于皇室不利。韩侂胄党人控制台谏，暗中极力渲染赵汝愚居宗室之尊，以"汤鼎负龙"[③] 自期，诬其危及社稷，赵汝愚于庆元元年十二月被贬永州，庆元二年正月二十日死于衡阳。在朝的汝愚既死，对于在野的朱熹，韩党则奏劾其与"吃菜事魔"的明教徒混在一起，"收召四方无行义之徒"，"或会徒于广信鹅湖之寺，或呈身于长沙敬简之堂[④]，潜形匿迹，如鬼如魅"。[⑤] 这样，时年仅 29 岁、本来就脆弱的宁宗赵扩皇帝岂不因此谗言而毛骨悚然？庆元三年（1197）闰六月六日，朝散大夫刘三杰论"伪党"变而为"逆党"，指朱熹为党魁。十二月，朝廷公布《伪学逆党籍》，

---

① 虞云国：《细说宋朝》，上海人民出版社，2002 年，第 419～420 页。
② 庆元元年（1195）六月，朱熹草疏万言封事，因著决得逷之家人，遂焚奏稿。此封事当有自辩之语。
③ 赵汝愚曾梦见孝宗授予汤鼎，背负白龙升天，被别有用心者作为谣诼流传。
④ 广信鹅湖寺与陆九渊兄弟论辩，长沙敬简堂与张栻、张孝祥交游，陆张皆世之精英，正直之士，如今为学界所共知。
⑤ 束景南：《朱熹年谱长编》卷下，华东师范大学出版社，2001 年，第 1272 页。

共 59 人，对朱熹的政治迫害达到高潮。

庆元六年（1200）三月九日，朱熹逝世，十一月二十日葬于建阳县（现为建阳市）唐石里之大林谷。诸生近者奔讣，远者为住而哭。是月庚午，正言施康年言：

> 四方为徒，期以一日聚于信上，送为师朱熹之葬。臣闻伪师往在浙东，则浙东之徒盛；在湖南，则湖南之徒盛。夜三鼓聚於一室，伪师身居高坐，口出异言，或更相问答，或转相问难。或吟哦经书。如道家步虚之声；或幽默端坐，如释氏入定之状。至如遇夜则入，至晓则散，又如奸人事魔之教。观其文，则对偶偏枯，亦如道家之科仪；语言险怪，亦如释氏之语录。杂之以魔书之诡秘，倡之以魔法之和同。今熹身已殁，其徒不忘，生则画象以事之，殁则设位以祭之。容有此事，然会聚之间，必无美意，若非妄谈世人之短长，则是谬议时政之得失。望令守臣约束，仍具已施行申尚书省。[①]

韩侂胄党唯恐朱熹"四方伪徒，聚于信上""妄谈世人之短长"，"谬议时政之得失"，竟把朱熹描绘成为"身居高坐"，"吟哦经书"，"杂之以魔书之诡秘，倡之以魔法之和同"的魔王（摩尼教主），其门徒"遇夜则入，至晓则散"的活动特征无异。由是观之，足见韩党的神经已达到高度紧张，对朱熹及其门人的攻击也是不择手段的。

综上所述，朱熹之于摩尼教，仕泉偶涉，知漳则禁。沈继祖攻其一点，不及其余，甚至借题发挥，落井下石，诬陷大儒。韩侂胄党人对朱熹生前身后的攻击，无所不用其极。

---

① 束景南：《朱熹年谱长编》卷下，华东师范大学出版社，2001 年，第 1417 页。

# 第四章　朱子理学与泉州关岳崇拜

关羽信仰之源流与宋明理学（新儒学）的发生与发展有着千丝万缕的关系。宋明理学"接伊洛之渊源"，使儒学贯通天人而哲理化，其因应对佛道而崛起，又因兼融佛道而兴盛。因此，南宋以降，佛道释三教历经碰撞交融之演变，可以在关羽信仰中找到印记。河南洛阳关帝庙、冢、林三祀合一之关林，其大殿前有对联云："汉封侯宋封王明封大帝，释称佛儒称圣道称天尊。"揭示了关羽从人到神，以及儒道释由争祀到共祀的历史演变过程。小说家罗贯中没有继承司马迁为农民起义领袖陈涉立世家的传统，而是继承朱熹尊蜀汉为正宗的传统，对后世评判政权兴替的伦理标准产生重大影响。同时，罗贯中宣扬理学家臧否人物的伦理标准，使"三纲五常"的伦理道德观念深入人心。通过对泉州朱熹匾与岳飞砚的考察，阐释闽南泉州关岳崇拜"正气千年薪传"的文化蕴涵。

**图 4-1　泉州通淮关岳庙**

关羽（175～219）信仰滥觞于隋唐（山西解州关帝庙始建于隋文帝开皇九年，即公元 589 年），而兴盛于明清（著名的荆州关帝庙、当阳关帝庙、关林关帝庙、解州关帝庙皆兴盛于嘉靖、万历年间）。正阳（北京）、荆州（湖北）、通淮（福建泉州）是汉民族最为古老的关王庙。从客观效果看，罗贯中（1330？～1400？）的《三国演义》对关羽信仰无疑起了推波助澜的巨大作用。从《三国演义》的文本看，生当元末明初的小说家罗贯中所宣扬的正是朱熹理学的正统观与伦理观。这从位于闽南泉州文庙之东——通淮关岳庙的诸多文化因素（通过实地考察与查阅文献）可以得到印证。由此可见，关羽信仰中蕴含着丰富的理学（新儒学）文化因素。

## 一　继承朱熹的正统观，以"天理"评判历代政权兴替的伦理标准

清季理学家戴希朱（1850生）题泉州通淮关帝庙联云："通春秋，如我惟考亭纲目；淮左右，祀公迈岳庙馨香。"[①]上联道出了朱熹的《资治通鉴纲目》，以蜀汉为正统（改曹魏纪年为蜀汉纪年）的思想观念，不但为后世士大夫所尊奉，而且为普通信众所接受的历史事实。而唐宋以降的关帝信仰，以人神沟通的方式，是助推"考亭纲目"之思想观念，得以延续千年深入民间的重要载体。

司马光（1019～1086）超然远览，推本《汉纪》，以为《资治通鉴》，自周威烈王二十三年（前403）以降，凡1362年史事贯联可考，使《春秋》编年之法始复。然而，在朱熹看来，尽管温公的史学成就可与司马迁相提并论，但其"帝曹魏而寇蜀汉，帝朱梁而寇河东，系武后之年黜中宗之号，与夫屈原、四皓之见削，扬雄、荀彧之见取"[②]，凡此皆与《春秋》惩劝之法未尽同者，犹与"天理"不尽相合。乾道七年（1171），朱熹给蔡元定的信中说："《纲目》取一纲众目张之义，条例亦已定矣。三国竟须以蜀汉为正统，方得心安耳。"[③]答蔡季通，由此可见，朱熹重新整理温公《资治通鉴》的目的，在于建立以理学理念为旨归，"鉴

---

①　吴幼雄、李少园：《通淮关岳庙志》，中国社会科学出版社，2008年，第35～75页。

②　李方子：《资治通鉴纲目后序》，《朱子全书》，上海古籍出版社、安徽教育出版社，2002年。

③《朱熹集·续集》卷二，四川教育出版社，1996年。

于往事，资于治道"的历史统绪。朱子"寓述于作"，将自己的正统观及其褒贬贯穿其中，使"明君贤辅，有以昭其功；乱臣贼子，无以逃其罪"[①]。这种把自己的历史观依附于极有影响力的史学巨著之中的方法，也可称之为"文化嫁接"的方法。朱熹从乾道六年（1170）起，历经20年断断续续的撰写、修改（最初学生与友人参与撰写过）而"成编"，成功地将自己的历史观嫁接于温公的史学巨著之中。《通鉴纲目》的刊刻流布，伴随着朱熹地位的不断被抬升，使后世之士大夫、读书人接受其正统观。

司马迁作《史记》，为平民起义者陈胜立"世家"，以"帝王将相宁有种乎"为卑贱者张目，给敢于造反者一定的历史地位。司马光作《资治通鉴》，继承史迁传统，以曹魏编年——"帝曹魏而寇蜀汉"。然而，朱熹认为，三代以下，"天理"不彰，曹魏、朱梁、武后皆非正统，屈原、四皓之辈不可削，扬雄、荀彧不可取。凡此种种，朱子之最初筹划，当以春秋笔法，字字褒贬，视《纲目》为浩大工程，唯恐"大惧不能卒业以为终身之恨"[②]；后来之编撰践履，则以"天理"据实而书之，同样能令乱臣贼子惧，故舍曲笔为直笔，走出字字褒贬之怪圈，终于完成初稿，可以"缮写首篇草本"，向孝宗皇帝进呈。

朱熹的正统观之源，当追溯至春秋时代邹衍的五德之说（源于五行理论）。邹衍以金、木、水、火、土五行相克的原理揭示历史朝代更迭的规律，第一次将五行（相生相克，周而复始）纳入政治领域。后世历代帝王革命，遂沿用五德说。北宋欧阳修（1007～1072）的《正统论》将王朝的更迭由"奉天承运"的政治神话变为"居天下之正"的伦理问题，除了强调"大一统"政治前提之外，特别强调道德认同，亦即政权的合法性来源[③]。宋儒的正统之辨，由欧阳修发其端，而由朱子集其成。

朱熹通过《通鉴纲目》，以"天理论"重建历史统绪，其正统观念对

---

① 李方子：《资治通鉴纲目后序》，《朱子全书》，上海古籍出版社、安徽教育出版社，2002年。
②《朱熹集·答李滨老》卷四六，四川教育出版社，1996年。
③ 刘浦江：《"五德终始"说之终结——兼论宋代以降传统政治文化的嬗变》，《中国社会科学》，2006年第3期。

后世的影响尤为深远。《通鉴纲目》被后人尊奉为"《春秋》后第一书"，明代翰林院编修谢铎说，是书"实经世之大典，帝王之龟鉴"①。它不仅是一部史学著作，更是一部政治伦理教科书。可以说，朱子《通鉴纲目》所张扬的正统观念基本上主导了元明清三代正统之辨的话语权，故清儒谓"朱子之《纲目》出，而后古今之议正统者定"。

罗贯中生当距朱熹约 200 年的元末明初，作为"有志图王"者，曾经参与元末群雄并起的政治军事斗争。后因不得志而弃剑握笔，作"传神稗史"，其文学巨著《三国演义》，既隐寓着反对分裂，重振纲常，建立"大一统"的政治主张，同时也继承了朱熹的正统观念。《三国演义》第一回就为刘备的帝裔身份埋下伏笔："中山靖王刘胜之后，汉景帝阁下之孙"。尽管最后三国归晋，汉室兴复只能成为悲壮的追忆。但是，"天理"使然的"蜀汉正统"伴随着关羽信仰的世俗化日益深入人心。诚如明嘉靖间（1522 ～ 1566）李一得为之慨叹："侯之知主，犹在诸葛公之右，而以死汉视之，或其汗下于九原哉！"② 名儒李光缙亦认为关羽崇拜深契朱熹传统，其《汉关前将军汉寿亭侯庙记》说："侯素好《春秋》，是以明正统，仇孙、曹。使其得吾夫子为依归……其或有不忠、不孝、不弟、不友、不信者，无得入此庙。"③ 由此可见，明代缙绅对关羽以蜀汉为正统的认同与颂扬。

## 二　张扬关羽的人格型范，使理学臧否人物的伦理观念深入人心

在史家陈寿《三国志》中，关羽与张飞、马超、黄忠、赵云合传，陈寿记其勇武，"为世虎臣"，如为曹操解白马之围，策马"刺杀良于万众之中，斩其首还，绍诸将莫能当者"④；与曹操部将曹仁、于禁"对垒于樊地"，曹营"七军皆没"，羽"威镇华夏"。记其英雄本色，有"国士之

---

① 谢铎：《校勘资治通鉴纲目疏》，《御选明臣奏议》卷四，四库全书本，1986 年。
② 吴幼雄、李少园：《通淮关岳庙志》，中国社会科学出版社，2008 年，第 35 ～ 175 页。
③ 同上。
④ 陈寿：《三国志·蜀志》卷六，四库全书本，1986 年。

风"，如其虽与刘备结义于桃园，恩若兄弟，但却极明忠君之义：在"稠人广坐"中，则"侍立终日，随之周旋，不避艰险"；在受到曹操"尽封其所"的厚待之际，还奔刘备，"誓与共死"，但也不忘报效曹公，可谓情义兼备；在"刮骨去毒"时，虽"臂血流离"，却能"割灸引酒，言笑自若"。然而，对于关羽"刚而自矜"之短，陈寿也秉笔直书：当其不服诸葛亮高待马超时，则传书质问"超人才可谁比类"？诸葛亮答以"犹未及髯之绝伦逸群也"！关羽"省书大悦，以示宾客"，其自我张大可见一斑。孙权"遣使为子索羽女，羽辱骂其使，不许婚"，孙权"大怒"；部将糜芳、傅士仁"素皆嫌羽轻己"，羽出师而二将"不悉相救"，且阴与孙权勾结，致使关羽在三方会战中丢失盟军与部下，又因失荆州而败退，终被孙权斩首。

陈寿对关羽的评价虽简略却不失公允："关羽、张飞皆称万人之敌，为世虎臣。羽报效曹公，飞义释严颜，并有国士之风。然羽刚而自矜，飞暴而无恩，以短取败，理数之常也。"[1]

由此可见，历史上真实的关羽，其地位如同张飞、赵云一般，其封号仅为寿亭侯、壮缪侯而已；其行事既有忠勇竭诚的一面，也有刚愎自用之不足。然而，由于关羽的人物形象具有戏剧性，更加符合各个阶层（从王侯到庶民）的审美需求与价值选择。这种历史的需求与选择所引发的文化形式的具体表述，亦即社会上出现的关羽崇拜，历代统治者通过封官加爵来提升其地位，贩夫走卒则运用民间口碑来演绎其传奇故事[2]。

在唐代以降的祭祀中，以配享西周姜尚之武将——蜀前将军汉寿亭侯进入国家级祭奠之列；宋徽宗时，封号由侯而公而王；明代万历由王而帝；清代雍正时，改关帝庙为武庙，称武圣，则由帝而圣取代姜尚，终于登上与文圣孔子并称的殿堂。与封号逐步抬升相应的，是历史人物关羽渐渐被富有传奇色彩的文学形象所取代。元代坊间出现取材于"说

---

① 陈寿：《三国志·蜀志》卷六，四库全书本，1986 年。

② 张惠芝、崔凡芝：《试析宋明理学中诚学对关羽形象的影响》，《中国历史博物馆馆刊》，1998 年第 2 期。

话"艺人底本的《三国志平话》,刻意宣传关羽不但受过儒家经传教育(好《左氏传》),深明《春秋》君臣大义,而且原本就有打抱不平,见义勇为的优秀品格。其思想行为与宋元理学家倡导的伦理纲常相契合。

深受宋元理学思想熏陶的小说家罗贯中,以如椽之笔在其《三国演义》中,根据程朱理学"三纲五常"的伦理规范,将关羽"忠、孝、廉、节"之品格描绘得淋漓尽致。《三国志》记载关羽被曹操所擒,仅200余字,《三国演义》却极尽铺扬,从关羽约三事、救白马之围、过关斩将、保得刘备妻室安全,到君臣聚义等一系列活动,写了约2万言。关羽"降汉不降曹"①,"身在曹营心在汉","但知刘皇叔去向,不管千里万里,便当辞去"(后果践)。足见其对于汉室与刘备忠诚不贰。曹操以"绫锦及金银器皿相送",关羽"都送与二嫂收贮"。足见其廉(不为外物所诱)。曹操"送美女十人,使侍关公。关公尽送入内门,令伏侍二嫂";曹操"欲乱其君臣之礼,使关公与二嫂共处一室。关公乃秉烛立于户外,自夜达旦"②。足见其节("存理灭欲")。因此,罗贯中通过宏阔的历史场景与扣人心弦的人物情节,塑造出符合理学纲常伦理人格型范的关羽形象,伴随着名著《三国演义》的传播,几乎家喻户晓。

唐宋以降,关羽信仰演变成为理学落实于人心的民间宗教。关帝庙宇、偶像、碑记、赞诗、楹联、匾额、经书、灵签等,皆为关羽信仰的重要载体。通过如上诸多文化信息,使关羽的人格魅力,同时也使理学臧否人物的伦理观念深入人心。诚如明代李光缙于万历三十一年(1603)所撰《汉关前将军汉寿亭侯庙记》说:"侯俨然在上,若挈天纲地维以诏人,不言而人心自肃。天下之争祀侯以此,不但以其殉汉而死事也。"③今人林瑞珍(香港)为大殿撰联则更是直抒胸臆:"公平正直,入门不拜无妨。诡诈奸刁,到庙倾诚何益。"④光绪十三年(1887),泉州府学教谕江葆熙摹刻《关帝圣迹图志全集》卷之五(板藏泉郡玉犀巷文昌祠)有朱

---

① 罗贯中:《三国演义》,岳麓书社,2009年第175～176页。
② 同上。
③ 吴幼雄、李少园:《通淮关岳庙志》,中国社会科学出版社,2008年,第35～175页。
④ 同上。

熹"篆迹赞"：

百圣在目，千古在心。妙者躬践，敩（傲）者口吟。（读好书）

莠言虚妄（蔓），兰言实杯（荄）。九兰一莠，驷追不回。（说好话）

圣狂路口，义利关头。择言（行）若游，急行若邮。（行好事）

孔称成仁（人），孟戒非仁（人）。小人穷冬，巨（钜）人盛春。（做好人）

《新安文献志》（四库本）卷四七有朱熹《勉学箴》内容大致相同（有 7 字异文），《朱子全书》不见收录，是逸文抑或伪托，待考。然而，即使是伪托，亦可由此窥见理学文化对关羽信仰的影响之深。

### 三　关帝《经书》糅合佛道阐发《四书》义理，多层次覆盖世俗社会生活

《四书》（《学》《庸》《论》《孟》）代替《五经》（《易》《诗》《书》《礼》《春秋》），成为引领封建社会后期六七百年的官方意识形态。历代统治者把关羽奉为忠义神明，并以佛道教争祀关羽为契机，不断追加封号，诏封关氏三代公爵，命天下府州邑各"以庙置主，春秋祭"。关羽的地位被抬升为武圣人，与文圣人孔夫子受到同等规格的膜拜。从清代流行于江南南宋以降的"本系梦与玉泉寺僧，僧醒而传述"[1]的《关帝明圣真经》，与清末收入泉州重刻的《关圣帝君圣迹图志全集》的《圣经考》，以及泉州通淮关岳庙砌于墙上的《觉世真经》（道光间泉州人、四川总督苏廷玉择写）等经书看，其内容皆是理学（新儒学）借关帝宣传"忠孝修身立命之事，谆谆垂诫世人"之伦理，亦即"积善之家有余庆，积不善之家有余祸"的劝善道理。还有以儒治世为主，以佛治心、以道养生为辅之通俗说教。

先秦儒家就人性的问题，讨论人性善恶。孟子在批判告子"生之谓性"的基础上建立其人性论，以养吾"浩然之气"作为提升人的道德水准的途径。宋儒则将心性修养方法引向深入：以"天命之性"（人人心中

---

① 吴幼雄、李少园：《通淮关岳庙志》，中国社会科学出版社，2008 年，第 35～175 页。

都有）与"气质之性"（可为善也可为恶）区别人性，以"人欲"为挟气质之性以俱来之罪恶。实质是将人性引入宗教的"原罪说"。因此，对于"存理灭欲"，提升人们的德性伦理。朱熹通过注解《四书》，综罗先儒的义利之辨，在理气的框架下阐发孟子的"四端"（仁、义、礼、智）"七情"（喜、怒、哀、惧、爱、恶、欲），阐扬"正气"。同时，以《论语》立其根本，以《大学》"格物穷理"为纲领，发《中庸》之微旨，强化并张扬"诚""敬"观念，以体认"天理"，达到"众物之表里精粗无不到"，"吾心之全体大用无不明"的天人合一境界。元代《四书》悬为令甲，成为科举考试教科书，朱子《四书集注》成为读书人的标准答案，取得与经同等的地位。上述关帝经书产生于清代，亦即康熙复兴朱子学之后，出自地方缙绅之手的《经书》无法摆脱理学的藩篱，无论通篇抑或字里行间都洋溢着理学文化。

《圣经考·经注》之"鸿濛章"极言因果报应"鸿濛元始，天地未分，大化佈气，是生万物。……化化生生，乃有伦理，宿命因缘，有善有恶，所作之报，如影逐形。种兰得香，种粟得粮，因人善恶，祸福不爽"。"摄生章"则教人"存理去欲"以养生："人之戕贼其生，未有不始于欲声色、货利之类，一有溺情，则精耗神疲……惟淡泊宁静，存理遏欲，则心安身逸，可语长生。"[1]"配育章"不超200字，"天理"化为经义凡四出："人伦中夫妇、父子两端……引之以善念天理也。夫家室永宜，嗣续绵远……而往往不可得者，何也？天理不存故也。天理者何？事亲孝，事君忠，居仁由义而已。苟宅心光明，立身正大，则天理常存。"[2]"气数章"则阐述"气禀"与"为学"的关系："人禀气数以生，宁无清浊智愚之别，然而补偏救弊，原俟乎人……气数之小在人，如庸凡愚昧之资，学问可得而转移。""欲界章"则阐发朱熹"心统性情"说："欲者，情也。情发于性，贵不失其本，若人一经陷溺，则不名欲而名慾，慾炽而失其情，即失其性，并失其统性情之心矣。"[3]朱熹重视关涉心

---

[1] 吴幼雄、李少园:《通淮关岳庙志》，中国社会科学出版社，2008年，第35～175页。

[2] 同上。

[3] 同上。

性问题的"四端""七情"，也能在其中找到痕迹。凡此种种，不胜枚举。

对于普通百姓而言，离开了理学（新儒学）落实于人心的民间宗教，理学成了毫无着落的学问，犹如四处飘荡的游魂。在关帝信仰的"诵经仪式"中，按民间规则，若一时不及塑画圣像，即用黄纸以朱笔写："伏魔大帝关圣帝君神位"。斋戒沐浴，点烛上香，鲜果供品，三跪九叩，反复诵读，践履笃实。理学文化伴随着关帝信仰善男信女虔诚的诵经活动而潜移默化深入人心。

## 四　泉州关岳庙高悬朱熹"正气匾"，而岳飞故物"正气砚"为清末泉州状元吴鲁所得，"正气"一脉相承

泉州关岳庙内有正气堂，高悬朱熹彰扬抗金的"正气匾"。无独有偶，岳飞故物"正气砚"，则曾为朱熹的二传门人文天祥和泉州最后一名状元吴鲁所得。千载以下"正气"一脉相传。

图 4-2　岳飞雕像　　　　　图 4-3　朱熹"正气"匾

"正气"方正斗楷二字，黑匾金字，题款为"朱晦翁"，且有印章。清末后城杨家栋将舍人宫边竖式"正气匾"改为横式匾，悬挂于通淮关岳庙中殿。

陈允敦教授《泉州名匾录》认为，朱熹闻悉抗金前线获得大捷，遂书此"正气"二字彰扬岳飞（时距风波亭冤案 20 年），以张正气，绍兴

三十一年（1161），完颜亮南侵，在扬州为部将所杀，宋军趁机收复一片失地。朱熹书此二大字赠予泉人，吟咏《闻二十八日之报喜而成诗七首》，其二云：

> 天骄得意任驱驰，太岁乘蛇已应期。
>
> 一夜旄头光殒地，饮江胡马未全知。

（《文集》卷二）

自此，"正气"一脉，承忠武而启后贤。岳飞之媳（岳霖妻）——泉州晋江石龟村人许氏茹苦含辛教育其子岳珂"诵古今奏议，谓是足壮它日气节"。[1] 岳珂集《金陀粹编》等上奏，一门奇冤得以昭雪。[2]

岳飞生前所用之砚，背镌"持坚守白，不磷不缁"八字之铭。风波亭事件百年后，砚为谢枋得（1226～1289）收藏，他在岳飞铭文上刻一小记："枋得家藏岳忠武墨迹，与铭字相若，此盖忠武故物也。"[3]

咸淳九年（1273），谢枋得把岳飞砚赠给以"天地正气"为万物之宗的文天祥（1236～1283），把匡扶宋室，挽狂澜于既倒的希望寄托在诤友身上。后来谢枋得誓不仕元，绝食死节。文天祥得砚后，百感交集，运力镌跋于铭文之侧："砚惟非铁磨难穿，心虽非石如其坚，守之弗失道自全。"[4] 带着岳飞砚，文天祥追随宋幼主来泉州，曾驻南安朴里（朴兜），手书"朱后文先"[5] 赠予抗元学者吕大奎（朱熹的再传弟子），意为俩人同得理学之传，又同守民族气节，吕生于朱熹之后，而居于文天祥之前。从上述及文天祥书"忠孝廉节"（赠傅伯成家族）、"无惭君恩"[6]（吕大奎第三子获封为恭懿侯，以此勉之）等遗迹看，南宋危亡之际，接应这位天涯孤臣的是朱熹理学的传人。抗元兵败后，文天祥以"人生自古谁无死，留取丹心照汗青"的千古绝唱，拒绝投降，并写下那惊天地泣鬼神

---

① 岳珂：《桯史》（1039），四库全书本，1986年，第419页。

② 傅金星：《泉山采璞》，华艺出版社，1992年，第114页。

③《泉州文学》，1998年第6期，李灿煌文，第15页。

④ 同上。

⑤ 陈允敦：《泉州名匾录》，紫禁城出版社，1995年，第35～36页。

⑥ 同上。

的《正气歌》，从容就义。

文天祥殉节后，岳飞砚不知几易其主。清康熙间为吏部尚书宋漫堂收藏，宋氏深知此砚意蕴而名之曰"正气砚"。1894 年，吴鲁在安徽得此砚，遂以"正气研斋"名其书室，并作"正气砚题记"：

> 余家藏正气砚，为岳忠武故物。背镌忠武"持坚守白，不磷不缁"八字之铭，旁镌文信之跋，上镌谢叠山先生记。三公皆宋室孤忠，得乾坤之正气者也。旧藏漫堂先生家，因名之曰"正气砚"甲午秋，余得之皖南，如获重宝。①

从此，"正气砚"与吴鲁朝夕相伴。1900 年，吴鲁在北京亲睹八国联军烧杀掠夺之暴行，和清统治者仓皇逃命之丑态，愤时感事而作《百哀诗》以弘扬正气，为后人留下了无可辩驳的历史见证。"正气砚"与朱熹"正气匾"交相辉映，与泉州结下不解之缘。由此可见，1914 年关帝庙"增祀岳忠武王"②乃渊源有所自，诚非偶然。

朱熹"正气匾"，至今犹存，岳飞"正气砚"，"文化大革命"中失去。吴鲁季子吴钟善《守砚庵记》云："其石乃端州所产也。纵九寸有奇，形圆而不椭，下广而上略狭，莹然而泽，其背渥然而焦。望面知其出乎数百年以前也。"40 多年过去了，不知砚落谁家。人们期待：岳飞砚，归来兮！

朱熹论理气，有"'守之勿失'者，以此为正"③之语，文天祥以"守之弗失道自全"跋砚，承前启后，一匾一砚，同归"正气"，绝非偶然。朱熹以"正气"抗金御侮、彰扬岳飞；谢枋得以扶植纲常为己任，用生命践其"义高便觉生堪舍，礼重方知死甚轻"的诺言；文天祥毁家纾难，南来泉州，倚理学门庭以抗元，兵败则视死如归，表现了伟大的民族气节；响应天文祥勤王抗元的吕大奎，后因宁死不在蒲寿庚降元的投降书上签名，为蒲氏所杀，时人称其"致身事君，舍生取义"④；宋漫堂以"正

---

① 《泉州文学》，1998 年第 6 期，李灿煌文，第 15 页。
② 吴幼雄、李少园：《通淮关岳庙志》，中国社会科学出版社，2008 年，第 35 ～ 175 页。
③ 《语类》卷九八，中华书局，1986 年，第 2529 页。
④ 乾隆版《泉州府志》卷四一《人物》。

气"名砚，是为心灵之共鸣；吴鲁以宋室孤忠为楷模，奋笔疾书咏"百哀"，抒发了传统文人的浩然正气。

总之，我们认为朱熹题匾"正气"把握着整个时代的价值追求。既与传统的民族精神即"忠君爱国""急公尚义"一脉相承，又为重铸儒家文化的价值观念注入新的活力。因此，尽管历经改朝换代的大变迁，"正气"一脉仍得以薪传，至今为人们珍视。

# 第五章 从"湖湘之行"看哲学升华的政治原因与历史意义

朱熹的思想体系与学问大旨之确定，与其思想由"中和旧说"向"中和新说"的演进息息相关。研究朱熹哲学的升华，离不开"中和"问题，这既是朱子思想的关键所在，也是宋明儒学的中心课题。因此，我们对这一问题的思考已长达十年之久。1990 年，朱子诞辰 870 周年福州武夷山国际学术会议，笔者提交了《从"湖湘之行"看朱熹哲学升华的政治原因》，对朱熹与张栻、张孝祥的交游及其与政治的关系进行初步论述。后来读牟宗三、金景芳、蒙培元、任继愈诸先生的相关论著，始知学术界对于朱子中和思想之研究聚讼纷纭，迄今未能定论。因此，朱子 37 岁"丙戌之悟"，建立"中和旧说"；38 岁远走湖湘，与张栻诸贤讲论于岳麓、城南，游历于湘水衡岳，40 岁诞生"中和新说"。这个在学术史上具有划时代意义，影响十分深远的重大事件，与南宋孝宗朝的政治生活是怎样的关系，"仍然值得进一步深入研究"。

## 一 第三代主战派风云人物学术集会的政治原因

南宋朝野政治生活中的大事，莫过于如何对付占据北方的金人。所谓第三代主战派，[①] 则以朱熹远走湖湘的幕后人物——潭州帅刘珙（共父，1122～1178）为代表。第一代主战派为刘珙的祖父刘韐（仲偃，1066～1126），在保家卫国、抵御外侮的斗争中功勋卓著，后因徽、钦二帝被虏出使金营，不辱使命而自缢身亡。第二代主战派则是辅助张浚

---

① 朱熹年轻时坚决主战，曾多次严厉谴责所有的议和派人士。但中年（约四十岁）以后，体认金人国力强盛，态度开始冷静下来，主张应注重防守与自强，逐渐取代主战的立场。田浩先生认为，吕祖谦的立场显然曾影响朱熹（田浩《朱熹的思维世界》，第 118 页，陕西师大出版社，2002 年）。他虽然终生不忘收复失地，但其晚年既抨击主和派，也抨击主战派，认为至少需要十至三十年的准备，才能收复北方。"文化大革命"痛斥朱熹为投降派，是非正常年代摧残学术文化的荒谬观点。

抗金，"公扶西极柱，威动北征旗"①的刘子羽（彦修，1097～1146）。时刘珙四十六岁，最为年长，在他的策划下，乾道二年（1166）夏，当刘珙派人来崇安时，因天热"遂辍行"。乾道三年（1167）八月，朱熹38岁时，在范伯崇、林择之的陪同下，开始了为期数月的湖湘之行。在潭州（今长沙）城南、岳麓书院与张栻（字敬夫、钦夫、号南轩）讨论了"未发之义，太极之妙，乾坤动静"②等哲学问题。透过朱熹与张栻、张孝祥的关系，探索朱熹湖湘之行以及朱张论学、促进哲学升华的政治原因。这对于我们进一步了解哲学和思想与政治生活的关系，不无裨益。

据《宣城张氏信谱传》等记载，③朱熹湖湘之行时，张孝祥正知潭州。从张孝祥谓"某敬服名义，愿识面之日甚久……且为衡岳之游……不胜朝夕之望"；"某昨日方从钦夫约，遣人迓行李"④，可知其与朱熹为初识并与张栻共同款接朱熹。

在潭州东隅登游定王台时，朱熹咏《登定王台》之诗，张栻、张孝祥步其韵唱和之。张孝祥《酬朱元晦登定王台之作》诗云：

> 海内朱公子，端能为我来。
>
> 谭谐渺今古，欢喜到舆台。
>
> 日月何曾蔽，风云会有开。
>
> 登临一杯酒，莫作楚囚哀。

（《于湖居士文集》卷九）

相期之情景，可见一斑。

从张孝祥《题朱元晦所书〈凯歌卷〉后》诗："我词不足录，聊以醒渠醉"等句中，可知朱熹曾为其词集题词。值得注意的是，时孝祥筑"敬简堂"以为论道之所，自篆颜渊问仁章于中屏，朱熹为之赠诗，张栻为之作记。

在长沙，朱熹与张栻进行了全面的学术交流，反复论辩，经久不绝。

① 郭齐：《朱熹诗词编年笺注》（上），巴蜀书社，2000年，第147页。

② 陈来：《朱熹哲学研究》，华东师范大学出版社，2000年，第170页。

③ 张孝祥：《于湖居士文集》附录，上海古籍出版社，1980年，第407页。

④ 张孝祥：《于湖居士文集》卷四〇，上海古籍出版社，1980年，第399～400页。

临别之前，由岳宫到槠州90公里，朱熹与张栻两人继续就有争议的问题进行了紧张的"思绎讨论，以毕其说"。①朱张在舟中相聚讲论。范伯崇说他亲见两人讨论《中庸》之义三日夜而不能合，极有可能就在临别这几天中。②槠州惜别，为时二个半月的衡岳之游结束了，朱熹与张栻在各自的赠别诗中都做了全面的总结：

### 诗送朱元晦尊兄

君侯起南服，豪气盖九州。顷登文石陛，忠言动宸旒。

坐令声利场，缩颈仍包羞。却来卧衡门，无愧日日休。

尽收湖海气，仰希洙泗游。不远关山阻，为我再月留。

遗经得绅绎，心事两绸缪。超然会太极，眼底无全牛。

惟兹断金友，出处宁殊谋。南山对床语，匪为林壑幽。

白云政在望，归袂风飀飀。朝来出别语，已抱离索忧。

妙质贵强矫，精微更穷搜。毫厘有弗察，体用岂周流？

驱车万里道，中途可停辀。勉哉共无斁，邈矣追前修。

（《南轩先生文集》卷一）

### 奉酬敬夫赠言并以为别

我行二千里，访子南山阴。不忧天风寒，况惮湘水深？

辞家中秋旦，税驾九月初。问此为何时？严冬岁云徂。

劳君步玉趾，送我登南山。南山高不极，雪深路漫漫。

泥行复几程，今夕宿槠州。明当分背去，惆怅不得留。

诵君赠我诗，三叹增绸缪。厚意不敢忘，为君商声讴。

昔我抱冰炭，从君识乾坤。始知太极蕴，要眇难名论。

谓有宁有迹，谓无复何存；惟应酬酢处，特达见本根。

万化自此流，千圣同兹源。旷然远莫御，惕若初不烦。

云何学力微，未胜物欲昏。涓涓始欲达，已被黄流吞。

岂知一寸胶，救此千丈浑。勉哉共无斁，此语寄相敦。

（《文集》卷五）

---

① 《文集》卷七七《南岳游山后记》，四部丛刊初编缩本。

② 束景南：《朱子大传》，福建人民出版社，1992年，第255页。

七年后即淳熙元年（1174），朱熹作《奉同张敬夫城南二十咏》，其中一首《濯清》道是："涉江采芙蓉，十反心无斁。不遇无极翁，深衷竟谁识。"（《文集》卷三）由此可以窥见，这次相会，从两人冀遇"无极翁"的共同追求开始，到达到"始知太极蕴""超然会太极"结束，是一次对理学最高范畴太极（无极）之理成功的形上探讨，故朱熹《有怀南轩老兄呈伯崇择之》诗说："归来识大方，惟应微密处，犹欲细商量。"（《文集》卷五）

早在延平西林院师事李侗之际，对于李侗所授的《中庸》未发之旨，令静中体验未发气象分明，朱熹不能尽心于此，反以周敦颐《太极图说》的本体论来解释《中庸》的已发未发说。其时朱熹已经不仅体悟到《中庸》未发已发的心性论意义，而且认为更重要的是本体论意义。他把《太极图说》的"太极动而生阳"看成天地之喜怒哀乐已发，而"二气交感，化生万物"看成人与物之喜怒哀乐已发。因此，《中庸》的未发已发不仅指人之性情而言，而且指宇宙大化的动静过程。李侗针对朱熹总是从客观性和本体性即"理"的方面解释《中庸》之说，指出从万物一理的角度说，天地、人物及人之性情已发未发，受此统一的天理所支配，因为天理是宇宙万物的普遍性法则。而《中庸》的未发已发特指人的思维情感而言，其自身并没有本体论意义。[1]然而，理学的终极追求是天人合一，李侗死后朱熹并没有放弃这个问题的力索穷探。日后朱熹对"仁""太极""无极""大易生生流行"，以及"天地之心""天地生物之心"的探究（大量的讨论），就是围绕着天人合一的终极命题展开的。朱熹、张诸人在湖湘是讨论过"天地之心"与"圣人之心"的，这个问题值得研究者重视。我们细读张孝祥诗《钦夫、子明、定叟夜话舟中，钦夫说论语数解，天地之心、圣人之心尽在是矣。明日赋诗以别》："江北我归去，湘西君卜居。谁知对床语，胜读十年书。不饮清无寐，来朋乐有余。明朝千里别，密处几曾疎。"[2]此诗写于衡岳之游话别之际，值得深深

---

[1] 陈来：《朱熹哲学研究》，华东师范大学出版社，2000年，第58页。

[2] 张孝祥：《于湖居士文集》，上海古籍出版社，1980年，第78页。

回味。《论语·阳货篇》说:"天何言哉? 四时行焉, 天何言哉? "孔子否定了天是超自然的上帝, 明确肯定天是包括四时运行、万物生长在内的自然界, 自然界为最高存在, 人与万物都是自然界的产物。朱熹理学对"仁""无极太极"以及"天地生物之心"的阐发, 正是围绕儒学的原典进行诠释与创新的。我们认为, 朱张湖湘论学所讨论的哲学问题, 真正意义在于抽绎遗经, 拓展形上, 穷搜形下, 寻觅天人交感的契合点, 进而贯通天人。但它绝不仅是学术自身的演变, 也是现实政治作用于学术的必然结果。

值得深入思考的是, 朱熹不远千里, 历尽辛劳的湖湘之行, 正发生在民族危机加深——张浚出兵抗金、符离战败, 主和派掌权, 以及自然灾害、农民起义频仍之际, 不能说没有深刻的社会政治原因。

潭州、衡岳之会的参与、关涉者朱熹、张栻(敬夫, 1133 ~ 1180)、张孝祥、范伯崇、刘珙(乾道元年, 时为湖南安抚的刘珙复修岳麓书院, 聘请张栻主持教事), 他们的父辈, 都因反对议和, 力主抗金而受秦桧的排斥、打击和迫害。他们不但与其父辈有着同样的政治立场, 而且有继承父志、抗敌救国、雪耻复仇的共同愿望。

朱熹之族祖奉使直阁朱弁, 于建炎初衔命虏营, 见留十七年, 全节而归。又因反对议和, 以忤时宰不及用而死。[①]可见朱氏一门风节。朱熹的父亲朱松在秦桧决策议和时, "与同列上章, 极言其不可。桧怒, 风御史论松怀异自贤, 出知饶州, 未上, 卒"[②]。范伯崇为前文述及的主抗派范如圭之子, 与朱熹为襟兄弟(同是刘勉之女婿)。刘珙的父亲刘子羽(与抗金名将刘锜同一家族), 是辅助过张浚的知名抗战派, 为秦桧所忌, "风谏官论罢之"[③]。刘子羽死后, 秦桧为了拉拢刘珙, "欲追谥其父, 召礼官会问, 珙不至, 桧怒, 风言者逐之"[④]。张栻的父亲张浚是重用岳飞、韩世忠的抗金领袖, 秦桧执政后被排斥在外近二十年。绍兴八年(1138),

① 《朱熹集·续集》卷五《与王尚书》, 四川教育出版社, 1996年。
② 《宋史》卷四二九《朱熹传》, 中华书局, 1977年。
③ 《宋史》卷三七〇《刘子羽传》, 中华书局, 1977年。
④ 《宋史》卷三八六《刘珙传》, 中华书局, 1977年。

金使以诏谕江南为号，南下议和，张浚在永州（今湖南零陵）贬所连上五十疏，表示反对。张孝祥（安国，1132～1169）一登第，就上疏为岳飞辩冤，权相秦桧愈忌之，诬其父张祈"有反谋"①，并将其父下狱。张孝祥憎恶投降派的政治立场，与其家庭不无联系，他的伯父张邵出使时不愿向金人屈辱投降，被拘囚北方达十年之久。与朱熹同赴湖湘的范念德的父亲是绍兴初与朱松一起上章反对和议的左朝散郎、直秘阁范如圭（字伯达，1102～1160），他大义凛然地痛斥秦桧丧心病狂，将遗臭万世："会秦桧力建和议……公与同省十余人合议，拜疏争之，既具草而骇懔引却者众。公乃独手书抵桧，责以曲学倍师、忘仇辱国之罪，且曰：公不丧心，不病狂，奈何一旦为此？若不改图，必且遗臭万世矣"②。秦桧死后，孝宗即位。对于主战派来说，正是"大有为之大机会"③，早在绍兴三十一年（1161），金主完颜亮在扬州为部将所杀时，朱熹就认为当金兵震骇之际，应加强东南，使"根本固而不摇"，进而图取中原。他向枢密院黄祖舜提议重用当时抗战派一致瞩望的张浚："今日朝廷之上，侍从之列，谁为能办此者，独旧人之贤起而未用者一二公，使之出则重于今日视师之人，授之政则贤于今日秉钧之士。"④所谓"一二公"，主要指张浚。完颜亮南侵后，朝廷起用其为建康府通判，并不委予重任。朱熹为此而慨叹："独恐朝廷终不听用，测无如之何耳！"后来，朱熹又曾说：

> 晋人下吴，却是已得蜀。从蜀一造船，直抵南岸。周世宗只图江南，是时襄汉蜀中别有主，所以屯淮上，开河抵江。今蜀中出兵，可以入武关；从襄汉樊邓可以捣汝洛；由淮上可以取徐州。辛巳间，官军已夺宿州。国家若大举，只用十五万精兵。⑤

朱熹比论历史兵事形势，以辛巳未能大举为憾。辛巳乃高宗绍兴三十一年（1161），金亮南犯败衄，宋得两淮州郡，金主雍初立，确是恢

---

① 张孝祥：《于湖居士文集·前言》，上海古籍出版社，1980年。
②《文集》卷八九《直秘阁赠朝议大夫范公神道碑》，四部丛刊初编缩本。
③《语类》卷一三三，中华书局，1986年，第3197页。
④《文集》卷二四《与黄枢密》，四部丛刊初编缩本。
⑤《语类》卷一三三，中华书局，1986年，第3197页。

复一大好机会。

孝宗隆兴元年（1163），在抗战力量的要求下，张浚入朝主持北伐，荐张孝祥为建康留守。这期间。朱熹与张孝祥以及其他主战派政治上都比较活跃。朱熹在孝宗即位，诏求直言时，就上封事言治"帝王之学""修攘之计"和"本原之地"，强调"夫金人与我有不共戴天之仇，则不可和也明矣"；他希望孝宗在用人问题上，斥逐奸佞，以利斯民[1]。他还面见张浚，说以兵事。朱熹后来回忆说：

> 某向见张魏公，说以分兵杀虏之势。只缘虏人调发极难，元颜要犯江南，整整两年，方调发得聚。……为吾之计，莫若分几军趋关陕，他必拥兵于关陕；又分几军向西京，他必拥兵于西京；又分几军望淮北，他必拥兵于淮北，其他去处必空弱。又使海道兵持海上，他又著拥兵捍海上。吾密拣精锐几万在此，度其势力既分，于是乘其稍弱处，一直收山东。虏人首尾相应不及，再调发来添助，彼卒未聚，而吾已据山东。……中原及燕京自不消得大段用力，盖精锐萃于山东而虏势已截成两段去。又先下明诏，使中原豪杰自为响应。是时魏公答以"某只受一方之命，此事恐不能主之"。[2]

隆兴北伐，朱熹的谋略虽未能得到采用，然可见其为了恢复而殚精竭虑。张栻在参佐其父张浚隆兴北伐时，间以军事入奏孝宗，称颂皇帝不忘中原涂炭，振作于恢复雪耻。谓"此心之发，即天理之所存也，愿益加省察，而稽古亲贤以自辅，无使其或少息，则今日之功可以必成。而因循之弊可革矣。"[3]然而，张浚北伐由于前线主将不和，招致了符离之败，于是以汤思退为首的投降派又在朝廷中得势，并派人与金军议和。张孝祥因感伤时政而赋《六州歌头》（"长淮望断"），抒发了未能抗敌救国、施展抱负的满腔悲愤。

当朝廷中弥漫着一派妥协气氛之际、朱熹应召入对，毅然讽谏孝宗：

---

①《宋史》卷四二九《朱熹传》，中华书局，1977 年。

②《语类》卷一一〇，中华书局，1986 年，第 2705～2706 页。

③《宋史》卷四二九《张栻传》，中华书局，1977 年。

"未尝随事以观理，即理以应事。是以举措之间动涉疑贰，听纳之际未免蔽欺，平治之效所以未著。"在对金立场上更是慷慨激昂："君父之仇不共戴天。今日所当为者，非战无以复仇，非守无以制胜。"①且陈古先圣王所以强本折冲，威制远人之道。时相汤思退方倡和议，除熹武学博士，待次。后来，朱熹对汤思退颇有微词：

> 泗海唐邓四州，皆可取中原西京之地，逆亮来时用兵，仅取得此四州，而汤思退无故与之，惜哉！②

张浚在汤思退为相、罢兵讲和时辞世，金人乘间纵兵入淮南，朝野大震。朱熹专程赶到豫章为张浚护灵，与张栻得三日款；回闽北答柯国材的信中说："时事竟为和戎所误，今岁虏人大入"③。张栻营葬其父甫毕，即拜疏言"朝廷虽尝兴缟素之师，然旋遣玉帛之使"，是"重为群邪所误"；他希望朝廷"继今以往，益坚此志，誓不言和，专务自强，虽折不挠，使此心统一，贯彻上下，则迟以岁月，亦何功之不济哉？"④疏入，不报。

乾道元年（1165），朝廷促朱熹就武学博士之职，既至而洪适为相，"复主和，论不合，归"⑤。乾道二年（1166）夏，刘珙遣人接朱熹赴湖南相会，因热未能成行。乾道三年（1167）仲秋之际，朱熹即启程往湖湘。

## 二　明此学的目的：于政治圈外，建立理论威权，从而影响千秋政治

从建炎丁未（1127）汴京陷落到乾道初年，中原沦陷已经将近四十个年头了。这期间，围绕战和问题，多少忠良被斥逐，而奸佞反居上。朱熹、张栻多次用新的理念——以抗金御侮、任贤黜佞为天理，向朝廷进言，陈说战守之计，他们所言非但不为当权者所采纳，反而备受冷落，他们只好以讲学的方式向社会倡导其政治主张。然而，以讲学的方式进

---

① 《宋史》卷四二九《朱熹传》，中华书局，1977年。
② 《语类》卷一三三，中华书局，1986年，第3197页。
③ 《文集》卷三九《答柯国材》，四部丛刊初编缩本。
④ 《宋史》卷四二九《张栻传》，中华书局，1977年。
⑤ 《宋史》卷四二九《朱熹传》，中华书局，1977年。

行倡导，如果不能在理论上形成权威，何以能产生强大的号召力？因此，得"丙戌之悟"后的朱熹，深感"若此学不明，天下事决无可为之理"，而闻张栻得衡山胡氏学，故作湖湘之行"往从而问焉"[①]。联系其后屡召不出，在《与吕伯恭书》中"平生自知无用，只欲修葺小文字以待后世庶小有补于天地之间"[②] 云云及其著述活动来看，他们是希望从政治圈外，获得理论的权威，再打进政治圈里去，影响政权。

邱汉生先生的研究[③]表明，从乾道四年（1168）即"湖湘之行"翌年到淳熙二年（1168～1175），是朱熹集中力量奠定理学学术基础与范围、确立理学的历史统绪的重要时期。在这八年间，朱熹力行可畏地编纂理学家二程的著作及其门人的记录《程氏遗书》和《程氏外书》；编纂周敦颐、二程、张载的理学著作选集《近思录》；注解了重要的理学著作《太极图·易说》《易通》《西铭》；编著第一部理学史著作《伊洛渊源录》。这些著述活动，从本体论、方法论、辨异端、立身处世等方面，为理学思想体系初步确立了范围和基础，开创及传衍明确了理学的历史统绪。这些十分重要的学术活动，集中在这一时期完成，正是朱熹力图在政治圈外，获得理论的权威，进而影响政权的践履。朱熹著书立说，"以待后世庶小有补于天地之间"的自我意识，在祭张南轩文中亦有所流露："兄乔木之故家，而我衡茅之贱士。兄高明而宏博，我狷狭而迂滞。故我尝谓兄宜以是而行之当时，兄亦谓我盖以是而传之来裔。"[④] 此中固有逊让之辞，然却道出朱熹抱负所重——"以是而传之来裔"，影响千秋社会政治生活。诚如钱穆先生所言：朱子"出仕则志在邦国，著述则意存千古"[⑤]。

朱熹早年从学于李延平，闻龟山传下的"道南指决"——于默坐澄心求喜怒哀乐未发之中，"未达而先生殁"。此后，朱熹长时间陷于对国事的忧患和对学问的困惑之中。经多年的苦参"中和"，特别是湖湘之行

---

① 《文集》卷七五《中和旧说序》，四部丛刊初编缩本。
② 《文集》卷二五《与吕伯恭书》，四部丛刊初编缩本。
③ 邱汉生：《朱熹生平及其著述》，《朱子学刊》，1990 年第 1 辑。
④ 《文集》卷八七《祭张南轩文》，四部丛刊初编缩本。
⑤ 钱穆：《朱子新学案》（下），巴蜀书社，1986 年，第 1850 页。

及其前后与张栻等人的反复论辩，以致有乾道二年的"丙戌之悟"和乾道五年的"己丑之悟"，终于综合统一了"心""性""情：性是未发，是体；情是已发，是用；心统性情，心包括已发和未发，体和用。加上融入程颐的主敬致知，这样，作为锻炼提高内心修养的"已发未发"，到朱熹那里得到了升华，内涵更丰富，思辨更严密了。因此，论者认为朱熹两次"中和"之悟是其思想发展的重要里程碑。而"中和旧说"的自我否定与"中和新说"的诞生绝非仅仅是学术的原因，它是现实政治的刺激，进而殚精竭虑研究二程思想的结果。

乾道三年（1167）初即湖湘之行同年正月，陈俊卿（应求，1113～1186）①新任参和政事，刘珙亦于同年十二月，同知枢密院事，两人联手援引理学人士。当朱熹湖湘归途中在豫章上蓝寺秉烛夜作与刘珙书，谢绝他与陈俊卿将自己推荐于朝廷时，他不知道由于二人的荐举，政府任职成命早已下达。还家数日，即接到除枢密院编修官的任命。此职既清要又非现缺，有从容进退余地，朱熹暂时接受了新任。②

新年一过，朱熹全力投入治学。早在几年前，他已着手整理程颢、程颐的语录，于官私节次刊行。赴湖湘前一年即乾道二年（1166）十月，刘珙刻《二程先生文集》于长沙，张栻校订。朱熹因不满于张栻信用胡文定家传本校刻《二程先生文集》多有舛误，于是自用多种刻本校正程集，"改正近二百处矣"③。经多年的研读整理，湖湘归后即总其成，编成《程氏遗书》二十五卷，又撰成《伊川先生年谱》附于书后。自述其编纂始末云：

> 右《程氏遗书》二十五篇，二先生门人记其所见闻答问之书也。始，诸公各自为书，先生没而其传浸广，然散出并行，无所统一，传者颇以己意私窃窜易，历时既久，殆无全编。熹家有先人旧藏数篇，皆著当时记录主名，语意相承，首尾通贯。盖未更后人之手，

① 吴海林、李延沛：《中国历史人物生卒年表》（黑龙江人民出版社，1981年，第201页）记其籍贯为"兴化（今属江苏）"，误，今福建莆仙一带古称"兴化"。
② 郭齐：《朱熹传》，四川大学出版社，2000年，第105页。
③ 束景南：《朱熹年谱长编》卷上，华东师范大学出版社，2001年，第364页。

故其书最为精善。后益以类访求，得凡二十五篇，因稍以所闻岁月先后第为此书，篇目皆因其旧，而又别为之录如此，以见分别次序之所以然者。①

乾道四年（1168）四月二十日，《程氏遗书》编成，校订刻版于泉州。

自幼受二程思想熏陶，又经李侗的教导，在系统钻研二程著作的基础上，终于逐步确认了以二程（尤其是程颐）为代表的北宋理学思想体系。《遗书》的整理刊行，就是这种确认的标志之一。

1168 年夏秋，由于前年水灾的影响，崇安大饥，朱熹与乡之耆艾受知县诸葛延瑞（朱子门人）之托，于地方上积极奔走，劝说富家豪民将储积之粮平价出粜，以救助灾民。与此同时，朝廷也派来专人，携粮赈灾。所到之处，贴出榜文散米十日，但只是虚文一纸，只有近城之人及市井游手好闲之徒获得少许，深山穷谷百姓饥民则粒米未见。各级官府纷纷搞起了假场面，实则无补于灾民。朱熹对此深有不满。七月崇安大水，朱熹奉府檄，行视水灾。所到之处，触目惊心，有诗云："县官发廪存鳏孤，民气未觉回昭苏。老农向我更挥涕，陂坏渠绝田苗枯。阡陌纵横不可寻，死伤狼籍正悲吟。若知赤子元无罪，合有人间父母心。"② 朱熹遍走崇安各山谷间巡察灾情，十月而返。经这次巡察，朱熹感慨殊深地说：

> 今之肉食者，漠然无意于民，直是难与图事。不知此个端绪何故汩没得如此不见头影？因知若此学不明，天下事决无可为之理。③

作为"肉食者"的统治者漠然无意于民间疾苦，这一现实的政治刺激朱熹一再深入思考，如何引导人心向善的基本问题。在反复思索，并于日用间，行住坐卧，不断体验，朱熹对自己一度十分赞赏湖湘学派的修养方法突然疑窦丛生，认为湖湘学派先察识后操存失之太快，缺少平日一段涵养工夫。有感于"岁月逝矣，天理未明"，"精力有限而道体无穷"，

---

① 《文集》卷七五《程氏遗书后序》，四部丛刊初编缩本。
② 《文集》卷十《杉木长涧四首》，四部丛刊初编缩本。
③ 《文集》卷四三《答林择之》，四部丛刊初编缩本。

"盖未知所以脱于小人之归者"。面对理论与操作的双重困难，朱熹不得不全面反省以前的观点。通过反复综合分析程颐的有关论述及深入思考，他终于推翻了"丙戌之悟"的中和旧说。

根据《中庸》的本旨和程颐的原意，所谓未发已发不是指性与心的区别，而是指心理活动的两个阶段或两种状态。未发指思维尚未萌动时的相对静止状态，已发指思维已经萌动之后的运动状态。心始终贯串于未发已发的两个阶段之中。这样，湖湘学派的先察识，就主要只是在已发的运动状态时用功，而整整缺少了一段未发时的静中涵养工夫，从而暴露出方法论上的缺陷。基于对未发已发的新的理解，修养方法也应该相应地回到程颐所倡导的"涵养须用敬，进学则在致知"，动静兼顾，未发已发并重。这就是朱熹"己丑之悟"的主要内容。①

乾道五年（1169）己丑之春②，朱熹初悟旧说之非时，有书《答林择之》云："昨日书中论未发者看得如何？两日思之，疑旧来所说于心性实未有差，而'未发''已发'字顿放得未甚稳当。疑未发只是思虑事物之未接时，于此便可见性之体段，故可谓之中而不可谓之性也。发而中节是思虑事物已交之际，皆得其理，故可谓之和而不可谓之心。心则通贯乎已发未发之间，乃大易生生流行，一动一静之全体也，云云。旧疑《遗书》所记不审，今以此勘之，无一不合。信乎！天下之书未可轻读，圣贤指趣未易明，道体精微未易究也。"③以大易生生流行，动静之全体说心，表明朱熹至此已经找到了打通天人的契合点，这是对儒家德性伦理"受之于天，成之于人"，何以可能的突破性阐释。于是，中和新说诞生了。关于这一思想转变过程，朱熹《中和旧说序》有详细的说明：

> 己丑之春，为友人蔡季通言之。问辩之际，予忽自疑：斯理也，虽吾之所默识，然亦未有不可以告人者。今析之如此，其纷纠而难明也，听之如此，其冥迷而难喻也，意者乾坤易简之理，人心所同

---

① 郭齐：《朱熹传》，四川大学出版社，2000年，第109页。
② 陈来：《朱子书信编年考证》，上海人民出版社，1989年，第62页。
③ 《文集》卷四三《答林择之》书六，四部丛刊初编缩本。

然者，殆不如是。而程子之言出其门人高弟之手，亦不应一切谬误以至于此。然则予之所自信者，其无乃反自误乎？则复取程氏书，虚心平气而徐读之。未及数行，冻解冰释，然后知情性之本然、圣贤之微旨，其平正明白乃如此。而前日读之不详，妄生穿穴，凡所辛苦而仅得之者，适足以自误而已。至于推类究极，反求诸身，则又见其为害之大，盖不但名言之失而已也。①

郭齐先生的研究表明：己丑之悟是朱熹在理学重大问题上获得的第二次进展。朱熹重新确认的未发工夫，不是李侗静中体认的简单重复，已发工夫也超越了湖湘学派的良心察识而容纳了更多知识论的内容。这表明他在批判继承程颐、李侗及湖湘学派思想的基础上，已在新的高度上独立地确定了主敬致知的终生为学大旨，具有里程碑式的重要意义。在这同时，朱熹已产生了性为心体、情为心用的思想。亦即牟宗三先生判定为"他律"，蒙培元先生认定为"自律"的思想。

复旦大学程勇先生从哲学心理学意识上的无意识视角对朱熹与弗洛伊德的相关理论进行了初步比较，认为在表面形式的相似之下，是基于不同文化精神的深刻差异：朱熹为理性的、伦理的、弗氏为非理性的、病理的；朱熹为原始伦理精神的表现，弗氏为20世纪悲观文化精神的表现。②

山东大学丁原明先生撰文指出，儒家的"中和观"主要有三层含义：一是表征事物存在状态适中、合适、合理的观念；二是关于人之行动的方法；三是关于人之道德价值取向。其实质在于张扬了一种理性与价值相统一的"合理理性"，即"中和理性"，并在今天仍然具有可供开掘的思想价值。朱熹在继承先儒"中和"观念的基础上，以"性""情"释"中和"，其云："喜怒哀乐，情也；其未发，则性也。无所偏奇，故谓之中。"③由于历代儒者尤其是朱熹的发明和扩充，脱颖于《论语》《中庸》

---

① 《文集》卷七五《中和旧说序》，四部丛刊初编缩本。
② 程勇：《无意识：朱熹与弗洛伊德比较》，《阜阳师范学院学报》（社科版），2001年第5期。
③ 《四书集注·中庸章句》第一章，中华书局，1983年，第18页。

的"中和观"便得到了深化和发展,并成为涵具宇宙观、知识论、道德论、心性论、境界论等的完整哲理体系。①

日本学者冈田武彦在《作为活学的朱子学》一文中指出:"在历史上留下伟大足迹的思想家的学说。几乎都是为匡救时弊而开出的药方……不仅仅为了匡时济世,也还出于解决个人精神上的困惑,也即是说是基于确立其人生观、社会观即世界观的切实需求。"②朱熹为什么远走湖湘,并以数年之功苦参"中和"呢?我们可以做这样的思考:秦桧死后,孝宗即位之际,朱熹审时度势,认为是继承父志,恢复中原,振兴国家的大好机会,因而极力奔走活动。从朱熹、张栻欲以抗金御侮为天理说动人君,在孝宗动摇、倾向和议妥协时,朱熹又讽谏孝宗未能随事观理,即理应事,故举措疑贰,听纳蔽欺等,及以后多次劝说皇帝"正心诚意"的言论来看,"观理""即理""举措""听纳"都离不开"心",所以,他们把君心、人心如何体认"天理""人欲""善恶"当作为学之本(内圣)。朱熹在批评皇帝以及看到时弊的同时,难免反躬自省:要求人君"随事观理""即理应事",举措听纳合乎"天理",而自己如果不把作为心法的"已发未发"的中和思想弄清楚,尽以精微,确立裨益于后世的自律理论,何以教人做到有"观理""即理"和举措听纳的"正心"呢?所以他潜心于心法研究,经多年苦参,终于丰富和发展了中和思想,确立他自己"一生学问大旨",且将其"学问大旨"贯串运用于其著述之中。这是哲学和思想受现实政治刺激而发生反应的事例,尽管当时的人没有明说,但仍然可以从有关资料中找到痕迹。如朱熹于乾道三年(1167)十月在潭州以高度激情,写了洋洋三万言的《少师魏国张公行状》,③讴歌了张浚作为抗金领袖的不朽功勋。《张公行状》与其说是为死者唱挽歌,莫如说是为活人树典范、指路标。在南岳衡山谒张浚墓时,

---

① 丁原明:《"中和":理性与价值相统一的"合理理性"》,《孔子研究》,2004年第4期。其中,"尤其是朱熹"五个字为笔者之申衍。
②《朱子学刊》,1990年第1辑。
③《文集》卷九五《少师魏国张公行状》,四部丛刊初编缩本。

朱熹留下了激昂慷慨的长诗《拜张魏公墓下》①，朱熹以"衡山何巍巍，湘流亦汤汤"暗示张浚的勋业声名与山水永存；以"我公独何往？剑履在此堂"寄托自己对张浚的缅思；以"缟素哭新宫，哀声连万方""中原尚腥膻，人类几豺狼"，表明南宋人民的人心向背，遥寄对全国统治地区人民的关切之情和对异族侵略的无比仇恨；以"公谋适不用，拱手迁南荒"抒发其对宋室南逃，偏安一隅的愤懑和惆怅；而"恭惟宋社稷，永永垂无疆"则是他不畏艰难，千里来湘与张栻论学的政治追求。

在《拜张魏公墓下》诗中，朱熹仅着眼于赞扬张浚的谋国之忠，而对其富平战败被斥，复起而无功等事则委之于天命人事之无常："白首复来归，发短丹心长"；"天命竟难谌，人事亦靡常"。为尊者、贤者讳，作为写诗是得体的。然而，在后来与门人讲学中，朱熹却不无反思：

> 南渡之后，说复仇者，惟胡氏父子说得无病，其余并是半上落下说。虽魏公要用兵，其实亦不能明大义，所以高宗只以区区成败进退之。……魏公时谪永州，亦入文字，只说莫与之和，如何感动！魏公倾五路兵为富平之败，又溃於淮上。若无气力，也是做不得事。张魏公煞是个人物，然亦适是人事恰做得。若更向上，且怕难担当。②

从以上对张浚说复仇"未能明大义"等文字中，亦可窥见朱熹与张栻以抗金御侮、任贤黜佞为天理，向孝宗进言的良苦用心和政治目的。

张孝祥与张栻志同道合，相交可谓莫逆。在追随张浚北伐失败，张浚辞世后南宋朝廷之举措又令人失望的情况下，张栻为张孝祥论道之所"敬简堂"作记，期以"康济之业可大"③。"康济之业"，即匡时济世之大业，就是他们讲学的政治目标。

由于爱国主义思想的支配和共同的政治遭际，在民族危机加深的时候，朱熹与二张交游于潭州、衡岳，这不只是他们个人之间的友谊，

---

① 《文集》卷五《拜张魏公墓下》，四部丛刊初编缩本。
② 《语类》卷一三三，中华书局，1986年，第3196页。
③ 张孝祥：《于湖居士文集》，上海古籍出版社，1980年，第416页。

而是有着重大时代意义的历史事件。"我来自有平生志，不用移文远见招。"①在古代的交通条件下，朱熹以顽强的意志，进行两千里的艰难跋涉，孜孜矻矻于"为天地立心，为生民立命，为往圣继绝学，为万世开太平"（张载语）的事业，这当中显然有受现实政治刺激的原因。这种刺激，使朱熹"从君（张栻）识乾坤，始知太极蕴"，促进了哲学和思想的升华；这种刺激，对于朱熹最终登上有宋一代的思想高峰，成为"举天下无不在下风"（陈亮语）的理学宗师，是至关重要的。千载以下，犹值得我们认真加以探索。

## 三 中和新说：借"文化嫁接"重铸新儒学——牟宗三、金景芳的评判与蒙培元、任继愈的阐释之比较

《中庸》云："喜怒哀乐之未发谓之中，发而皆中节谓之和。"这是宋明理学家们反复研讨的问题之一。一般认为，中和学说是朱熹哲学思想发展与完成的关键。诚如牟宗三先生（1909～1995）所言，讲朱熹的学问，就得了解他思考的过程，了解他生命集中而真正用功的问题是什么，必须从"中和"问题开始。他对中和问题的思考有旧说和新说之别，中和新说一旦定了，其系统便大体定了。②

我们讨论朱熹湖湘之行与政治的关系，认为朱子受到现实政治的刺激，为了"明此学"，才远走湖湘的。其"中和旧说"（以性为未发，心为已发）产生于乾道二年丙戌（1166），朱子三十七岁，又称"丙戌之悟"③。翌年，朱子走湖湘，乾道五年己丑（1169），朱子四十岁，推翻旧说，建立"中和新说"，即"心统性情说"，以性为未发，情为已发。然而，半个世纪以来，学术界对此问题毁誉不一，聚讼纷纷。兹再略述牟

---

① 《文集》卷五《马迹桥》，四部丛刊初编缩本。
② 牟宗三：《中国哲学十九讲》，上海古籍出版社，1997年，第380～381页。陈代湘：《现代新儒家与朱子学》，湖南人民出版社，2002年，第168页。
③ 王懋竑考订"中和旧说"形成于乾道二年（1166）；钱穆考为乾道四年，朱子39岁；陈来再考订为乾道二年，朱子37岁，陈氏有《中和旧说年考》，很有说服力。兹从陈来之考证。

宗三、金景芳二先生对朱子中和思想之评判，并阐发蒙培元先生"心兼体用、贯上下，统性情"等学术观点，申论任继愈先生评朱子"格物"的"文化嫁接说"，认为牟宗三先生与金景芳先生判定朱子诠释《中庸》的中和思想为"别子为宗"和"程朱悖谬"，或有所偏。而蒙培元先生认定"旧说"为"他律"，"新说"为"自律"，任继愈先生的"文化嫁接说"，比较接近朱熹诠释《中庸》的历史事实。

现代新儒家牟宗三在"文化意识及时代悲感"的驱动下，消化吸收西方哲学，尤其是康德哲学发掘中国文化根基，从头疏解儒、释、道三教义理，力图以中国文化精神义理说明或解决现代化的文化难题，其学术生命历程鲜明地体现了现代知识分子的精神特征：以道统强化历史文化意识，以学统来激活自己的孤苦心灵的创造欲望，以政统将内圣修养推演到现代化的民主科学层面的建设上，此其一。其二，对于文化激进主义和自由主义的激烈反传统主义和西化情绪加以反省，力求在外部的巨变中永葆源远流长的文化命脉。其三，尽管牟氏的文化阐释与学理哲思倾向于道德本体的形上构建，但在国学的困境中仍然发掘了足以增强民族自尊自强感的精神资源。① 因此，牟宗三的学术具有不可低估的现当代意义，他穷毕生精力，在中西之争、古今之争中，发掘华夏的元典精神和心性价值，同时吸收康德哲学精华，力图达到"圆善"的"真、美、善"合一境界。同时，他还试图运用现代科技而又在精神层面反抗现代化带来的"人的片面发展"的负效应。傅伟勋先生如此评价牟宗三："牟先生是王明阳以后继承熊十力理路而足以代表近到现代的中国哲学的真正水平的第一人。中国哲学的未来发展课题也就关涉到如何消化牟先生的论著，如何超越牟先生理论的艰巨任务。"② 我们正是怀着崇敬的心情来研读消化牟先生著作的，也正是在消化的过程的中产生疑虑和困惑的。

朱熹的思想在宋季以降至清代不仅在学术上为官方所采纳，而且在

---

① 王岳川:《牟宗三的生命与学术之思》,《中华文化论坛》, 1996 年第 3 期。

② 傅伟勋:《从西方哲学到禅佛教》, 三联书店, 1989 年, 第 25 ～ 26 页; 转引自陈克艰《牟宗三与康德哲学散论》,《史林》, 1995 年第 4 期。

实践上为官方所推行，成为事实上占支配地位的思想体系，故历来学者们认为朱子集理学之大成，为宋明儒学之正宗。现代新儒家诸贤绝大部分人同意传统的观点。冯友兰明确宣称朱熹是融合周、邵、张、二程哲学的"集大成者"，唐君毅亦认为朱子学会通综合周、张、二程之义，以注四书五经与昔先圣之言，其学问之规模广大弘阔，为秦汉而还所未有。① 贺麟也认为程朱的思想是宋儒的主潮。② 钱穆将朱子的地位置于前所未有的高度，他说："在中国历史上，前古有孔子，近古有朱子，此两人，皆在中国学术思想史及中国文化史上发出莫大声光，留下莫大影响。旷观全史，恐无第三人堪与伦比。孔子集前古学术思想之大成，开创儒学，成为中国文化传统中一主要骨干。北宋理学兴起，乃儒学之重光。朱子崛起南宋，不仅能集北宋以来理学之大成，并亦可谓其乃集孔子以下学术思想之大成。此两人，先后矗立，皆能汇纳群流，归之一趋。自有朱子，而后孔子以下之儒学，乃重获新生机，发挥新精神，直迄于今。"③ 由此可见，钱先生无疑以朱子为继承孔子之正宗（以儒家命脉言，亦称道统）。

牟宗三先生以其代表作之一，即三卷本巨著《心体与性体》，重新构建儒家道统观。牟氏首先对儒典与儒家进行重组：认为对先秦儒学《易传》《论语》《孟子》《中庸》《大学》"五典并提"是宋明儒圈定孔子内圣学传统的成果，这一观点至少与朱熹影响深远的"四书一体化文化模式"相冲突；对宋明周濂溪、张横渠、程明道、程伊川、朱子、胡五峰、刘蕺山、陆象山、王明阳进行"九儒四组两宗"之划分，这种划分最大的挑战是解构传统意义上的"程朱一体化文化模式"，不以伊川、朱子为宋明儒正宗，相反却视伊川为"别子"，视承继伊川的朱子为"别子为宗"。④ 特别是对待朱熹，虽然牟氏不承认自己有"贬朱"之意，但它确实在客观上起到动摇朱熹传统地位的效果。

① 陈代湘：《现代新儒学与朱子学》，湖南人民出版社，2002年，第51页。
② 贺麟：《文化与人生》，商务印书馆，1988年，第193页。
③ 钱穆：《朱子新学案·代序》，巴蜀书社，1986年，第1页。
④ 杨海文：《略论牟宗三的儒家道统观》，《学术研究》，1996年第6期。

在牟氏看来，伊川、朱子重视《大学》，不代表先秦儒学的本质，相对于孔子成德之教而言是"另端别起"。《大学》之所以"似是从外插进来"，就在于它不像《论》《孟》《易》《庸》那样含有"心体即性体"的奥义。因此，使得以《大学》为中心的伊川、朱子系统不能对孔子的成德之教与圆融之境做出真实的体证，反而陷入"心性为二"的理论误区。

牟先生认为朱子建构了歧出转向的横摄系统，进而判定朱子并非宋明儒学的集大成和正宗，而是"别子为宗"。他说："大体以《论》《孟》《中庸》《易传》为主者是宋、明儒之大宗，而亦较合先秦儒家之本质。伊川、朱子之以《大学》为主则是宋、明儒之旁支，对先秦儒家之本质言则为歧出。然而自朱子权威树立后，一般皆以朱子为正宗，笼统称之曰程、朱，实则只是伊川与朱子，明道不在内。朱子固伟大，能开一新传统，其取得正宗之地位，实只是别子为宗也。"又说："北宋自伊川开始转向，不与濂溪、横渠、明道为一组，朱子严格遵守之，此为伊川、朱子系。伊川是《礼记》所谓'别子'，朱子是继别子为宗者。"①

牟先生评判朱子"别子为宗"这一惊世之论，根源于他借鉴康德道德自律理论研究儒家心性之学而形成的道德自律学说。根据杨泽波先生的研究，康德关于道德理性三义（截断众流义、涵盖乾坤义、随波逐浪义）中与道德自律相关的，主要是截断众流义。②所谓截断众流，是说道德必须斩断一切外在的牵涉，本身必须是纯粹的，只能为道德而道德，不能为其他目的而道德，用康德的话说，就是道德自律。对于道德自律情有独钟的牟先生，认为朱子将"形而上的真体"理解为"只存有不活动"之理，则丧失了妙运万物的创生义，意谓朱子所言之理不能活动，活动义只能落在气上说，故理气的关系是此理在气背后静态而超越地主宰而定然之，而不是动态而妙运地实现和定然之。因此，朱子理气二分宇宙论落到心性论必然"滑转"为道德他律，亦即心、性、情三分之格局。在牟先生眼里，朱子不能真切理解"天命流行之体"以及本心性体，

---

① 牟宗三：《心体与性体》（上册），上海古籍出版社，1999年，第16、47页。
② 杨泽波：《牟宗三之道德自律学说的困难及其出路》，《中国社会科学》，2003年第4期。

所以"终于落于第二义"。① 这就是牟先生认定朱子"别子为宗"的主要根据。关于朱子的理气论，牟先生所见之得失，前贤多有研究，② 兹不赘述。但牟先生认为朱子不能真切理解本心性体，对此，我们则不能无疑，难道朱子苦参中和构建的心性理论对于内圣学仅有"补充"和"助缘"的作用吗？然而，牟宗三的道德自律理论在情感问题上却遇到了麻烦。从学理上看，牟先生对朱子乃至整个儒学的情感哲学义蕴含在着估价不足与缺乏尊重的问题。我们知道，康德道德哲学是排斥情感的，尽管道德情感有其特殊性，但仍属于感性层面，这是康德的一贯原则。③ 而儒学不管是理学还是心学，都不排除情感，而且将情感作为最基本的存在问题纳入其哲学之中。朱子也正是在重视"四端""七情"的情感的基础上，构建其"心统性情"理论的。这样一来，能否以康德的自律学说衡量朱子的心性理论就存在着很大困难：若以"为道德而道德"作为标准，那么不仅是陆王，就是程（伊川）朱，也不能不说是道德自律；若以是否排除情感作为标准，那么不仅程（伊川）朱，就是陆王，也不能说是道德自律。面临这种尴尬局面，牟先生的"别子为宗"说就值得讨论了。

如上所述，尽管牟先生批判朱子"别子为宗"，但还肯定朱子"固伟大"，对朱子的贬抑是在阐述了一整套义理之后作为基础的。到了 20 世纪末，著名历史学家金景芳先生（1902～2001）对朱子的中和说（亦即"中和新说"），以及"格物"与"致知"之解释提出批评，可谓不留情面了。

金景芳、吕绍纲先生于 1994 年撰文指出"宋人给《中庸》以特殊的重现，没有错，今人亦应如此。唯宋人尤其是朱熹对《中庸》所做的道学家解释，必须认真加以揭示。我们需要的是孔子本色的中庸思想，朱

---

① 牟宗三：《心体与性体》（下册），上海古籍出版社，1999 年，第 332 页。
② 若按牟氏之说，朱子哲学当属二元论。目前学术界仍然存在一元论与二元论之争。窃以为，朱子论理气，其逻辑分析（直线分解）貌似二元论，辩证思考（不独《语类》，还散见于《文集》）则为一元论，后者才是实质。
③ 蒙培元先生《心灵超越与境界》（人民出版社，1998 年）中认为："康德在一定程度上承认道德情感同审美情感（"鉴赏"属于审美情感）是有联系的。但在这方面，牟宗三先生绝少议论。他所理解的儒圣之学，只是一种道德的形上学。"见该书第 418 页。

熹的一套理论应抛弃。"<sup>①</sup> 二先生对自古至今关于"中庸"的解释最为权威的郑玄、程颐、朱熹三家进行比较，认为郑玄训庸为用，释中庸为"中和之为用"，基本上是正确的，最得《中庸》篇名的真义，"中庸"正是用中的意思。<sup>②</sup>

程颐说："不偏之谓中，不易之谓庸。"金、吕二先生认为不对："不偏之谓中"的中是喜怒哀乐既发之后的和，即孔子讲的时中，孟子讲的权；庸是用，不是不易；程颐释"中庸"为"不偏""不易"，说明他对子思作《中庸》的意义没能把握。

朱熹讲"中者，不偏不倚，无过无不及之名。庸，平常也"。金、吕二先生认为这样训释与子思"中庸"之义根本悖谬。释"中庸"之中为"不偏不倚，无过不及"，是对的，而释庸为平常，则大错。针对朱熹在《中庸或问》里所言："盖不偏不倚，独立而不近四旁，心之体，地之中也。无过不及，犹行而不先不后，理之当，事之中也。故于未发之大本，则取不偏不倚之名；于已发而时中，则取无过不及之义，语固各有当也。"二先生认为这些话至少有两个错误，第一，不偏不倚与无过不及同义，都是程氏所谓"在中"之中，亦即喜怒哀乐未发之中，但是朱熹却视作二事，以为不偏不倚是在中之义，无过不及是时中之义。第二，以为"中庸"之中既是在中又是时中，既是中又是和，是不对的。比照朱熹《中庸章句》里释中为"天命之性"，释和为"情之正，无所乖戾"。由此可见其逻辑混乱，认识不清，整个未曾弄懂。

世纪交替之际，年近期颐的金景芳先生又将朱熹注释《中庸》的"中"与"和"及《大学》的"格物"与"致知"再做考察，<sup>③</sup> 指出"中"与"和"实际讲的是工作方法问题，"格物"与"致知"讲的是知识来源

① 金景芳、吕绍纲：《论〈中庸〉——兼析朱熹"中庸"说之谬》，《孔子研究》，1994年第 2 期。

② 同上。该文还指出说郑玄"基本上"正确，因为"中庸"是中之为用，不是"中和之为用"。人们把未发之中加以应用即付诸实践，产生的结果便是和。和必在用之后，中在未用时是谈不到和的。所以只能说中之为用，不可说"中和之为用"。

③ 金景芳：《论〈中庸〉的"中"与"和"及〈大学〉的"格物"与"致知"》，《学术月刊》，2000 年第 6 期。

问题。他批评"中"与"和"之谬已如前述。关于"格物"与"致知"，金先生说：

> 《大学》首章云："致知在格物"。这句话很简单，是讲知识的来源问题。"格"是接触，"物"是外物，你只有接触外界事物，才能获得知识。闭耳塞听一辈子也得不到知识。而朱熹则认为知识在人的内心，要从内心去寻找，说什么"推极吾之知识，欲其所知无不尽也"，"穷至事物之理，欲其极处无不到也"，故作高深，贻误后人。同时，他还在第五章中以心性理学之说再次解释"格物"与"致知"，更是大错特错。

此外，金景芳、吕绍纲先生还另撰文批评朱熹《论语集注》用"存天理灭人欲"的道学家观点解释"克己复礼"，完全歪曲了孔子的本义。①还有论者批评朱熹昧改《大学》"亲民"为"新民"。②这就不能不令人深思了。

杜维明先生曾援引英国思想家柏林的说法，认为有两种类型的思想家，一种是狐狸型，另一种是穿山甲型。狐狸型的思想家比较活跃，有弹性，能掌握很多大家看起来没有关系的问题。穿山甲型的思想家只抓住一个问题，拼命钻，问题越钻越大，越钻越困难，但不把山钻穿了他是不肯罢休的。穿山甲型思想家较深入，狐狸型的思想家较广阔，但最有创意的思想家多半是两者复杂而巧妙地结合。朱熹就既是狐狸又是穿山甲，是从穿山甲的精神开始，后来又体现狐狸的精神。他开始进行深刻哲学反思的"中和"是什么问题呢？就是人在世界上每天所碰到的都是瞬息万变的环境，到底真正的"认同"是什么？"中"在《中庸》里是个重大课题，对这个课题朱熹经过长期的苦思。他早期的思路比较接近程颢以及后来的陆象山和王明阳的思路。经过自己苦参和深层反思，特别是受程伊川思想的激励，朱熹发展出一套经验的看法，和程颢的思路有歧义。值得注意的是，朱熹所关注的是心上工夫。在历史上影响巨大的是朱学而非陆学。南宋儒学经过了朱熹的集大成的转化，这一套所

---

① 金景芳、吕绍纲：《释"克己"复礼为仁》，《中国哲学史》，1997 年第 1 期。
② 南怀瑾：《原本大学微言》，世界知识出版社，1998 年，第 54～55 页。

谓的身心性命之学后来传到了北方，引起了很大的思想震动。[1] 从社会效果看，经过长期的发展，元代尊孔达到高峰，科举制度以"四书"做标准也从元代开始，政治化的儒家大展宏图，而这种政治化儒家在当时的体现就是朱学。

朱子学传统中也有深厚的心学，其私淑门人真德秀才会编出以《心经》命名的一本书。牟宗三先生视朱子心上工夫理论为"横摄""歧出"的原因为误出看来是值得讨论的。牟先生多处宣称朱子头脑明智，学力强劲，在当时无人能比。那么，以明智的头脑，强劲的学力，以及涉猎广博的知识，并遍交天下有识之士，经那么多人指点辩难，何以不识儒学之"大宗"和"正宗"呢？而金景芳、吕绍纲先生直斥朱子的"中和说"（《中庸章句》的成熟观点，亦即"中和新说"）为"悖谬"，不合原典之旨，[2] 这至少有其训诂学之价值，至于产生"悖谬""逻辑混乱"的原因却鲜有分析。金、吕二先生也承认朱子是"权威"，那么，"致广大，尽精微，综罗百代"（全祖望语）影响中国封建社会六七百年的朱子，何以会出现一系列"悖谬"呢？二先生仅指出其属于"道学家解释"。然而，牟先生的巨著以及金、吕二先生在训诂学方面的重大贡献，激发学术界进一步向深层思考。

蒙培元先生50岁以前对宋明理学的研究成果，集中体现在其对"从朱熹到王夫之戴震"进行探索的《理学的演变》（福建人民出版社，1984年）一书中。该书除了对朱熹、王守仁、王夫之三大家进行研究之外，同时对宋季至清代十八位有代表性的理学家的思想进行梳理。随着研究工作的深入，蒙先生的《理学范畴系统》成书于50岁之前，出版于50岁之后（1989）。在对宋明理学的"理气""心性""知行""天人"诸多范畴进行"条分缕析"的过程中，蒙先生对海内外诸多著名学者如侯外庐、邱汉生、张岂之、李泽厚、陈俊民、钱穆、牟宗三、唐君毅、陈

① 杜维明：《宋明儒学的中心课题》，《天府新论》，1996年第2期。

② 杜维明对中和思想的阐释，比起有的论者认为仅是工作方法问题要深广得多。因此，中和问题尚有较大的学术空间。

荣捷等的相关著作予以关注及消化,自谓"如果说在这部探索性的书中,提出了同某些专家学者不同的看法,那也是在他们的启发之下提出的,首先应该向他们表示感谢。"[1]蒙培元与牟宗三对于朱熹的心性论研究之异,正是在此背景下提出的。在《理学范畴系统》第 203 页的"注释"中说:"牟宗三在其《心体与性体》(台湾,1981 年第 4 版)中提出,程颐、朱熹都是心性为二论者,心与性是存在论的横摄关系,不是本体论的纵贯系统。我的看法正相反。"对于朱熹的"中和旧说"与"中和新说",牟先生认为朱熹由道德自律"滑转"为"道德他律",蒙先生则认为是由道德他律提升为道律自律。蒙先生说:

> 所谓中和新旧说的转变,是指朱熹 38 岁和张栻讨论《中庸》不合以后,对"未发已发"解释上的变化,在此以前的观点称为旧说,以后的观点称为新说。代表其旧说的可用《答张钦夫论中庸说》之第四书为例。其中说:"盖通天下只是一个天机活泼,流行发用无间容息,据其已发者而指其未发者,则已发者人心,而凡未发者皆其性也。"(《文集》卷三二)这里最重要的是以未发为性,已发为心。这同程颐的"凡言心者,皆指已发而言"是同样的意思。按照这个观点,"未发"是天命流行之性,虽然具于心,却并不是心的自我意识,是他律,不是自律。……代表其新说的可用《答张钦夫》之第十八书为例,其中说:"然人之一身,知觉运用,莫非心之所为,则心者固所以主于身而动静语默之间者也。然方其静也,事物未至,思虑未萌,而一性浑然,道义全具,其所谓中,是乃心之所以为体,而寂然不动者也;及其动也,事物交至,思虑萌焉,则七情迭用,各有攸主,其所谓和,是乃心之所以为用,感而遂通者也。然性之静也,而不能不动,情之动也,而必有节焉,是则心之所以寂然感通,周流贯彻,而体用未始相离者也。"(同上)这里同旧说有一个最大的不同,就是以未发为心之体,已发为心之用,提出了心体用说。心有体用之分,故有未发已发之别,这同程颐的"心一也,有

---

① 蒙培元:《理学范畴系统·后记》,人民出版社,1989 年。

指体而言者，有指用而言者"，也是一致的。按照新说，从本体上说，是心性合一，而不是心性为二。心体就是性，不是心以性为体，是道德自律而不是他律。①

在这个问题上，蒙培元与钱穆关于"纵谓朱子之学，彻头彻尾乃是一项圆密宏大之心学"②之论当有相契之处。

世纪交替之际，蒙培元先生在完成了对中国哲学"主体思维"阶段与"心灵境界"阶段的研究之后，即进入了"情感哲学"阶段的研究。在其著《心灵超越与境界》③中，蒙先生对朱熹心与理一说的阐释，不独对牟宗三先生的"横摄""歧出"说，而且对牟先生关于朱子的理"只存有不活动"说做出回应。蒙先生认为，朱熹虽然建立了以理为最高范畴的宇宙本体论，但这仅是一个基本前提，朱熹哲学的真正目的在于解决人的精神生活问题，也就是心灵境界问题。朱熹并没有离开儒学的基本传统，另外建立一套客观的观念论或理念论，以确立一种新的形上学，而是通过讨论心与理的关系问题，完成了儒家的人学形上学。因此，在朱熹哲学中，所谓境界者，心灵之境界，所谓心灵者，有境界之心灵，心灵与境界是同一问题的两个方面。只有把二者联系起来才能说明朱熹哲学的本质。④2002 年，蒙培元在其《情感与理性》⑤一书中，为了澄清中国人近百年来引进"理性"这一观念与儒家哲学的"义理"或"性理"相遭遇的一系列混乱，对自孔子始的历代儒者关于情、性的看法及其重要概念做了逐一清理，把儒家心性之学最后落实在对情感的强调上，并揭示出中国哲学的特质：情感与理性的合一。我们认为，这种研究，似乎是偏重于从内在性讲，虽然还缺乏如同牟宗三先生由内圣开出新外王的思想进路，但就其尊重与揭示儒家心性之学的重要特点来看，其研究充分表现出一种现代意识，为探索儒学情感哲学在当前中西文化冲突中

① 蒙培元：《理学范畴系统》，人民出版社，1989 年，第 271～272 页。
② 钱穆：《朱子新学案》（上），巴蜀书社，1986 年，第 361 页。
③ 蒙培元：《心灵超越与境界》，人民出版社，1998 年。
④ 同上书，第 293 页。
⑤ 蒙培元：《情感与理性》，中国社会科学出版社，2002 年。

所处的地位及其今后发展前景，奠定了理论基础。因此，蒙先生系列研究的学术意义与价值，远远不止于解决牟宗三先生道德形上学在学理上，尤其在理性与情感问题上所遭遇的困难与出路。

2000 年 10 月，在江西省上饶市铅山县举行的纪念朱熹诞辰 870 周年国际学术会议上，国家图书馆馆长任继愈先生在会上做"朱熹格物说的历史意义"[①] 的学术报告，深入浅出地讲述了《四书》的产生，《大学》尤其是"格物补传"的蕴含与历史意义。任先生提出的"文化嫁接说"尤为发人深省。窃以为，对于任先生的"文化嫁接说"做进一步推论，正好可以对金景芳、吕绍纲先生上文所述的"程朱悖谬"，即朱熹何以对"中和说"及《四书》的一系列相关问题的"道学家解释"，做出合乎历史事实的解读。

任先生认为，朱熹创立的格物说，丰富了中国哲学史，它成功地把天下万物众理归结为一个理。这个理包括自然之理，也包括人心之理，从而构成了相当完整的哲学体系。这个体系以"格物"作为打开智慧之门的钥匙，作为内圣外王的起点，对满足中国古代分散的小农经济社会的需要，对多民族的我国形成坚固的文化共同体，有着重要的影响。[②]

对于朱熹继承程颐的观点，并加以补充、发挥写成的《四书集注》，任先生说，《四书集注》是用朱熹的观点解释《四书》的，原文是古人的话，注解是朱熹自己的话。按照传统的理解，"经"的价值是永恒的，只能信奉，不准怀疑。由于朱熹的注解与《四书》融为一体，与《四书》同时讲授。国家科举考试，以《四书》为基本教材，青少年必读之书。朱注依附于《四书》，取得与《四书》同样的权威地位。伴随着封建社会后期数百年的科考制度，其深远影响是无可比拟的。

《大学》原书有缺失，朱熹根据程颐的意思，做了增补 134 字的"格物传"：

> 所谓致知在格物者，言欲致吾之知，在即物而穷其理也。盖人

---

① 任继愈：《朱熹格物说的历史意义》，《南昌大学学报》（社科版），2001 年第 1 期。
② 同上。

心之灵莫不有知，而天下之物莫不有理。惟于理有未穷，故其知有不尽也。是以大学始教必使学者即凡天下之物，莫不因其已知之理而益穷之，以求至乎其极。至于用力之久，而一旦豁然贯通焉，则众物之表里精粗无不到，而吾心之全体大用无不明矣。此谓格物，此谓知之至也。

根据哲学发展的线索及中华民族认识史来看，朱熹所增补的这一段"格物传"并不符合《大学》原意。因为孔孟时期，即使稍后的曾子、子思时期，都没有发展到本体论的阶段，"众物之表里精粗无不到，而吾心之全体大用无不明"这类问题，春秋战国还没提上日程。这类哲学问题只能产生在魏晋玄学本体论之后，而不能在它以前。不可用后来发生的思想诠释先秦哲学。①

因此，任先生指出："新文化与旧文化有衔接关系，不能一刀两断。只有吃透旧文化，才能更好地建设新文化。文化可以在适当砧木上嫁接，而不能焊接。"这就是任先生的"文化嫁接说"。对于任先生这一卓见，我们可以做进一步的申论：由此及彼，不独"格物传"，包括朱熹诠释《中庸》的"心统性情"的中和思想，用乃至整个《四书》互为融通呼应的体系（一体化），都可做如是观。因为"格物补传"不但讲本体论（众物之表里精粗），更重要的是落实到心性论（吾心之全体大用）。

"心统性情"这个命题是张载（1020～1077）提出的。张载从两个不同角度讲心体统一：从心的认知方面说，心小性大；从心的形而上道德本体方面说，"心统性情"。②朱熹整合张载以下理学各系心性指诀，上窥先秦诸子之异，下视二程之失，从而形成心兼体用、贯上下、统性情，"浑然一理"的中和思想，并用以注解《中庸》。这种注解，正如任继愈先生所言，是"在适当的砧木上嫁接"。

杜维明先生说，朱熹"做过非常严格的整理国故的工作。其中有很

---

① 任继愈：《朱熹格物说的历史意义》，《南昌大学学报》，2001年第1期。
② 张立文：《朱熹"心统性情"论和现代价值》，《迈进二十一世纪的朱子学》，华东师范大学出版社，2001年。

多非常复杂的文献学上的问题、考据的问题、校勘的问题";"你可以不赞成他的解释，但是你不能够绕过他的解释或对他的解释掉以轻心。"① 再如刘泽亮先生对此则阐发得十分精当，他认为，朱熹的《四书集注》，从禅佛教的影响来看，主要有两个特点：一是儒家心性学的集成，一是以义理解经的集成。在朱子之前，寻找原典的努力已初见雏形，但《四书》之名为朱子首先提出。朱子倾其毕生心力所作的《四书集注》，在前辈学者的基础上，系统抉发学庸论孟义理之微，标志着足以与禅家相抗衡的儒学形上体系的建立。《大学》之格物致知、《中庸》之已发未发、《论语》知行之说、《孟子》心性之学，经过朱子的重新阐发，成为一个下学上达周遍，本体工夫齐全，内圣外王完备，具有全新风貌的博大精深的理论体系。这一体系从总体上说，与禅佛教有着极大的相似性。禅佛教在于通过禅定等一系列修持的工夫，变人心为佛心，变人性为佛性（尽管其在理论上拒斥这一划分，但在逻辑上还是有这种区分的），目的是成佛作祖；朱子理学则在于通过格物穷理等一系列修学工夫，变人心为道心，变气质之性为天命之性，目的是成圣作贤。这一体系是面对佛教哲学挑战而对儒学所做的返本开新。② 总而言之，朱熹成功地诠释了中国传统文化，如《大学》《中庸》，给以新的内容，虽不能说完全符合古代曾子、子思的原旨，却适应宋明社会的需要，使整个学术界、知识界、文化界接受了他的诠释，所以能维持七八百年不衰。③ 朱熹的结论，今天仍然可以有选择地采用，朱熹走的道路，及其在民族传统文化和心理结构上找到最恰当的位置进行适应新时代（回应禅佛教挑战）的"文化嫁接"，重铸新儒学理学，这种继承和创新的方法值得借鉴。④

① 朱杰人主编：《迈入 21 世纪的朱子学·序二》，华东师范大学出版社，2001 年。
② 刘泽亮：《从〈五经〉到〈四书〉：儒学典据嬗变及其意义》，《朱子研究》，2002 年第 1 期。蒙培元先生在其关于研究中国哲学方法论的论著中曾提出"回到原点"的方法，"回到原点"进行再创造，就是继往开来，返本开新。
③ 任继愈：《朱熹格物说的历史意义》，《南昌大学学报》（社科版），2001 年第 1 期；杜维明：《迈入 21 世纪的朱子学·序》，华东师范大学出版社，2001 年。
④ 朱熹于《大学》所作的"格物补传"，名义上是托程子之意，实际上是将自己的见解嵌入《大学》之中。这种"六经注我"的方法，实际上并非始于朱子。早在二程就有《改正大学》之作，且二兄弟各自不同。（《河南程氏经说》卷第五）

# 第六章　朱熹与庆元党禁的考察与反思

南宋末期，政府正式采用朱子理学，承认其道统的地位。八百年来，这道统笼罩了儒家乃至中国整个的思想。事实上，朱子学派的学说被公认为最合乎孔孟原意的源流，有一个相当长的过程，其中的挣扎和曲折，以及成为道统的原因，都和政局有关。[1]发生在宁宗朝的"庆元党禁"（亦谓"庆元学禁"），就是南宋政治和学术史上一个典型的历史事件。

## 一　劾唐仲友，朱熹卷入政治风潮

庆元党禁自有其深层的社会原因（后文分析），然而，就南宋的社会现实而言，发生于淳熙九年（1182）的朱熹六劾唐仲友事件，即成为庆元党禁的前奏。

早在孝宗隆兴元年（1163），朱熹因在奏对时批评孝宗不能"即理以应事"，[2]在论及抗金问题时，又批评孝宗不能修德业、正朝廷、立纪纲，这就刺痛了主和派宰相汤思退和擅权佞臣曾觌、龙大渊之流，也使孝宗感到不快。因而孝宗刁难朱熹，要他去当武学博士，教学生兵马武艺，朱熹只好辞官不就。淳熙三年（1176），参政龚茂良推荐朱熹任秘书郎，即有"群小乘间谗毁"，说什么"虚名之士不可用"，[3]结果孝宗只差朱熹提举武夷山冲佑观。淳熙七年（1180），朱熹在《庚子应诏封事》中，对孝宗大谈正君心、立纪纲、明义理、亲贤臣、远小人，并斗胆批评了孝宗宠信近习佞臣之失，使孝宗勃然大怒说："是以我为亡也"。[4]后来朱熹任浙东常平茶盐公事，大力改革弊政，赈救灾荒，甚至孝宗也说"朱熹

---

① 刘子健：《宋末所谓道统的成立》，中华书局，《文史》第七辑。
②《宋史》卷四二九《朱熹传》，中华书局，1977年。
③ 王懋竑：《朱子年谱》卷二，孝宗淳熙三年八月。
④《宋史》卷四二九《朱熹传》，中华书局，1977年。

政事却有可观",① 但当权派中仍有人说朱熹"疏于为政",② 百般刁难,致
使朱熹的许多奏请常被扣压。

　　朱熹在按劾唐仲友事件之后几被废弃,却使他直接卷入政治风潮。
按劾唐仲友,虽出于对朝廷一片忠心,并得到台州人民的支持,但结果
朝廷并不严惩唐仲友,朱熹反而遭到了宰相王淮等人的打击报复。这是
因为,唐仲友与王淮是婺州同乡,且为姻亲,当淳熙九年(1182)七月,
朱熹接连三次向孝宗奏劾唐仲友之际,王淮有意扣压奏稿。这固然是王
淮为了包庇亲戚,也因为淳熙八年(1181)十一月朱熹曾上书宰相,批
评他们"爱国之念不如爱身之切,是以但务为阿谀顺旨之计"。③ 早已引
起王淮的猜忌。朱熹上奏按劾唐仲友至第六状,朝廷不仅不严惩唐仲友,
反而把朱熹调离浙东。朱熹深感道之难行,便上奏孝宗说:"伏念臣所劾
赃吏,党羽众多,棋布星罗,并当要路。自其事觉以来,大者宰制斡旋
于上,小者驰骛经营天下。……若其加害于臣,不遗余力,则远而至于
师友渊源之所自,亦复无故横肆抵排。……臣今日之计,惟有乞身就闲,
或可少纾患害。"④ 尽管朱熹打算避祸就闲,王淮一伙仍不放过他。王淮、
唐仲友的死党吏部尚书郑丙上奏攻击朱熹及其理学:"近世士大夫,有所
谓'道学'者,欺世盗名,不宜信用。"⑤ 王淮又提拔陈贾为监察御史,面
奏皇帝,进一步攻击朱熹及其门生:"近世士大夫有所谓道学者,其说以
谨独为能,以践履为高,以正心诚意、克己复礼为事。若此之类,皆学
者所共学也,而其徒乃谓己独能之。夷考其所为,则又大不然,不几于
假名以济其伪邪! 愿陛下明诏中外,痛革此习,每于听纳除授之间,摈
弃勿用,以示好恶之所在。"⑥ 值得注意的是,这里郑丙、陈贾第一次把朱
熹理学斥为伪道学,为后来韩侂胄大兴"伪学之禁"开了先声。孝宗听

_____

①《宋史》卷四二九《朱熹传》,中华书局,1977 年。

② 同上。

③《宋史全文》卷二七上,孝宗淳熙八年十一月。转引自俞兆鹏《略论朱熹与"庆元党
　禁"》,《南昌大学学报》,1994 年第 4 期。

④《文集》卷二二《辞免江东提刑奏状三》,四部丛刊初编缩本。

⑤《宋史》卷三九四《郑丙传》,中华书局,1977 年。

⑥《续宋编年资治通鉴》卷一〇六,孝宗淳熙十年六月。

从了陈贾的诽谤之言，便让朱熹回家闲居。①

在朱熹连续奉祠五年之后，周必大推荐朱熹为江西提刑。朱熹在入朝陛见时，又滔滔不绝地批评朝政缺失，仍劝孝宗"存天理，灭人欲"。这就再度引起当权派大官僚的忌恨。孝宗也就改变主意，不要朱熹再去当地方官接触民众，只封了他个兵部郎官。朱熹因足疾请求奉祠。兵部侍郎林栗曾与朱熹讨论《易》《西铭》，观点分歧，这时便乘机报复，以泄私忿并贬低朱熹。他向孝宗诬告说："熹本无学术，徒窃张载、程颐绪余，谓之道学。所至辄携门生数十人，妄希孔、孟历聘之风。邀索高价，不肯供职，其伪不可掩。"②林栗还称朱熹是"乱人之首"，要求将其停职反省，"以为事君无礼者之戒"③结果，朱熹再度奉祠。

关于自己在政治上所受的挫折，朱熹于绍熙二年（1191）在知漳州任上推行"经界"，为当地进士吴禹圭所阻，写信给友人说：

> 熹伉拙奇蹇，一出而遭唐仲友，再出而遭林黄中（栗），今又遭此吴禹圭矣。岂非天哉！天实为主，岂敢尤人！④

对此，余英时先生认为，吴禹圭的攻击并不足道，唐仲友案发生在高宗幕后操纵朝政的时期，只有林栗的奏劾才最使他耿耿于怀，因为使他失去了参与"孝宗末年之政"的重大机会。⑤

关于朱、唐公案，束景南先生在其《朱子大传》有翔实的分析，至少可备一家之言。然而，研究者中仍存在着不同的学术观点。有如李申先生的《中国儒教史》做如是评述：

> 依《宋史》作者所说，唐仲友为官不法，被朱熹弹劾，而宰相王淮是唐的姻亲，庇护唐氏，所以排挤朱熹，等等。《宋史》不为唐氏立传，《宋元学案》有专为唐氏所立的《说斋学案》，其中叙述唐氏事迹道，唐是绍兴二十一年进士，兼中博学宏词科，曾向皇帝上

---

① 俞兆鹏:《略论朱熹与"庆元学禁"》,《南昌大学学报》,1994 年第 4 期。
②《宋史》卷四二九《朱熹传》,中华书局,1977 年。
③《宋史》卷三九四《林栗传》,中华书局,1977 年。
④《文集》卷二八《与赵帅书》,中华书局,1977 年。
⑤ 余英时:《朱熹挽孝宗诗笺释》,《中国文化》,第 19 ～ 20 期。

书，"陈正心诚意之学"。做信州知府，"以善政闻"。曾推行过司马光所制定的救荒政策，且"锄治奸恶甚严"。由于被朱熹弹劾，罢官。他"素伉直。既处摧挫，遂不出，益肆力于学"。他为学"不专主一说"，"稽之于圣经，合者取之，疑者阙之"。他著述繁富，计有：《六经解》一百五十卷，《孝经解》一卷，《九经发题》一卷，《诸史精义》百卷，《陆宣公奏议解》十卷，《地理详辩》三卷，《愚书》一卷，《说斋文集》四十卷，其中被认为特别重要的有《帝王经世图谱》十卷。此外还有《故事备要》等数种。可以想见，这是一位在仕途上受了挫折，因而致力学术，希望借此表见于世的儒者。然而，他这样一个愿望也难以实现，其原因就是因为得罪了朱熹。"自宋以来，儒者拘门户之私"，对唐氏的著作"罕相称引"。①

那么，他是不是一个为官不法的人物，所以罪有应得？李申先生继续援引《宋元学案・说斋学案》道：

> 予观晦翁所以纠先生者，忿急峻厉，如极恶大憝，而反复于官妓严蕊一事，谓其父子逾滥，则不免近于诬抑，且伤□□□。且蕊自台移狱于越，备受捶楚，一语不承。其答狱吏云："身为贱妓，纵与太守有滥，罪不至死，但不欲为妄言以诬君子，有死不能也。"

因此，李申先生认为："严蕊最终被无罪释放，留下了宋词中那首颇为独特的《卜算子》。'不是爱风尘……'。唐仲友的冤案应该得到昭雪，然事实上，唐氏从此却被加上了更沉重的文字镣铐。"②且不说如果认定唐仲友属于冤案，那么，六劾唐氏的朱熹岂不成为冤案的始作俑者，单说那首《卜算子》（不是爱风尘），所谓才妓（严蕊）作词，岳霖判案，就纯属虚构。清末民初的王国维先生《人间词话》指出：

> 宋人小说多不足信。如《雪舟脞语》谓：台州知府唐仲友眷官妓严蕊奴。朱晦庵系治之。及晦庵移去，提刑岳霖行部至台，蕊乞自便。岳问曰：去将安归？蕊赋《卜算子》词云："住也如何住"云

---

① 李申：《中国儒教史》（下卷），上海人民出版社，2000年，第335～336页。
② 同上。

云。案：此词系仲友戚高宣教作，使蕊歌以侑觞者，见朱子《纠唐
仲友奏牍》。则《齐东野语》所纪朱、唐公案，恐亦未可信也。①

现代学者置王氏的真知灼见于不顾，实在令人费解！

朱熹为什么要如此坚持地连续弹劾唐仲友呢？这与他的理学思想及
在此基础上阐发出来的政治主张有密切关系。他的理学思想及政治主张，
发展到淳熙九年（1182）时，已经成熟。因此，朱熹从他的理学的基本
观念出发，提出了他的政治主张。他认为，要使社会安定和国家政权巩
固，也就是说要实现齐家、治国、平天下，自皇帝乃至平民百姓都应当
"以修身为本"②，而要修身，其最根本的办法在于"格物致知"。他又说：
"人主之学，当以明理为先。是理既明，则凡所当为而必归，所不当为而
必止者。莫非循天之理而非有意必固我之私也。"③要做到明理，必须通过
格物致知而达到正心诚意，必须"存天理，灭人欲"。

"存天理，灭人欲"。这是宋代理学的著名口号，也是朱熹理学思想
的核心内容。什么是"天理""人欲"？朱熹说："盖天理者，此心之本然，
循之则其心公而且正；人欲者，此心之疾，循之则其心私而且邪。公而
正者逸而日休，私而邪者劳而且拙，其效至于治乱安危有大相绝者，而
其端持在夫一念之间而已。"④

朱熹的"存天理，灭人欲"，就是要拯救世道人心，维护儒家的德
性伦理。其实，朱熹也同样要求封建统治者"灭人欲"。他曾对孝宗皇帝
说："愿陛下……自今以往，一念之萌，则必谨而察之；此为天理邪？为
人欲邪？果天理也，则敬以扩之，而不使其少有壅阏；果人欲也，则敬
以克之，而不使其少有碍滞。"⑤

唐仲友所犯的罪行，可归结为"贪""淫""暴""虐"四个字。而这
一切，在朱熹看来正是"人欲横流"的表现，他对此深恶痛绝！朱熹从

---

① 王国维：《人间词话》滕咸惠校注本，齐鲁书社，1981年，第88页。
② 《文集》卷一三《癸未垂拱奏札一》，四部丛刊初编缩本。
③ 同上。
④ 《文集》卷一三《辛丑延和奏札二》，四部丛刊初编缩本。
⑤ 《文集》卷一四《戊申延和奏札五》，四部丛刊初编缩本。

以自己知南康军的经验出发，他认为：国家最重要的事情，是要关心老百姓的生活，设法减轻他们的经济负担。他说："天下国家之大务，莫大于恤民。而恤民之实在省赋。"①

他以南康军为例，说明赋税之重中如何严重地破坏了社会生产和人民生活的安定。朱熹将恤民、省赋等事全寄望于贤良的地方官吏。他说："至于四海之利病，臣以为系于斯民之戚休，斯民之戚休则以为系乎守令贤否。"②如果地方官不知恤民，而是横征暴敛，社会经济必将崩溃。然而，那些充满私欲的的贪官污吏，横行无忌，恤民又从何谈起！朱熹向皇帝大声疾呼："使天下之忠臣贤士，深忧永叹，不乐其生，而贪利玩耻敢于为恶之人，四面纷然攘袂而起，以求逞其所欲，然则民又安可而得恤！"③

而唐仲友正是这样的为恶之人。朱熹指出，唐仲友身为儒臣，本应正心诚意，廉政为民。然而他却反其道而行之，"舞智徇私，动乖仁恕"，干了许多不公不法之事。朱熹揭露唐仲友"公行文移，督迫属县，顿辱良吏，苦虐饥民，使千里之人愁怨叹息，无所告诉，甚失圣朝所以选用贤良惠恤鳏寡之本意！"为此，朱熹向皇帝六上奏状，按劾唐仲友的罪行，再三要求朝廷严惩这样的贪官污吏。

朱熹之所以异常急切地要求孝宗及时惩处唐仲友，还有一个很重要的目的，就是希图通过严惩唐仲友，以平民愤，缓和当时日趋激烈的社会矛盾和农民的反抗斗争，以维护南宋王朝的长治久安。

## 二　台谏交奏，赵韩力量消长透视

这场统治集团内部的党争，以道学之禁为其主要内容和外在形式，把朋党之争与学术之争搅和在一起。朋党之争自北宋以来几乎没有中断过，但与道学之争错综纠葛在一起，则集中在高、孝、光、宁时期。庆元党禁发生于宁宗朝，而光宗赵惇（1147～1200）与宁宗赵扩

①《文集》卷一一《庚子应诏封事》，四部丛刊初编缩本。
②《文集》卷一一《壬午应诏封事》，四部丛刊初编缩本。
③《文集》卷一一《庚子应诏封事》，四部丛刊初编缩本。

（1168～1124）的政权交替，被现代学者韦政通先生称之为"帝王之家的伦理悲剧"，光宗则是悲剧形成的主角。孝宗虽然未能完成其恢复中原的初衷，但"在位二十七年（1163～1189），民心未失，国是未乱"，[①]与儿、孙相比，他还算得上一位能够守成的皇帝。可是，当"春秋方盛"的孝宗传位于其子，原想自己的余生，也能与高宗一样，"优游于琴书花鸟之侧"，[②]颐养天年。岂料光宗却是一个"不肖之子"，登极之后，不仅父子反目，翁媳相仇，连父亲病了也不去探望，死了也不为他执丧，搞得朝廷大乱，群臣无策，民间议论纷纷。

这种局面不能长久继续，左相留正便奏请立储，岂料光宗在这一问题上也出尔反尔，先是斥骂留正"储位一建就会取代我"；继而御批"历事岁久，念欲退闲"，却又不明确指示究竟立储还是禅让，让宰执无所适从。留正迷信自己流年不利，在一次上殿时扭伤了脚，误以为不祥之兆，光宗给他的御批中又有语义含混的责备语，他便撇下了棘手的政局，乘上肩舆逃遁出城了。[③]

这一消息更令朝臣都民惊骇惶恐。工部尚书赵彦逾以山陵使向时为知枢密院事的赵汝愚辞行，建议他当机立断，根据"念欲退闲"的御笔，出来主持大计，成就上天赋予的一段事业。汝愚被说得忘情，脱口道："是啊，几天前梦见孝宗授我汤鼎，背负白龙升天。"赵汝愚让知合门事韩侂胄去打通太皇太后吴氏这一关，没有她的首肯就名不正言不顺。侂胄是名臣韩琦的曾孙，其母与吴氏是亲姊妹，其妻是吴氏的侄女。不过，韩侂胄平时也不能随便见吴氏，他托人传话，吴氏传谕汝愚"要耐烦"。但局面不容一拖再拖，汝愚让他再去提议内禅。侂胄走了原重华宫领班内侍关礼的路子。吴氏终于传谕汝愚，决策内禅。

次日，是孝宗大丧除服的日子。嘉王赵扩由王府直讲彭龟年陪同，

---

① 王夫之：《宋论》，第 191 页，转引自韦政通《"庆元学禁"中的朱熹》，《朱子学刊》，1998 年第一辑。

② 同上。

③ 虞云国：《细说宋朝》，上海人民出版社，2002 年，第 416～417 页。

在军队护卫下来到北内。赵汝愚则先命殿帅郭杲率卫士赴大内请来传国玉玺，自己与其他执政率群臣也来到北内孝宗的灵柩前，向垂帘听政的太皇太后吴氏建议立储传位。吴氏命赵汝愚宣布皇子嘉王即皇帝位，尊光宗为太上皇帝。嘉王听了，绕着殿柱逃避不止，连说："做不得"，吴氏大声喝令他站定，亲自取过黄袍给他穿上。一场老皇帝缺席，新皇帝勉强的内禅礼终于收场。至于太上皇光宗，其后病情更重，清醒时，他不能原谅儿子夺了自己的皇位，拒绝见宁宗；恍惚时，他疯疯癫癫满宫禁乱跑，宫女内侍私下里都叫他疯皇。退位以后，他还活了六年，庆元六年去世。

宁宗因留正临变逃脱而改命赵汝愚为右相。据说，太祖曾把"同姓可封王不拜相"的家法载诸太庙，以防宗室之尊与相权之重相结合，构成了对君权的威胁。若明哲保身，汝愚应该回避，但他有一种以天下为己任的责任心，认为朝中还有一批正直之士，可以共事而图治，便决定犯忌踏上危径。朱熹入朝任经筵侍讲，当上了货真价实的帝王师。但具有讽刺意味的是，改元诏书颁布前四天，朱熹却被罢官出朝。庆历元祐梦还没就枕，庆元党禁就因朱熹罢官而预先揭幕了。①

绍熙内禅，实际上是一场宫廷政变。赵汝愚宗室以首席执政的身份主其事，赵彦逾参加了最初的决策，外戚韩侂胄在内外朝之间穿针引线。事后赵韩自然成为羽戴重臣。然而，宁宗初立，以赵汝愚为相，赵一心求治，选拔朱熹、彭龟年、黄裳、林大中、黄度、罗点、孙逢吉等，在当时极负时望的名士贤臣入朝，对于欲借此而飞黄腾达的韩侂胄等人，不免有所裁抑。早在绍熙五年（1194）十月，朱熹为侍讲之际，就致书赵汝愚，劝其以节钺处韩侂胄，勿使干预朝政。②但赵汝愚缺乏知人之明，对此类话听不进去。对此，黄榦《朱熹行状》云："丞相既当大任，收召四方知名之士，中外引领以观新政，先生独惕然以侂胄用事为虑。既屡为上言，又数以手书遣生徒密白丞相：'以厚赏酬其劳，勿使得豫朝政'。

① 虞云国：《细说宋朝》，上海人民出版社，2002年，第418～419页。
② 束景南：《朱熹年谱长编》卷下，上海师范大学出版社，2001年，第1160～1162页。

却有'分界限，立纪纲，防微杜渐，谨不可忽'之意。丞相方谓其易制，所以为腹心谋事之人，又皆持禄苟安，无复远虑。"《四朝闻见录》丁集庆元党："时忠定（赵汝愚）方议召知名之士，海内引领，以观新政，而事已多出于韩氏。文公既言于上，又数以手书遣其徒白忠定，欲'处韩以节钺，赐第于北关之外，以谢其勤，渐以礼疏之。'忠定不能用。"朱熹曾对黄榦说："赵公（汝愚）相见，有何语？当时大事不得不用此辈（韩侂胄），事定之后，便须与分界限，立纪纲，若不能制而去，亦全得朝廷事体，不就自家手里坏却。去冬亦尝告之，而不以为然，乃谓韩是好人，不爱官职。"①

韩侂胄不论声望、地位，都无法与赵相抗衡。韩的职位只是知阁门事，唯一的条件，就是外戚。但赵为人虽正直坦荡、敦厚而无心机，惜无识人之明；韩却阴险狡诈有权术，复工于心计，既以正当方式没法与赵争，又引用一批小人，以无所不为的手段，来对付赵汝愚。

史称汝愚为相，"尤重惜名器"，对跑官者一概不见，对门人避嫌不用。你可以说他不通权变，却不能不肯定他为人正直、为政忠廉。但在人心吏风极不正常之际，招来的只是嗜进者的嫉恨，促使他们在即将到来的党争中倒向韩侂胄。晚清魏源批评赵汝愚"忠有余而智不足"，失计在于以己律人，诚是确论。沿袭文臣鄙视武职的心理定式，赵汝愚还颇有点瞧不起韩侂胄。知合门事使刘弼说起侂胄有定策功，汝愚马上驳回道："他又有什么大功！"刘弼与侂胄原来同知合门，内禅定策时汝愚只找侂胄，他内心很不平衡，于是一转身便把这话搬给侂胄听。侂胄便决定与汝愚一决雌雄。与汝愚相比，侂胄优势有二。其一，他是宁宗韩皇后的外族。历史上外戚篡位虽不少见，但在外戚与宗室之间选择时，君主往往认为对皇位的威胁，同姓宗室要比异姓外戚来得直接切近，多是亲外戚而忌宗室的。其二，侂胄知合门事的职务，比起宰相来更有接近皇帝、交通内廷的便利，使他得以搬弄是非、窃弄威福。韩侂胄与刘弼勾结在一起。刘弼以"御笔"批出"台谏"作为打击政敌的法宝向韩氏

---

① 《文集》卷二九《答黄仁卿书》，四部丛刊初编缩本。

献计。

即位以来好出御笔的宁宗给韩侂胄留下了染指之便。台谏象征公论，对上至宰执大臣、下至一般臣僚，台谏都拥有监察弹劾权，而其主要制衡对象则是相权。早在泉州初仕，即四十年前任同安主簿之际，朱熹对学生的"策问"中就关注高宗朝秦桧控制台谏之弊（对主战派极尽迫害之能事）。四十年后，历史又是何其惊人的相似。

赵汝愚也深知台谏的重要性，动作却慢了一拍，坐视韩侂胄以御笔将其同党谢深甫提为御史中丞，刘德秀提为监察御史。谢、刘入台，侂胄便在对阵中布下了活眼，其党鱼贯而进，言路上都是侂胄的党羽。韩打算贬窜赵汝愚，苦于找不到借口，其心腹签书枢密院事京镗建议："他是宗室，诬其谋危社稷，就可一网打尽！"不久，赵汝愚"汤鼎负龙"的谣诼不胫而走。封建时代打击政敌的最有效办法莫过于暗置政敌于皇室不利。庆元元年（1195）岁末，宁宗命赵彦逾出知建康府。执政梦断，彦逾殿辞时递上一张名单，说："老奴今去，不惜为陛下言，此皆汝愚之党。"彦逾与汝愚都是宗室，同为定策者，他的告发是很起作用的。[1]对流言蜚语，宁宗也颇有所闻：内禅前，汝愚说过"只立赵家一块肉便了"，言外之意立许国公赵柄也可以的；太学传言"郎君不令"，即嘉王不聪慧理想，故而太学生上书请尊汝愚为伯父。一经煽动，宁宗便将汝愚罢相，出知福州。御史中丞谢深甫领带御史合台上言，说应该让赵汝愚奉祠省过。合台论劾是宋代台官加强言事分量的特定方式，宁宗便改命汝愚提举临安洞霄宫。

赵汝愚罢相反响激烈，拥赵反韩呼声之强烈，声势之浩大，为韩侂胄始料未及，他决定利用业已驱使如意的台谏和犹如囊中之物的内批，给反对者以打击。韩党深知如不远贬重谪汝愚，抗议便不会止歇。十一月，监察御史胡纮诬陷赵汝愚"自称裔出楚王元佐，乃正统所在；还准备挟持太上皇赴绍兴，称绍熙皇帝"。孝宗系出太祖，宁宗作为乃孙，对汝愚自称正统的谣言，不能不有所顾忌。宁宗即位时已有"恐负不孝之

---

[1] 虞云国：《细说宋朝》，上海人民出版社，2002年，第423页。

名"的心理，对汝愚欲使父亲复辟为绍熙皇帝之说，也不会没有猜嫌。于是，汝愚被贬永州（今湖南零陵）安置。

贬谪路上，赵汝愚病渴，大夫却误投以寒剂。舟过潇湘，风雪漫天，寒气表里交侵，便不能饮食了。年初，行至衡州（今湖南衡阳），州守钱鉴对他百般窘辱。正月十八日，赵汝愚服药暴卒，一说中毒身亡。①其死因迄今未能定论。汝愚既死，赵韩力量的消长发生了根本性的变化，朱熹成为韩党进一步搏击邀功的对象。政治迫害由"伪学—伪党—逆党"逐步升级。把思想政治上的分歧推上正逆之类的最高审判台，使政敌难逃诛心与诛身的双重判决。

庆元二年（1196）二月，知贡举叶翥、倪思、刘德秀奏论伪学之魁，乞毁语录；三月十一日，叶翥等再上奏攻伪学，乞考察太学、州学；六月十五日，国子监上奏乞毁理学之书，朱熹《四书集注》与语类在毁禁之列；八月九日，太常少卿胡纮奏论"伪学"猖獗，图谋不轨，请权住进拟伪党；十二月，监察御史沈继祖奏劾朱熹，开篇就有"剽张载、程颐之余论，寓以吃菜事魔之妖术以簧鼓后进"诸语。②沈氏所劾，极尽诬陷之能事，其本质是暗措政敌于皇室不利，使政治迫害由伪学升级为逆党。胡纮与沈继祖所望于宁宗者，是从肉体上消灭朱熹，选人余吉也同时上书"乞斩朱熹以绝伪学"。③这样，年仅29岁、本来就脆弱的宁宗赵扩皇帝岂不因此谗言而毛骨悚然？庆元三年（1197）闰六月六日，朝散大夫刘三杰论"伪党"变而为"逆党"，指朱熹为党魁。十二月，朝廷公布《伪学逆党籍》，共59人，其中宰执4人，以赵汝愚为首；待制以上13人，以朱熹为首；余官31人，以刘光祖为首；武臣3人，以皇甫斌为首；士人8人，以杨宏中为首、蔡元定名列其间。④名单是胡乱拼凑的，至少有三分之一与道学无关。因此，道学家并不是这张名单的共同点，而是这些人都曾经直接间接触怒过韩侂胄或其党徒。"伪学逆党"名单的

---

① 虞云国：《细说宋朝》，上海人民出版社，2002年，第425页。

② 束景南：《朱熹年谱长编》卷下，华东师范大学出版社，2001年，第1271页。

③《续资治通鉴》，第七册，第4145页。

④ 束景南：《朱熹年谱长编》卷下，华东师范大学出版社，2001年，第1314～1316页。

出笼既是庆元党禁的高潮，也是韩侂胄的强弩之末。

专攻宋元史的刘子健先生认为，处罚的轻重，露出了政治考虑的马脚。朱熹声望大，在民间讲学，极受欢迎："在途所次，老稚携扶来观，夹道填拥，几不可行。长沙士子，夙知所学，又邻郡百里间，学子云集，先生诲诱不倦，坐席至不能容，溢于户外，士俗欢动。"①如果重罚，会有人出来抱不平。所以罢免他为平民就算了。而蔡元定，根本不是官吏，不在政界，但言论强烈，则将他重罚远谪。庆元四年八月九日，蔡元定卒于道州，朱熹祭文中云：

> ……西山之颠，君择而居；西山之足，又卜而藏。而我于君之生，既未得造其庐，以遂半山之约；至于今日，又不能扶曳病躯，以视君之反此真宅而永诀以终天也。②

庆元四年（1198）冬，朱熹完成《楚辞集注》，他重铸屈原的历史形象，张扬贬官放臣的忠君去国以宣泄不为世人理解的内心苦衷，其本质是爱国主义的特殊表现形式。

## 三　避地入山，此身未有栖留处

朱熹在庆元期间是否"避迹无定所"，数次离开建阳考亭，到福建各地避难。这个问题从宋季至今，尚未能定论。若据闽省方志与民间传说，当有四处避难之举；若以《文集》《语类》互证，尽管朱熹有"自熹避地入山"的自述，但认为朱熹不仅到福建各地避难，而且时间比较长，恐怕证据不足。

早在 20 世纪 80 年代，高令印先生的研究③表明，关于朱熹在"庆元党禁"期间的活动，朱熹及其后学有许多不合实际的记载。例如，朱熹门人黄幹在《朱子行状》中说，朱熹始终在建阳考亭"日与诸生讲学

---

① 王懋竑：《朱子年谱》，转引自韦政通《"庆元党禁"中的朱熹》，《朱子学刊》，1998年第一辑。
②《文集》卷八七《又祭蔡季通文》，四部丛刊初编缩本。
③ 高令印：《朱熹事迹考》，上海人民出版社，1987 年，第 78～83 页。

竹林精舍"①，撰述不停。庆元元年（1195），朱熹门人杨道夫，闻乡曲射利者多撰造事迹，以投合当政者之意，亟以告朱熹。朱熹回答说："死生祸福，久已置之度外，不烦过虑。"②其时，曾有人微讽朱熹，谓其"有天生德于予的意思，却无微服过宋之意"。据记载，孔子不悦于鲁、卫，逃至宋，宋恒司马欲杀孔子。孔子"微服而过宋"，仍主于宋贤大夫司城贞子。这就是说"孔子虽当厄难，然犹择所主"③。对此，朱熹回答曰："某又不曾上书自辩，又不曾作诗谤讪，只是与朋友讲习古书，说这道理，更不教做，却做何事？……遇小小利害，便生趋避计较之心。古人刀锯在前，鼎镬在后，视之如无物者，盖缘只见得这道理，都不见那刀锯、鼎镬。"④这时，朱熹门人劝其离开考亭避难。朱熹说："祸福之来，命也。如某辈皆不能保，只是做将去，事到则尽付之。人欲避祸，终不能避。……今为避祸之说者，固出于相爱，然得某壁立万仞，岂不益为吾道之光！"⑤

然而，根据闽省地方志记载，朱熹在"庆元党禁"时期"避迹无定所"，⑥曾数次离开建阳考亭，到福建各地避难。在福建古田县杉洋挖掘出朱熹手书"蓝田书院""引月"石刻，并有石室和相传朱熹当年夜观星象的聚星台，还发现木刻匾、条幅对联等。据民国《古田县志》卷一四《学校》载："蓝田书院在杉洋北门外，朱晦翁书'蓝田书院'四字勒石。……迄清代某年重修，乾隆县令万友正、大学士朱珪均有记。详《艺文录》。距书院左边数武有聚星台。相传……晦翁尝潜居此处。台圮。后至光绪间，乡人窥其旧址，山明水秀，占掘为坟；及数尺，有方砖砌成七斗，斗中藏铜钱、铁筋，不知何用。后该地葬坟不利，另迁他处。乡之好义者立碑纪以'先贤遗迹'四字。其右边数武有一池，名

---

① 《黄勉斋先生文集》卷八，四库全书本。

② ［明］戴铣：《朱子实纪》卷四《年谱》。

③ 朱熹：《孟子集注》卷九《万章章句》。

④ 《语类》卷一〇七，中华书局，1986年，第2670页。

⑤ 王懋竑：《朱子年谱》卷四下，中华书局，1998年。

⑥ 道光《重纂福建通志》卷二七三《丛谈·福州府》。

引月池，晦翁书'引月'二字，惟署名则用'茶仙'。其池无论春冬，月初出时即照此池，故名'引月'。"特别值得注意的是，"蓝田书院"石刻上款题有"庆元丁巳春三月"，即宁宗庆元三年（1197）三月，是党禁最高潮时期；朱熹手书"引月"石刻，当地人传说因学禁而署名"茶仙"。

又据《古田县志》卷三五《流寓》记载："朱熹……庆元间，韩侂胄禁伪学，逆寓古田。宗室诸进士与其门人构书院，延而讲学。所寄寓附县治者，匾其亭曰溪山第一。往来于三十九都……螺峰、浣溪、杉洋诸所，皆其游息而训诲也。文公尝曰：东有余、李，西有王、魏，盖自纪其乐育云。"该县志卷一四《学校》又曰："邑人徐连仲《重建溪山书院碑记》：邑东郭外溪山书院，旧系宋庆元间，紫阳朱子避伪学禁，逆寓而讲学之区。考古碑，溪山原作青溪，后人因朱子尝书'溪山第一'四字，慕其芳名，遂以易此。"该县志卷三七《杂录》还有这样的记载："朱子避地玉田时，韩侂胄遣人迹其后，将甘心焉。是人宁自刎死，不肯杀道学以媚权奸。邑人祀于溪山书院前，即今太保庙也。"

玉田是古田主要地区。以上叙述朱熹避难于古田。庆元三年（1197）八月黄榦丁忧，朱熹还到顺昌吊唁。朱熹在《题袁机仲所校〈参同契〉后》中曰："予顷年经行顺昌，憩箦笪铺，见有题'煌煌灵芝，一年三秀；予独何为？有志不就'之语于壁间者，三复其词而悲之。不知题者何人，适与予意会也。庆元丁巳八月七日，再过其处旧题固不复见，而屈指岁月，忽忽余四十年，此志真不就矣！道间偶读此书，并感并事，戏题绝句：'鼎鼎百年能几时，灵芝三秀欲何为？金丹岁晚无消息，重叹箦笪壁上诗。'"[1]朱熹由顺昌归时，经邵武前往泰宁访范伯崇。泰宁小均坳留有题刻《春夏秋冬》诗（附照）。

清光绪《福建通志》卷四六《古迹·泰宁县》载："朱子题壁诗……朱子隐居小均（坳）时作也。时禁伪学，故不书名，以避祸也。版存邑

---

① 《文集》卷八四《题袁机仲所校〈参同契〉后》，四部丛刊初编缩本。

诸生丁焰处。"

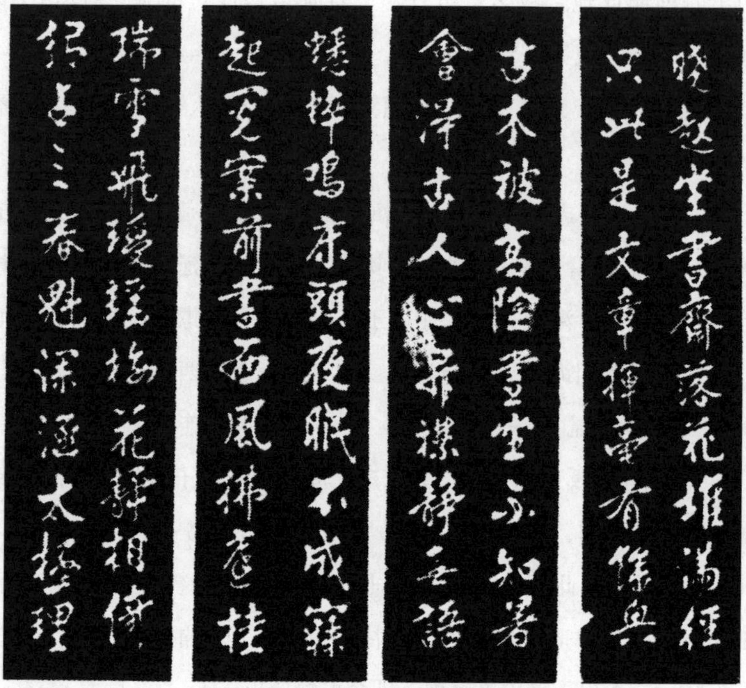

**图 6-1　朱子手迹:《春夏秋冬》诗**

此外,高令印先生在《朱熹事迹考》中,还列举了地方志关于朱熹到长乐县(二都龙门方安里)、福鼎县(长溪)、霞浦县(龟龄寺、石堂)、闽侯县(铁冶坊)、闽清县(广济岩)等地的诸多记载,同时例举受业从游的门人如刘砥、刘砺、杨楫、林湜、杨复、高松、陈骏、郑师孟、龚郯、张泳、林学蒙、林学履,等等。

王元坤与朱耀华二先生[①]撰文认为,朱熹到闽东避祸,从庆元三年(1197)三月离开建阳始,在闽东讲学倡道,游历访友,时间达三年之久。当朱熹坐船抵达古田水口时,写下了《水口行舟二首》:

其一

昨夜扁舟雨一蓑,满江风浪夜如何?

---

① 王元坤等:《朱熹闽东之行及其影响》,《朱子学刊》第十二期,黄山书社,2003 年。

今朝试卷孤蓬看？依旧青山绿水多。

其二

郁郁层峦隔岸青，青山绿水去无声。

烟波一棹知何许？鹧鸪两山相对鸣。①

然而，郭齐先生将朱熹《水口行舟二首》与《宿石巴山馆二首》对读考证，认为《水口行舟》作于淳熙十四年（1187），郭先生《朱熹诗词编年笺注》有详考，颇具说服力。是故认为《水口行舟》作于庆元间，似有穿凿之嫌。

王朱二先生还列举朱熹在古田等地讲学时的门人、题联、行踪、遗迹等，则很有参考价值。同时述及朱子为"午时莲"命名的逸事：

> 一次朱子在长溪（今福安）龟龄寺讲学时，听说附近白云山长着一种稀世奇莲，便同门人上了山，看到白云山青峰庵前的放生池中长着这种奇莲，晶莹如玉，妩媚娇嫩，这种莲株，茎比普通莲小，叶片椭圆，末端稍尖，而花呈乳白色，被叶子合围在中央，花叶不妖艳，但幽香四溢，馥郁阵阵，丝丝缕缕，清心爽神。叫人称奇的是这种莲固定在上午十时半以后开花，下午三时左右便自动卷叶沉入水中，直至午夜时分又重浮上水面，周而复始，天天如此。朱熹既为此莲芳香所倾倒，又对其自动升沉现象感到新奇，不禁脱口称道："海内名花惟此有，世上异香别地无。"当晚借宿寺中，寺中住持告知先生，此莲尚未正式取名，因它奇香，乡民们管叫"香莲"。朱熹沉思片刻后说："此莲近午时开花，则称午时莲罢。"并写下《午莲吟》一诗，镌刻于石壁上，清初，此摩崖石刻被毁，但午时莲之名却流传至今。②

2002年12月，笔者应邀参加庐山白鹿洞书院的一次学术会议，会后考察朱子曾从事政教活动的星子县（南康）一带，在江西省社会科学

---

① 郭齐：《朱熹诗词编年笺注》，巴蜀书社，2000年，第874～875页。
② 王元坤等：《朱熹闽东之行及其影响》，《朱子学刊》第12期，黄山书社，2003年。

院哲学所赖功欧教授的帮助下，从故纸堆中查获一朱子手迹（附照）：

**图 6-2　朱子手迹：录李群玉《言怀》诗**

庆元间，朱子录晚唐诗人李群玉《言怀》自况。对照四库全书本《李群玉诗集·后集》卷四："白鹤高飞不逐群，嵇康琴酒鲍照文。此身未有栖归处，天上人间一片云。"与笔者 2002 年在江西发现如上之朱子手迹有一个字相异。

朱熹词《南乡子·叔怀尝梦飞仙为之赋比归日以呈茂献侍郎当发一笑》："脱却儒冠著羽衣，青山绿水浩然归。……未寻跨凤吹箫侣，且伴孤云独鹤飞。"（《文集》卷十）与《言怀》诗意同，由"此身未有栖留处"诸句观之，朱熹曾经"避祸"并非无稽。①

朱熹晚年定居的建阳一带流传着《钦差祠的传说》，陈荣捷先生 1983 年访建阳，建阳县文化馆徐贯行先生告以"云谷神助"之传说，二则传说同中略异，综而言之，兹述于下：

绍熙、庆元间，朱子以上疏忤韩侂胄（1207 年卒），落职罢祠。

韩派二名钦差到建阳追捕朱熹。及抵云谷，则朱子以密糖在地上写

---

① 束景南《朱熹年谱长编》庆元三年（1197）正月条目之下引台湾《朱熹传记资料》第九册录朱熹无题诗："白鹤高飞不逐群，嵇康琴酒鲍照文。此身不知栖归处，天上人间一片云。"与我发现之手迹有"不知""归"三个字相异，不知其所录何据。朱熹之世，鹤文化早已完成由人格化向神化的演变，这当与道教密切相关：鹤的长寿与高飞的特点被道家加以引申，认为鹤既是仙人的坐骑，又是先人的化身，鹤成了道教的图腾。朱子这首诗极可能作于庆元三年初，道士甘叔怀归庐山时。

"日在云谷，夜在西山"。群蚁聚在字上。钦差以问农民，农民说朱子有神人保护。钦差闻言遂碰头而死。乡人立祠祀之，是谓"钦差祠"。西山云者，盖云谷在芦山之巅，与西山遥相对望。西山乃蔡元定（1135～1198）读书处，故学者称为西山先生。朱子驻云谷时，二人举相遇从。两山相距约五公里。[①]

如上所述，朱熹录《言怀》诗"此身未有栖留处"手迹与"午时莲""云谷神助"诸传说，反映了朱熹自谓"避地入山"的历史事实。那么，"避地入山"是否可以理解为避祸呢？对此持相反意见的如束景南与张品端先生。

束景南先生认为，朱熹于庆元党禁中行踪事迹，皆昭昭载见于《文集》《语类》，无逃外避祸之事，各种福建地方志，如《古田县志》《长乐县志》《霞浦县志》《福鼎县志》《闽清县志》等所记，均属无根附会之谈，至如《福建通志》乃云"朱文公于伪学之禁，避迹无定所"，更属荒唐无稽。盖福建各地多有朱熹手迹，所谓避祸无定所云云，多据此附会造设，不知该地虽有朱熹手迹，而朱熹实未尝亲临其地。如民国《古田县志》载朱熹书"蓝田书院"四字勒石，题作"庆元丁巳春三月，"今人遂以为朱熹尝于其时来古田避祸。然而，今按：朱熹庆元三年二月后行踪事迹皆载于《续集》卷三与蔡元定各书，无往古田避祸之事。朱熹自可手书遣人送去，非必亲至古田而后能作。[②] 对于朱熹《答郑子上》书十六说："夏间精舍有数朋友，自熹避地入山，遂皆散去，今则其室久虚。"书十七则说："病中不敢出门已累月，精舍亦鞠为茂草。"束先生据庆元四年（1198）秋杨万里写给朱熹信中所云"契丈再归五夫，遂无车马喧"诸语，认为朱熹所谓"避地入山"，指其再归五夫里避居。

武夷山朱熹研究中心秘书长张品端先生曾撰文，将朱熹在"庆元党

① 陈明考主编：《建阳县志》，群众出版社，1994年，第855页；陈荣捷：《朱子新探索》，台湾学生书局，1988年，第170页。
② 束景南：《朱子大传》，福建教育出版社，1992年，第977页。

禁"期间行迹分为三个阶段，一为庆元二年（1196）十二月以前；二为庆元三年（1197）初至五年四月；三为庆元五年（1199）五月至病亡。这三阶段最重要的是第二阶段（庆元三年初至五年四月）为党禁高潮，亦即有的论者认定为避难阶段。张先生以翔实的举证说明朱熹在党禁最严历之际，除了于庆元三年八月因其女婿黄榦丁忧往顺昌吊唁（过古驿箕笃铺），归时经邵武前住泰宁访范伯崇（小均坳留有题刻《春夏秋冬》诗），庆元四年（1198）清明往政和祭扫祖父（朱森）墓，以及庆元四年夏秋"避地入山"，在五夫里住了些日子以外，大部分时间还是居住在建阳考亭。[①] 上述第一种意见，认为朱熹在庆元期间"避迹无定所"，到古田、闽东等地四处避难。而且时间较长（有三年之说）。这一说法产生于20 世纪 80 年代，亦即"文化大革命"后对朱熹真正意义上的学术研究初期，虽然缺乏《文集》《语类》的印证，但至今仍然不失其文献价值。第二种意见以《文集》《语类》诸记载做证，勾画出朱熹在庆元间活动之线索，有一定的说服力。然而，视闽省地方志诸记载为"无根附会"或"荒唐无稽"，恐怕结论下得为时过早。因为方志与口碑传说已形成链条，似非空穴来风。朱熹自己不仅有"避地入山"之谓，且有"此身未有栖留处"之慨叹，"避地入山"居五夫里"苦于所居穷僻，无书可借，无人可问，疑义无与析"。[②] 这种"逃虚耐静"（杨万里语）的生活，难道朱熹就不会离开五夫里他往？古田等地林择之诸门人邀其离开五夫里难道就没有可能？况且朱熹答郑子上书十七既说"病中不敢出门已累月"，那么，身体稍好时就不能排除其出门他往的可能性。

总之，窃以为，朱熹在庆元党禁期间的行踪尚存学术空间，不宜轻下结论。陈来先生谓"按丁巳朱子避乡扰，尝入山数月，有地方金石资料可证"[③] 颇值得重视。"入山数月"比较合乎实际，此数月之中，是否往古田等地，必须对朱熹自述及方志口碑传说综合考察，并注意发掘诸如笔记、族谱等资料，我们期待着新的发现。

---

① 张品端：《朱熹在"庆元党禁"期间行迹考述》，《朱子学刊》，1996 年第 1 辑。
②《诚斋集》卷一〇五《答朱侍讲》。
③ 陈来：《朱子书信编年考证》，上海人民出版社，1989 年，第 429 页。

## 四 以身殉道，世间真伪有谁知

"庆元党禁"中，以韩侂胄为首的当权者置当时学术界各派的分歧与争论于不顾，其目的是要把自己的政敌和知识界的精英一网打尽。在列入伪逆党籍的五十九人中，如果按《宋元学案》，属于道学一派的，有朱熹、黄灏、刘光祖、楼钥、彭龟年、沈有开、范仲黼等人；属于陆九渊传人的有杨简、袁燮、徐谊等人；属于永嘉学派的主要代表有陈傅良、叶适、蔡幼学、薛叔似等人；还有金华吕祖谦的学术传人吕祖俭、吕祖泰等人。可谓凡学皆伪。如果这些人都是伪学与逆党，试问真正的学术和正直的学者又在哪里呢？

为什么在南宋一而再、再而三地出现以政治手段压制某种学术的现象呢？其深层根源在于，当时中国封建社会已进入后期，社会关系发生了许多新变化，从汉代以来一直在思想上占统治地位的孔孟儒学，已经不能完全适应后期封建社会的需要。为了维护封建统治，为了封建社会的长治久安，就有一些思想家与学界精英出来进行探讨，把孔孟儒学加以改造，提出一些新观点，创造一些新体系。这些思想家看问题总是比较深远一些，他们是封建统治阶级的一般利益和长远利益的代表。就南宋而论，朱熹、陆九渊、叶适和陈亮等都是从不同角度来做这项工作的思想家。当时学术繁荣、百家争鸣的局面，就是在这样的背景下出现的。[①]亦则在《五经》向《四书》嬗变的典据异动的历史进程中，作为《四书》之名的首倡者与《四书章句集注》编纂的完成者的朱熹，其内明之学要求皇帝也必须正心诚意，其外用之学则要官吏廉政恤民，其修身、齐家、治国、平天下的理论体系触动了整个统治阶级的既得利益。因此，庆元党禁中朱熹首当其冲地受到政治迫害也就不奇怪了。

在南宋偏安政权的政治代表看来，维护封建统治有孔孟儒学就够了，没有必要再提出什么新思想、新体系，出现新学派，他们对于思想领域

---

① 张义德：《如何评价庆元党禁》，《中国文化研究》，1997年冬之卷。

中的新东西，往往有一种不信任感甚至恐惧感，生怕新思想、新体系的出现会引起思想的混乱，进而引起社会的混乱，动摇其统治。特别是当一种新思想得到广泛传播（如朱熹的道学）时，这种恐惧感就越来越强烈。因为任何一种新思想和新学派的出现，以及它的初期传播，都是民间性的，非官方性的。如朱熹的大部分著述和讲学活动，都是在没有得到官方支持的情况下私人完成的，陆氏心学和永嘉学派的情况也是这样。而当权的封建统治者由于无暇顾及和自身思想的局限，往往对这些思想家的思想活动缺乏理解，总是对他们不放心，甚至视为洪水猛兽。[①] 早在淳熙末年中书舍人尤袤向孝宗请正道学之名时，孝宗就不无恐慌地说："道学岂不美之名？正恐假托为奸，使真伪相乱尔。"[②]

刘子健先生认为，朱子学派被攻讦，也有自身的原因，即"不合时宜和生活风格"问题。不合时宜，而又深信要匡世济人，那就只能在日常生活中表现一种特殊风格。一面是宣扬自己的立场，不同流合污；一面是希望因此而能唤起他人的觉悟。不能发动政治改革，转而致力于社会改革的人，从古到今，常标榜其特殊的生活方式，其故在此。[③] 田浩先生认为，淳熙间陈贾告诫皇帝，说朱熹等人正在结成党派，这或许与朱熹祭吕祖谦文有关，因为这篇祭文将道学称作"吾党"，并且陈述道学的文化政治要务。[④] 淳熙十二年春，朱熹（56岁）写信给刘清之说："近年道学外面被俗人攻击，里面被吾党作坏。"我们认为，作为历史反思，这些问题尚存讨论之空间。

朱熹于绍熙五年（1194）十月二日入国门，十日受命待制、侍讲。此番入朝，诚如余英时先生所言，与其说是酬新主，莫如说是报旧主（孝宗）之知遇。十四日开讲《大学》，旋因山陵、祧庙之议，以及上疏忤韩侂胄，至闰十月二十五，离开临安。十一月至建阳考亭，伴他度过最后五年困厄生活的沧州精舍（竹林精舍）于十二月建成。

---

① 张义德：《如何评价庆元党禁》，《中国文化研究》，1997年冬之卷。
② 《宋史》卷三八九《尤袤传》，中华书局，1977年。
③ 刘子健：《宋末所谓道统的成立》，中华书局，《文史》第七辑，第139页。
④ 田浩：《朱熹的思维世界》，陕西师范大学出版社，2002年，第155页。

庆元元年（1165）二十二日，韩侂胄指使右正言李沐击罢赵汝愚。朱熹为之慨叹："今日弄得朝廷事体郎当，自家亦立不住，毕竟何益？且是群小动辄以篡逆之罪加人，置人于灭族之地，以苟自己一时之利，亦不复为国家计，此可为寒心者。惜乎此公有忧国之心，而无其术，以至于此也。"① 四月二日，太府寺丞吕祖俭上书攻韩侂胄，为朱熹、赵汝愚辩诬，被贬谪到韶州。朱熹深感内疚，致书祖俭曰："熹以官则高于子约，以上之顾遇恩礼则深于子约，然坐视群小之为，不能一言以报效，乃令子约独舒愤懑，触群小而蹈祸机，其愧叹深矣。"② 六日，太学生（六君子）伏阙上书，送五百里外编管。五月，朱熹复辞职名，并乞致仕。六月草封事数万言，极陈奸邪蔽主之祸，明赵汝愚之冤。蔡元定入谏，以著决之，得遁之家人，遂焚奏稿，自号遁翁。蔡元定的建议，虽无法消除其师的内疚，但多少能减轻他精神上的负担。十二月二十六日，诏依旧秘阁修撰、提举南京鸿庆宫。是月，赵汝愚永州安置，作《梅花赋》以寄意。词中云："王孙兮归来，无使哀江南兮！"③

庆元二年（1196）正月二十日，赵汝愚卒于衡阳，朱熹先往寒泉哭吊，又至赵汝愚婿家祭奠。衡阳讣闻，"人心益愤，多为挽章，私相吊哭，至大书揭于都城观阙之上。归葬诏下，衡阳之人往往以手加额，灵举所经，父老焚香迎拜于道左，或至涕泣。"④ 这就是民心的向背！二月底，新安吴昶来问学。是春，约方士繇共作《韩文考异》，有"修韩文举正例"。与蔡元定作《周易参同契考异》，初稿成。仲夏，分委黄榦、吴必大、吕祖俭、李如圭等修撰《礼书》。六月十五日，国子监上奏乞毁理学之书，朱熹《四书集注》与《语录》在毁禁之列。在这种情况下，临川曾景建还是赍诗来问学于竹林精舍。九月初，朱熹内弟吉州录事程允夫以"伪学之流"劾归婺源。八日，程允夫卒，为文祭之。是年冬，辅广、万人杰来竹林精舍问学。《读唐志》《九江彭蠡辨》《记山海经》《记

① 《文集》卷二九《答黄仁卿》，四部丛刊初编缩本。
② 束景南：《朱熹年谱长编》卷下，华东师范大学出版社，2001年，第1211～1212页。
③ 《新安文献志》卷四八。
④ 《宋宰辅编年录》卷二〇；束景南：《朱熹年谱长编》卷下，华东师范大学出版社，2001年，第1238页。

三苗》诸篇大约作于十月。其后，又编《翁季录》，作《偶读漫记》《戒子帖》。尤其值得注意的，是在党禁日趋严厉之际，朱熹仍然对自然科学倾注着极大的热情。朱熹认为"地理最难理会"。[1]他指的困难之处不在于地理知识内容难，而在于不同叙述或特定叙述与地理事实之间的矛盾。在"禹贡"一章里，他指出诸多这样的矛盾之处。朱熹根据自己的亲身经历——知南康军时对匡庐及鄱阳湖注入长江一带的实地考察，找到"禹贡"记载的舛误。《九江彭蠡辨》就是他亲身观测，长期思考之作。他说：

> 《禹贡》西方南方殊不见禹施工处。缘是山高，少水患。当时只分遣官属，而不了事底记述得文字不整齐耳。某作《九江彭蠡辨》《禹贡》大概可见于此。《禹贡》只载九江，无洞庭；今以其地验之，有洞庭，无九江；则洞庭之为九江无疑矣。洞庭彭蠡冬月亦涸，只有数条江水在其中。[2]

庆元三年（1167）正月，蔡元定编管道州，饯别于净安寺。闻蔡元定编管道州，乃沈继祖文字，主意诋先生也。……先生往净安寺候蔡。蔡自府乘舟就贬，过净安，先生出寺门接之。坐方丈，寒暄外，无嗟劳语。以连日所读参同契所疑扣蔡，蔡应答洒然。少迟，诸人酿酒至，饮皆醉。[3]郡县捕蔡元定甚急，元定色不为变，毅然上道。熹与诸所从游百余人送别萧寺，坐客感叹，有泣下者。熹微视元定，不异平时，因曰："友朋相爱之情，季通不挫之志，可谓两得之矣。"[4]蔡元定别诸友诗云："天道固溟溟，世路尤险巇。吾生本自浮，與物多瑕疵。此去知何事，生死不可期。执手笑相别，无为儿女悲。轻醉壮行色，扶摇动征衣。断不负所学，此心天所知。"[5]

三月一日，《礼书》草定成，定名《仪礼集传集注》，即后来之《仪礼经传通解》。是月，又作《琴律说》《声律辨》《天子之礼》《仪礼释宫》

---

[1]《语类》卷七七，中华书局，1986年，第2027页。
[2] 同上书，第2025页。
[3] 束景南：《朱熹年谱长编》卷下，华东师范大学出版社，2001年，第1284页。
[4]《宋史》卷四三四《蔡元定传》，中华书局，1977年。
[5]《蔡氏九儒书》卷二《西山公集》。

等。闰六月，朝散大夫刘三杰论"伪党"变而为"逆党"，指朱熹为党魁。七月，《周易参同契考异》修订成。由蔡渊刊刻于建阳，朱熹作《空同赋》《调息箴》以咏之。是月，四川度正来访问学，嘱其回蜀搜访周敦颐遗文；黄榦丁忧，南下顺昌吊唁。八月上旬，至延平（今南平），寓水南天庆观；七日，至顺昌，宿　笃铺；又至泰宁，作春夏秋冬诗。九月二十七日，朝臣再奏"伪学"之祸，罢"调停"之议；朱熹《韩文考异》修订成，刊刻于潮州。十二月，寄纸被给陆游，陆游赋诗致谢，并恳为"老学庵"作铭；朝廷公布拼凑的"伪学逆党籍"名单。同月，朱熹考订《尚书武成》次序，是为《书集传》之滥觞。①

庆元四年（1198）正月初一，为岳父刘勉之作《聘士刘公先生墓表》；是月大病濒危，贻书黄榦告诀，以深衣及生平所著书授黄榦。这次病在春季之中，约六十余日。病后，"左目全盲，右亦渐不见物"，其书《答林井伯》说："某去年不甚病，今春乃大作，几不能起……明年便七十矣。"②病稍愈，作《孝宗皇帝挽歌词》云：

> 阜陵发引，诏许近臣进挽歌辞。熹恭惟盛德大业，不易形容，方将摅竭鄙思，以效万一，冥搜连日，才得四语。而忽被闵劳之诏，罢遣东归，遂不敢成章以进。杜门累年，每窃私恨。戊午之春，大病濒死，默念平生仰孤恩遇，无路补报，感激涕泗，不能自已。谨因旧篇，续成十有六韵，略叙本末，以见孤臣亡状，死不忘君之意云。

> 精一传心妙，文明抚运昌。乾坤归独御，日月要重光。

> 不值亡胡岁，何由复汉疆？遽移丹极仗，便上白云乡。

> ……

> 内难开新主，遄归立右厢。因山方惨澹，去国又怆惶。

> 疾病今如许，形骸可自量！报恩宁复日？忍死续残章。③

余英时先生将此词与其著《朱熹的历史世界——宋代士大夫政治文

---

① 束景南：《朱熹年谱长编》卷下，华东师范大学出版社，2001年，第1318页。

② 《别集》卷四《答林井伯》书八。

③ 郭齐：《朱熹诗词编年笺注》，巴蜀书社，2000年，第829～930页。

化研究》相印证，认为朱熹挽孝宗祠，自述得孝宗知遇的经过，亦则他一生与政治的关系。因此，余先生对该词所作的笺释，自然要比一般研究者更为深刻。词的前四句写于绍熙五年（1194）闰十月二十日之前，即朱熹"焕章阁待制侍讲"的职位正式解除之际。然而，为什么四年之后（戊午，庆元四年），他终于续成全词呢？除了"大病濒死"之外，朱熹还决心"致仕"，与朝廷割断最后一线关系。一个年近古稀将死的哲人，既抱破釜沉舟的决心，不怕"触犯祸机"，也就无所顾忌了。所以说《孝宗皇帝挽歌词》完全表达了朱熹积年的反思与感受，非官场应景之作可比。①

庆元四年（1198）七月，吕祖俭卒于高安。八月九日，蔡元定卒于道州。蔡元定灵柩运回之际，朱熹因"走后山，闻季通之柩已过翠岚，遂过彼哭之，悲不能自胜"②。十二月十六日，祝穆、祝癸来受学于家塾，作《外大父祝公遗事》以赠。是月，从表兄刘子礼卒，为文祭。是冬，分委诸生修撰《尚书集注》，作《二典》《三谟》诸篇集传。《楚辞集注》亦成于其时。

庆元五年（1199），正月初八，蔡璉诬告赵汝愚有叛逆异谋，余端礼上"甲寅龙飞事实"。朱熹盛赞余端礼所书不失实。二月六日，《楚辞辨证》成。编"楚辞后语目录"。二十三日，刘光祖以《涪城学记》谪房州，朱熹以书致问，为之怅然。四月二十三日，有旨守朝奉大夫致仕，始用野服见客。《周易参同契考异》再次修订成。刊刻于建阳，是为定本。五月三十日，方士繇卒，为文祭。始委蔡沈作《书集传》。长至日，《阴符经考异》成。黄榦迁于考亭新居。十一月中旬，漳州陈淳与他的岳父李唐咨抵考亭，次年（1200）正月初五拜别。这段时间，淳或独问，或与诸友同问，或诸友揖退，先生留淳独语，且夕均入卧室，与其师的关系既亲密又相得，朱子对他的评语是："如公所学，已见本原，所阙者下学之功尔。"③十二月，作其父《朱松行状》，迁朱松墓于崇安武夷乡上

---

① 余英时：《朱熹挽孝宗诗笺释》，《中国文化》第十八、十九期。
②《别集》卷二《答刘智夫》书二五。
③ 陈荣捷：《朱子门人》，台湾学生书局，1982 年，第 220 ～ 221 页。

梅里寂历山。是岁，委赵师渊修补《资治通鉴纲目》。

庆元六年（1200）正月，考亭陈氏修建聚星亭，为其设计聚星亭画屏，并作像赞。是月，《楚辞音考》[①]成，刊刻于古田。包扬携子包恢及生徒十四人来问学，"坐考亭之春风者两月"。二月十二月，命黄榦编《西山蔡元定家书》。闰二月，致书胡泳、黄灏、巩丰、王介，邀胡泳参订《丧礼》，加紧整顿《礼书》。二十七日，病日觉沉重，致书杨方论编《礼书》。是月，修订《大学章句》成，致书廖德明说："《大学》又修得一番，简易平实，次第可以绝笔。"三月，疾甚。八日，手书黄榦告诀，以吾道相托，收拾《礼书》文字。九日，逝世。关于朱熹生命的最后数日，蔡沈《梦奠记》叙述甚详：

> 庆元庚申，三月初二日丁巳，先生简附叶味道来约沈下考亭，当晚，即与味道至先生侍下。是夜，先生看沈《书集传》，说数十条及时事甚悉，精舍诸生皆在。四更方退，只沈宿楼下书院。初三日戊午，先生在楼下改书、传两章，又贴修《稽古录》一段。是夜，说《书》数十条。初四日己未，先生在楼下，商量起小亭于门前洲上……是夜，说书至太极图。初五日庚申，先生在楼下，脏腑微利。邑宰张揆来见，有馈，先生却之，谓："知县若宽一分，百姓得一分之惠。"揆藉时相之势，凶焰可畏，百姓苦之。是夜，说西铭，又言："为学之要，惟事事审求其是，决去其非，积累日久，心与理一，自然所发皆无私曲。圣人应万事，天地生万物，直而已矣。"初六日辛酉，改《大学》"诚意"章，令詹淳腾写，又改数字。又修《楚辞》一段。午后，大泻，随入宅室，自是不复能出楼下书院矣。初七日壬戌，先生脏腑甚脱……初八日癸亥，精舍诸生来问病，先生起坐，曰："误诸生远来，然道理只是恁地，但大家倡率做些坚苦工夫，须牢固著脚力，方有进步处。"诸生退，先生作范伯崇念德书，写礼书，且为冢孙择配。又作黄直卿榦书，令收礼书底本，补葺成之。又作敬之在书，令早归收拾文字，且叹息言："许多年父

---

① 音，谓集古今正音谐韵，通而为一；考，谓考诸本同异，并附其间。

子，乃不及相见也。"夜分，令沈检《巢氏病源》。刘择之云："待制脉绝巳三日矣，只是精神定，把得如此分晓。"初九日甲子五更，令沈至卧内，先生坐床上，沈侍立。先生以手挽沈衣令坐，若有所欲言而不言者久之。医士诸葛德裕来，令无语用治，命移寝中堂。平明，精舍诸生复来问病，味道云："先生万一不讳，礼数用《书仪》何如？"先生摇首。益之云："用《仪礼》何如？"先生复摇首。沈曰："《仪礼》《书仪》参用何如？"先生首肯之，然不能言，意欲笔写，示左右以手版托纸进。先生执笔如平时，然力不能运。少顷，置笔就枕，手误触巾，目沈正之。诸生退，沈坐首边，益之坐足边，先生上下其视，瞳犹炯然，徐徐开合，气息渐微而逝，午初刻也。……鸣呼，痛哉！先君殁春陵时，谓沈曰："先生老矣，汝归终事之。"未逾年，先生亦殁。数奇命薄，学未有闻而父师俱往，抱无涯之悲，饮终天之恨，几何不窘苦而遂死也！鸣呼，痛哉！武夷蔡沈书记。[①]

朱熹是殉道者。他毕生奋斗的体道弘道、构建新儒学理学体系的崇高目标是"为天地立心，为生民立命，为往圣继绝学，为万世开太平"。（张载语）为了这一目标，朱熹始终不渝地披胆沥胆、竭尽心力，直至生命的终点。他无意在世人面前辩雪自己是不是"伪徒"，诚如其庆元五年（1199）作的诗《寄江文卿刘叔通》：

> 我穷初不为能诗，笑杀吹竽滥得痴。
>
> 莫向人前浪分雪，世间真伪有谁知。[②]

---

① 束景南：《朱熹年谱长编》卷下，华东师范大学出版社，2001年，第1412～1414页。
② 郭齐：《朱熹诗词编年笺注》，巴蜀书社，2000年，第847页。

# 第七章 朱熹风水观的文化解读（上）

## 一 一个盘桓于鲁、苏、皖而后入闽的朱氏家族——追寻长期迁徙形成择居择葬的家族文化心理积淀

朱熹出生于闽北南剑州（治所在今南平）的尤溪，晚年定居闽北建宁府（府治在今建瓯）建阳县考亭，因此被称为建人或考亭人。[①] 至于朱熹的祖籍，通常是指徽州（府治在今安徽歙县）婺源（今属江西）。[②] 由于徽州辖境在晋隋间为新安郡，又因徽州有紫阳山，朱熹在序跋与论著中除署称"婺源朱熹"外，还署称"新安朱熹""紫阳朱熹"。其个别序跋和论著还出现"邹沂"[③]"吴郡朱熹"[④]"丹阳朱熹"[⑤]"平陵朱熹"[⑥] 等。由于邹、吴郡、丹阳、平陵这些地方早在宋代以前就已撤销建置，因而使许多人不得其解。那么，从朱熹署称其生活在南宋时代已经撤置甚至无遗址的祖籍中，我们追寻其家族由鲁至闽的变迁，对于探索朱氏家族在

---

① 朱熹《婺源茶院朱氏世谱后序》说："先吏部（朱松）于茶院为八世孙，宣和中始官建之政和，而葬承事府君（朱森）于其邑，遂为建人。"又清罗镛《考亭朱氏系谱序》。

② 1958年9月毛泽东到武汉、合肥、上海等地视察工作，当时陪同毛泽东视察南方的随行人员有张治中，他们到了合肥后，毛泽东便向安徽省有关部门借来了《安徽省志》和朱熹的《楚辞集注》。谈到朱熹，毛泽东便对张治中说："朱夫子是你们安徽人。"张治中忙说，"朱夫子被江西抢去了，婺源县现在划归了江西。"毛泽东又说："婺源虽然划归江西，但不能因此改变朱夫子的籍贯，七八百年来他一向被认为是安徽人嘛。"（《徽州文化研究通讯》，2004年6月10日，第107期）《辞海》（上海辞书出版社，1989年版）"朱熹"条谓："徽州婺源（今属江西）人，侨寓建阳（今属福建）。"事实上，朱熹"生于闽、学于闽、成名于闽、死后葬于闽，其学派也称闽学"。因此，朱熹籍贯应为福建。然而，由于《宋史》本传说朱熹是"徽州婺源人"，作为官修正史，被后世广泛引用，沿袭至今。

③《文集》卷八四《书〈周易参同契考异〉后》，四部丛刊初编缩本；《朱子遗书二刻》之《周易参同契注》之《阴符经注》。

④《文集》卷七五《家藏石刻序》，四部丛刊初编缩本。

⑤《文集》卷七五《赠李尧举序》；卷八一《跋郑景元简》；卷八二《跋蔡端明献寿仪》，四部丛刊初编缩本。

⑥《文集》卷八五《题魏府藏赵公饮器》，四部丛刊初编缩本。

历经千年迁徙过程中形成的择居择葬的文化心理积淀，是非常有意义的。在这个问题上，高令印先生于20世纪80年代的研究[①]，就揭示了朱氏家族由鲁入闽的整个过程。然而，高先生着眼于朱氏籍贯之变迁，我们则据以申论，转换视角，揭示其家族因长期迁徙形成的择居择葬的历史轨迹。

## （一）朱氏家族由鲁入闽说略

始祖居邾国→邾灭徙沛国→后汉返青州→过江居吴郡→过江居丹阳→由丹阳至吴→南徙平陵→再徙徽州→朱氏入闽

关于朱熹晚年化名为"空同道士邹䜣"的缘由，朱熹在《周易参同契考异·赞序》附"按语"：

> 邹䜣二字，朱借之托名也。邹本春秋邾子之国。《乐记》："天地䜣合。"郑氏注云："䜣当作熹。"

这就是说，朱熹的始祖邾子居住在邾国，邾国后为邹县；䜣通熹。因此，朱熹化名邹䜣，即邹县朱熹。䜣意为融合。

朱熹的始祖邾子在先秦时居住在今山东南部。据《新唐书》记载：

> 朱氏出于曹姓，颛顼之后有六终，产六子，其第五子曰子安。周武王克商，封安苗裔侠于邾，附庸于鲁，其地鲁国邹县是也。自安至仪父十二世。始见《春秋》。[②]

考《汉书》《后汉书》、清光绪《海宁朱氏宗谱》，以及唐李泰等撰、今贺次君辑校的《括地志》等相关文献，可知邾氏后人春秋前期（前722～前712）居住在今山东邹县、滕县一带。

朱氏先人邾仪父附从齐桓公（前685～前643）称霸，晋爵称子。桓公以下，"春秋后八世而（邾）为楚所灭，故子孙去邑为朱氏，世居沛国相县"。[③]沛地，秦末为泗水郡，西汉初置沛郡，治所在相县，故址在今安徽濉溪县西；东汉改称沛国。朱氏在战国末至汉代所居之地，大概是

---

① 高令印《朱熹事迹考》，朱氏家族由鲁入闽变迁路线采用该书"朱熹籍贯变迁路线简明图"，上海人民出版社，1987年，第4～17页。

② 《新唐书》卷七四《宰相世系》，中华书局，1975年。

③ 同上。

今安徽濉溪县至今江苏徐州以西一带。

两汉时期，朱氏显赫，朱稳"居沛国之相县，至汉高祖，封朱濞为隐陵侯。武帝时，买臣拜会稽太守，生二子，长邑北海太守，次轸封都昌后"。[①] 东汉朱寓（《汉书》作寓，《唐书·宰相世系表》作禹）任青州刺史，朱氏又从今江苏徐州以西附近徙居青州。朱氏这次返回山东青州，比原籍更靠北一些。

青州朱氏，有一支出自朱熹远祖洪基，在东汉灵帝时，过江南迁吴郡。过江是因"国为楚所灭，乃奔吴"。另一支从朱寓的子孙开始，过江居丹阳。过江原因是汉灵帝时，朱寓"坐党锢诛"，子孙避难丹阳，遂以为家。

从三国至唐代，朱氏仕吴者，则不乏记载。[②] 开始有择葬之记录者如：

> 朱梁举孝廉，擢冀州牧，进御史中丞，拜尚书。因党锢变，左迁苏州抚院，卒于馆。墓在（苏州）娄门外东南二里，子孙遂家于吴。[③]

朱梁生活的时代必早于唐朝。朱氏在吴的情况在唐代有明确的记载：

> 朱子奢为唐弘文馆学士，家住苏州洗马桥。……子奢公为唐弘文学士，贞观十二年敕赐"吴中首姓"，爵秩序。……子奢时，朱氏在吴为著姓。婺源朱氏各派皆是吴郡子奢之后。[④]

后来，朱熹在为《婺源茶院朱氏世谱》作序时，谓吾家"望出吴郡"[⑤] 应是指唐代时的朱子奢。

如上所述，"丹阳朱熹"与"吴郡朱熹"的含义就颇为清楚了。

根据高令印先生考证，朱氏由丹阳迁至平陵，是在同郡内迁移。平陵县为山区，当其县治撤置后其地即败落，到朱熹生活的南宋时代，不仅已无平陵县城，故址似亦不可见，在历史地图上仅标平陵山名。[⑥]

---

① 光绪《海宁朱氏宗谱》卷首《源流》。
② 同治《南海九江朱氏家谱》卷一《姓族源流》。
③ 乾隆《重修紫阳朱氏宗谱》卷首《原姓论》。
④ 民国《紫阳朱氏宗谱》卷一《姓族源流》。
⑤ 光绪《续修紫阳堂朱氏家乘》卷一《明宗》。
⑥《中国历史地图集》第六册，中华地图学社，1975年，第32～33页。

唐朝末年，朱氏再往南迁。据记载：

> 朱氏其先吴郡，中徙歙之黄墩。[①]

这次迁移的原因，是"唐广明间，巢乱，避地歙之黄墩。天祐中，以刺史陶雅之命（瓌）领兵三千戍婺源，民赖以安，因家焉"。[②]广明为唐僖宗年号，即公元880年。从黄巢起义（875～884）至唐昭宗天祐年间（904～905），朱氏在歙之黄墩居住30年左右。歙即歙州，隋朝置，治所曾在歙县；北宋徽宗宣和三年（1121）改歙州为徽州；又因其地有新安江，晋隋间置新安郡。歙州或徽州与新安曾为同地区而异名，即今安徽歙县、浙江淳安、江西婺源等新安江以西一带。

唐昭宗天祐年间，朱氏由黄墩迁至婺源。朱熹在《婺源茶院朱氏世谱后序》中曰：

> 熹闻之先君子太史吏部府君曰：吾家先世居歙州歙县之黄墩（旧谱云长春乡呈坎人），相传望出吴郡，秋祭率用鱼鳖。唐天祐中，陶雅为歙州刺史，初克婺源，乃命吾祖瓌领兵三千戍之，而督其征赋，是为制置茶院。府君卒葬连同，子孙因家焉。[③]

时朱瓌为婺源镇将，巡辖浮梁、德兴、祁门等四县，便在婺源定居下来。由黄墩迁至婺源，即在歙州（徽州）之内迁移。朱瓌为朱氏婺源始祖，称为一世祖。由朱熹上推九世为朱瓌。

歙县城南有紫阳山，朱熹的父亲朱松常在山上读书。朱熹念念不忘此山。他在《名堂室记》中曰：

> 紫阳山在徽州里，尝有隐君子居焉。今其上有老子祠。先君子故家婺源，少而学于郡学，因往游而乐之。既来闽中，思之独不置，故尝以紫阳书堂者刻其印章，盖其意未尝一日而忘归也。[④]

"紫阳朱熹"的含义则一目了然。

---

① ［明］戴铣：《朱子实纪》卷一《世系源流》。
② 民国《新安月潭朱氏族谱》卷首《婺源始祖世袭图》。
③ 光绪《续修紫阳堂朱氏家乘》卷一《明宗》。
④ 《文集》卷七八《名堂室记》，四部丛刊初编缩本。

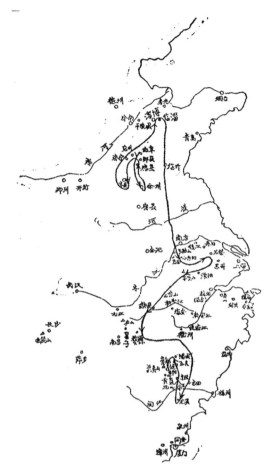

**图 7-1　朱氏由鲁入闽变迁路线简明图（高令印教授提供）**

北宋宣和中（1122），朱熹的父亲朱松（1097～1143）入闽任政和县尉，遂为建人。朱熹在《婺源茶院朱氏世谱后序》中曰：

> 先吏部于茶院为八世孙，宣和中始官建之政和，而葬承事府君于其邑，遂为建人。于今六十年，而熹抱孙焉，则居闽五世矣。[①]

朱松居闽 21 年，辗转于政和、尤溪、泉州（安海）等地，最后定居、病逝于建瓯。绍熙三年（1192），朱熹根据其父朱松遗愿，由崇安五夫里迁居建阳考亭。考亭是朱熹晚年讲学授徒及其思想体系完成之所，

---

① 束景南：《朱熹年谱长编》卷上，华东师范大学出版社，2001 年，第 16 页。

因此"世以考亭称文公",谓"朱考亭"。

## (二)朱氏择居择葬概说与婺源文公山探秘

　　如上所述,朱氏从先秦至宋代历经1000多年的迁徙,盘桓于鲁、苏、皖而后入闽,因战乱、政争、仕宦而择居的过程是基本清晰的。而唐代至北宋,从朱古僚至朱森七世200年间,朱氏家族定居于风水术盛行(无村不卜)的徽州婺源。古徽州"郡在山岭川谷崎岖之中,山峭厉而水清激,峰峦掩映状若云屏,实百城之襟带也"。[1] 其地理环境山清水秀与封闭稳定,迎合了南迁而来的士族们躲避战乱和纵情山水的心理。此外,徽州素有"七山一水一分田,一分道路和庄园"之称。这对于注重"聚族居,最重宗法"[2] 的徽州人而言,无疑地给予村落的选址和规划带来了较大的制约。为了能够寻找到合适的家族聚居地,徽州大多数方志和族谱都有宗族始祖卜居或卜筑的记载。堪舆师依据自然形势,实地踏勘,通过"觅龙、察砂、观水、点穴、定向"等步骤,遵循"阳宅须教择地形,背山面水称人心,山有来龙昂秀发,水须围抱作环形,明堂宽大斯为福,水口收藏积万金,关煞二方无障碍,光明正大旺门庭"[3] 的理想模式进行选址。徽州村落大多满足这种"枕山、环水、面屏"的空间模式,形成依山傍水、背山面水或枕山环水的格局。对于高坡之地,要求四周山形环抱,构成"藏风"的形局,以达到聚气的目的。背山要求村落所倚之山,应来脉悠远,蜿蜒起伏。其主山龙脉,构成村落"生气"之源。由于"来龙为一村之命脉,不能伐山木",[4] 尤受宗族重视,并用族规加以严格保护。对于平旷之地,则要求以环绕的水流作为龙脉所在,形成生气凝聚,是村落气脉之处。朱熹先世曾经居住过的歙县呈坎罗氏始祖在村落规划时,建两圳三条街九十九巷,将海川河改道,建石坝将河道拉直,与柿玩河成丁字形。在龙王坦围七道拦河坝,将河水引向南流,弯曲回转。或采取挖塘蓄水,达到"荫地脉,养真气"目的。[5]

---

① 重修《安徽通志》卷一六《舆地志》,光绪四年刻本。
②《黟县三志》卷三《地理志·风俗》,同治九年刻本。
③ 姚延銮辑:《阳宅集成》卷一《基形法》,乾隆十七年刊本。
④《婺源翀麓齐氏族谱》卷一《祠规》。
⑤ 陈伟:《徽州古民居的风水观》,《东南文化》,2000年第5期。

　　朱氏家族择葬的情况在汉唐时期已经偶有记载，如朱梁，"墓在（苏州）娄门外"。从婺源朱氏始祖茶院朱瑰（名古僚）而后则世代择葬，兹举一世至十世：

**图7-2　婺源朱氏茶院一世祖朱瑰墓（何柏坤摄）**

　　一世朱古僚，唐广明间（880）入徽，与妻杜四娘，合葬万安乡千秋里，地名连同。

　　二世朱廷隽（912～994），葬来苏乡安丰里汤村下园，坎山辛向。

　　三世朱昭元（946～984），葬千秋里丁家桥。再娶夫人金氏，葬官坑岭下。

　　四世朱惟甫（979～1054），葬松岩里之歙溪，又名三公坞。乾亥山丙向。妻程豆蔻（979～1059），葬官坑岭下，庚申山坎向，金斗形梁上穴。

　　五世朱振，妻汪三娘，葬汤村。再娶汪九娘，与朱振合葬松岩里芦村镇庄。背艮山坤向，巽水归乾山来龙。

　　六世朱绚，妻汪氏，合葬大王桥坞。

　　七世朱森，葬闽北建宁政和县护国寺西偏。妻程五娘，葬政和县将溪。

　　八世朱松（1097～1143），葬白塔山五夫里，后改葬上梅里。

　　九世朱熹（1130～1200），妻刘清四，合葬建阳唐石里大林谷。

　　十世朱在（1169～1239），葬建瓯城东永安寺后。[①]

择居择葬的风水观念至朱熹的父亲朱松已根深蒂固，《尧山堂外纪》说，朱韦斋"酷信地理，尝招山人择地，问富贵何如，山人久之答曰：'富也只如此，贵也只如此，生个小孩儿，便是孔夫子。'后生晦庵，果为大儒"。[②]

　　婺源文公山，由于朱熹与蔡元定于1176年入徽时在四世朱惟甫之妻程氏坟墓周围栽下了24棵杉树，历经800多年，现存的16棵已成树王，因此引起世人的关注（文公山成为旅游胜地）。

　　报刊屡载"朱熹栽杉成树王"事迹，陈荣捷《朱子新探索》据香港《大公报》之文存录[③]然而，传媒辗转刊发，或语焉不详，或渲染失实，甚至有炒作之嫌。2001年黄山学术会议，恰巧邻近婺源，使我有机会了却考察"江南杉王群"的愿望。

　　孟秋时节。从屯溪乘车穿越皖赣边界，行124公里到达婺源县城。再往西南方向行32公里，进入晓林乡（旧名官坑）文公山风景区，迭起的山峦，葱郁的林木映入眼帘。山不高，海拔331米。山脚下散落着青瓦粉墙的徽式民居。沿着山间小道拾级而上，到山腰，一座守山亭兀现林中，其名为积庆亭，有"积庆浚昆"题额。虽称亭，却也有管理人员的居室。年逾花甲的守山人程赣英先生讲述了朱氏先人与这山的关系：文公山原名九龙芙蓉山，宋代属徽州府婺源县。唐天祐三年（906），新安朱氏始祖朱瓌，从歙县率3000兵马镇守婺源，官置茶院故称茶院公，居婺源世代繁衍。至第四代朱维甫（979～1054），历官四门博士，知溆溪府，曾对精通风水术的德兴人吴景鸾（？～1064）有恩，得其指点，朱维甫葬其妻程豆蔻于山环水绕的九龙芙蓉山之佳穴。云阳《诚正堂朱氏宗谱》卷首记载："程夫人卒于北宋嘉祐四年己亥（1059）七月三十日，葬婺源二十七都，丹阳乡环石里，地名官坑，半岭丁向，金斗形，梁上穴。"又载，北宋嘉祐四年己亥八月吴景鸾下课（占卜）云："金斗穴

①　束景南：《朱熹年谱长编》卷上，卷首第8～14页。

②　丁传靖辑：《宋人轶事汇编》卷十七，第939页。

③　陈荣捷：《朱子新探索》，台北学生书局，1988年，第209页。

居梁，朝案信鸦岗；溪山环九曲，道学世流芳"。未下葬之前有地记云："官坑龙势异，穴高众山聚；坎离交媾精，笔峰天外起；富不及陶朱，贵不过五府；当出一贤人，聪明如孔子。"已故原婺源县博物馆馆长詹永萱先生生前曾介绍："婺源县民间传说，宋时何令通谪休宁道中，过婺源官坑见山势有异象，弟子议论闻到蜜香，此地要出天子，然何令通称墨香，谓何止天子，天字出头要出夫子也。"何令通，宜春人，南唐时为国师，精堪舆。

图 7-3　朱熹四世祖姚程氏墓（选自《平砂玉尺经》，海南出版社，2003年，第 261 页）。四世祖名惟甫，配程氏，行恭二，名豆蔻，葬二十七都丹阳乡环石里，地名官坑半岭。金斗形，梁上穴，庚申山，正坎作丙向。

　　沿着古驿道登山前行，石阶平稳，苔痕青青，唐宋以降的驿站遗迹依稀可辨。这里过去是去县城、往休宁的通衢。驿路两边的山坡上，树林茂盛，鸟声盈耳，景深气清。程赣英先生带我们再走过一段石阶，向右一拐，百步之内，一棵棵巨杉挺立于丛林之中，高争直指，粗细不一，一座古墓端卧其间，与巨杉群为伴，给这座本不显眼的小山平添了几分肃穆的气氛。

南宋淳熙三年（1176），47岁的朱熹第二次回祖籍地婺源，他祭扫了这座葬于九龙芙蓉山的朱氏四世祖母墓，并围绕墓地栽下24棵杉树。后来随着朱熹理学被尊崇和朱子其人被神化，官方特地在山上建亭，派兵守护。杉王群历经800余年的沧桑，现存16棵，长势依然旺盛，其余或遭火烧或被人毁，如今被焚毁的树桩已再复制。"文化大革命"期间，一农民偷砍一棵，做了一幢楼房的框架及一套家具，政府只罚他500元。"文化大革命"后，作为朱子文化遗存的杉王群重新得到保护。醉心于文公山研究的程赣英先生于1995年历时数月，对16棵杉树和8个树桩进行了近百次测量，终于揭开了文公山的神秘"面纱"：24棵杉树（寓24孝）形似八卦图状，分植在墓地四周约略2000平方米的方圆内，如乾坤二个卦位，乾卦位于墓上方植杉5棵，与阴阳五行中的木火土金水相呼应；坤卦位于墓下首有杉6棵，八字排开；离、坎、震、艮四个卦位各栽2棵；巽卦位属青龙仅植一棵，象征青龙开口雨露济民；兑卦位属白虎植4棵（比离、坎、震、艮各个卦位多了2棵），双木为林，寓意白虎入林国泰民安。守山人给了我一份1983年婺源县林业局测量的数据（附表）：材积最大和最小的两棵均位于乾卦——1号杉树和16号杉树。最高的那棵位于坤卦——7号杉树。为什么同时栽在乾卦位上的1号杉树与16号杉树，两相对比，大小如此悬殊？程赣英先生解释说，1号树正好在太极图的阳旺之处，16号树则位于阴尽之地，而阴阳平衡的卦位，树的生长是差不多大小对称的。这群杉树，属灰枝杉，虽然树龄有800多年，但仍然长势旺盛，郁郁葱葱。1976年，曾从树上采下树籽育出树苗，说明它们仍然有繁殖能力。据林业专家说，就单株而言，这里杉木材积并不是江南第一，贵州等地有比这更大的，如果按一群计算，这在江南是独一无二的"杉王群"。[①]

---

① 文公山"杉王群"，被列为江西省风景名胜地；《婺源县志》明确记载，朱熹于淳熙三年（1176）二月手植。

**表 7-1　文公山现存朱熹手植杉树数据表**

| 编号 | 树高（米） | 胸径（米） | 材积（立方） | 卦位 |
|---|---|---|---|---|
| 1 | 34.00 | 97.80 | 11.945 | 乾 |
| 2 | 36.00 | 87.30 | 10.029 | 坤 |
| 3 | 34.30 | 80.00 | 8.14 | 坤 |
| 4 | 35.70 | 75.50 | 7.40 | 艮 |
| 5 | 35.00 | 72.90 | 6.826 | 艮 |
| 6 | 31.80 | 75.50 | 6.60 | 震 |
| 7 | 38.50 | 67.50 | 6.389 | 坤 |
| 8 | 32.60 | 64.00 | 4.927 | 乾 |
| 9 | 29.00 | 63.70 | 4.384 | 兑 |
| 10 | 31.50 | 60.50 | 4.266 | 巽 |
| 11 | 32.30 | 56.40 | 3.745 | 乾 |
| 12 | 29.50 | 57.00 | 3.56 | 离 |
| 13 | 31.80 | 54.50 | 3.445 | 坤 |
| 14 | 26.10 | 57.60 | 3.097 | 兑 |
| 15 | 26.00 | 53.00 | 2.837 | 离 |
| 16 | 20.26 | 52.50 | 2.128 | 乾 |

1983 年婺源县林业局测量（程赣英与范茶圭提供）

这 24 棵树的方位分布：北为乾卦原有 4 棵，现存 4 棵（1 号、11 号、16 号、8 号）；南为坤卦原有 6 棵，现存 4 棵（3 号、2 号、13 号、7 号）；西北兑卦原有 4 棵，现存 2 棵（9 号、14 号）；东北巽卦原有 1 棵，现存 1 棵（10 号）；西为离卦原有 2 棵，现存 2 棵（12 号、15 号）；东为坎卦原有 2 棵，现已无存；西南震卦原有 2 棵，现存一棵（6 号）；东南艮卦原有 2 棵，现存 2 棵（4 号、5 号）。

朱熹生平喜欢种树，其居住或宦游之地，如崇安五夫里、泉州同安与南安两县交界处，以及庐山白鹿洞书院，都有他所植之树——樟、榕、丹桂。但是，为什么偏要在婺源植树于祖墓周围呢？这与程颐（1033～1082）《葬说》谓"地之美者……草木茂盛，乃其验也"以及其外祖父的影响当不无关系——朱熹所撰《外大父祝公遗事》说："亲丧，庐墓下，手植名木以千数。率诵佛书若干过，乃植一本，日有常课，比终制而归，则所植已郁然成阴矣。"然而，朱熹依卦植杉，应有更为深刻的文化意蕴。文公山杉王群位于古驿道之侧亦即士宦商贾往来之地，数百年来人们对它绝对不会没有追问，其深究程度我们不得而知。现代人对于这一重要文化遗存的破译与阐释，其意义当不仅在于深入研究朱熹的《易》学与堪舆思想。

**图 7-4  外国朋友在体积最大的"杉树王"前合影（婺源方志办提供）**

在婺源，安居山乡的普通人对于朱熹在新安一带如何传播其理学思想难以产生多大的兴趣。然而，有一则关于朱氏先人如何得到风水宝地，以及埋葬程豆蔻（朱熹的四世祖母）的传说，却长存不衰：

乐平洪士良同师吴景鸾至官坑岭下，士良口渴探泉饮之，谓师曰：此泉甚异当有至贵之地。师亦往尝之，曰是泉有翰墨香，当出大贤。师徒二人当即上山寻找风水宝地，找到后送给恩公朱惟甫。没过多少时日，朱惟甫之妻程豆蔻死了就葬到这里。埋坟的时候地师（风水先生）提出了几个入土条件：（1）鲤鱼上树；（2）戴铁帽的人到；（3）碗片盛饭吃；（4）葛藤束腰。下黄金（入土）的时辰快到了，一个条件也没有。东家着急之际，有一位手拿着两条鲤鱼的过路人，听说朱家埋坟，顺便去看热闹，走到墓地边，感到提着鱼的手很累，就把两条鱼往树上一挂，埋坟的人看见都喊起来"鲤鱼上树啦"。接着又有一位头上顶着一口新饭锅的过路人也到埋坟处凑热闹，又有人喊"戴铁帽的来了"。地师说："只差两个条件了。"就在这时，一位朱家的女佣为埋坟的人送饭来，在坟地前的上坡处摔了一跤，还好菜饭全未倒掉，可奇怪的是吃饭用的碗全部打成了两个半片。"糟糕"，女佣不好意思地对埋坟的人说，"这时候你们都饿了，碗又都打破了，你们等一下吃，我再下山去拿碗来。""不用了，现在正需要用碗片吃饭，再就只剩下一个条件了。"女佣听了奇怪地问，还缺一个什么条件？地师说"葛藤束腰"。女佣说："说起来真不好意思，我刚才是吃了饭再送饭来的，因吃得太饱，上岭时用劲往上走，不知怎样把裤带胀断了，平时断成两段打个结还用得，可这次断得很怪，断成七八段，没法接起来，我们妇人家提着裤管子走路要不得，就顺手在路边采了一条藤束着裤子，你们看看是不是。"女佣有点害羞，露出一点裤腰部分束着的藤。众人都说："是啊！正是葛藤，可以入土了。"风水先生又说："慢！棺材下垫7块石头，这块风水宝地的子孙发了谁，谁的脸上就有7颗黑痣。"结果发了一位历史上的圣人朱熹，文公脸上有7颗黑痣在右眼角，排列成青龙星的形状。因此，朱熹也就认定这块风水宝地是发他的，当朱熹精通易经风水学后，于淳熙三年回故里扫墓时，就在这四世祖母坟墓的周围栽了24棵杉树。[1]

这个传说在朱氏祖先与朱熹之间设定了一个"葬先荫后"的因果模式：脸上有7颗黑痣的朱熹其所以成为理学泰斗，是因为先人葬于风水宝地并兼得天时、地利、人和。传说虽微小，但它一样地随顺了文化而迁流，承受了地方的时势和风俗而改变，凭借了民众的情感和想象而发展。[2] 总之，它折射反映了人们的文化心态与价值选择。

---

[1] 此传说由守山人程赣英先生讲述，笔者整理。
[2] 顾颉刚：《民俗学论集》，上海文艺出版社，1998年，第160页。

## 二　朱熹与蔡元定

蔡元定（1135～1198），字季通，其先世江西弋阳人。上世仕唐为建州建阳令者，遂居建阳。其父蔡发（1152卒），博览群书，号牧堂老人。先生在娠，牧堂就践以胎教，则以圣贤遗像设别室，使其母每日瞻仰焉。①

像　通　季　蔡

**图 7-5　蔡季通像**

蔡元定生而颖悟，八岁能诗文，十岁日记数千言。从小就从父亲那里接受二程、张载等人的学说。即蔡牧堂示以二程《语录》、张载《正蒙》、邵雍《皇极经世》等书，且语之曰："此孔孟正脉也"。元定自幼沉涵其义，长则辨析其精。《宋史》本传说蔡元定"既长……登西山绝顶，忍饥啖荞读书。乾道二年（1166），往崇安师事朱熹。熹扣其学，大惊曰：'此吾老友也，不当在弟子列。'遂与对榻讲论诸经奥义，每至夜分。"②四方来学者，熹必俾先从元定质正焉。从1166年至1198年（卒于湖南道州贬所），蔡元定追随朱熹30余年，③其子蔡渊、蔡沆、蔡沈都是朱门弟子，终生躬耕不仕，以

---

① 束景南：《朱熹年谱长编》卷上，华东师范大学出版社，2001年，第353～354页。

② 詹体仁《蔡牧堂公墓表》说蔡发"与朱元晦对榻讲论诸经奥义至夜分，可谓勤矣"。（《潭阳蔡氏九儒书》卷一）考蔡牧堂于1152年去世，时朱熹22岁，元定17岁，若其时朱熹与牧堂交游，即早就与蔡元定相识。因此，所谓"对榻讲论"，当是元定而非其父蔡发。朱熹与元定初识于乾道二年（1166年），《共学书院志》有蔡元定《次晦翁韵》诗，其中"屈指抠衣十七年"句，是诗作于淳熙二年（1183），上推十七年，正是乾道二年。因此，有论者考《蔡牧堂公墓表》系后人伪托。

③ 其间蔡元定有一次远游，有的论者说他这次出游曾入四川青城山访得道教阴阳"太极图"，但从其与朱熹书信往来中，查无实据。

讲学著书为事。是故蔡氏父子及其学问被誉为"闽学干城"。朱熹的许多著作，都是在蔡元定的协助下完成的。"其平生问学，多寓于熹书集中"，"熹疏释《四书》及为《易》《诗》传、《通鉴纲目》皆与元定往复参订；《启蒙》一书，则属元定起稿"。① 因此，说蔡元定及其子蔡沈（作《书集传》）参与构建朱子学，是言不为过的。②

　　讨论朱熹的风水观，不能不涉及蔡元定及其父蔡发（牧堂），不能不涉及风水理论著作《发微论》。该书有署名"蔡牧堂"即蔡发的，但多署蔡元定。我们认为，无论该书著作权属蔡元定或其父，这部充满辩证法、合于儒者之道的相地风水之书，都对朱熹不无影响（尤其是感应说）。《四库全书总目提要》说：

> 　主于地道一刚一柔以明动静，观聚散，审向背，观雌雄，辨强弱，分顺逆，识生死，察微著……凡十有四例，递为推阐。而以原感应一篇，明福善祸淫之理终焉。盖术家唯论其数，元定则推究以儒理，故其说能不悖于道……地理大全亦载此书，题目蔡牧堂撰，考元定父发自号牧堂老人，则其书当出自发手，或后人误属之元定亦无可知。然勘核诸本，题元定者为多，今故以元定之名著於录焉。③

　　《发微论》著者之定论，有待于新资料新证据，俟来贤确考。是书约五千言，以儒理推究，抉择精奥，"非方技之士，支离诞漫之比也"。④

　　《发微论》的思维理念，不独朱熹受其影响，在宋代民间也可以找到痕迹。是书言"向背"："夫地理与人事不远，人之性情不一，而向背之道可见，其向我者必有周旋相与之意，其背我者必有厌弃不顾之状。"⑤ 而朱熹曾说："仰山庙极壮大，亦是占得山川之秀。……庙基在山边。此山亦小，但是来远。到此溪边上，外面群山皆来朝。"⑥ 有"周旋相与之意"的

---

① 《宋史》卷四三四《蔡元定传》，中华书局，1977 年。
② 蔡元定对儒学义理的理解已经"寓于"朱熹著作之中，而没有完全寓于朱熹著作、可作为他的代表作的，主要是象数和乐律方面的著作。
③ 蔡元定：《发微论》，《四库全书》（808），第 189～190 页。
④ 同上书，第 190 页。
⑤ 同上书，第 191 页。
⑥ 《语类》卷三，中华书局，1986 年，第 54 页。

群山与仰山庙所占之小山是相亲相向的关系，有如众大臣朝见天子毕恭毕敬。朱熹的感应说，亦与《发微论》理念大致相符（下章详）。是书说"雌雄"："夫孤阴不生，独阳不成，天下之物莫不要相配对。地理家以雌雄言之，大概不过相对待之理……阳山取阴为对，阴山取阳为对，此主客相对有雌雄。"①

　　闽南泉州民俗之石笋，就是堪舆家风水构想的杰作，"雌雄说"的文物见证（石笋为省级文物保护单位）。"刺桐为城石为笋，万壑西来流不尽"，这是南宋乾道间泉州知府王十朋的诗句。把石笋与名闻中外的刺桐城并称，足见其知名度了。出泉州新门数百步，龟山之下，如今石笋公园立有石碑，白色花岗岩环绕之中耸立着石笋（状如男性生殖器的阳物雅称为石笋）。其高3米，周围3米，呈圆锥形的花岗岩石雕（附照），没有花纹修饰，由5段叠成（历史上曾因"郡守高惠连以私憾击断石笋"，直至明成化间张岩知泉州时才修复，其中别有曲折）。

　　古代泉州祭山川之坛也设于此。宋王象之《舆地纪胜》记载："乾冈。乾冈亥骨，有双龟赶惟蛇之像。"②从清源山余脉经城西龙头山至此为终点，而紫帽山东行之余脉，至笋江畔石塔山，有石坡百丈斜贯江边而止。这就是王象之所谓乾冈、龟蛇之像。民间流传说，清源山是山公，紫帽山是山母，二山在笋江交会。但是，山公卑下而山母隆起，故堪舆家为振乾冈而建此阳物，欲使泉郡之衣冠鼎盛。宋《谯楼上梁文》所云："清源、紫帽，素标图牒之传"，"石笋、金鸡，屡谶衣冠之盛"，都是地灵人杰之意。这就是风水"雌雄说"的产物。

　　如上所述，《发微论》无论蔡氏父子谁属③，都是对该时代人与自然的关系的总结，使堪舆理论为之一新，其对立统一的辩证思维模式，承袭了《周易》一脉的儒学思想理路。如同蔡牧堂的《天文发微论》一样，与朱熹的风水观不能无涉。

① 蔡元定：《发微论》，《四库全书》（808），第191～192页。
② 王象之：《舆地纪胜》，转引自傅金星《泉州采璞》，华星出版社，第150～151页。
③ 束景南先生认为《发微论》，著者为蔡发，可备一说（《朱熹年谱长编》（下），第1080页）。

**图 7-6　闽南泉州新门外之石笋，即风水"雌雄
说"的重要物证（林若纯摄）**

绍熙五年（1194）秋，朱熹离湖南潭州东归，经宜春、临江、丰城、信州等地，在衢州，致书招蔡元定来都下，① 为孝宗山陵改卜葬地，元定没有来。《庆元党考异》说："文公尝招（蔡元定）至衢，而不至，但曰'先生宜早归'。"② 正是因山陵卜葬这一事件，朱熹招元定赴衢之举，为政敌进一步迫害朱蔡提供了一桩口实，使蔡元定在庆元党禁中被指为"妖人"流放道州。蔡元定不幸遭贬的结局，在民间为之痛者甚众，但也有人为之调侃：

　　蔡善地理学，每为乡人卜葬改定，其间吉凶不能皆验。及贬，有人赠诗曰"掘尽人家好丘垄，冤魂欲诉更无由。先生若有尧夫术，何不先言去道州"③。

朱子论葬，或言"道路所经，耳目所接，人有欲住不可往处，及聚落有宅舍，使山水环合，略成气象。然则欲掩藏父祖，岂可都不拣择，以为久远安宁之虑，而率意为之乎！"④ 早在知南康军期间，他就对金轮峰王气情有独钟，意欲卜为皇家山陵，以利于国运："闻翁在南康，尝至

① 朱熹《山陵议状》说："近年地理之学，出于江西、福建为尤盛……岂无一人粗知梗概大略、平稳优于一二台史者？"其中就有隐荐蔡元定之意。

② 束景南：《朱熹年谱长编》卷下，福建教育出版社，1992 年，第 1147 页。

③ 丁传靖辑：《宋人轶事汇编》卷十七，第 946～947 页。

④ 束景南：《朱熹佚文补辑》，《朱子学刊》，1998 年第 1 辑，第 253 页。

归宗寺，谓金轮峰有王气，苟为山陵，必益国祀。尝与赵忠定言之，忠定不暇从而止。"①方外之士所言，似不能无据。然而，散见于朱子文集或佚文关于择葬的文字，说来道去，其本质大都属于孝道之语，唯《山陵议状》，既见忠孝思想，又见功利属性。

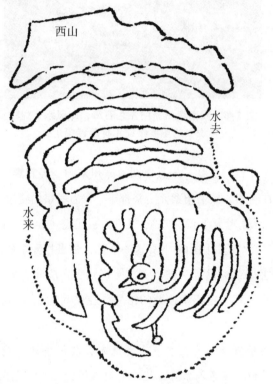

图 7-7　蔡元定自卜寿藏，墓在闽北建阳，地名翠岚山

## 三　从《山陵议状》看朱熹的"葬涉祸福论"

绍熙五年（1194）六月孝宗皇帝卒，朝廷发生孝宗山陵的争议。时朱熹帅长沙，其书房置集地理风水之大成的《玉髓经》在案，"知遇甚厚，缀职岳麓"的仆人因问曰先生："亦常留意于地理乎？"朱熹答曰："通天地人曰儒。地理之学虽一艺，然上以尽送终之孝，下为启后之谋，其为事亦重矣。亲之生身体发肤，皆当保爱，况亲之没也？奉亲之体厝

———————
① 束景南：《朱熹佚文补辑》，《朱子学刊》，1991 年第 1 辑，第 254 页。

诸地，固乃付之庸师俗巫，使父母体魄不得其安，则孝安在哉！故古贤垂训，卜其宅兆而安厝之，卜之而求安。圣人之意深远如此，而为人子者，目不阅地理之书，心不念父母之体，敬然窀穸，则与委而弃诸沟壑者何以异？"[1] 以"古贤垂训"。"圣人之意"上溯先儒，我们从中隐约可以看到文化嫁接的痕迹。而说地理之学关系到"启后之谋"（子孙盛衰），势必使问题复杂化，走向神秘主义泥潭。

是年（1194）十月，垂暮之年的朱熹被新君赵扩召请入都，作为"帝王师"入侍经筵46日，他在朝供职的第一件事是向皇帝上了《山陵议状》，力主广求术士，博访名山，为死去的孝宗另择"最吉之处"，以免使其尸骸长久浸泡黄泉浊水之中。朱熹认为孝宗山陵关乎"垂裕后昆，永久无极"的国家大计，其"葬涉祸福论"暴露无遗：

> ……葬之为言藏也，所以藏其祖考之遗体也。以子孙而藏其祖考之遗体，则必致其谨重诚敬之心，以为安固久远之计，使其形体全而神灵得安，则其子孙盛而祭祀不绝，此自然之理也……或择之不精、地之不吉，则必有水泉、蝼蚁、地风之属以贼其内，使其形神不安，而子孙亦有死亡绝灭之忧，其可畏也……[2]

葬得佳穴，则"其子孙盛而祭祀不绝"，葬于"不吉"之地，则会使先人"形神不安"，其子亦有死亡绝灭之忧。这就是朱熹的"葬涉福祸论"（葬先荫后论）。

美籍华人陈荣捷（1901～1994）先生曾讨论"朱子之世俗信仰"。陈先生久居海外，耄耋之年偶来大陆，虽重视民间文化却因年事已高难以深入民间。因此，他据相关文献，力辨朱熹"绝无风水信仰"：

> 南轩（张栻，1133～1180）致朱子书云："尊嫂已遂葬事否？……近世风俗深泥阴阳家之论，君子固不尔。但恐闻风失实，流弊或滋耳。更幸裁之"。朱子同陈同父（陈亮，1143～1194）书

---

云，"亡子卜葬已得地，但阴阳家说须明年夏乃可窆，今且殡在贵庵"。……信阴阳家言，必为其媳之主张，因朱子本人无取于此也。门人胡伯量（胡泳）函问为谋葬先人，应否择日，并卜其山水吉凶。朱子答云，"伊川先生力破俗说，然亦自言须是风顺地厚之处乃可。然则亦须稍有形势，拱揖环抱，无空阙处，乃可用也。但不用某山某水之说耳"。语类有一段话，最足证实朱子绝无风水信仰。其择地处，乃在形势而非吉凶。诸生皆言某庙为灵。朱子则云，"仰山庙极壮大，亦是占得山川之秀。寺在庙后却幽静。庙基在山边。此山亦小，但是来远。到此溪边上外面，群山皆来朝。寺基亦好。"此可谓为美学观点，与迷信相去远矣。朱子上状争辩孝宗山陵，亦极力主张土肉深厚，无水石之虞，又可以避免兵戈乱离发掘暴露之患，而直斥台史坐南向北谬妄之说。此则为永远安宁之计，开罪朝廷，固不惜也。[①]

如上所引，陈先生举证 5 条。第 1 条为张栻致书朱子（写于刘清四去世之际），婉转劝朱熹莫信阴阳家之论，从另一侧面反映了朱熹与蔡元定为刘清四寻觅葬地广为时贤关注。作为好友，远在湖湘的张栻但愿朱熹为刘氏觅地是"闻风失实"，然而却是事实。这一"龙归后塘""凤飘罗带"的风水宝地，后来竟成为朱子夫妇合葬之所。第 2 条朱子致陈亮书（写于朱塾去世之后），陈氏认为"信阴阳家言，必为其媳之主张"，这样推断缺乏证据，不足以采信；朱熹之母卒于乾道五年（1169）九月五日，殡至乾道六年（1170）春正月才葬，其间既择地又择日，时尚无媳可参与主张，如何解释？第 3 条朱子致门人胡伯量之函，以程颐对葬俗的观点侧面作答，虽讳言"某山某水之说"，却对择地之风[②] 做出肯定。第 4 条征于《语类》，陈氏认为最足证实的事例，"可谓为美学观点"。然而，朱熹这里所说的是阳宅（仰山庙）而不是阴宅（墓葬）。"占得山川之

---

① 陈荣捷：《朱子新探索》，台湾学生书局，1988 年，第 102 页。陈先生对朱熹生活史的研究有开山之功，《朱子新探索》讨论范围之广，世罕其匹，笔者受其启发，获益良多。

② 丁传靖辑：《宋人佚事汇编》卷一七，中华书局，1981 年，第 939 页。

秀"，其中蕴含着环境与生态理论，自有其合理内核与审美价值，应区别看待。第 5 条，朱子 65 岁作为侍讲向宁宗皇帝上《山陵议状》，指责朝官们为死去的孝宗皇帝"择地不精"，希望新君赵扩易地改卜孝宗山陵。我们对此百思不得其解：朱熹在《山陵议状》中，坦言"但取通晓地理之人，参互考校，择一最吉之处"，以葬孝宗，使"寿皇神灵"享有"安固久远"。陈氏却说："其择地处，乃在形势而非吉凶"，恐怕不无为朱熹开脱回护之嫌。

朱熹的风水信仰，可以在其他文献、异地传说乃至朱子著作中找到印证：

> 文公为同安主簿日，民以有力强得人善地者，索笔题曰："此地不灵，是无地理；此地若灵，是无天理。"后得地之家不昌。[1]

明代凌濛初（1580 ～ 1644）据此铺叙衍化为"硬堪案大儒争闲气"，即朱熹错判墓葬风水案件的小说家言。它与历史事实可能相去甚远，但则无疑透露了朱熹青年时代（1153 ～ 1156 为同安主簿）就涉足堪舆事件。方志还有关于朱熹为陈知柔（？ ～ 1184）之兄陈南寿之墓点穴的记载，大概是他淳熙十年来泉州吊傅自得后，与陈氏共游时所为：

> 五台山，在县北七十里……山势隆起，有高台气象，故名……由五台蜿蜒而来，历仙洞峜耸起一峰，势如禽鸟飞舞，宋赠太常卿陈南寿墓在焉……世传陈知柔与朱文公到此，为其兄南寿指点穴处。文公书此四大字（鹏峰胜地）于石。[2]

隆兴二年（1164），朱熹在写给柯国材的信中说治学"如看风水，移步换形"。[3]乾道五年（1169）九月五日，母祝孺人逝，十二月，往返建阳，请精于风水之蔡元定择母葬地，并以十千之钱买山，葬母于后山天湖之阳（寒泉坞）。据闽北朱子后裔朱泗洪回忆："前辈传说，祝氏（朱熹之母）墓地经当时风水先生所选定，可是对埋葬的穴位一时难定。朱熹

① 丁传靖辑：《宋人佚事汇编》卷一七，中华书局，1981 年，第 939 页。
② 民国《南安县志》卷二《舆地志》。
③《朱熹集》卷三九《答柯国材》，四川教育出版社，1996 年，第 1759 页。

亲自到山上徘徊数转，选择一地，站立不动曰：'葬前闭，葬后绝，宜葬
于此。前开明道，以接阳光。'于是，以其立足之地定为墓穴。"①（附图）

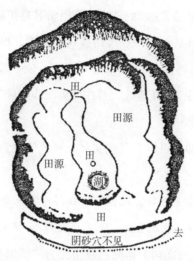

图 7-8　朱熹母祝氏墓地在建阳崇泰里寒泉岭。《平砂玉尺经》说："龙自高山
脱脉穿田，起为平岗，又逶迤数节为穴。穴前据湖水，而本身前起成高阜，为
太阴文星之案，外阳暗拱，左右映带，大溪横绕，山川钟灵孕秀，故宜传世之
显也。按：此局中乳亘出甚长，但左右龙虎齐至，如映带绕抱，使穴免受风吹
之忌，此一吉；到头结穴，有水融聚，以止其气，以聚龙气，此二吉；湖外有
蛾眉文星之案，案外有横水绕抱，以关水口，此三吉。"

　　朱熹自视风水为"猥贱之末术"，②是故当他承认自己家用过"卜"法
择地时，说这是"未能免俗，然亦只求一平稳处"，似乎颇感歉然。但
是，当他与蔡元定几经周折，在距建阳县城百里之外的大林谷觅得"风
飘罗带"的风水宝地作为其妻刘清四的归葬之所时，则不无"柳暗花明"
之感，其兴奋心情跃然纸上：

　　　　春风欲动客辞家，霖潦纵横路转赊。

　　　　行到溪山愁绝处，千林一夜玉成花。

　　　　　　　　　　　　　　　　（《文集》卷六《唐石雪中》）

朱熹死后，与其妻刘清四合葬在一起。我们曾三次来到大林谷，该墓以
层峦叠嶂、脉落峰起、绵延不断的九龙岩为屏障，按风水学察其所谓玄

---

① 何志坤、刘健编：《朱熹在建阳》，建阳市政协文史委，1997 年。
②《文集》卷一五《山陵议状》，四部丛刊初编缩本。

武、青龙、白虎、朱雀，令人叹为观止。对于朱熹"葬其亲于百里之远而再迁不已"（迁朱松墓于上梅里）。后世有人大不以为然，讥之说：

> 呜呼！其求之也力矣！何后世子孙受荫不过世袭五经博士而已。
>
> 岂若孔子合葬于防崇，封四尺，未尝有意荫应之求，而至今子孙世世为衍圣公耶？[①]

似此批评虽然刻薄，但可以发人深省。然而，朱熹所留下的影响则是十分深远的。

从《礼记》的《檀弓》《丧大记》等诸编中可以窥见，儒家烦琐的丧葬礼仪一直支配着汉民族（尤其是统治阶级）的丧葬制度。宋代新儒学的重要代表人物程颐所著《葬说》，即由地之"美恶"陷入"葬先荫后"（其实质亦是"葬涉祸福"）的理论误区：

> 卜其宅兆，卜其地之美恶也，非阴阳家所谓祸福也。地之美者，则其神灵安，其子孙盛。若培壅其根而枝叶茂，理固然矣。地之恶者则反是。然则曷谓地之美者？土色之光润，草木之茂盛，乃其验也。父祖子孙同气，彼安则此安，彼危则此危，亦其理也。[②]

既极言地之美恶关乎子孙盛衰（盛之反则衰），又回避"阴阳家所谓祸福"，实在难以自圆其说。试问：子孙之盛与衰，"彼安则此安，彼危则此危"，非涉祸福而何？

然而，对"葬涉祸福论"（葬先荫后论）持怀疑态度者、讥议抨击者不乏其人。与朱熹同时的叶适（1150～1223），在朱熹被林栗弹劾时，极力为之辩护抗争，但对朱熹死后归葬建阳后唐大林谷则有微词："近时朱公元晦，听蔡季通（元定）预卜藏穴，门人裹粮行绋，六日始至：乃知好奇者固通人大儒之常患也。"[③]朱熹的好友陆游（1125～1210）曾举北宋位极人臣的蔡京为例，说明风水之不可信："蔡太师父准，葬临平山，为驼形。术家谓驼负重则行，故作塔于驼峰。而其墓以钱塘江为水，越

---

① 项乔：《风水辨》，《古今图书集成·艺术典·堪舆部》。汉宝德：《风水与环境》，天津古籍出版社，2003 年，第 12 页。

②《二程集》卷十《葬说》，中华书局，1981 年，第 623 页。

③《叶适集》，中华书局，1986 年，第 206 页。

之秦望山为案，可谓雄矣。然富贵既极，一旦丧败，几于覆族，至今不能振。"[①]北宋司马光（1019～1086）曾颇为激烈地反驳"殡葬实有致人祸福"之谬。他说："彼阴阳家，谓人所生年、月、日、时，足以定终身禄命。信如此所言，则人之禄命固已定于初生矣。岂因殡葬而可改邪？是二说者，自相矛盾，而世俗两信之，其愚惑可谓甚矣。"[②]与朱熹同时且有交往的诗人杨万里（1127～1206）"素不信风水之说"，曾以郭璞为例，证明风水之不可信。他说"郭璞精于风水"，但"身不免于刑戮"，则"其说已不验于其身矣"。[③]南宋后期的罗大经（约1196～1252）根据他周游天下的观感，肯定风水阳宅理论，批判风水阴宅"葬涉祸福论"："乃若葬者，藏也，欲人之不得见也……岂借此以求子孙富贵乎？郭璞谓本骸乘气，遗体受荫，此说殊不通。……今枯骨朽腐，不知痛痒，积日累月，化为朽壤，荡荡游尘矣，岂能与生者相感，以致祸福乎？此决无之理也！"[④]

继承二程的朱熹，"致广大，尽精微，综罗百代"（全祖望语），成为孔子而后儒家文化的最大代表，其理学伦理之树——仁是根，孝悌是枝叶……因此，殡—葬—墓无疑可以成为推行宗法伦理的载体，省墓祭祖，使族人子孙遵守孝道，扩而充之，则忠君爱国，事君治人。这样，由修身齐家而达到治国平天下，可谓"吾道一以贯之"。朱熹发展孔子仁学建立的理学文化体系，基于伦理价值取向，他一方面吟咏"三生（前生、今生、来生）漫说终无据，万法由来本自闲"，[⑤]以反对佛教生死轮回之说，另一方面却选择风水信仰，也陷入了"葬涉祸福论"（葬先荫后论）的理论误区。

"葬涉祸福论"（葬先荫后论）与佛教"生死轮回"观念相糅合，对于帝王之家的影响自不待言，对民间殡葬习俗亦浸染至深。其表现如耽

① 陆游:《老学庵笔记》，中华书局，1979年，第134页。
② 司马光:《书仪》卷七，《四库全书》（142），上海古籍出版社，1987年，第500～501页。
③ 罗大经:《鹤林玉露》，中华书局，1983年，第344页。
④ 同上书，第345页。
⑤ 《文集》卷八《奉酬九日东峰道人溥公见赠之作》，四部丛刊初编缩本。

于觅穴而长期停柩不葬者有之；既葬不吉，归咎风水而迁葬者有之；因买地致讼，棺未入土家已萧索者有之；兄弟感于各房风水良莠之说，以至骨肉相仇者亦有之。严重的如1919年，云宵县张吴两姓因坟墓风水（吉穴）发生械斗，事态蔓延数十里，双方相持4个多月，丧失人命70多条，致使田园荒芜，城市残破。[1]1926年，闽南安海黄颜两姓因祖墓风水发生械斗，军阀孔昭同部卷入其事，致连长及士兵27人被杀。[2]风水丧葬陋俗危害如此之大，岂可任其流布。

殡葬制度的形成与发展，其本质是人们信仰和现实生活客观实际的投射，它真实地反映了原始人到古代人至现代人，对于生的延续即所谓另一个生活空间的祈求和营造。直到今天，这种营造一直未曾断过。随着现代科学的宣传与普及，人们对于丧葬的风水信仰以及"葬涉祸福""葬先荫后"的观念虽然已经淡薄了，但还是没有根本上从人们的头脑中消亡。在许多地方，尤其是广大农村，人们选择追求能荫及后人的风水宝地，不惜花费大量钱财去建造阴宅。21世纪之初，新华社《参考消息》发表《中国又现"活人墓"》（原载美国《华尔街日报》）一文，所描述的状况令人触目惊心：

在一个飘着蒙蒙细雨的春天的下午，程英（音）……穿过泥泞的玉米地和菜地去看她新建好的墓地。她的墓地坐落在四川南部的一片梯田之中……这个……墓地共花费了1200美元——比购买一套她和她的小儿子和儿媳共同居住的宽敞的城镇住房花的钱还要多。

中国农村的村民们正在恢复几千年前的皇帝们做的事情：在活着的时候就建一座豪华的陵墓。以农业为主的这个二郎镇被一群山丘环绕着，山丘上点缀着上百座"活人坟"。

建坟热最初只出现在少数几个省。一些富有的家族也建造大规

---

① 高张栋：《张吴封建械斗惨祸纪实》，《云宵文史资料》第4辑，1984年。

②《泉州旧风俗资料汇编》，泉州市民政局，1985年。钱琦《风水示诫》说："有觊觎他人吉壤，倚仗势力用强侵占者，有无力制人，私将祖骸盗葬他人界内者。""或理不能胜，则聚众行强……挖人棺椁，甚纠约械斗，酿成人命。"道光《福建通志》卷五十五。

模的陵墓，几代人死后都可以埋葬在那里。这样大规模兴建陵墓都有重要的目的，因为中国的宗教传说认为，死后埋葬在那里的先人会继续给整个家族带来好运。[①]

老传统的根深蒂固还表现为"二重葬"现象，即遗体火化完后未经批准，私自将骨灰从殡仪馆拿出埋入土里，称为"二重葬"。2003 年 9 月 14 日，《泉州晚报》以《百座新坟侵占烈士陵园》为题报道了有人在市革命烈士陵园进行二重葬一事。9 月 23 日，在有关部门的现场监督下，事主将骨灰取出并按规定存放到殡仪馆。据悉，二重葬现象在一些地方并不少见。有些人私自占用耕地、林地、道路两侧、景区等地进行二重葬，私自进行二重葬属于乱建坟墓行为，它严重破坏土地、林地资源和生态环境，而且有碍观瞻。[②]甚至还建造大墓，造成死人与活人争地情况。

随着工业化的发展，在土地与生态的问题日趋严重的今天，这种死人与活人争地且浪费资源财富所造成的后果是不堪设想的。因此，明智的选择在于实行殡葬改革。清末著名改良主义者郑观应（1842～1921）不仅著《堪舆吉凶论》，揭露传统丧葬制度的危害，而且在《致陈盘溪地师论风水书》中，提出消除其影响的方法与途径。他对西方人"阴茔概不选择，贫富相同"颇为赞赏，故建议政府"仿照西法，一律改良，查有不遵者，将其家产一半充公，务使财不虚糜，人归实学。行之数十年，自然风水不重见矣。"有感于世人"为风水所迷，只知利己，不顾大局，复为庸师所害，求福得祸，破产亡身"，他希望清廷"仿照东西洋各国章程，由地方绅士自治会会同地方官履勘每村、每镇、每县，论为数之多寡，给地几处，委人经理，所有死者，尽葬于所限之地方，无论贫富贵贱，不准分别，以归一律，微特风水之患可息，并可省无限争讼虚费也"。[③]这就是推行"公墓制"。用它来治理一些地方的"造坟运动"，仍然具有现实借鉴意义。如今，公墓制已在一些地方开始推行。耐人寻味

---

① 张彤禾：《看得见风景的坟墓》，《参考消息》，2002 年 6 月 25 日。
② 杨海霞等：《何日根绝"二重葬"现象》，《泉州晚报》，2003 年 9 月 28 日，第 3 版。
③ 夏东元编：《郑观应全集》，上海人民出版社，1982 年。

的是，推行"公墓制"的新式陵园在报刊上做广告所渲染的依旧是"供皇考妣以安息，发千万世之福迹"；"世事轮回，生生不息。耄耋之年，已知天命，正宜择灵圣之地息劳居停，以荫后代……倚山面水，乃千百年来公认之风水宝地"云云。① 由此可见，传统观念仍然挥之不去，"公墓制"也只能是因势利导了。

## 四　朱子学融儒、道、释，庙寺灵签、实用通书加速风水文化之传播

朱子学在融合儒、道、释的同时，也渗透于佛教道教，这是毋庸置疑的。宋元以降，朱熹的风水（堪舆）思想，也被禅僧道徒所吸纳（如明代将朱熹的《山陵议状》编入"秘传堪舆类"书籍），后来佛道在其宗教活动中，又逐步以寺庙灵签和实用通书传播风水文化，加速了风水信仰的世俗化进程。朱熹在《山陵议状》中说：

> 古人之葬，必择其地，而卜筮以决之。不吉则更择，而再卜焉。近世以来，卜筮之法虽废，而择地之说犹存。士庶稍有事力之家，欲葬其先者，无不广招术士，博访名山，参互比较。择其善之优者，然后用之。②

这样的话对后世的理学家，以及佛道教乃至民间社会影响至深。理学家从陈淳（朱子门人）到明清时代的蔡清、李光地，都讲论堪舆、笃信风水。然而，理学家的风水观是怎样从师徒传授，士大夫、读书人讲论而走向民间，沉潜为民众的"社会记忆"，积淀于民众的心理结构之中，演化为民间习俗的呢？除了活动于民间的地师，即以择日看风水作为谋生手段的风水先生外，我们认为主要是寺庙灵签与实用通书（以洪潮和为主）。这两种载体对于风水文化的传播与扩散，以及民俗的形成，从时空与频率看，其潜移默化之功能，具有无与伦比的渗透力。实际上，灵签（抽签）就是传统卜筮之法的新形式，而通书则是预设的卜筮之书。朱熹

---

① 《皇迹山陵园》，《福建侨报》，2002年3月17日第4版。
② 《文集》卷一五《山陵议状》，四部丛刊初编缩本。

之世"卜筮之法虽废，而择地之说犹存"。①明清时代的民间社会，可以说是"卜筮之法复活，择地之风犹甚"。灵签与通书成为基层民众获取风水常识的重要平台，不像延请风水先生那样必须具备财力，既经济实惠，又快捷方便，获得通俗的解释文本，满足人们的心理需求，在风水术走向世俗化的过程中，具有推波助澜之功效。寺庙灵签以《北帝灵签精解》为例，窥测签诗对社会风俗的影响。《北帝灵签精解》②以《玄天上帝感应灵签》为范本，除在各签标明"上上""大吉""中平""下下"等定性兆象及相应的主题兆象外，所列项目繁多，涉及风水占卜的事项，则有"家宅""阳基""移徙""祖山""菁草"等。"家宅"和"阳基"占卜所居或新筑房屋的吉凶。为了较全面地考察风水知识扩散及风水观念入潜的宗教背景因素，兹录"中平"签涉及风水事项者，其中云：

第四一中平签　朱买臣分妻马前曲水后富贵

螳螂捕蝉之兆。

总曰：落花流水两无情，家舍惶惶至不宁。

　　　小口阴人招祸危，须当急祷旺神宗。

诗曰：门前光出现，始见一皇天。

　　　心地行中正，红莲出水开。

家宅：鬼怪无端入户庭，响声入梦怪人惊。

　　　要知因甚人财寒，只为户庭路不平。

　　卜吉宅人口，有是非灾难疾，失财失六畜，求佛祖奉经保平安。

　　又嫌屋前受杀冲伤，宜立八卦抵挡，吉。有利宜修门路，吉。

值得注意的是，民间的签谱并非是在占卜事项中涉及风水主题，在签文中亦有与堪舆相关的言辞，直接预测风水的吉凶祸福，有些甚至包含着道德劝诫的深意，迎合民间风水认同。

然而，在传统民间社会中，普通百姓所受的文化教育毕竟是有限的，

①《文集》卷一五《山陵议状》，四部丛刊初编缩本。
② 参见"孔子2000"网站，陈进国先生文。

故往往也"意会"不了签诗所呈现的所谓"神意"。因此，解签人应运而生。解签人如何设置各类签解的事项，除了受到知识训练的影响外，亦跟市场的文化需求有较大关系。显然，当入庙占卜风水的需求增加时，解签人自然是将风水学方面之言辞纳之于"签解"中，以不变应万变。而如何使风水知识更加通俗化和口语化，以迎合普通百姓，如今在闽南民间流行的《北帝灵签精解》（51 首），就包含着丰富的通俗风水知识和风水占卜事项。

"通书"由皇历、官历演变而来，在民间崇拜中扮演着重要角色。历日安排被统治者视为象征正统的权威，所谓"奉正朔"即天命所授，故封建时代历朝设官主持历书（皇历、官历）的编撰权。宋元以来政府曾颁布律令，以处罚私造、盗印或贩卖日历者。然而，唐宋以降，民间因谋利而私印官历，屡禁不止。至清乾隆十六年（1751），朝廷才同意民间翻刻，嘉庆二十一年（1816）废除禁例。

"通书"基本上是"发明皇历之隐微"，形式上更加通俗化。明清以来闽南社会崇信风水风气日炽，与通书的普及有密切的关系。而闽南地区影响最大的是泉州继成堂洪潮和通书（已有 200 多年历史，被称为择日南派）。

关于洪潮和其人其书，地方志书说："洪潮和，字符池，精通星学，著通书，滨海数十郡及外洋无不购之。子彬海，能习父业。"[①]从现存的洪氏通书记载来看，洪氏于嘉庆丙辰年（1796）开始编撰《趋避通书》，嘉庆至道光年间，长房洪彬海和二房洪彬成、三房洪彬淮都继承父业，主要在泉州集贤铺海亭开张继成堂择日馆，选造日用通书。

民间营造宅舍（包括宫室、官衙、寺观、神庙、宗祠、仓库、宅舍等，俗称阳宅）与堪舆术有着密切的关系。继成堂刊印讲义专门针对营造项目及营造过程的选择宜忌做了较细致的分析。在讲义中，反复强调了营造宅舍所应遵循的准则，即要根据"制化之玄妙"（阴阳相生克原

---

① 同治《福建通志》卷二四七。

理），并对照坐山来龙及事主的主命，来确立营造的日期及生气方位，以使"宜者而趋，忌者而避"。

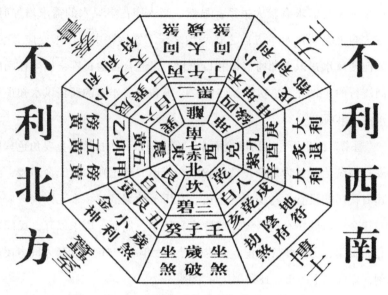

图 7-9　2002 年民间《春牛图》卷首之坐向禁忌

清代以来，民间惑于择日家之说，拘地年月时令及山向[1]，则一年宜东西，一年宜南北之说：漳泉合葬之日，有数年一遇者。洪潮和通书无疑是这种陋俗的催化剂（其年度通书春牛图注明"年利"）。由此可见通书传播引发风水之流变。

民间社会在各种文化与社会因素的综合影响下，如道教的风水符咒、与风水相关的祭祝仪式，以及各种寺庙灵签的扩散，风水观念（其中关于风水房分之说惑人不浅）不断地融入地方文化网络之中，展现为民间大众化的文化行为。明清以降以洪潮和通书为代表的民间通书系列，将选择术同风水术更为系统地结合起来，加速了风水术的民俗化进程。而在民间葬俗中，"葬涉祸福论"（葬先荫后论）是至今还活着的风水观念。

---

[1] 朱子择吉（日）与阴阳宅坐向之说，散见其著述之中，不独《山陵议状》有陵寝坐向（负阴抱阳）之说，尤溪、建阳等地的书院选址也十分重视坐向。

# 第八章  朱熹风水观的文化解读（下）

## 一 《泉州同安鹤浦祖祠堂记》真伪考辨

朱熹诸多逸文散见于文献与民间，而如郑武成先生发现的《泉州同安鹤浦祖祠堂记》论及风水（堪舆）者鲜。因明清时代伪托之篇什时有所见，故其真伪不可不辨。经考证，我们初步认为，这一逸文的前面部分（正文）为朱熹所作，后面部分（附记）属于伪托。

2002 年夏，厦门杏林区高浦退休干部郑武成在研究《鹤浦石氏族谱》时，发现朱熹的一篇逸文《泉州同安鹤浦祖祠堂记》。[①] 兹录全文于下（原文无标点）：

### 泉州同安鹤浦祖祠堂记

环浦皆山也，襟浦皆水也。山水合则龙聚，龙聚则地真，岂多觏哉！惟同有浦，乃山水之最佳者也。浦之西曰西湾，即石尚书府。又其中南向宝珠屿，北枕仙旗山，有一广厦，华丽完壮，丹赤黝垩，魏然临于其上者，石家祖祠也！其龙自大版山、仙旗山而来，大断十余里，顿起凤山，复西转市头山，仍数里，复右转白鹤山，遵星角落，延迤至高浦而始聚。余至其地，观其旧制，甚不当意。遂择吉日，将地翻架三堂，后堂架阴厅，砌满漏岭阶[②]脱煞，开玉尺[③]井制左边风，隔正堂，架阳屋阴厅。天井内作日月井，用石盖密，制辰劫曜，并高迫撞煞。外作阳庭，以纳生气。将中堂开涵，对中宫直出天井。水吞唊，用内厅底直出至□[④]方蟠龙沟，此余之作法也！

---

① 2002 年 6 月 14 日《厦门晚报》第 2 版以"高浦发现朱熹佚文一篇"为题做了相关报道。厦门禾山中学林庆明先生、高浦退休干部郑武成先生为我提供复印资料，谨此致谢。

② 中脊下砖瓦称作"漏岭阶"，必须砌满，以保护中脊，如不砌满，雨水滴漏，既破坏风水，且日久则圮。

③ 玉尺，作为井名，既是美词，又蕴含营建尺寸方面的吉凶观念及操作规则。

④ 此处似应为"巽方"。

至其龙，后乐丰美高耸，前案秀丽，贵有卿相。水口龟<sup>①</sup>相会，宝珠耀灵，富有陶倚之隆。圃山拱照，功名后先而联续。玄武水缠，钱谷可久而可大。万水环绕，人丁众多。御屏高列，地灵人杰。余莅同日久，见世家巨族有好地，而往往起盖不合法者多矣。兹以鄙陋之见，参两大之权，为石家造将来之福云。宋朝奉政大夫、文华阁待制赠室漠阁直学士、通议大夫朱熹仲晦氏记并叙。

余登第五十载，仕于外仅九考，立朝才四十六日。家贫，依父执刘子羽，寓建之崇安。年十八贡于乡，旋登进士第，立泉同安主簿。每公暇，立苏丞相祠于学宫之傍。复因到文圃山，有高人石洪庆者，宿学多闻望，请谒，与之语，恂恂然，德业学问，充溢眉宇，所谓和顺积中而荣华发外者也！爰到室访之，见其祖祠轩豁，龙脉甚佳，于作法不甚合，略改正之。至里美宅尚书府，龙真穴的，但多落阴，欲复正之而不果，已而去官。窃谓自此去同人甚远。今上绍兴（熙）<sup>②</sup>元年十二月，除江东转运使，改知漳州府。辛亥二年至漳。越二年，因议经界法，将往省请行，复到高浦，观其所改石尚书祖庙者，而似之讳起宗石先生已成进士矣。不觉欣然喜色，所谓地灵即人杰者，非耶？若以居功，则恐逊谢不敏。

同安（县）旧属泉州（府），鹤浦为高浦在古代之雅称。据郑武成先生介绍，高浦为福建石姓的最早居住地，其族人在高浦聚居10代，曾经是泉州望族。从五代后唐到宋代200余年间，石氏就有10人荣登进士，其中石选、石亘、石起宗3人官至尚书。

对于这篇逸文，细玩略考，真伪不可不辨。逸文含记（正文）、叙（附记）两部分，笔者初步认为，前面"记"的部分为朱熹所作，后面"叙"的部分系后人伪托。

正文（386字）记述了当时石家祖祠的风水，因"观其旧制，甚不

---

① 此处似脱一"蛇"字。
② 从附记部分的上下文看，此处应为"绍熙元年"（1190），朱熹61岁，而"绍兴元年"（1131），朱熹才两岁。

当意"，故为石氏"将来之福"而改造祠堂建筑结构的经过。文章言简意赅，文理相济，词采斐然。开头"环浦皆山也，襟浦皆水也"，袭用欧阳修《醉翁亭记》，又迅即脱出，不愧大家手笔。除个别脱误以及末尾题署可能经后人在转抄过程中臆度增添外，正文当为朱熹所作。最重要的是，与朱熹风水观的环境与阳宅理论是一脉相承的。兹举证考述如下：

**图8-1　壶公山图（选自《古今图书集成》卷一八〇《山川典》）**

1153年，时年24岁的朱熹赴同安任途经莆田。莆田壶公山在城南20里，由九座石梯而来，盘踞数十里，其高千仞，如正人端士垂缙绅笏而立。据记载，朱晦翁赴同安簿过此，谓："莆田多人物，乃此公作怪。"[1]

> 壶公山在兴化府莆田县。山皆四面，独此山有八面，高耸千余仞，郡治正对之，山形方锐如圭首，峙立如屏秀，特端重，盖郡之镇山也。旧经云，昔一隐者遇一老翁于绝顶，忽见宫阙台殿，似非人间。翁曰，此壶中日月也。后人因以壶公名山。宋朱文公经莆田，望见壶公山正南一面犹独秀，曰，莆人物之盛，皆兹山之秀所钟，此老作怪也。谶云，壶公山若断，莆田朱紫半。蔡君谟兴水利，引水绕壶公山，朱紫半朝。[2]

---

① 《古今图书集成》方舆汇编第一八〇卷《壶公山部》，第197册之46页。
② 同上书。

所谓"人物之盛"，朱熹曾赠莆田人士一联云：

> 十八科解元勋业文章天地老，
>
> 五百年故址壶兰山水古今新。①

可见朱熹重视环境对人的影响，这已涉及人文地理问题。朱熹曾登福州鼓山，预言台湾将归中华版图：

> 宋朱文公登福州鼓山，占地脉曰："龙渡沧海，五百年后，海外当有百万人之郡。"今归入版图，年数适符；熙熙穰穰，竟成乐郊矣。(《赤嵌笔谈》)②

泉州地方文献把泉州别称为温陵，与朱熹讲学于"小山丛竹"相联系，此乃事出有因。据父老口碑相传，朱熹逸事久留民间，清末民初尚到处可闻。传说朱熹深研堪舆，尝谓"小山"高埠位于泉州城北，乃清源山龙脉入城之冲，故地气独温，由此而称温陵。此说一出，温陵之名传之愈广。朱熹在泉州一带关涉风水地理之事，数见于方志等文献，足证父老口碑并非无稽：

> 文公堤距城北里许，有大石倚山麓刻"应城山"三字，明刘存德题其旁云"朱子为同安簿，筑堤以补龙脉"③。

> 同安夹县东西两溪之水会合于铜鱼桥……两溪会合处有铜鱼金车两石，为水口雄镇……石形如鱼色如铜，故名。古谶曰："铜鱼水深，朱紫成林。"又曰："铜鱼石上排金车，此是公侯宰相家。"……朱子为题字刻石曰"中流砥柱"……朱奇珍记："石以鱼名，何肖形也；鱼以铜名，何肖色也。名之者谁，紫阳夫子也。夫子俯察地理，引城濠之流以注焉。泉流活活，三鱼潜跃，圆珠前吐。"④

泉州地方缙绅对泉郡山川形势的分析，如唐欧阳詹说"川达溟渤，

---

① [清]朱玉编：《朱子文集大全类编》第八册卷二一《墨迹》。关于"解元"：唐制举进士者皆由地方选送入试，故相沿称乡试第一名为解元。

② 刘良璧：《重修福建台湾府志》卷一九《杂记》，清乾隆版。

③ 民国《同安县志》卷八《名胜·岩潭》。

④ 乾隆《泉州府志》卷八《山川》。

山望苍梧"，① 与朱熹同时的陈知柔谓"表以紫帽龙首之脉，带以金鸡石笋之阻"② 无不以阴阳五行为渊薮。朱熹在泉州热衷于风水相地的序曲——"觅龙"，即"看龙脉"，龙脉之势随审视者的阅历、慧悟孕藉而成。

　　800 年前的朱熹，在泉州同安南（安）两县交界处留下了"同民安"——既补"岭缺"又植树的事迹，③ 颇为耐人寻味。同安和南安两县接壤的小盈岭，是同安通往泉州的古道驿站，这里山脉延绵，上接三魁山，下连鸿渐山，是同安东北的自然屏障。但由于小盈岭地势偏低，成为东北风进入同安的风口。因此，巷东镇一带，自古就有"沙溪七里口，无风沙自走"的民谚，可见风沙为害之烈。朱熹在同安任上曾到此考察，发现这个给同安百姓造成不安的风口，于是就在小盈岭这个地方建造一座石坊"以补岭缺"，亲笔题名为"同民安"坊，意为"安斯民于无既"。同时还在坊后栽种三株榕树，以抵御风沙。清雍正间，石坊塌圮。乾隆间马巷厅秀才林应龙、黄河清等人倡捐，在原址兴建关隘，把朱熹题刻的"同民安"石匾嵌于关隘墙壁上（附照）。现在，这座石砌关隘以及清代同安知县吴镛所立的《改建同民安坊为关记》石碑依然存在，历经沧桑的古榕大树，浓须垂地，树冠如盖。

**图 8-2　泉州同安与南安两县交界关隘，今存朱子题刻"同民安"**

　　尽管朱熹当年所植之树不足以从根本上改变风沙危害，但他种树挡风治沙之举及其"安民"初衷，是值得称道的。然民间口碑传说其"补

---

① 乾隆《泉州府志》卷八《形势》。
② 同上。
③ 颜立水：《"同民安"坊今昔》，《同安文史资料》第 3 辑。

岭缺"以制"风神"的做法，则使"同民安"坊蒙上了一层神秘的面纱。20世纪50～60年代，人民政府领导群众治理风沙，采用大规模植树的办法，营造了23条防风林带，面积达3.8万亩，终于制服了"风神"，结束了"种地瓜不伸藤，种花生不饱仁，种水稻少收成"的耕作状况。如今，巷东一带，绿树成荫，五谷丰登，新居林立，笑声盈盈，当年朱熹"同民安"的夙愿终于实现了。

萧全兴先生从小在家乡闽南永春耳濡目染朱熹遗迹，其《朱子与岱山岩》一文中，风水传说十分传神：

> 那是800多年前，著名理学家朱熹来到永春县城讲学，一路跋涉至离县城近200里路程的一都岱山，访其进士同年、一都乡人陈光，并在岱山岩批注"四书"。

> 当时，朱熹进入一都区域，坐轿行至离一都镇区数里远、海拔近千米的六里岭头，放眼眺望，但见蓝天丽日下，一都镇区那条呈S型的宽大河流竟是一反亘古规律——由东向西流去，两边是平展展的千亩农田，再观镇区四周的高大山脉走势，朱子不禁大吃一惊，赶忙呼唤侍从让他下轿。原来，朱子从眼前的大溪流向大山走势判定，此地是块大大的"皇帝状元宝地"——会出"三元一帝"（三个状元一个皇帝）！朱子的依据是一都大溪开阔而形状又极好地由东向西流去，镇区四周大山绵延，三大笔峰高耸，气势磅礴。据说大江大河若是东往西流，所在地必出圣人、名人，山东曲阜的大河就是东往西流，于是出了大圣人孔子。

> 朱子……一步一步地沿六里岭的石板台阶往下走，他要这样一直走到几里路远的镇区，因为那里可能有一种儒家之风，有一种灿烂的文明。大约下了100多个台阶，来到岭中一块视野开阔的平地上，朱子再往一都镇区眺望，忽然他摇头长叹一声，呼唤侍从："上轿！"朱子这时看清楚了——前方那条大溪也和地球上的千千万万条河一样，由西向东流，而不是由东向西流！"三元一帝"——出

不了啦！①

青年朱熹仕泉时来过岱山岩是史实。传说虽非空穴来风，但有添加的成分。然而，朱熹则不乏关于地域之气与人的关系的论述：

江西山水秀拔，生出人来便要硬做。（《语类》卷二）

以昆仑山言之，天竺，直昆仑之正南，所以土地阔，而其所生亦多异人。（《语类》卷八十六）

江南人气粗劲而少细腻，浙人气和平而力弱，皆其所偏。（《语类》卷一百一十四）

先生因说诗中关洛风土习俗不同，曰：某观诸处习俗不同，见得山川之气甚牢。且如建七县，县县人物各自是一般。②

一州又是一般。生得长短小大清浊皆不同，都改变不得。岂不是山川之气甚牢。（《语类》卷一百三十八）

又曰：

邵武人个个急迫，此是气禀。（《语类》卷一百一十四）

时代有气运，山川有地气，其影响于人，或在某一方面有辅助，或在某方面有限制，此皆归属于气之所禀，即风水使然。

建阳县儒学，原在交溪之浒，即今护国寺。庆元年间（1195～1200），朱熹与蔡元定"议与童游里护国寺互迁，会伪党禁兴，事遂寝"③。后来朱在（朱熹第三子）"卒成先志"。何以迁建？则因"童游龟山，盖学宫之来龙也"。《建阳县志》说："朱子于地理之学，亦尝究其精微，且为学宫定其坐向，似不宜视为无稽，而听里人之或蹈前辙，致碍地脉。"④

风水（堪舆）学说孕育于先秦，盛行于宋代，泛滥于明清。朱熹作为集注群经、讲遍各家的一代儒宗，其晚年在长沙时尝谓："通天地人曰儒，地理之学虽一艺，然上以尽送终之孝，下为启后之谋，其为事亦重

---

① 萧全兴：《朱子与岱山岩》，《泉州晚报》，2003 年 11 月 20 日第 11 版。
② 此条及以下两条转引自钱穆《朱子新学案》（上），巴蜀书社，1986 年，第 347 页。
③ 道光《建阳县志》卷五，第 209 页。
④ 道光《建阳县志》卷二〇，第 739 页。

矣。"①可见其笃信阴阳风水之深。《泉州同安鹤浦祖祠堂记》(以下简称《记》)与朱熹的堪舆(风水)思想并行不悖,而且更为具体而微。传统风水学说把气脉、明堂、水口称为三纲,把龙、穴、砂、水、向称为五常。其中,气脉为贫贱富贵之纲,明堂为砂水美恶之纲,水口为生旺死绝之纲。是故《记》中并不讳言"卿相""钱谷""人丁"诸语。然《记》中言"余之作法",岂不令人疑为"道家者流"?殊不知朱熹曾"出入释老十余年",一生曾主管过台州、武夷、华山、南京、嵩山诸道教宫观(领取"祠禄",不一定到职视事),晚年还研究考证道教经典,署名"空同道士邹沂",著《阴符经考异》与《周易参同契考异》,而"非深于道者不能作"!因此,其民间题跋自谓"作法",也就不难理解了。这涉及朱子理学对于佛道既融合又超越的复杂过程,非本文讨论重点。《记》中朱熹特别强调地脉、山水流向自然体系的选择与改造,突出人的主观能动性。《记》的前面部分(正文)涉及环境与审美,涉及闽南民间建筑的选址、择日、遵星、坐向、纳气、观水、避煞等。据笔者所知,迄今所发现朱子专门论述堪舆的逸文,除了"岳麓问答"②以外,本《记》则是闽南民间建筑(阳宅)的"微观型"个案,对于进一步诠释和整体把握朱熹的堪舆思想,是一份难得的第一手资料。这正是其特殊的研究价值之所在。

　　附记(262字)介绍撰写此"叙"的缘由,虽极尽模仿,张扬先人之能事,但略举三误则足证其伪。第一,朱熹不可能称石氏为"高人"。石洪庆,字子馀,著名朱子学家陈荣捷(1901～1994)说他是临漳(今福建龙溪县)人,列为朱子门人。从朱熹《漳州延郡士入学牒》③称石洪庆"耆艾之年,进学不倦"(六十为耆,五十为艾)看,石氏比朱熹似应小几岁。石洪庆追随朱熹的时间,由辛亥(1191)至癸丑(1193)辞归,约两三年。《语类》记,石洪庆将归,先生将其问目出,对他说:"两日反复与公看,见得公所说非是不是,其病痛处只是浅耳。……只源头处元

---

① 束景南:《朱熹佚文辑考》,江苏古籍出版社,1991年,第514页。
② 同上书,第514～519页。
③《朱熹集·别集》卷六,四川教育出版社,1996年,第5536页。

不曾用工夫来。"[①]1193 年癸丑朱熹《答王子合》谓："子馀留此久，适熹病，不得朝夕相聚。又见渠长上，不欲痛下钤锤。后来自觉如此含胡恐误朋友，方著力催工夫，则渠已有行日矣。"[②]由此可见朱熹的矛盾心情：因石氏年纪大（长上），说重了担心伤其面子，不说又恐误其学业。对于这样一个"病痛处只是浅""源头处元不曾用工夫"、必须"痛下钤锤"促其长进又非僧非道的及门弟子，论笃实，不及陈淳，论学识，无法与蔡元定比肩，朱熹怎么会称之为"高人"呢？第二，所述朱熹知漳与至漳的时间皆误。朱熹于淳熙十六年（1189）"十一月，改知漳州，再辞，不允。十二月，始拜命"；绍熙元年（1190）"四月二十四日，到漳州"（诸家年谱可证）。而附记却说"绍兴（熙）元年（1190）十二月，改知漳州府"，"辛亥二年（1191）至漳"。第三，以正文和附记相对照，两者写作时间不合，"记"与"叙"显非一体。从前面部分（正文）对诸地名如宝珠屿、仙旗山、大版山、凤山、市头山、白鹤山的清晰描写和对改建祖祠的详述，以及谓"余莅同日久"等语看，正文应写作于绍兴二十六至二十七年（1156～1157）同安主簿秩满候批之际，即高浦祖祠堂改建竣工，朱熹应石氏族人要求为之作记，这样则顺理成章。从附记"余登第五十年，仕于外仅九考，立朝才四十六日"（此话从《宋史·朱熹传》中衍变而来）看，写作时间在其生命的最后几年。其时朱熹正罹"庆元学禁"之祸，备受政治迫害，追忆 40 年前的此类同安旧事，不可能如此仔细。总之，附记当属于伪托。

## 二 人居环境理论的生态意蕴和审美抉择

朱熹是存在论的理气一元论者，而"理""天理"有伦理意蕴，风水之"气"当然也受"理"之统摄。那么，朱熹是如何将伦理意蕴贯穿其中的呢？我们在下文讨论的感应说则包含着朱熹风水观的伦理意蕴，而我们首先要讨论的是其人居环境理论的生态意蕴。朱子之世，没有生态

①《语类》卷一一五，中华书局，1986 年，第 2783 页。
②《朱熹集》卷四九，四川教育出版社，1996 年，第 2377 页。

概念，但作为哲学家，他却有至宏至微，既显且隐的生态思想，其风水观为其生态思想所囊括。

我们知道，理是朱熹哲学中运用最普遍的概念也是最高概念，但理究竟是什么？自从二程提出理或天理学说之后，朱熹是对理的意义做出全面解释的第一人。他虽然没有对理进行专门的解释和论述，但是，通过在不同场合的运用和说明，可以看出，所谓理，有这样几种含义：（1）所以然者；（2）所当然者；（3）使之然者；（4）本然之理；（5）自然之理；（6）生理或生生之理（即性理）；（7）道理；（8）理就是善即"极好至善的道理"（太极之理）。这些含义是从不同层面上说的，但又是互相包含的，合起来是全体之理即太极。①对理的多种解释，其核心则是自然之生理，即存在与价值的统一。天地以生物为心，而人得之以为仁心，由此建立了天人合一论。"格物致知"的根本目的是实现仁的自觉，以爱心对待万物，公而仁，仁而以天地万物为一体。这是深层次的整体论的生态学说。

朱熹风水观的人居环境理论的核心亦是自然之理与生生之理。韩国金永植先生说："朱子对风水的态度与对鬼神和其他怪异现象的态度是相似的。在他看来，这可能代表了气的性质和活动的表现形式。他说有些人不相信风水活动的效验是他们不懂其理。"②

所谓"效验……其理"，亦则从实践中检验自然界气的活动的表现形式的规律性。

早年任泉州同安主簿（1153～1157），朱熹就通过细读泉州常平司的大幅地图，观察我国各地的自然环境。③朱熹对北京自然环境的论述就是典型的案例，他说：

> 冀都是正天地中间，好个风水！山脉从云中发来，云中正高脊处。自脊以西之水，则西流入于龙门西河；自脊以东之水，则东流入于海。前面一条黄河环绕，右畔是华山耸立，为虎。自华来至中，

---

① 蒙培元：《朱熹哲学生态观》，《泉州师范学院学报》，2003年第3期。
② 金永植：《朱熹的自然哲学》，华东师范大学出版社，2003年，第305页。
③《语类》卷二，在谈及"尧都中原，风水极佳"条谓"泉州常平司有一大图，甚佳"。

为嵩山，是为前案。遂过去为泰山，耸于左，是为龙。淮南诸山是

第二重案。江南诸山及五岭，又为第三四重案。[①]

北京位于华北平原与西北蒙古高原、东北松辽平原之间。其地形是一个

半封闭的海湾，燕山山脉、太行山脉、渤海湾是为天然屏障，内跨中原，

外控朔漠，扼居庸以制胜，拥燕云以驭夏。朱熹的论述典型地体现了风

水学说的"觅龙""观水"等核心原则。[②]

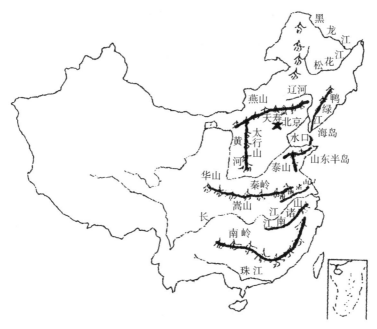

**图 8-3　北京风水示意图（选自杨文衡《易学与生态环境》）**

---

① 《语类》卷二，中华书局，1986 年，第 29 页。

② 以北京为都城始于西周燕国，距今已有三千多年的历史。以后十六国前燕、安禄山的
大燕、金、元、明、清定都北京。辽代北京是陪都。总共有七个朝代或政权在北京
建都。她在世界上是东方文化的代表，又是风水理论选择都城地址的典范。最先用风
水理论论述北京作为都城理由的是唐代著名风水师杨益，他说："燕山最高，像天市，
盖北干之正结。其龙发昆仑之中脉，绵亘数千里……以入中国为燕云，复东行数百里
起天寿山，乃落平洋，方广千余里。辽东辽西两支关截黄河前绕，鸭绿后缠，而阴、
恒、太行诸山与海中诸岛相应，近则滦河、潮河、桑干河、易水并诸无名小水，夹身
数源，界线分明。以地理之法论之，其龙势之长，垣局之美，干龙大尽，山水大会，
带黄河，宸天寿，鸭绿缠其后，碣石钥其门，最是合风水法度。以形胜论，燕蓟内
跨中原，外控朔漠，真天下都会。形胜甲天下，宸山带海，有金汤之固。"（杨文衡：
《易学与生态环境》，中国书店，2003 年）

以北京为中心，辐射华东、华北及江南诸省，如此纵横综论环境可谓至宏。[①]而至微者如其在江西玉山僧舍以竹笋生长验夜气：

> 王丈云："昔有道人云，笋生可以观夜气。尝插竿以记之，自早至暮，长不分寸；晓而视之，已数寸矣。"次日问："夜气莫未说到发生处？"曰："然。然彼说亦一验也。"后在玉山僧舍验之，则日夜俱长，良不如道人之说。[②]

朱熹生平亲身体验的人居环境的事迹莫过于从乾道六年（1170）至淳熙二年（1175）每岁必至的云谷"晦庵"草堂了。朱熹谓云谷为"天下奇观"，如其对门人所说：

> 某尝登云谷。晨起穿林薄中，并无露水沾衣。但见烟霞在下，茫然如大洋海，众山仅露峰尖，烟云环绕往来，山如移动，天下之奇观也。[③]

先是蔡元定在其家（西山）相距 20 余里的云谷山间为朱熹营建居所，经多年的踏勘，草堂成后，朱熹作诗《云谷合记事目效俳体戏作三诗》交代蔡元定：

> 云关须早筑，基趾要坚牢。栽竹行教密，穿池岸欲高。乘春移菡萏，带雪觅萧椮。谓杉径也。更向关门外，疏泉斩乱蒿。
>
> 堂成今六载，上雨复旁风。逐急添茆盖，连忙毕土功。谓柱下贴砖。桂林何日秀？兰迳几时通？并筑双台子，东山接水筒。
>
> 庄舍宜先立，山楹却渐营。泉疏药圃润，堰起石池清。早印荒田契，仍标别户名。想应频检校，只恐欠方兄。

（《文集》卷六）

朱熹于淳熙二年（1175）撰写了《云谷记》，并且打算"自念自今

---

①《古今图书集成·坤舆典》卷一一二记：临安"基以形胜论之，则僻处一隅。朱子谓'如入屋角，房中坐视外面，殊不相应'。"由此可见，朱熹论北京都城以及前代建都之事，是有感而发的。其对南宋偏安是充满忧患的。

②《语类》卷一三八，中华书局，1986 年，第 3288 页。

③《语类》卷二，中华书局，1986 年，第 23 页。

以往十年之外"，即 50 岁以后，待儿女婚事"粗毕，即断家事"，终老此山。[①] 同时，他还对林泉之下颐养天年充满了憧憬："是时山之林薄当交加深茂，水石当益幽胜，馆宇当交加完美，耕山钓水，养性读书，弹琴鼓缶，以咏先王之风，亦足以乐而忘死矣。"[②] 云谷之东，昔有王子思者，"弃官栖居，学练形辟谷之法，数年而去"，其居之东寨，地高气寒，"百志完神王，气盛而骨强者，不敢久居"。[③] 而山楹所面双峰之下，昔有"方士吕翁居之，死而不腐"。[④] 细读《云谷记》，可知朱熹对其地考察之周详。朱熹为什么历经多年的往还跋涉，而后选择人迹罕至，他人"绝不能来"，且距其家崇安五夫里 80 余里之遥的云谷山作为终老之地（后来无法实现）呢？究其原因，在于云谷"处地最高，而群峰上蟠，中阜下踞，内宽外密，自为一区。虽当晴昼，白云全入，则咫尺不可辨，眩忽变化，则又廓然莫知其所如往"。[⑤] 这样的自然生态环境，山水皆备，既封闭（自成一区），且符合堪舆家的价值追求："真龙所住，去而复留，盘旋屈曲，穴占云头，万云拱抱，富贵千秋。"[⑥] 精于风水的蔡元定才会"数往来其间，自始营茸"。[⑦]

　　行文至此，笔者想起在武夷山见到的一方朱子题刻"涵养天机"（附照）。如果从堪舆学的角度理解，所谓"天机"当有所隐，"涵养天机"说穿了就是"涵养生机"，亦则《中庸》所云的"致中和"："中也者，天下之大本也；和也者，天下之达道也。致中和，天地位焉，万物育焉。"所谓"高明配天，悠久无疆"，则必须"致中和"，方能"与天地合其德"，以利于生存发展。这是儒学传统中极有生命力的思想财富。

　　通过实地考察与文献查证，我们认为，800 年前（南宋中前期），由于科技思想与工具水平以及交通条件的限制，诸如对于海拔、地形、地

---

① 《朱熹集》卷七八，四川教育出版社，1996 年，第 4057～4060 页。

② 同上书，第 4060 页。

③ 同上书，第 4058 页。

④ 同上书，第 4059 页。

⑤ 同上书，第 4057 页。

⑥ 黎靖臣：《岳麓答问》，《朱子全书》（二十六），上海古籍出版社、安徽教育出版社，第 465 页。

⑦ 《朱熹集》卷七八，四川教育出版社，1996 年，第 4060 页。

势、土壤、水质、风力、风向的测定，缺乏科技手段。因此，朱子对于人居环境（阳宅）的选择，更多的是自身的生命体验和经验判断（吸取风水术的合理内核）与美学追求。综观其人居环境理论，其审美以屈曲生动、均衡界定、视听无邪作为抉择标准，以天、地、人谐和为依归，是天人合一的整体论。然而，从朱松、朱熹父子迁徙与择居（包括书院选址）活动中，我们发现其美学追求是一个复杂的过程，不仅有自然环境的原因，而且有人文社会的原因，同时又是在理性与情感的矛盾互动中进行的。

图8-4　朱子题刻"涵养天机"

**屈曲生动**。人类对曲线美的肯定和心仪，具有悠久的历史。早在新石器时代，我国江南地区的有些陶器上，就被美饰了云雷纹、叶脉纹、水波纹等曲线印纹；我国古文字从甲骨文到大小篆"或像龟文，或比龙鳞，纤体效尾，长翅短身"。直接表现了蜿蜒弯曲之美。人类对曲线美的肯定与追求，直接孕育了风水美学"屈曲生动"的原理。龙是中国最受崇尚的动物，它在中国艺术中通常是供装饰之用的，部分的原因是由于它缠绕的躯体包含了一种完美的韵律，集美和力量于一身。风水学之所以用"龙"来称呼山脉，也无非是取其仪态万方、曲折起伏、生动传神、富有生气之意。在风水学看来，山川河流都是有生命的。在许多起伏的山脊上，我们看到了龙的脊背；当山脉逐渐下降，与平原或大海合为一体之时，我们便看到了龙的尾巴。我们从山脉的线条中，从地貌中，可以看到我们曾经在动物身上发现的相同的气韵。[①] 屈曲生动是"觅龙""观水"以及"察砂"的主要原则。

---

① 高友谦：《方位艺术》，团结出版社，2004年，第45页。

朱熹继承了堪舆家"屈曲生动"的传统美学思想，从青年时代起就热衷于"觅龙""观水"。他仕泉时经常徘徊于"不二祠"一带，认为其地是清源山龙脉入城之冲，因此而讲学其处。其《同安鹤浦祖祠堂记》认为该祠堂"龙自大版山、仙旗山而来，大断十余里，顿起凤山，复西转市头山，仍数里，复右转白鹤山"。这样的山龙走势，非屈曲而何？

他论说北京风水，其"觅龙""观水"，在当时的条件下，只能从地图上做出判断。晚年在长沙，因孝宗山陵而留意堪舆著作，对宋代张子微《玉髓经》，认为"近世地理之学，惟此书为得其正"。在答仆问之际，对于屈曲之状不厌其烦："山必来，水必回……砂必绕……神杀必藏没，是为山水交汇大融，结成就之所。"[①]

**均衡界定**。时空是无限的，而个体生命却是有限的；以有限的生命去观察、体认无限的时空，无论如何也难以逼近其全部的真实存在。经"天人合一"为目标，曾经"驰心空妙之域二十余年"的大儒朱熹，所谓仰观俯察，只能是"神与物游，思与景谐"，从有限中去观照无限，又于无限中回归有限。

作为一种自在物的时空，它当然无穷无尽，无头无尾。然而折射到人类视野中的时空，即时空的现象界，却不能没有边际。

不管客观的时空多么无限，多么开放，但人类可感知的时空却必然是有限的和闭合的。这种有限性和闭合性渗透在人类的一切文化形态中。作为文化形态之一的艺术，作为艺术之一的风水，也概莫例外。风水之所以要求前有朝案，后有靠山，左有龙砂，右有虎砂，原因之一，就是为了在无法审视、不可把握的无限空间中闭合出一方可把握、可感知、可审视、可亲近的有限天地来。[②]风水学认为，自然环境中最佳、最完美的均衡模式是龙虎正体，即龙砂、虎砂均出于穴山两旁，左右对称，齐来相抱。朱熹经过刻意寻觅，于乾道五年（1169）乘舟经过武夷

---

① 黎舜臣：《岳麓答问》，《朱子全书》（二十六），上海古籍出版社、安徽教育出版社，第463～465页。

② 高友谦：《方位艺术》，团结出版社，2004年，第46页。

九曲溪大隐屏下之第五曲，发现此地乃最佳风水模式。于是，淳熙十年（1183），即朱熹提举浙东南归之后，开始在五曲之畔营建私家书院——武夷精舍，作为授徒讲学的重要场所，从其《行视武夷精舍作》（简称《行视》）和《武夷精舍杂咏并序》（简称《杂咏》）中，可窥其"均衡界定"的审美追求：

> 神山九折溪，沿沂此中半。……背负大隐藏屏，面直溪南大山，左有魏王上升峰，右有钟模三教等石，极为雄胜。[①]（《行视》）

> （大隐屏）屏下两麓坡坨旁引，还复相抱。抱中地平广数亩，抱外溪随山势从西北来，四屈折始过其南，乃复绕山东北泫，亦四屈折而出。[②]（《杂咏》）

其"半"，"背""面"，"左""右"，"四屈折……过其南""四屈折而出"，非均衡而何？进一步看，诗人吟咏，不可能出现风水名词，然而，"背负"者"玄武"，左"青龙"，右"白虎"，面向即"朱雀"，一望而可知矣。武夷精舍内，筑"仁智堂"，堂之左右两室曰："隐求""止宿"；左麓建"石门之坞"，别屋为"观善之斋"；石门之南为"寒栖之馆"；又筑"晚对""铁笛"两亭，回望大隐屏。当时出入武夷精舍，非鱼艇不济。其间"晦明昏旦之异候，风烟草木之殊态，以至于人物之相羊（忘），猿鸟之吟啸，则有一日之间恍惚万变而不可穷者"[③]。无异于人间仙境。如今，五曲之畔（800年前朱熹所建武夷精舍原址），新建了美轮美奂的武夷书院（内设朱熹纪念馆），有桥可通，旅游者至此，若留心考察周围环境，当有深切之感受。

**视听无邪**。人们既然要在自然山水中寻求保护，又要避免被克制，这种必须在矛盾对立关系中取得平衡的要求，使堪舆家天然地倾向于选择辩证思维，其点穴"倒杖法"实际上就是相互的辩证法。其具体思路是：正脉取斜，斜脉取正；横脉取直，直脉取曲；急脉取缓，缓脉取合；

---

① 郭齐:《朱熹诗词编年笺注》卷九，巴蜀书社，2000年，第784页。
② 同上书，第786页。
③ 同上书，第787～789页。

双脉取单，单脉取实；散脉取聚，伤脉取饶；硬脉取软，软脉取硬；脉正取中，脉斜取侧；阴来阳受，阳来阴作；顺中取逆，逆中取顺。在堪舆家看来，建筑周围的自然环境与其说是一种异己的力量，给人以压抑、沉闷感，莫如说是一种同化客体，施人以亲切、谐和之情。因此"谐和有情"也是风水审美的重要原则。

从文献中看，视治学如同"看风水，移步换形"（《答柯国材》）的朱熹，鲜涉"点穴"之具体操作（《南安县志》说他曾因经过诗山鹏峰为陈知柔之兄陈南寿指点墓穴），但对于人居环境却不乏议论。绍兴二十七年（1157）十二月五日，时年28岁的朱熹即将离开泉州之际，为陈养正读书之堂撰写了《恕斋记》，提出"视听无邪"的审美理念，则可与"谐和有情"相辅相成，交相辉映。《恕斋记》道是：

> 温陵陈君养正读书之堂，同郡吕君少卫榜之日："恕斋"。而陈君有谒於予曰："愿有记也。"予故以是往而观焉，则其垣屋位置与夫几案图书花药之列，无不合其宜、得其所。盖饰不过侈而简不至陋，起居便适而视听无邪，真若幽人逸士之居者，虽予亦乐之。[1]

"视听无邪"作为立体多维的审美理念，具有重要的现代价值。现实中，对于人居环境，包括人们的日常生活衣着言行，注重形式而忽略内涵，追求奢侈而不得其所者有之，追求豪华而不得其宜者亦有之。……如何做到"饰不过侈而简不至陋"，以使视听兼得其正，达到"视听无邪"的美学效果，值得人们深入探讨。

## 三　自然与人文、理性与情感的双向互动

以上我们分析了朱熹关于人居环境的生态意蕴与审美抉择。然而，所谓生态与审美，不仅应包括自然环境，也应包括社会人文；既要关注理性，也要关注情感。因此，必须进一步分析朱松早年何以卜居考亭，以及朱熹晚年何以迁居考亭，才能全面了解朱氏家族迁徙原因的复杂性

---

[1]《朱熹集·别集》卷七《恕斋记》，四川教育出版社，1996年，第5511页。

和风水选择的复杂性。关于朱松生前何以选择建阳考亭定居，研究者一般注意到地理上的因素，即朱松认为考亭"溪山清邃，可以卜居"。然深入阅读地方文献，窃以为地理因素仅仅是一个方面；试想，朱松游宦闽中，往来于政和、尤溪、泉州等地，所见"溪山清邃"之处何其之多，为什么由政和而尤溪而建瓯，一再迁徙，其后慧眼独识考亭，必有深层的社会人文原因。征诸方志可知，朱氏兄弟即朱松、朱槔入闽后，与建阳考亭陈国器、陈和仲等人有过非同一般的交往，其赠答之作如朱松《寄题陈国器容膝斋诗》有道是：

> 渊明乃畸人，游戏于尘寰。
>
> 南窗归徒倚，宇宙容膝间。
>
> 岂不念斗米？折腰谅匪安。
>
> 是非无今昨，飞倦会须还。
>
> 国器青云姿，逸志追孔鸾。
>
> 曲肱数椽底，尚友千载前。
>
> ……
>
> 今君方适越，昔至谁云然？
>
> 要知邱壑志，本出轩裳先。①

胸怀奇志却怀才不遇，为生计所迫，难效陶潜不为五斗米折腰又惺惺相惜的情怀跃然纸上。朱槔《盖竹社与陈和仲昆季诗》云：

> 玉树成群不可攀，漫将牢落待苍山。
>
> 五年分手河梁外，一夕连床风雨间。
>
> 梅蕊凌寒春欲动，酒杯无力病相关。
>
> 朱陈自古同乡社，更约青云作往还。②

"五年分手河梁外，一夕连床风雨间"，表明了朱陈之间的故旧情谊；而"朱陈自古同乡社，更约青云作往还"，则透露了朱陈同气相求，意欲相

---

① 陈明考主编：《建阳县志》卷一六《杂类志》，群众出版社，1994年，第611页。

② 同上书，第612页。

聚而居①的消息。这就是朱氏选择建阳考亭入籍的深层的社会人文原因。由此可见，所谓"生态"，不独指人与自然环境的关系，也包括人与人、人与社会的关系。

绍熙二年（1191）四月，朱熹离漳州知府任，五月抵建阳，寓居于建阳童蒜桥，实施其由崇安五夫里迁居考亭的计划。他何以在晚年（62岁）选择考亭定居呢？其《迁居告家庙文》中说：

> 熹罪戾不天，幼失所怙，祗奉遗训，往依诸刘。卜葬卜居，亦既累岁。时移事改，存没未安。乃眷此乡，实亦皇考所尝爱赏而欲卜居之地。今既定宅，敢伸虔告，以安祖考之灵。②

"乃眷此乡，实亦皇考所尝爱赏而欲卜居之地"诸语表明定居考亭是朱松的遗愿。由此可见，朱熹迁居考亭是为了实现其父生前未能实现的愿望。实际上，在选择考亭作为晚年定居之所这一问题上，除了承父遗志这一原因外，还有情感与心理方面的原因。

朱熹从绍兴十二年（1143）起寄居五夫刘氏，至绍熙二年（1191），前后近50年，对五夫里怀有比较深厚的感情。如他在《怀潭溪旧居》一诗中，就有"忆住潭溪四十年，好峰无数列窗前，虽非水抱山环地，却是冬温夏冷天"③的诗句，表达了他在晚年定居考亭之后，回忆往事，仍对五夫潭溪故居的深切眷恋之情。但在居住五夫的数十年中，也给他留下许多痛苦的记忆，有的甚至是切肤之痛。先是绍兴十七年（1147），朱熹的启蒙恩师刘子翚撒手人寰，年方47岁即英年早逝。接着在淳熙三年（1176）朱熹的夫人刘清四也不幸病逝。其胞妹朱心，嫁与五夫刘子翔（彦集），也于淳熙八年（1181）逝世，绍熙二年（1191）正月，长子朱塾又不幸病卒。④

朱熹亲属的相继去世，尤其是中年丧妻，晚年丧子，对其心灵上的

---

① 考亭旧称"三桂里"缘于陈氏家族簪缨蝉联三折桂而得名。
② 《朱熹集》卷八六，四川教育出版社，1996年，第4452页。
③ 《朱熹集》卷九，四川教育出版社，1996年，第391页。
④ 方彦寿：《朱熹考亭书院源流考》，《纪念朱熹逝世800周年论文集》，华东师范大学出版社，2001年，第237页。

打击是相当沉重的。他在《答吴伯丰》书八中提到长子朱塾之殁时说：
"衰晚遭此祸故，殊不可堪。既未即死，又且得随分支吾，谋葬抚孤，触
事伤怀，不如无生也。"[①]他在写给黄榦的信中也说："五夫不可居，不如
只此相聚，为谋一屋，不就别讨屋基了，相去又十数步，若作小屋三间，
尽可居也。"[②]在《与陈同父》书中说"亡子卜葬已得地……五夫所居眼界
殊恶，不敢复归，已就此卜居矣。……其处溪山却尽可观，亡子素亦爱
之，今乃不及此营筑，念之又不胜痛也。"[③]

所谓"五夫所居眼界殊恶""五夫不可居"，说明朱熹的审美意识因
情感方面的原因而起变化。五夫里自古以来就是一个山清水秀、人杰地
灵的地方，他自己也有"好峰无数列窗前"之吟。然而，其长子不幸去
世，彼时彼地，他的心绪极其悲痛，"好峰无数"反而变成"眼界殊恶"。
因为五夫里毕竟是他居住了数十年的地方，这里的山山水水，一草一木
都留下了朱氏父子共同生活的回忆，况且建阳考亭又是"亡子素亦爱之"
的地方。离开此地，可避免触景伤怀，故朱熹决定"不复归五夫"，就建
阳考亭"卜居"。

方彦寿先生认为，朱熹晚年定居考亭，还有"弃小择大"的理性思
考。在迁居考亭之前，朱熹已建有建阳寒泉精舍、云谷晦庵草堂和武夷
精舍三所书院。寒泉精舍系朱熹为母守孝期间所建，乃一时权宜之计；
云谷晦庵草堂则地处大山之中，为其游学之所，每年仅一二至，不方便
于教学。其中略具规模的武夷精舍，不过占地数亩，仅有仁智堂、隐求
室、止宿斋、观善斋等建筑。朱熹在武夷精舍建成之初，写给陈亮的信
中说"武夷九曲之中，比缚得小屋三数间，可以游息。春间尝一到，留
止旬余"[④]，可见武夷精舍在当时规模并不大。

由于武夷精舍规模较小，在当时仅可供诸生课业之用，而不便家眷
宅居。故朱熹在武夷精舍教学期间，其家人始终都居住在五夫里。由此

①《朱熹集》卷五二,四川教育出版社，1996年，第2583页。
② 黄榦:《勉斋集》附录《黄榦年谱》。
③《朱熹集·续集》卷七,四川教育出版社，1996年。
④《朱熹集》卷三六,四川教育出版社，1996年。

可知，武夷精舍不具备像后来所建的考亭书院那样兼具师生课业和家小居住，即教学和日常生活的两种功能。这也是朱熹决定迁居考亭，而没有进一步扩建武夷精舍的原因。这在朱熹写给他的门人的书信中也可略知一二。如《答黄直卿》书七十八云："见谋于屋后园中作精舍，规模甚广"①；《答蔡季通》书八十八云："书堂高敞，远胜云谷武夷，亦多容得人，他时尽可相聚也。"②文中的"屋"，指的是朱熹建于考亭的住宅，在屋后园中建精舍，这就将家人的住宿以及诸生的教学场所均一并考虑。"书堂高敞"能"多容得人"，这就便于接纳日益增多的生员。果然，考亭沧州精舍建成之后的几年中，朱子门人包括前期的建阳寒泉、云谷，中期在武夷精舍从学多年的门人，以及考亭沧州精舍建成前后从全国各地前来的弟子云集于此，朱子学派也由此进入了一个鼎盛的时期。

值得注意的是，朱熹从五夫里迁居考亭之后，曾有过"东迁失计"之悔。他在《与田侍郎子真》书云：

> 昨日季通说旧居山水甚胜，弃之可惜。新居近城，以此间事休料之，必不能免人事之扰。只如使节经由，不容不见，便成一迎送行户。应接言语之间，久远岂无悔吝？今年尤觉不便，始悟东迁之失计。贤者异时亦当信此言也。③

"旧居"指五夫里老家，"新居"即考亭新宅，由于考亭距建阳城很近，免不了迎来送往，世事纷扰，对欲潜心学术研究的朱熹来说带来了诸多不便，这是定居考亭之前，始料未及的。但朱熹写此信时，已是他定居考亭数年之后，此时"始悟东迁之失计"，早就木已成舟。④

综上所述，研究朱熹关于人居环境的风水观，不但应注意自然环境层面，而且必须注意人文社会层面；不但应注意其理性层面，而且应注意其情感层面。所谓生态，不仅指人与自然的关系，而且蕴含人与人、人与社会的关系，应是自然与社会的合一。所谓审美，不仅属于理性，

---

① 《朱熹集·续集》卷一，四川教育出版社，1996年，第5127页。
② 《朱熹集·续集》卷二，四川教育出版社，1996年，第5156页。
③ 《朱熹集·续集》卷五，四川教育出版社，1996年，第5225页。
④ 方彦寿：《朱熹考亭书院源流考》，《纪念朱熹逝世800周年论文集》，华东师范大学出版社，2001年，第239页。

而且也属于情感，应是理性与情感的互动合一。

## 四　祭祀与"感应说"的人文性宗教蕴含

与朱熹风水观密切相关的，是其生平热衷的祭祀与反复论证的感应说。

朱熹生平十分重视祝告与祭祀。每遇大事，朱熹都要向孔圣祝告。他要修建一座书楼，上梁时，他向孔圣行释菜告礼（《经史阁上梁告先圣文》），并同时告护学之神（《告护学祠文》），请求护学之神的佑护："惟尔有神，尚佑众心，以相兹事。"他在学宫为苏颂修了个祠堂，为此向先圣祝告："今既毕事，将安厥灵，敢以舍菜之礼，告于先圣先师之神。"（《奉安苏丞相祠告先圣文》）他在白鹿洞学校故址重建了白鹿洞书院，书院建成，他设祭告先圣及先师颜回、孟子（《白鹿洞成告先圣文》）。绍熙五年（1194），他以周敦颐、程颢、程颐、邵雍、张载、司马光等配享，祭祀了先圣先师，作《沧州精舍告先圣文》。文中盼望先圣先师们"陟降庭止，惠我光明"。[①]绍熙二年（1191），他迁居建阳考亭，作《迁居告家庙文》以"安祖考之灵"："伏惟降鉴，永奠厥居。垂之子孙，万世无极！"[②]他回婺源展墓，作《归新安祭墓文》："一去乡井，二十七年。乔木兴怀，实劳梦想。……神灵安止，余庆下流。……精爽如存，尚祈鉴享！"远祖之墓被乡人侵凌，他申于有司，"遂复其旧"，他不厌其烦，作《又祭告远祖墓文》谓："即事之初，敢谢其遣？谨告。"[③]其生平所写见诸《文集》的祝文、祭文，凡一百一十六篇。

为了祈雨、祈晴，朱熹多次向神灵祷告过。在这些祷告中，朱熹是抱着应有的宗教虔诚，但朱熹认为祷告不能违背礼制：

（叔器）又问：人而去烧香拜天之类，恐也不是？

曰：天只在我，更祷个什么！一身之中，凡所思虑运动，无

---

① 《朱熹集》卷八六,四川教育出版社,1996年，第4446页。

② 同上书，第4452页。

③ 同上书，第4447页。

非是天。一身在天里行，如鱼在水里，满肚里都是水。某说人家还醮无意思。岂有斟一杯酒，盛两个饼，要享上帝！且说有此理无此理？某在南康祈雨，每日去天庆观烧香。某说，且谩去。今若有个人不经州县，便去天子那里下状时，你嫌他不嫌他？你须捉来打，不合越诉。而今祈雨，却如何不祭境内山川，如何便去告上帝！①

祭祀的意义如何？朱熹借评论"神道设教"，明确表示了自己的意见。在《答郑子上》书中，朱熹说道：

> 来书所问鬼神二事，古人诚实，于此处直是见得幽明一致，如在其上下左右，非心知其不然而姑为是言以设教也。后世说"设教"二字甚害事。②

在这个问题上，他批评人们"看道理不透"，"非独欺人，而并以自欺"。他认为人神、幽明一理。祷告、祭祀是"有应"的："祷合正礼，自合有应"。（《答陈安卿》）祷祭"有应"即"感应"，穷究思想源头，朱熹祭祀理论根源于《周易》的感应理念。朱熹的《易寂感说》云：

> 易曰"无思也，无为也，寂然不动，感而遂通天下之故"者，何也？曰，无思虑也，无作为也，其寂然者无时而不感，其感通者无时而不寂。是乃天命之全体，人心之至正，所谓体用之一源，流行而不息者也。疑若不可以时处分矣。然于其未发也，见其感通之体；于己发也，见其寂然之用，亦各有当而实未尝分焉。故程子曰："中者，言寂然不动者也。和者，言感而遂通者也。"然中和以情性言者也，寂感以心言者也，中和盖所以为寂感也。观"言"字"者"字，可以见其微意矣。③

这是对"咸"卦之独到阐发，使程门"体用一源""显微无间"与儒学原典《中庸》（中和说）融为一体。因此，朱熹《周易本义》认为孔子谓"咸"卦："二气感应以相与……天地感而万物化生"诸语，是"极言感通

---

①《语类》卷九〇，中华书局，1986年，第2291～2292页。

②《朱熹集》卷五六，四川教育出版社，1996年，第2862页。

③《朱熹集》卷六七，四川教育出版社，1996年，第3516～3517页。

之理"。① 那么，如何感应呢？《周易·系辞上传》："方以类聚，物以群分。"是为生物类说。而分类的根据如孔子所言："同声相应，同气相求"（《周易·乾卦·文言传》）。朱熹认为"感应"自古而然：

> 《洪范》却可理会天人相感。庶征可验，以类而应也。秦时六月皆冻死人。②

而祖宗与子孙同气，是故亦有感通之理，"气"联系着先人与现实世界。朱熹说：

> 夫聚散者，气也。若理，则只泊在气上，初不是凝结自为一物。但人分上所合当然者便是理，不可以聚散言也。然人死虽终归于散，然亦未便散尽，故祭祀有感格之理。先祖世次远者，气之有无不可知。然奉祭祀者既是他子孙，必竟只是一气，所以有感通之理。然已散者不复聚。释氏却谓人死为鬼，鬼复为人。如此，则天地间常只是许多人来来去去，更不由造化生生，必无是理。③

现实与自然也存在着感应。朱熹任经筵讲官时，曾对皇帝面陈四事，其一是不该大兴土木修建旧日东宫。他说道：

> 累日以来，窃观天意，雷霆之后，继以阴雨，沉郁不解，夜明昼昏，此必政事设施大有未厌人望，以致阴邪敢干阳德者。……臣不知此果出于陛下之心、大臣之议、军民之愿耶？抑亦左右近习倡为此说以误陛下，而欲因以遂其奸心也？臣恐不惟上帝震怒，灾异数出……亦恐畿甸百姓饥饿流离。④

在"窃观天意"下，还有一夹注"贴黄"：

> 臣又闻前此雷雨之时，累曾地震。此十七日夜半前后，其震尤甚。八月半，闻蜀中大震，墙屋往往倾摧。臣虽不曾亲见，然见者颇多，传闻甚的。圣政方新而变异不止，天戒甚明，必有所为。并乞睿照。

---

① 黎舜臣：《周易彖下传第二》，《朱子全书》（一），上海古籍出版社、安徽教育出版社，2002年，第98页。
②《语类》卷七九，中华书局，1986年，第2050页。
③《语类》卷三，中华书局，1986年，第37页。
④《朱熹集》卷一四，四川教育出版社，1996年，第559页。

在另一道《论灾异札子》中，朱熹描述了当月五日夜间忽然黑气弥漫，著于面目，皆为沙土的灾异。他因此思索：

> 臣窃思惟，间者以来，灾异数见。秋冬雷电，苦雨伤稼，山摧地陷，无所不有，皆为阴盛阳微之证。陛下虽尝下责躬之诏，出敢谏之令，而天心未豫，复有此怪。亦为阴聚包阳，不和而散之象。[①]

他认为，古代帝王遇灾修德，终于变灾为祥。他希望皇帝能以古代的圣帝明君为榜样，"克己自新，早夜思省，举心动念、出言行事之际，当若皇天上帝临之在上，宗社神灵守之在旁"，和大小臣子们要"日夕谋议，以求天意之所在"。（《论灾异札子》）

绍熙二年（1191），他在《与赵帅书》中说道：

> 雷雪之变，诚可忧惧。而寒雨连月，阴盛阳微。天虽不言，意极彰著。此亦可深虑者。[②]

如上所述，"灾异"与"百姓饥饿流离"，四川地震，墙屋倾摧，乃至山摧地陷，都与人事"阴邪干阳德"相关，亦即感应所致。[③]"天虽不言，意极彰显"，天（自然）则能赏善罚恶。然而，天（自然）为什么能赏善罚恶呢？那是因为天地自然界有向善的目的，而人物之所以生，也是实现这一目的。朱熹通过仁者天地生物之心的论证，阐发"生"与"心"，"心与仁"，"仁"与"善"的关系，其"天人合一"之学，是通过"生"之目的性而完成的。[④]

朱熹的感应说与蔡氏的风水学著作《发微论》之《感应篇》的理论是相符合的，由此我们亦可窥见"感应说"的思想源流。蔡氏（著者牧堂或元定尚无定论）云：

> 感应者，言乎其天道也。夫天道不言，而响应福善祸淫皆是物

---

① 《朱熹集》卷一四，四川教育出版社，1996年，第566页。

② 《朱熹集》卷二八，四川教育出版社，1996年，第1199页。

③ 自然界之感应也包括规律性，如日出月没，寒来暑往重复出现，持久交替的四季变化："如日往则感得那月来，月往则感得那日来；寒往则感得那暑来，暑往则感得那寒来。一感一应，一往一来，其理无穷。感应之理是如此。"（《语类》卷七二）

④ 蒙培元：《朱熹哲学生态观》，《泉州师范学院学报》，2003年第3、5期。

也。谚云，阴地好不如心地好。此善言感应之理也，是故求地者必以积德为本，若其德果厚，天必以吉地应之，是所以福其子孙者心也，而地之吉亦将以符之也。其恶果盈，天必以凶地应之，是所以祸其子孙者亦本于心也，而地之凶亦将以符之也。盖心者气之主，气者德之符。天未尝有心于人，而人之一心一气感应自相符合耳。郭氏云，吉凶感应鬼神及人，人于先骸固不可不择其所而安厝之，然不修其本，惟末是图，则不累祖宗者寡矣。况欲有以福其子孙哉，地理之微吾既发明之，故述此于篇末，以明天道之不可诬，人心之所当谨。噫，观是书者，其知所戒哉！ ①

感应，本于天道，是故积德以求地，福其子孙；积恶盈，天必以凶地应之，则祸其子孙。这是《发微论》告诫后人的最后篇章。

祭祀与感应说，既与朱熹风水观相联系，也是研究其理学思想不容忽视的重要问题。它深入汉民族社会与日常生活的各个层面，与现实民俗活动有着千丝万缕的联系。"文化大革命"大破四旧后，民间祭祀活动却依然存在。从深层影响着整个华人社会的文化心理结构。我们也必须看到其深远影响，请读今年清明节前的一则题为《天津清明祭品无奇不有：伟哥安全套粉墨登场》的报道：

清明临近，天津市殡葬品市场开始出现纸扎警察、私人医生、护卫队、雇佣军、高尔夫球场等新货，甚至伟哥、安全套也粉墨登场。在东丽区、西青区，有不少人偷偷摸摸地生产、销售冥币和各式冥品，有的地方还形成了自发的小市场。在一条被称为"十里冥街"的商业街，时髦的"笔记本电脑"，印着"冥府电信"字样的"手机"，各种"冥币""麻将""金条"应有尽有。在一家店中，居然有一辆"奔驰轿车"，售价4000元。在店的最里头，还有纸糊的带有女郎的小型"豪华别墅"。女老板表示，除了摆在外面的这些商品，商店还提供定做业务，专销农村的特大"别墅"，能做得像十几平方米的小平房，而且门窗、家具、现代化电器一应俱全，售价

① 蔡元定:《发微论》,《四库全书》(808 册), 第 195～196 页。

3 万元。在东丽区新中村某胡同内，一家作坊的老板介绍说，今年最流行的是千娇百媚的"小蜜"，带游泳池、佣人、保镖、直升机的"大洋房"，以及"信用卡""旅行支票"和"国际护照"。[①]

希望自己的先人，也能尽情得到现代科技进步带来的生活享受，殡葬品竟有高达 3 万元一套的"别墅"，乃至千娇百媚的"小蜜"。这种现象，非"感应"之构想而何？其浪费，远非焚香烧纸之可比！

祭祀与感应说何以有如此巨大的力量，能够历久不衰地产生影响？究其原因，是它具有宗教精神，通过天人之感应，祖宗与子孙之感应——具有功利性，葬得吉地使彼安（祭祀亦然），彼安则此安，能福其后代，导致人们崇拜"异己的力量"。但是，这种宗教精神并不是真正意义的宗教所产生，这是朱子理学的深层意蕴。诚然，朱熹有过"上帝"之说，那是就自然之理具有"主宰"作用而言的，而理就在人的心里（"心即天""心与理一"），并非承认上帝存在。因此，我们认为，这种宗教精神属于人文性的宗教精神。人文主义宗教的特点是"无神而有神性，非宗教而有宗教精神"。[②] 由于天即自然界并不完全是认识对象，不能完全地在认识框架之内解决人与自然的关系问题。因此，这种宗教精神依然活在人们的现实生活之中。

---

① 《泉州晚报》第 6 版，据新华社天津 3 月 31 日电，2004 年 4 月 1 日。
② 蒙培元：《情感与理性》，中国社会科学出版社，2002 年，第 390 页。

# 第九章　朱子学派与南宋出版

南宋私家刻书是出版业中与官刻、坊刻三足鼎立的一支重要力量，朱熹就是其中杰出的代表。[1] 作为当世大儒，朱子躬亲领导刻书出版，对于福建建阳、漳州以及江西南康等地乃至整个南宋的出版业，产生了极大的推动作用。在朱熹的影响下，其门人活跃于闽、浙、粤、湘、鄂、川各地刻书，形成了群体从事出版的规模效应。以熔铸新儒学为目标，体现了重新诠释与整理儒家典籍的专业性与系统性，是朱子学派刻书的显著特点。在中国出版史上，朱熹及其门人开创了学派刻书的先河。

## 一　刻书地点流动性大，与南宋固守一地的私家刻书或出版商相比，影响更加深远

由于历史的原因，朱熹本人刊刻的许多图书均没有流传下来，以至今天我们几乎没有可能见到由他出版的图书实物，但这并不妨碍我们对朱熹出版事迹的考索和评价。从南宋著名版本目录学家陈振孙的《直斋书录解题》、赵希弁《郡斋读书附志》中有关刻本的记载，以及在《朱文公文集》中朱熹写的大量图书序跋，和他写给学友、门人的书信中，我们可以读到大量的有关朱子从事图书出版的原始资料，诸如刻本的目录、文字的校勘、版本的考证和选择、古籍的辨伪，乃至刻印图书时，纸张、版式、字体、墨色的选择，等等。

与南宋一般的私家刻书相比，朱子是一位以著名学者面目出现的出版家，他所从事的出版业因之就有许多与众不同的特点。

朱熹从事刻书的主要地点在建阳，这是宋代的三大刻书中心（蜀、浙、闽）之一。他充分利用了此地刻书业发达，书工、刻工易于招聘，

① 本章原与方彦寿先生合作的论文《朱子学派与南宋出版》，载《江西社会科学》，2002年第11期。征得方先生同意，余增加一些内容，收入本书。

技术先进，资源丰富的有利条件，刊行出版了大量的儒家经典及其著述。[①]但因其曾在闽、浙、赣、湘担任过地方官，宦迹所至，均有刻书，因而对以上各地的出版业的发展，起到了一般出版商不易起到的促进作用。如淳熙六至七年（1179～1180），他担任江西南康知军，刊刻出版周敦颐《周子通书遗事遗文》一卷[②]，朱松《韦斋集》十二卷、朱槔《玉澜集》一卷[③]。淳熙八年（1181）任浙东提举，出版《大学》一卷、《中庸》一卷[④]。绍熙元年（1190）任漳州知府，"刊四经四子书于郡"[⑤]。绍熙五年（1194）任湖南安抚使，刻印司马光《稽古录》二十卷等。[⑥]

朱熹以当世大儒出任地方长官，重视文教和出版，对这些地方的出版业无疑是一个积极的推动。如漳州历史上一向无刻书的记载，朱子任知府时，刊刻出版了《易》《诗》《书》《春秋》四经，《大学》《中庸》《论语》《孟子》四子，此外，还有《近思录》《家仪》《乡仪》《楚辞协韵》等书十几种。这些书基本上都是朱子为其创建的书院，或为整顿当地官学而印行的教材。他曾将漳州所出版的图书完整地送了一套给他的弟子——曾在武夷精舍从学的成都双流县人氏宋泽之。他在《答宋泽之》书信中说：

> 人还，无以为意，临漳所刻诸书十余种谩见远怀。书后各有题跋，见所为刻之意。《近思录》比旧本增多数条。如"买椟还珠"之论，尤可以警今日学者用心之缪，《家仪》《乡仪》亦有补于风教，幸勿以为空言而轻读之也。

从书信内容来看，不仅有漳州刻书的大概数量，部分刻本的书名，以及出版这些书的目的，如"有补风教"等。联系《朱文公文集》卷八十二中《书临漳所刊四经后》《书临漳所刊四子后》诸序跋，朱子在漳

---

① 方彦寿：《朱熹刻书事迹考》，《福建学刊》，1995 年第 1 期。
② 陈振孙：《直斋书录解题》卷九，现代出版社，1987 年。
③ 瞿镛：《铁琴铜剑楼藏书目录》卷二一〇，江苏广陵古籍刻印社，1985 年。
④《文集》卷五九《答宋深之》，四部丛刊初编缩本。
⑤ 吴长庚主编：《朱陆学术考辨五种·朱子年谱》卷四，江西高校出版社，2000 年。
⑥ 王国维：《两浙古刊本考》（下），上海古籍书店，1982 年。

州刻书的基本情况已约略可知。

陈振孙《直斋书录解题》卷二著录吕大临《芸阁礼记解》十六卷时说："此晦庵朱氏所传本，刻之临漳射垛书坊，称芸阁吕氏解者，即其书也。"此"临漳射垛书坊"具体在漳州何地，今已无考。据泉州吴堃《泉州的木版镌刻与书坊》一文称："田庵这村落，为洪姓聚族而居。据其故老所述，他们的祖先自宋代即从安徽迁泉，他们全族从事于刻版技术，认为与朱熹来泉讲学有关。我们访问过田庵几位老艺人，俱说他们的一世祖洪荣山，从朱熹学习金石镌刻，初以镌刻私章，逐渐发展到木刻乃至书版。随着文化事业的发达，操（作）这技艺的日见普遍。到了元朝，该村前此一部分从事经商的也全部弃商就艺，后更传开到邻乡的淮口、后坂两村。考朱熹于绍兴十八年（1148）登进士，二十一年（1151）任同安簿，其来泉讲学当开始于任同安簿……田庵洪氏向朱熹学刻金石成为专业刻版。根据田庵旧俗，每当农历二月十五日，家家户户必须张办筵席，奉其上刻'祖师朱文公'木牌，轮流祭祀。这一礼节足证他们刻版技艺是出于朱熹的传授。"[1]

田庵村位于今泉州泰和大酒店西侧。如今市区扩大，该村村民以及淮口、后坂两村村民已成为城镇居民，作为田庵村的明显标志大概就是一座"福田古地"庙和一座"洪氏宗祠"了。二月十五日是释迦佛涅槃的日子，开元寺又是朱熹曾经出入的佛门圣地，洪氏族人每年二月十五日祭祀"祖师朱文公"，是否说明朱熹与泉州刻印《大藏经》有关系，尚待考证。通过对洪氏族人奉朱子为传授版刻技艺的祖师爷这一习俗，说明朱子从事刻书对闽南出版业发展的影响。上述引文认为这一影响源自绍兴二十一年[2]朱子任同安主簿之时，似不准确。因为朱子最早与出版业有关系是在乾道八年（1172）。这一年，他在建阳书坊出版了《论孟精义》三十四卷。《文集》卷八十一《书语孟要义》序云："熹顷年编次此书，锓版建阳。"此后，又陆续刊行了《程氏遗书》《程氏外传》《上蔡语

---

① 许火努等：《泉州文史资料》，鲤城区方志委 1994 年版，第 419～420 页。
② 朱子簿同安应为绍兴二十三年。

录》《游氏妙旨》《庭闻稿录》《近思录》《南轩文集》《小学》等图书十几种。自此之后，朱子对雕版印刷和出版业才有了深刻的了解，对版刻技艺亦有所知晓。而综考《文集》及相关文献，并无在绍兴年间，尤其是在任同安主簿时即已从事梨枣的记载。漳泉两郡毗邻，朱熹泉州田庵之传艺，似应在绍熙初任漳州知府之际。

朱子在外省各地刻书，对当地出版业的促进作用也是显而易见的。如淳熙间他在江西南康军任上，打算将陈与义的诗集，"摹而刻之江东道院，竟以不能得善工而罢"①。南宋时的江西，本来也是出版业比较发达的地区，但与刻书中心建阳相比，仍略逊一筹，欲寻好的刻书工匠，不如建阳那么方便。但在朱子及其在南康从学的弟子黄商伯等人的带动下，此地的出版业有所改观。嘉定十年（1217），朱熹季子朱在出任南康知军，就曾将朱子所著《楚辞集注》《仪礼经传通解》二书在南康道院刊行。端平二年（1235），其孙朱鉴又将《楚辞集注》《易学启蒙》《周易本义》等书刊行于南康。其中《楚辞集注》后人有"南宋椠初刊本，镌刻精善，装池古雅"②之誉，是现存宋版《楚辞集注》的最佳刊本。朱熹祖孙三代都是朱子学派的主要人物，他们对南康出版业的影响和推动，起到了举足轻重的作用。其中朱鉴刻本《楚辞集注》原刊本现存北京国家图书馆，人民文学出版社1953年6月曾据此影印出版。毛泽东主席1972年送给日本田中角荣首相的《楚辞集注》影印本，就是这个版本。

## 二　诸省的及门弟子学成返乡在各地刊行儒学经典，形成了学派群体性刻书的规模效应

我们从诸多史料中钩稽了朱门弟子在9个省区刻书的基本情况。这9个省区的辖地，与南宋十七路的管辖范围大致相当，因此可以说，朱门弟子的刻书，其影响已辐射到南宋的"全国"各地。尽管由于资料的限制，以下所录肯定还会有许多遗漏，但朱子学派的刻书，对南宋各地的

① 《文集》卷八一《跋陈简斋帖》，四部丛刊初编缩本。
② 杨绍和:《楹书隅录》，中华书局，1990年。

出版业产生极大的推动作用是毋庸置疑的。兹按出版地点将朱门弟子从事刻书的情况略做考述：

1. 在福建刻书的朱门弟子

蔡元定（1135～1198），字季通，号西山，建阳人。约在淳熙四年（1177）为朱子刊行《中庸章句》《诗集传》诸书。朱子《文集续集》卷二《答蔡季通》书九八、一一四、一一五中多次提到此二书的刻版与校正事宜。

蔡渊（1156～1236），字伯静，号节斋，元定长子，内师其父，外事朱子于武夷精舍。淳熙十三年（1186）刊刻朱子《易学启蒙》；庆元四年（1198）刊刻朱子《周易参同契》一卷。

刘炳（1146～?），字韬仲，建阳人，朱子寒泉精舍门人。受朱子委托，为之刊行《龟山别录》《山记》二书。朱子《续集》卷四下《答刘韬仲》书三云：“《山记》乃烦重刻，愧甚，不知所费几何？今却胜前本矣。《龟山别录》刊行甚佳，跋语今往，幸附之。”

郑性之（1172～1254），字信之，初名自诚，福州人。于嘉定元年（1208）刊行朱子《韩文考异》十卷，赵希弁《郡斋读书附志》著录。又于绍定二年（1229）刻印陈均《皇朝编年备要》三十卷，清陆心源《皕宋楼藏书志》著录。

杨复，字志仁，福安人。曾编刻《仪礼经传通解续纂祭礼》十四卷，《郡斋读书附志》著录。据《皕宋楼藏书志》载杨复刊序，时在绍定四年（1231）。

杨楫（1142～1213），字通老，号悦堂，长溪人。于嘉定四年（1211）在同安郡斋刻印朱子《楚辞集注》，今尚存《辨证》二卷，原为傅增湘珍藏，现存台湾“中央图书馆”。

陈淳（1153～1217），字安卿，号北溪，漳州龙溪人。曾刻印朱熹《朱子家礼》五卷、《附录》一卷，《四库全书总目》卷二十二著录。

陈宓，字师夏，莆田人。嘉定三年（1210），历知安溪县。乾隆《安溪县志》卷十《古迹志》载：“印书局，在县治琴堂之右。（旧）志载：陈宓刊《司马温公书仪》《唐人诗选》等书。"

**图9-1　历史上闽北建阳书市（方彦寿先生提供）**

詹体仁（1143～1206），字元善，浦城人。庆元元年（1195），在福州知府任上，刻印罗从彦《尊尧录》七卷、《别录》一卷，童伯羽《四书集成》三十卷，及张栻《论语解》十卷。

祝穆（？～1256），字伯和，婺源人，寓居崇安，晚年定居建阳。于嘉熙三年（1239）刊行自编《方舆胜览》七十一卷，又刻《事文类聚》一百七十卷。

傅伯寿，字景仁，晋江人。曾任漳州知府，其间刻印黄铢《楚辞协韵》一卷。

愈闻中，字梦达，邵武人。于嘉泰二年（1202）刻印丛书《儒学警悟》七集四十卷，叶德辉《书林清话》卷八著录。

2. 在江西刻书的朱门弟子

黄榦（1152～1221），字直卿，号勉斋，闽县人。历官江西临川知县，于嘉定二年（1209）在临川学宫刻印朱子《元亨利贞说》一卷、《损益象说》一卷。

黄灏，字商伯，江西都昌人，淳熙七年（1180）于豫章郡学刻印朱子《语孟要义》三十四卷。见载于朱子《文集》卷八十一《书语孟要义序后》。

赵崇宪（1160～1219），字履常，江西余干人，曾任江西转运司干办，在任上刊刻朱子《诗集传》二十卷、《诗序辨说》一卷，赵希弁《读书附志》著录。

胡泳，字伯量，南康军建昌县人。曾刊行朱子《诗集传》二十卷、《诗序辨说》一卷，即《直斋书录解题》所录"江西所刻晚年本"。

蔡杭（1193～1259），字仲节，建阳人。朱门私淑弟子。于淳祐九年（1249），刊行《晦庵先生朱文公语录续后集》二十六卷于饶州，称"饶后录"，《四库全书总目》卷九十二著录。

3. 在浙江刻书的朱门弟子

吕乔年，字巽伯，金华人，吕祖俭长子，从朱子学。于嘉泰四年（1204）刻印吕祖谦《东莱吕太史文集》十五卷、《别集》十六卷、《外集》五卷。又刊吕祖俭《丽泽论说集录》十卷、《附录》三卷、《拾遗》一卷，今北京国家图书馆存。

4. 在湖北刻书的朱门弟子

刘清之（1134～1190），字子澄，江西清江人。淳熙十三年（1186）在鄂州通判任上，刊行朱子《小学》六卷。朱子《文集》卷五十《答潘恭叔》书七中提及。又刻罗愿《鄂州小集》六卷，《四库全书总目》卷一百五十九著录。

赵师夏，字致道，浙江黄岩人。嘉定九年（1216）知兴国军，与军学教授闻人模一同主持刊行晋杜预《春秋经传集解》三十卷，今日本宫内厅书陵部存。

吴仁杰，字斗南，洛阳人。庆元六年（1200）历官湖北罗田知县，刻印自著《两汉刊误补遗》十卷，及《离骚草木疏》四卷。后一刻本现存北京国家图书馆。

5. 在广东刻书的朱门弟子

廖德明，字子晦，南剑州顺昌县人，历官广东提刑。《宋史·廖德明传》载："在南粤时，立师悟堂，刻朱熹《家礼》及程氏诸书。公余延僚属及诸生亲为讲说，远近化之。"

6. 在安徽刻书的朱门弟子

张洽（1161～1237），字元德，江西清江人。曾历官池州通判，于绍定二年（1229）刊刻朱子《韩文考异》十卷。

滕珙，字德章，婺源人。历官旌清主簿、合肥令。朱子刻印临漳版四经四子、《古易音训》诸书后，滕珙又以此为底本重刻数书。朱子《文集》卷四十九《答滕德章》书七专为之指正临漳版误字。

李道传（1170～1217），字贯之，四川隆州人，朱门私淑弟子。曾提举江东常平，于嘉定八年（1215）在池州刻印《晦庵先生语录》四十三卷，曰"池录"。

7. 在广西刻书的朱门弟子

詹仪之，字体仁，浙江遂安人。淳熙十一年（1184），历官静江府，刊行朱子《四书集注》，朱子《文集》卷二十七《答詹帅》书二、书三。

8. 在四川刻书的朱门弟子

魏了翁（1178～1237），字华父，号鹤山，四川蒲江人，朱门私淑弟子。曾刻印毛居正《六经正误》六卷，《直斋书录解题》卷三著录。

度正，字周卿，四川合州人。嘉定间（1208～1224）刻印《朱子语类》，魏了翁为之序。

9. 在湖南刻书的朱门弟子

叶武子（？～1246），字成之，福建邵武人。嘉定间官郴州教授，曾刻印朱子《四书集注章句》，见《宋元学案·沧州诸儒学案》所载。

## 三　朱子学派刻书的显著特点：熔铸新儒学，体现了重新诠释与整理儒家典籍的专业性与系统性

所谓专业性，是指以朱熹为代表的朱子学派所刻印的图书均以校

注、整理、诠释先秦以来以孔孟为代表的儒家典籍为主要内容。这是朱子学派作为传统儒学的后继者和新儒学的开创者的性质所决定的。所谓系统性，是朱子学派在批判地继承前人的基础上，所校注出版的儒家经典，内容全面广泛而有系统。如四书系列就有《四书集解》《四书或问》《四书集注》;《诗经》系列有《诗集解》《诗集传》;《书经》系列有《书集传》;《礼经》系列有《朱子家礼》《古今家祭礼》《仪礼经传通解》;《易经》系列有《周易本义》《易学启蒙》等。

在朱子学派出版的一系列典籍中，《四书集注》无疑是其最重要的代表性著作。《四书》从北宋二程时开始得到重视，而最早将《大学》《中庸》《论语》《孟子》四部著作合称为"四书"，则始于朱熹。他集濂洛关学之大成，兼采佛老学说之精粹。所撰《四书集注》，结束了前人对此四部著作个别的、零散的、不成体系的研究局面，开创了中国经学史上崭新的四书经学体系。该书的问世，完成了中国封建社会从重"五经"到重"四书"的转变，使元朝以后数百年的封建王朝，尊奉"四书"甚于"五经"。该书不仅成为科举取士的必读之书，也成为封建统治者治国平天下的必读之书，成为封建社会后期儒家正统思想的最主要的代表作。

追溯朱子著作在当时及后世得以广泛流传的最初原因，显然与宋代唯一的传播媒介——刻书出版业的发达有着密不可分的关系。束景南先生《〈四书集注〉编集与刊刻新考》[①]一文经过详尽和周密的考证，认为朱子的《四书集注》前后经过"淳熙四年首次序定"和"淳熙十六年二次序定"，这两个阶段的修改、整理和刊刻。首次序定本有建阳、婺州、德庆、桂林、成都五种刻本，二次序定本有南康、建阳两种刻本。所经过的时间跨度，从淳熙四年（1177）到庆元五年（1199），前后共23年。在短短的23年中，一部著作就先后再版、重刻了7次，这在现代出版业发达的情况下，也是不多见的。而这7种刻本中，经朱子本人刊刻的有2种。朱子门人刊刻的4种，友人刊刻的一种。刊刻地点遍及福建、安徽、

---

① 束景南：《朱熹佚文辑考》，江苏古籍出版社，1991年，第619页。

广东、广西、江西、四川六省。因此，在朱子学派所从事的出版事业中，《四书集注》是一部最具代表性的著作。其间所涉及的出版者之多，地点之广泛，再版间隔时间之短暂，影响之深远，在中国古代出版史上，都是极其罕见的。

对朱子学派在校注、整理、诠释先秦以来以孔、孟为代表的儒家典籍的历史贡献，美籍华人、著名的中国思想史专家杜维明先生做了如下的评价：

> 可以这样说，朱熹通过一个诠释的实践，重新定义儒家传统的基本典籍……对先秦典籍做了一个重新的诠释。通过他的诠释，使学术界、知识界、文化界接受了这个诠释。对朱熹所做的贡献不闻不问是无法回到先秦的。他整个地把经学的传统，通过《四书》做了诠释的实践。……其中有很多非常复杂的文献学上的问题、考据的问题、校勘的问题。……这种以重塑传统为整理国故的学术事业是"为往圣继绝学"的伟大工程。①

杜先生的评价无疑是相当深刻的。在此需略做补充的是，由于朱子学派在进行这项继往开来的"伟大工程"之时，适逢我国雕版印刷事业进入空前繁荣的时期，而他们所活动的主要地点，又处于我国南宋时期刻书业最为发达的南方诸省，这就为他们整理、注释和刊刻出版儒家典籍提供了一个足以施展才华的大舞台，而朱子学派又以其引领全国学术潮流的气派，充分发挥他们的学术性、群体性、广泛性的优势，在中国古代出版史上写下了"为往圣继绝学"的华美乐章。

朱子学派从事出版业，除了开创了学派刻书的先河外，在历史上，还创造了多项"中国出版史之最"。如最早的纲目体史书，即朱子于乾道八年（1172）编辑出版的《资治通鉴纲目》；最早的学术思想史专著，即朱子于乾道九年（1173）编撰的《伊洛渊源录》；我国第一部哲学文章选集，即朱子与吕祖谦于淳熙二年（1175）在建阳编纂的《近思录》；已

① 杜维明：《迈入 21 世纪的朱子学》，华东师大出版社，2001 年。

知最早使用封面（书名页）的刻本，即南宋淳熙十四年（1187）朱子刻印的《武夷精舍小学之书》；[①]已知最早的丛书刻本，即南宋嘉泰二年（1202）朱子门人邵武俞闻中刻印的《儒学警悟》。[②]

## 四　朱熹：作为编辑出版家的评价

朱熹卓有成就的编辑出版活动，湮没于其理学的庞大体系之中而难以彰显。我们有必要使之从他的理学思想体系中剥离出来，让人们认识其现代价值。实际上，朱熹从青年时代初仕泉州编刻第一部唐人文集《禅正书》到他临死前手书黄榦告诀，交代收拾《礼书》文字，作为民间的学术领袖人物，同时也领导了该学派的编辑出版工作，是一位集作者、编者与刻书于一身的"编著刻一体化"的学者。因此，朱熹是当之无愧的编辑出版家。

### （一）以编刻载体为儒家典据嬗变奠定基础

典据是哲学思想的经典理据，典据的置换是思想变化的晴雨表。从儒学典据的变迁可以窥见儒学哲学思想更新与变化的轨迹。[③]中国封建社会前后期思想逐步精细化，是由汉唐以《五经》为主的经学到宋明以《四书》为主的理学的典据嬗变为标志的。这个变化在唐中后期已悄然兴起，经宋初三先生、北宋五子的推动而不断深化，最后由朱熹总其成。"四书"之名由朱子首先提出：

> 某自卯读《四书》，甚辛苦。诸公今读时，又较易作工夫了。（《朱子语类》卷一百四）

> 今刻四古经，而遂及乎此"四书"者以先后之。（《书临漳所刊四子后》）

然而，朱熹四书学的形成经历了从《四书集解》到《四书集注》的漫长过程，据他自己说，几乎是用毕生的精力为《四书》作注：

> 某于《论》《孟》，四十余年理会。（《语类》卷一九）

① 方彦寿：《朱熹刻书事迹考》，《福建学刊》，1995年第1期。
② 方彦寿：《闽北十八位刻书家生平考略》，《文献》，1994年第1期。
③ 刘泽亮：《从〈五经〉到〈四书〉儒学典据嬗变及其意义》，《朱子研究》，2002年第1期。

　　　　《中庸解》每番看过，不甚有疑。《大学》则一面看，一面疑，

　　未甚惬意，所以改削不已。（《语类》卷一九）

《四书》之中，他用功最多的又是《大学》：

　　　　某于《大学》用工甚多。温公作《通鉴》，言："臣平生精力，

　　尽在此书。"某于《大学》亦然。《论》《孟》《中庸》，却不费力。

　　（《语类》卷一四）

"不费力"的《论语》《孟子》等尚且用40年时间反复修改，至于花费了平生精力的《大学》，所用的工夫可想而知。他在病逝的前不久①，还在修改《大学章句》。

　　以上是朱熹集注《四书》总的情况。实际上，朱熹在成《四书集注》之前，于各《四书》注解之书反复增删修改，分合不定。束景南先生称之为前《四书集注》阶段，此阶段主要为编撰之功，其演变发展之迹如下：

　　1.《孟子集解》—《孟子精义》—《孟子集注·或问》;2.《论语集解》—《论语要义·口义》—《论语精义》—《论语集注·或问》;3.《大学集解》（详说）—《大学章句·或问》;4.《中庸详说》（《集解》）—《中庸章句·或问·辑略》。②

　　自淳熙九年（1182）《四书集注》刊刻于江西婺州③后，直至朱熹卒，可考者至少还有四次刊刻：一于淳熙十一、十二年刻于广东德庆，是为德庆本；二于淳熙十三、十四年刻于四川，是为成都本；三于绍熙三年刻于南康，是为南康本；四于庆元五年刻于建阳，是为定本。此外，绍熙元年，朱熹于知漳任上主持刻印了四经四子。"四子"即《论语》《孟子》《大学》《中庸》（因避以官钱刻私书之嫌，故只刻印"四子"而不刻印《四书集注》）。

　　在编刻活动中，朱熹始终处于领导者的地位（相当于如今的主编或

① 庆元六年（1200）三月九日去世，二月以书遗廖子晦曰："《大学》又修得一番，简易平实，次第可以绝笔。"（《朱子抄释》卷一）
② 束景南：《朱熹佚文辑考》，江苏古籍出版社，1991年，第592～613页。
③ 同上书，第592～613页。刊刻地从束先生之说。

总编辑），大如策划选题、次序编排、真伪校勘，小至寻找书工、刻工，以及纸张的使用，他都事必躬亲。

关于《四书》次序，朱熹尤为重视。他说：

> 某要人先读《大学》，以定其规模；次读《论语》，以立其根本；次读《孟子》，以观其发越；次读《中庸》，以求古人之微妙处。（《语类》卷十四）

《四书》次序的这种安排，由浅入深，循序渐进，贯串于他的编刻活动之中。①乾道八年（1172）在建阳刻印《论孟精义》三十四卷。清王懋竑《朱子年谱》："乾道八年壬辰，《论孟精义》成。"《文集》卷八十一《书语孟要义序后》云："熹顷年编次此书，锓版建阳，学者传之久矣。……且更定其故号《精义》者曰《要义》云。"为了寻找书工，以缮写《论孟精义》，他写信给蔡元定说：

> 《孟子解》看得两篇，改易数处，颇有功。但涂抹难看，无人写得一草本。不知彼有后生醇谨晓文理、快笔札者否？俟某复来此，倩（请）得一两人来，草写出一本，大家商量为佳。②

考朱熹在建阳仅刻《论孟精义》而无《孟子解》，此当为原书未定之名。后来他又对蔡元定说：

> 伯谏书中说托料理《孟子集解》，今纳去旧本两册。……各自抄出，每段空行，未要写经文，且以细书起止写之，俟毕集却剪下粘聚也。……两匠在此略刊得数行矣。字画颇可观，未可印，未得寄去也。但此间独力，深恐校雠不精，为后日之累耳。向来见它人刊书，重于改补，今乃知其非所乐，大抵非身处之，则利害不及则心乃公耳。③

当时刻书事业发达，纸张供不应求，为了出版，朱熹自己为纸张奔

---

① 宋淳熙本《四书章句集注》，次序为《论》《孟》《庸》《学》，亦有根据。从《朱文公续集》卷一《答黄直卿》可找到答案："《大学》诸生看者多无入处……不如看《语》《孟子》者，渐见次第。"
② 《朱熹集·续集》卷二《答蔡季通》书一一四。
③ 《朱熹集·续集》卷二《答蔡季通》书九一。

忙。有一次，他弄到一万张纸，为了合理使用，他经过反复核算对其婿刘学古说："欲印经子及《近思》《小学》二仪，然比板样，为经子则不足，为四书则有余。意欲先取印经子，分数以其幅之太半印之，而以其余少半者印它书，似亦差便。但纸尚有四千未到，今先发六千幅，便烦一面印造，仍点对，勿令脱版乃佳。"①

朱熹死后，"庆元党禁"解除。《四书集注》伴随着朱子其人的地位不断抬升。1209 年，宁宗加封朱熹为"文公"。1212 年，朝廷决定采用朱熹的《论语》和《孟子》注解为大学课本。②1241 年 1 月，宋理宗颁布敕令，全面接受朱熹为代表的理学为正统的意识形态，尤其肯定朱熹的理论成就以及他的《四书章句集注》能够使道昌明于世。而《四书集注》作为科举考试的标准答案，则"自元延祐复科举始"。此后，元明至清 600 年间，《四书集注》完全取代《五经》，"悬为令甲"，成为我国封建社会后期的主流意识形态。

总之，朱熹生平以编辑出版为载体，做出"四十余年理会"的艰辛努力，为《四书》代替《五经》的儒学典据嬗变奠定了坚实基础。

### （二）"止于至善"的审美抉择

美与善的关系，一直是中国古典美学关注的中心。朱子以伦理诠释形上，以主体内在道德意志为宇宙人生的根本意义，因此以善规定、诠释美就是他的必然思路。"止于至善"③的审美取向，体现于朱子从事编辑出版活动的各个相关环节之中。

1. "逐字称等"的编辑加工原则

朱熹穷尽毕生精力集注群经，从中可以窥见他的编辑加工原则。他说：

> 某《语》《孟》集注添一字不得，减一字不得，公子细看。又

---

① 《晦庵集·别集》卷三，四库全书本。
② 田浩：《朱熹的思维世界》，陕西师范大学出版社，2002 年，第 278 页。
③ 何谓至善？朱熹解释说："至善是个最好处。若十件事做得九件是，一件不尽，亦不是至善。"（《语类》卷一四）

曰，不多一个字，不少一个字。

《论语集注》如称上称来无异，不高些，不低些。自是学者不肯用工看。如看得透，存养熟，可谓甚生气质。

某于《论》《孟》，四十余年理会，中间逐字称等，不教偏些子。

学者将注处，宜子细看。(《语类》卷一九)

朱子晚年，在左目失明"已不可治"，而"又颇侵右目"的情况下，仍然坚持编辑与刻书。他在写给林德久的信中说："《中庸章句》已刻成，尚欲修一两处。以《或问》未罢，亦未欲出，次第更一两月可了。大抵日困应接，不得专一工夫。今又目盲，尤费力尔。不知天意如何，且留得一只眼了些文字，以遗后来，亦是一事。"① 其具体而微的修改意见从《答蔡伯静》信中可以窥见一斑：

《启蒙》已为看毕，错误数处已正之。又欲添两句，想亦不难。但注中尊丈两句不甚分明，不免且印出，俟其归却商量……《筮仪》内前日补去者更错两字，今亦并注，可正之。……《参同考异》今以附纳，其间合改定处各已标注其上矣。《鼎器歌》中"七聚"，"聚"一作"窍"，恐合改"窍"为正，而以"聚"为一作，不知如何？可更审之。若改，即正文此句亦合改也。②

朱熹一生中下功夫最多编纂而成的《大学》，其所以能达到"通贯浃洽"的境界，诚如其自言：

逐字逐句一一推穷，逐章反复，通看本章血脉；全篇反复，通看一篇次第，终而复始，莫论遍数，令其通贯浃洽，颠倒烂熟。③

似此可为后世效法的"穷推反复"，非"至善"而何？

2. 版本与书体字样之选择

朱熹重视版本的事例，则如其对理学开山周敦颐（1017～1073）《太极图说》《通书》的反复校订，而后作《太极图说解》《通书解》。有

---

① 《文集》卷六一《答林德久》书六，四部丛刊初编缩本。
② 《朱熹集·续集》卷三《答蔡伯静》，四部丛刊初编缩本。
③ 《文集》卷五二《答吴伯丰》，四部丛刊初编缩本。

感于"先生（周敦颐）之书，近岁以来既益广矣，然皆不能无谬误。"[①] 为了不让后生枉生疑惑，误入歧途，乾道年间，他开始编撰《太极图说解》《通书解》。乾道九年（1173）二书完成，但他并没有公之于众。[②] 其后他又下了大功夫，校定《太极通书》的各种版本，如程门侯师圣本、尹焞本、祁宽本、春陵本、零陵本、延平本、时紫芝本、九江本、严陵本、婺源本，还有建阳麻沙本、九江故家传本，最后厘定首句为"无极而太极"。正如束景南先生所指出，像他这样收集各种《太极通书》本子不厌其烦进行反复细致校对的，在宋代可以说找不到第二人。

又如《韩愈文集》在宋代已有多种版本，各本互有异同，方崧卿所作《韩文举正》虽参校众本，实则唯以馆阁本为主，多所依附迁就，而且该书体例也不太妥当。朱熹因复加考证，作《韩文考异》十卷。朱熹自序说："此集今世本多不同，惟近岁南安军所刊方氏校定本为号精善，别有《举正》十卷，论其所以去取之意，又他本之所无也。然其去取多祥符杭本、嘉祐蜀本及李谢所据馆阁本为定，而尤尊馆阁本，虽有谬误，往往曲从。他本虽善，亦弃不录。至于《举正》则又例多而辞寡，览者或颇不能晓知，故今辄因其书更为校定，悉考众本之同异，而一以文势义理及他书之可验决之。"[③] 在吕祖谦刻印程颐《易传》之前，他反复比较诸本优劣，然后决定弃取，并要求书坊认真抄写核对，他在给吕祖谦的一封信中说："《易传》六册，今作书托刘衢州达左右，此书今数处有本，但皆不甚精，此本雠正稍精矣，须更得一言喻书肆仔细依此誊写，勘覆数四为佳。"[④] 朱熹对宋代各种版本的优劣和真伪了如指掌。在他的著作里，多次提到了建阳本、四川本、福州本、鄂州本、婺州本、长沙本、黄州本、信州本、监本、馆阁本、漕司本、仓司本、石本，等等。每刻一书，他总是千方百计选取最好的底本。例如，他在给巩仲至的一封信中谈到《楚辞》福州本时说："福州旧有《楚辞》白本，不知印板今尚在

---

① 《文集》卷七六《再定太极通书后序》，四部丛刊初编缩本。
② 陈来先生也指出："在乾道中，朱熹的工作公之于世的，只是前后编订周敦颐的著作。"（序杨柱才《周敦颐哲学思想研究》）
③ 《文集》卷七六《书韩文考异前》，四部丛刊初编缩本。
④ 《文集》卷三三《答吕伯恭》，四部丛刊初编缩本。

否，字书样版颇佳，岁久计或漫灭，然雠校亦不至精，不知能为区处，因其旧本再校重刻以贻好事否？"[1] 他在给陈明仲的一封信中谈到《二程文集》长沙本时说："程集荷借，及略看一二处，止是长沙初开本，如《易传序》沿流作沂流，祭文侄作犹子之类，皆胡家以意改者，后来多所改正，可从子飞求之，殊胜此本也。"[2] 他在给宋深之的信中谈到《南轩集》黄州本时说："南轩文此间镂板有两本，其一熹为序者差不杂，黄州亦有官本，篇帙尤多，然多是少作，可恨也。"[3] 因为朱熹长期在福建建阳刻书，所以他对建阳本尤为熟悉。在他的作品中，谈到建阳本的次数最多。[4] 作为书法家，朱熹对刻书字体要求甚高。他认为建阳书坊刻本的书体"书白字画不方正，努胸垤肚，甚刺人眼。……不知乡里如何似此一向不识好字？岂不见浙中书册，只如时文省榜，虽极草草，然其字体亦不至如此得人憎也。"[5] 因此，他在委托蔡渊刻书时，要求按"浙中字样"书刻。

### 3. 校书：凡 83 种，时称精善，尤辨其误

朱子校勘成果，或刊为定本（如二程著述），或本书与校注并行（如《周易本义》《诗集传》《四书章句集注》等，此种最多），或校注（校记为主）单行（如《韩文考异》），或载于题跋、读书记及师友讲论（散见于书信、语录），或通校整书，或仅及一隅，林林总总，蔚为大观。胡朴安、胡道静先生《校雠学》和蒋元卿先生《校雠学史》二书，最早概略地涉及朱子之校书；其后，钱穆先生《朱子新学案》专辟一部分，较细致地研究朱子校勘学；束景南先生《朱熹佚文辑考》《朱子大传》较多述及朱子校勘经历；孙钦善先生《中国古文献学史》宋代部分，有一节谈朱子的文献工作；吴长庚先生《朱熹文学思想论》书中，张全明先生《朱熹著、编、校书目考录》一文，[6] 亦有讨论。诸家研究，即如做得最好

---

① 《文集》卷六四《答巩仲至》，四部丛刊初编缩本。
② 《文集》卷四三《答陈明仲》，四部丛刊初编缩本。
③ 《文集》卷五八《答宋深之》，四部丛刊初编缩本。
④ 曹之：《朱熹与宋代刻书》，《武汉大学学报》，1989 年第 2 期。
⑤ 《朱熹集·续集》卷三《答蔡伯静》，四部丛刊初编缩本。
⑥ 载《中国历史文献研究》，第 3 期。

的钱穆先生在反映朱子校书的全貌上仍有欠缺。①

上海市图书馆赵灿鹏先生在总结前人研究成果的基础上，又经反复钩沉索隐，考证朱熹校书共计83种。经部如《周易》《周易程氏传》《蓍卦辨疑》《太极图》《归藏》《尚书》《诗经》等21种；史部如《史记》《汉书》《后汉书》《三国志》《古史》《四朝国史》《稽古录》《通典》《江都集礼》《集古录》等17种；子部如《孔子家语》《曾子》《管子》《新书》《上蔡先生语录》《阵法》《步天歌》《潜虚》《谈苑》《珩璜新论》等21种；集部如《楚辞》《陶渊明诗》《李白诗》《杜甫诗》《韩愈诗文集》《范仲淹文集》《欧阳修文集》《嘉祐集》《黄庭坚文集》《邹浩集》《谢绰中文集》等24种。其中校勘《仪礼》于绍熙二年（1191）以后，此书为难得之善本，时人张淳校本号称最精，朱子辨其犹多舛谬，又辨蜀中石经本尤其多误。编纂《仪礼经传通解》，集校多本。

朱熹在刻书中，极力反对独校。门人程舺将朱熹整理的《二程语录》拿去刻印，朱熹吩咐他要找几个学友同校，但程氏"只令叶学古就城中独校"。朱熹令其重校："千万与二丈三友子细校过。"②刻印《诗经传》，朱熹委付叶彦忠校对，并再三吩咐"校时须两人对看，一听一读乃佳"。③

## （三）"有补世教""传之来裔"的价值追求

孔子删述六经之后，直至西汉武帝时董仲舒始重《五经》，设立五经博士，使《五经》成为官学而政治化。两汉社会动荡之际经学走向谶纬化的泥潭。汉末党锢而后，儒学经典章句注疏之风愈演愈烈，烦琐哲学从理论上窒息了其自身发展的生命力。隋唐时期，以佛教为代表的心性之学已成为时代的主流思潮。朱子之世，禅佛教的发展如日中天。因此，辟佛教融佛学，重铸新儒学理学的历史任务成为朱熹及其学派的学术文化使命。叶适《同安县学朱先生祠堂记》以"政之得民速，不如教之及民远"评价朱熹，是十分中肯的。"有补世教""传之后裔"（教及民远）正是朱熹编辑刻书活动的价值追求。

---

① 赵灿鹏：《朱熹校书考》，《安徽史学》，2000年第1期。
② 《文集》卷三九《答许顺之》书一五，四部丛刊初编缩本。
③ 《朱熹集·续集》卷八《与叶彦忠》书三。

绍兴二十五年（1155），朱熹初仕泉州同安期间，泉州府征召他查访境内文物。朱熹在厦门岛的金榜山寻访到陈黯（昌晦）的后裔，得到"次辑旧闻"的陈黯文集《裨正书》，[①] 这是朱子校订刊刻的第一书。朱熹为什么要重刊时久多舛，奇涩且难以句读的唐季文集呢？因读朱子序言，知其"微词感厉，时有发明理义之致而切于名教者，亦可谓守正循理，不惑之士矣"。[②] 再读陈黯存世之文《代河湟父老奏》[③]（约作于唐宣宗大中初至847），时陈黯正入长安应试。自中唐以来，河湟沦于外族之手，当地百姓深遭沦陷之苦，亟盼朝廷收复失地。陈黯深感河湟百姓的悲苦，为其爱国之情所动，故为之代言。文中他深情地记叙了边民的痛苦和爱国之心："臣等世籍汉民也，虽地没戎虏而常蓄归心。时未可谋则俛僶偷生……虽力不支而心不离故居。河湟间，世相为训，今尚传留汉之冠裳。每岁时祭享，则必服之，示不忘汉仪，亦犹越翼胡蹄，有巢嘶之异噫。"进而希望唐宣宗收复失地，谓"今国家无事，三方底宁、独取边陲犹反掌耳。矧故老之心觖望复然。傥大兵一临，孰不面化？"此言实代表了当时广大人民的意愿，而他以一布衣而敢于为民请命，足可见他与沦陷区人民血肉相连的密切关系，亦显现其爱国爱民的赤诚之心。[④]

河湟沦落异族之手与宋室南迁的遭遇何其相似。陈黯亟盼朝廷收复失地的爱国思想，切中南宋偏安苟且、不思恢复之时弊。青年朱熹力主抗金，但在主和派秦桧之流的政治高压之下，不可公开议论时政得失，只能借陈氏之酒杯，浇自己胸中之块垒。由此可见，朱熹刊刻《裨正书》的真正目的在于"有补世教"。其后来所编《八朝名臣言行录》则公开宣称这一价值追求。

> 予读近代文集及记事之书，观其所载国朝名臣言行之迹，多有补世教者。然以其散出而无统也，既莫究始终表里之全，而又汨于虚浮怪诞之说，予常病之。于是掇取其要，聚为此录，以便记览。

---

① 赵灿鹏先生谓《裨正书》得之崇安，稍有出入。
② 《文集》卷七五《裨正书序》，四部丛刊初编缩本。
③ 《全唐文》卷七六七《代河湟父老奏》。
④ 吴在庆：《唐五代闽中四诗人论略》，《福州师专学报》，2000年第1期。

尚恨书籍不备，多所遗阙，嗣有所得，当续书之。①

朱熹指出，出版是"四海九州千年万岁文字，非一己之私也"。②他认为宋代盛行的"自刊诗文"之风"极可笑又可叹也"。③他说："平日每见朋友轻出其未成之书，使人摹印流传，而不之禁者，未尝不病其自任之不重、而自期之不远也。"④有一次学官未经允许刻印了他的著作，他马上去信列举四条理由予以劝阻，力述拳拳之意，并要求自己掏钱把已刻之版全部买下销毁。他在给杨教授的信中说："熹昨日面恳寝罢镂版事，未蒙深察，窃自愧恨，诚意不孚，言语不足以取信于左右，欲遂息默，则事有利害，不容但已。须至再有尘渎，盖兹事之不之不可者四而长者未喻区区之心者一。此书虽多前贤之说，而其去取尽出鄙见，未必中理，或误后人，此不可一也。政使可传而修改未定，其未满鄙意者尚多，今日流传既广，即将来盖棺之后，定本虽出，恐终不免彼此异同，为熹终身之恨，此其不可之二也。忝为长吏于此，而使同官用学粮钱刻印己所著之书，内则有朋友之谯责，外则有世俗之讥嘲，虽非本心，岂容自辩，又况孤危之纵，无故常招吻唇。今乃自作此事，使不相悦者得以为的而射之，不唯其啾喧咕嗫使人厌闻，甚或绯以成罪，亦非难事，政如顷年魏安行刻程尚书《论语》，乃至坐脏论，此不远之鉴。此其不可之三也。近闻婺源有人刻熹《西铭》等说，方此移书毁之，书行未几，遽自为此，彼之闻者，岂不怪笑！其被毁者，岂不怨怒！此又使熹重得罪于乡党宗族，此其不可之四也……愚意迫切，不得不力恳于左右，幸辱矜照一言罢之，其所已刻者，熹请得以私钱奉赎毁去，而其已置之版却得面议，别刻一书，以成仁者开广道术之意。"⑤由此可见，朱熹对于"未必中理"，恐误后人的不成熟之作，是宁愿毁版，也不刊刻流布的。⑥

①《八朝名臣言行录·自叙》，《朱子全书》第十二册，上海古籍出版社、安徽教育出版社，第 8 页。

②《文集》卷三九《答许顺之》书一五，四部丛刊初编缩本。

③《文集》卷六四《答巩仲至》，四部丛刊初编缩本。

④《文集》卷二六《与杨教授书》，四部丛刊初编缩本。

⑤ 同上。

⑥ 曹之：《朱熹与宋代刻书》，《武汉大学学报》，1989 年第 2 期。

东南三贤之一的张栻生前曾以"传之来裔"期望朱熹。这在淳熙七年（1180）六月六日朱子为南轩撰写的祭文中有所陈述：

　　兄乔木之故家，而我衡茅之贱士。兄高明而宏博，我猖狭而迂滞。故我尝谓兄宜以是而行之当时，兄亦谓我盖以是而传之来裔。①

朱熹以"传之来裔"自励，则如他因辞官而写给吕东莱的信中所说："平生自知无用，只欲修葺小文字，以待后世，庶小有补于天地之间。"②

　　总之，"有补世教"与"传之来裔"，不仅是朱熹作为著作家的价值追求，也是他作为编辑出版家的价值追求。

### （四）朱子学派刻书：孕育了世界上第一份版权文告的诞生

　　朱熹在闽北刻书，与建阳书坊结下了不解之缘。他的著作，既有其出资自刻，或委托其门人、友人刻印，也有很多是直接在建阳书坊刊行。其中还有一些著作则被那些不守规矩的书坊窃印盗刊，以至在建阳刻书史上演出一幕又一幕朱熹追稿的喜剧。③朱熹的书稿被盗印，最早始于乾道九年（1173）。这一年，朱熹初步编成我国第一部学术思想史专著——《伊洛渊源录》的稿本。该书共十四卷，是朱熹为探寻理学的发展脉络而编集的。书中列入了北宋周敦颐、程颢、程颐、张载以及他们的门人弟子的言行，以说明他们的学术师承和渊源。此书的最早刻本是据朱熹未曾定稿的一个稿本，在距离建阳书坊约数十里外的邵武刻印。然而，一些书坊老板以能将朱熹的"畅销书"在自己的书肆"首刊"为荣，所以千方百计通过关系拿到朱熹的手稿，趁其不备采取不告而刊的方式盗印窃刊以牟利。《伊洛渊源录》之在邵武刻印就是一例。对此事，朱熹在《答吴斗南》书中说：

　　裒集程门诸公行事，顷年亦尝为之而未就。今邵武印本所谓《渊源录》者是也。当时编集未成而为后生传出，致此流布，心甚恨之。④

　　淳熙四年（1177），朱熹在建阳编写《周易本义》十二卷稿本，在修

---

① 《文集》卷八七《又祭张敬夫殿撰文》，四部丛刊初编缩本。
② 《文集》卷二五《与吕伯恭书》，四部丛刊初编缩本。
③ 方彦寿：《建阳刻书史》，中国社会出版社，2003年，第64～77页。
④ 《文集》卷五九《答吴半南》，四部丛刊初编缩本。

改未妥之时，也被书坊盗刊。后来，朱熹曾对友人多次提到这部"盗版书"。《答刘君房》书二云：

> 《本义》未能成书而为人窃出，再行模印，有误观览。①

《答杨伯起》书四：

> 读《易》想亦有味，某之缪说，本未成书，往时为人窃出印卖，更加错误，殊不可读。不谓流传已到几间，更自不足观也。②

《答孙季和书》云：

> 旧读此书，尝有私记未定，而为人传出摹印。近虽收毁而传布已多，不知曾见之否？③

与《周易本义》同一年编写的《论语集注》十卷、《孟子集注》十四卷，也是在书稿推敲未定的情况下，被书坊窃出刊行。朱熹曾对其门人杨道夫说：

> 《论语集注》，盖某十年前本，为朋友传去，乡人遂不告而刊。及知觉则已分裂四处，而不可收矣。其间多所未稳，煞误看读。④

他还对友人苏晋叟说：

> 《论孟解》乃为建阳众人不相关白而辄刊行，方此追毁，然闻鬻书者已持其本四出矣。⑤

就在朱熹的著作连续被盗刊之时，朱熹的挚友，与朱熹、张栻并称为"东南三贤"的吕祖谦的著作在建阳麻沙也被盗印。朱熹在给友人沈叔晦的信中提到此事，"麻沙所刻吕兄文字，真伪相半，书坊嗜利，非闲人所能禁，在位者恬然不可告语，但能为之太息而已。"⑥

朱熹、吕祖谦这样的大学者，其著作竟接二连三地被窃刊盗印，只能徒叹奈何，说明当时盗版侵权现象是普遍的，版权观念是很淡薄的。《朱子

---

① 《文集》卷六〇《答刘君房》，四部丛刊初编缩本。
② 《朱熹集·别集》卷三《答杨伯起》，四部丛刊初编缩本。
③ 《朱熹集·别集》卷三《答孙季和书》，四部丛刊初编缩本。
④ 王懋竑：《朱子年谱》卷二，中华书局，1998 年，第 77 页。
⑤ 《文集》卷五五《答苏晋叟》，四部丛刊初编缩本。
⑥ 《文集》卷五二《答沈叔晦》，四部丛刊初编缩本。

年谱》在记载朱熹著作被盗印时，称"书肆有窃刊行者，亟请于县官追索其版"。追回书版后又能如何呢？以能拿到朱熹书稿而言，此"乡人"或"建阳众人"与朱熹一定有某种比较接近的关系，最后也只能不了了之。

建本研究专家方彦寿先生指出，由于盗版事件屡屡发生，因此，到了嘉熙二年（1238），朱熹的门人祝穆在建阳麻沙编成《方舆胜览》《四六宝苑》二书，遭到书坊竞相翻刻后，他接受了朱熹当年只是被动地追稿的教训，采取主动出击、先发制人的态度，借助地方政府的力量，颁布了具有法律效力的文告，四处张贴。祝穆（？～1256），字伯和，一字和甫，晚号樟隐，祖籍婺源。他是朱熹的表侄，从小随朱熹就学于武夷山和建阳考亭，晚年定居建阳麻沙水南，在此从事编书、刻书。除《方舆胜览》《四六宝苑》之外，还编有类书《事文类聚》。在学术上，祝穆的成就远逊于朱熹，但在版权观念上，学生则较先生进步。正是这种看似微小实为巨大的进步，孕育了世界上第一份具有法律效力的版权文告的诞生。这便是嘉熙二年（1238）两浙转运司榜文和福建转运司牒文：

> 两浙转运司录白：据祝太傅宅干人吴吉状，本宅见雕诸郡志名曰《方舆胜览》《四六宝苑》两书，并系本宅进士私自编辑，数载辛勤。今来雕版所费浩瀚，窃恐书市嗜利之徒辄将上件书版翻开，或改换名目，或以《节略舆地纪胜》等书为名，翻开搀夺，致本宅徒劳心力枉费钱本，委实切害。照得雕书合经使台申明，乞行约束，庶绝翻版之患，乞给榜下衢婺州雕书籍处张挂晓示，如有此色，容本宅陈告，乞追人毁版断治施行，故榜。……福建路转运司状乞给榜约束，所属不得翻开上件书版并同前式，更不再录白。[①]

上录牒文，当时除了在刻书处四处张挂之外，祝氏还将之印入《方舆胜览》卷首，故能随原书一起保留至今日。到了咸淳二年（1266），祝穆之子祝洙翻刻此书时，又呈请福建转运司录白，其文字与原文大致相同，只是"榜下衢婺州雕书处"改成了"榜下麻沙、书坊、长平、熊屯刊书籍等处"，可能是在嘉熙二年至咸淳二年的20多年间，建阳的这几

---

① 傅增湘：《藏园群书经眼录》卷五。

个地方的书坊，又有了盗版刻印此书的行为。

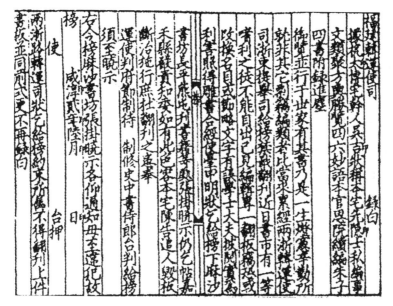

**图 9-2　宋建本《方舆胜览》禁止翻刻牒文书影**

《方舆胜览》的榜文，其内容已经包括了现代版权观念的各种要素。首先，它认为作者编撰的著作是其"数载辛勤"的劳动成果，其权利应包括"劳心力"的精神劳动和"费钱本"的经济付出这两个方面，因而作者本人拥有此书的著作权和版权，未经作者许可而翻版，或改换书名盗印都是侵权的行为。其次，由官府出面发文保护版权，如有违犯者，允许著作人陈告，由官府出面严加惩治。这里着重强调了法律意识。再次，榜文在有关场所张挂，使之众所周知，这又具有了使版权和著作权意识得以普及的意义。

《方舆胜览》的榜文，是我国也是世界上最早的由官方公布，具有法律效力的版权和著作权文告，[①] 比《不列颠百科全书》中认为"著作权的原

---

① 方彦寿先生说，叶德辉《书林清话》中另著录了二条南宋时期有关版权文告的资料。一为淳祐八年（1248）国子监批给罗贡士编刻段昌武的《丛桂毛诗集解》的禁止翻版公告，比祝穆的版权文告晚了10年。二为四川眉山程舍人宅刻印王偁《东都事略》，目录牌记上有"眉山程舍人宅刊行，已申上司不许覆板"字样。此刻本无明确年代可考，且"不许覆板"仅仅体现了刊刻者的利益，而未能反映对著作人的权利的保护与尊重，其版权观念的内容远不如祝穆的版权文告丰富。故将《方舆胜览》的版权文告列为第一。

始形式发生于十五世纪后期"[1] 早了200年。它的内容，也比15世纪后期，"由英王以缴纳特权费为条件授予商人的一种垄断的印刷权，作者本人从中并无任何受益"[2] 的所谓"著作权"丰富得多。它的出现，表明版权观念已在我国基本形成。这在出版史上是一件大事。而这件大事，是和朱熹学派的人物为整理、校注孔孟儒家经典，传播祖国传统文化的事业紧密联系在一起的。尽管其起因，源于书坊的一系列侵权行为，人们对此一度曾束手无策，但在经历了太多的无奈之后，终于萌发了新事物产生的契机。

---

[1]《简明不列颠百科全书》第9册，中国大百科全书出版社，1985年6月，第538页。
[2] 同上。

# 第十章 逸事传说与笔记小说的双重形象

朱熹死后不久，南宋王朝的统治者们很快从党争的残杀中清醒过来，发现了朱熹著作与学说的特殊价值。自从嘉定二年（1209）朱熹被尊为"朱文公"以后，对朱熹步步升级的造神运动及其余波绵延了六七百年之久。于是，活生生的真实的朱熹消失了。他或被神化，则被罩定在万世圣人的光圈中；或被扭曲，为街谈巷议的野史笔记和道听途说的小说家所诋毁。因此，我们有必要梳理与探索逸事传说与笔记小说中朱熹的双重形象及其形成的社会原因。

澄清后世的毁誉，不能不追溯其生前相关的社会人事。作为大儒，朱熹生前在士大夫与民间就有深远的影响。如浙东学派的代表人物陈亮认为南宋的抗金复国大计，唯朱熹与辛弃疾是"四海所系望者"[1]。尽管朱陈之间论学有所不契，但对于朱熹的学术成就，陈亮却高度评价为"举天下无不在下风"。辛弃疾《寿朱晦翁》诗中道是："历数唐尧千载下，如公仅有二三人。"在朱熹遭林栗弹劾之际，挺身而出为朱熹辩诬的著名思想家叶适在《同安县学朱先生祠堂记》中，则以"政之得民速，不如教之及民远"之语，预示了朱熹学说的强大生命力。

朱熹去世时，辛弃疾哭道：

> 所不朽者，垂万世名。
>
> 孰谓公死，凛凛犹生。

陆游极其沉痛地为文哭祭：

> 某有捐百身起九原之心，有倾长河注东海之泪。路修齿耄，神往形留。公殁不亡、尚其来享！

上所列举，可以窥见朱熹作为历史人物的高大形象。然而，作为卷入政治风潮的人物和理学思想体系的构建者，朱熹生前因抨击洪迈（景卢）

---

① 樊维纲：《辛稼轩陈同甫的交谊及鹅湖之会》，《浙江师范学院学报》，1955年创刊号。

使金辱命而与之结怨，继又因理学开山周敦颐《太极图说》首句两字之差①的学术之争，深为洪迈及其同党所忌恨。当朱熹在"庆元党禁"遭受迫害，失掉任何自我辩解的可能时，洪迈则写出《夷坚志》，借浙东台州旧事编造了一段涉及朱熹的才妓艳闻。后世文人和小说家以贬朱始作俑者洪迈炮制的故事为基本素材，加上袭取朱熹在闽南的一则逸事，移花接木，敷衍虚构，一个经涂抹被扭曲为偏执卑劣暴虐的小人形象，在明末凌濛初编刊的小说中，以及今人的词论著作中广为流布。总之，朱熹在后世留下了双重形象。

## 一　感通天地物类的神化形象

《周易·系辞》谓"天地之大德曰生"，其卦辞则以"元、亨、利、贞"形容天世界上之大德。老子以坤道生生为主，弘扬《易》为自然层面，孔子则以乾道生生为主，发掘《易》的人文层面。二程在《周易》与先儒以天地生成万物观念的影响下，认为生成万物的"大德"就是天地之心："天地以生物为心者也。"朱熹综罗先儒与时贤关于"仁"与"天地生物之心"的关系，以"爱之理"与"心之德"诠释"仁"（涵盖体用），并以"感而遂通"②沟通天地万物。在这个意义上，仁的全部实现就是"天地万物一体"的境界，亦即"万物并行而不悖"——人与人、人与社会、人与自然整体和谐的境界。朱熹理学"感通天地物类"，以"理"谐和社会、自然与万物的思维模式，在民间传说（包括小说家言）

---

① 洪迈于淳熙十三年完成官修《四朝国史》。在《国史》的《周敦颐传》中竟把周敦颐《太极图说》的首句"无极而太极"改成了"自无极而为太极"，且没有任何版本校勘考异的说明文字。然而，多了"自""为"二字，关系却十分重大。按照朱熹对《太极图》的诠释，"无极而太极"是说太极"无形而有理"，无极即太极，两者是同一关系，都指本体"理"。而"自无极而为太极"则把无极和太极分而为二，无极与太极变成了生成关系，这就与道家所说的"无"生"有"的本体论便无二致了。这样不仅使理学开山周敦颐剽窃道家"无生有"说成为铁的事实，而且朱熹借周敦颐之说建立起来的理学体系也将因失去本体论的依据而动摇。（束景南：《朱子大传》，福建教育出版社，第663～664页）

② 《周易·象下传第二》："咸，感也。……天地感而万物化生，圣人感人心而天下和平。观其所感，而天地万物之情可见矣。"朱熹《周易本义》注云："极言感通之理。"（《朱子全书》（壹），上海古籍出版社、安徽教育出版社，2002年，第98页）

中也广为流布。兹举数则，以窥其概。

1. 朱文公斗鳄鱼

同安民间至今流传朱熹斗鳄鱼的故事。说是朱熹任主簿时，觉察县南海域不靖，有两条大鳄鱼兴风作浪，时而作怪。于是择日择时"倒乘轿"进衙门，引鳄鱼出海，再望空投掷珠笔，鳄鱼立毙。鳄鱼死后腐烂生虫，其虫变化为鱼，即如今闻名遐迩的文昌鱼①。

2. 对天祝词显报应

明代小说家凌濛初《二刻拍案惊奇》卷十二《硬堪案大儒争闲气，甘受刑侠女著芳名》。这篇小说总体来说对朱熹的人品格调极力诋毁，其前面部分说朱熹任崇安知县②时，受理一起风水墓地之争，本意在抑豪强扶贫弱，然则受刁钻小民蒙骗而办错案。真相大白后，小说家凌氏对于朱熹难免也采用神化之笔：

> 后来有事经过其地，见林木蓊然，记得前日踏勘断还小民之地……因寻其旁居民问道："此是何等人家，有福分葬此吉地？"……居民把小民当日埋石在墓内，骗了县官，诈了大姓这块坟地，葬了祖先的话，是长是短，备细说了一遍。晦翁听罢，不觉两颊通红，悔之莫及……遂对天祝下四句道：
>
> 此地若发，是有地理。此地不发，是有天理。祝罢而去。是夜大雨如倾，雷电交作，霹雳一声，屋瓦皆响。次日看那坟墓，已毁成一潭，连尸棺多不见了。

事实上，朱熹从来没有任过崇安知县。凌氏的描述，则据《尧山堂外纪》关于朱熹在泉州的一则逸事加以穿凿衍化：

> 文公为同安主簿日，民以有力强得人善地者，索笔题曰："此地不灵，是无地理；此地若灵，是无天理。"后得地之家不昌。③

前人笔记仅说"后得地之家不昌"，凌氏则衍为"天摇地陷"之传奇。

---

① 据洪大程先生提供资料整理；参同安县文物管理委员会编《同安文物纵横》。
② 这是由闽南漳州民间传说《青石碑》衍变而来的。
③ 丁传靖辑：《宋人轶事汇编》，中华书局，1981年，第939页。

3. 青蛙带枷镶环翠

永春城关镇北边有个环翠村，村中有个环翠亭（原名万寿亭）。绍兴年间，朱熹与陈知柔曾讲学于此。民间有一则"青蛙带枷镶环翠"的生动传说。

永春名儒陈知柔（字休斋），曾任台州判官、循州与贺州太守。因不依附秦桧而于盛年隐退，在家乡办起学堂。朱熹任泉州同安主簿，知柔时而请他到家乡讲学。然而，君子之交淡如水，知柔待客以粗茶淡饭，至今谚语"朱熹找陈休，浓粥配咸姜"尚存民间。

有一年夏天，朱熹应邀来到这个村里。他白天用心给学生授课，晚间则读书著述。一天晚上，天气闷热，正当他专心致志读书思考时，屋外池塘里传来阵阵青蛙的鼓噪，使得朱熹心烦意乱，不得安宁。他当即在一大张白纸上写下几行字，交付仆人说："这是给青蛙的布告，责令它们停止聒噪。"并说宣读后必须将布告撕成碎片撒入池塘。仆人见朱熹神情严肃，虽心中大惑不解，却不敢怠慢，双手捧着布告，照办去了。

一个时辰后，蛙声竟然由弱而止，朱熹得以安心读书写作至深夜。第二天，只见池塘里的每只青蛙的颈上都套着一张小纸片。此事逐渐传开，人们又发现这里原来浑身翠绿的青蛙颈上都有一道美丽的白环，这就是"青蛙带枷镶环翠"。人们就把这个村庄易名为环翠村，万寿亭也更名为环翠亭。

闽南漳泉一带，青蛙带枷的传说版本甚多，不同版本附着不同地方的文化元素而流布。

4. 齐齐松、裂石箭竹

永春岱山于崇山峻岭中拔地而起，矗立天半，奇石峥嵘，苍松滴翠，胜景殊多，犹以"齐齐松"最为著名。相传朱熹走访同年陈光，来到岱山岩，颇受一都士子陈文义的热情款待。陈文义出身于书香门第，经史子集也略知一二，但无意功名。朱熹假岱山岩研读儒家经典时，文义悉心照顾，因此成为知交。一日朱熹正在批注《论语》，陈文义告辞下山，朱熹送他到山门前，一直目送他上了大路，却被一片高大挺拔的松树林遮住视线，朱熹就手中大笔一挥道："这些松树长到这样高就好了！"说来奇怪，第二天高大挺拔的松树不见了，代之以长得一样高一样整齐的"齐齐松"。朱熹把岱山岩更名为"铁峰岩"，并亲自题刻；他还为护界亭写了"月蓬第一峰"的匾额。[①]

岱山岩还有一奇景为"裂石箭竹"。相传岩宇佛寺的大雄宝殿门前，左右各有巨石，左为石钟，右为石鼓，各司其职。一日，朱熹游览寺院从大殿中出来，听到石钟的鸣金声响超过石鼓的催人奋进之音。这岂不反常！朱熹举起大笔对准石钟一挥，石钟裂为两半，声响也沙哑了。一棵棵嫩笋在裂石处破土而出，挺拔向上，逐渐长高，享受裂石之外那无尽的阳光雨露。后来，它们就长成凌空挺直的箭竹[②]。

5. 茅笔镇流

朱熹官宦泉南去任 27 年时，傅自得谢世，他"起向泉山觅旧游"。在盘谷门前凭吊了傅自得以后，和老朋友陈知柔重游永春，以及九日、云台、凉峰等地。

相传他们来到蓬壶高丽的林氏祖宇，这里山川毓秀，树木葱茏，令人心旷神怡。乡人争相一睹大儒风采，林氏父老敬请朱熹题词以做纪念。山间竹纸现成，一时却找不到大笔。俗话说"钝刀出利手"，朱熹就地取材，以茅草扎成代笔，当场书写"居敬"（附照）二字赠予。乡人如获至宝，采用楠木作匾，镌漆金字以传永久。当金字匾悬挂祖宇厅堂时，即将这根茅笔置于匾后，以示子孙后人。

光阴荏苒，到了清代康熙年间，永春知县骆起明下乡劝农来到蓬壶，闻说朱熹以茅草当笔题字之事，即往谒于林氏祖宇。但见"居敬"二字金光耀眼，微尘不染，索笔观之，时过四五百年依然保护完好。父老见其爱不释手，即将这支祖传茅笔赠给他。知县以香囊锦缎盛裹，珍藏于身边。康熙十年（1671），骆起明去任过乌龙江，至江中忽遇风浪大作，轻舟上下颠簸，覆舟之险危在片刻。同舟的人认为是妖邪作祟，争求宝

---

① 据刘汉瑶、刘笛先生提供的资料整理。参《永春民间传说》，永春县文化馆编。
② 同上。

物压邪。骆起明行装仅有书籍数箧，别无珍宝，最后则以朱熹遗留茅笔掷入江中。奇迹出现了，一时风平浪静，众人皆称神笔。

图 10-1　朱子手迹（陈允敦教授提供）

6. 葬大林谷镇蟹精[①]

乾道间，朱熹在寒泉为母守孝时，有一次出游，为山光水色所迷，不觉走出数十里，来到九峰山下唐石里。因口渴体乏上一农舍讨茶歇息。一对老夫妇以茶款待。朱熹关心民瘼，询问收成。老人哀叹田地无收。朱熹感到奇怪："近年风调雨顺，如何田地无收呢？"老人告以唐石出了螃蟹精，田禾都让它作践光了。乡民恨之入骨，却又无可奈何，纷纷外迁他乡，我夫妇年迈无力外迁，只好在此以糠菜度日。朱熹听罢无不感叹："原来如此！"只见老人犹豫了一下讷讷地说："听说那螃蟹精夜里在田里糟蹋田禾，白天就变化为书生，到寒泉精舍听先生讲课。"

告别老人，朱熹来到后塘山中，细心观察山势。只见左前侧是鲤鱼岗，右前方是唐石山，峰峦叠翠，景色秀美；高处是九峰山，峰下郁郁葱葱的大林谷正是俗称"螃蟹窝"的地方。

第二天，众弟子照样到精舍听课，朱熹不动声色，仔细观察每位弟子，果然见一脸色釉青的弟子背上有一条长长的红印。朱熹心里有数：这就是那螃蟹精了。讲完书，众弟子各自散去。朱熹尾随螃蟹精出了精舍。只见那螃蟹精来到山下的村庄，走进了一家酒肆，大模大样地要了酒菜大吃大喝起来，不一会儿就乘着酒兴要为酒店题写匾额，也不管店

---

① 黄胜科等编著：《朱熹故事精选》，福建教育出版社，1997 年，第 215 页。

主同意不同意，袖里摸出纸笔，自顾写起来。它一反常规，运笔自左往右，乱涂乱画，字迹难辨，完全暴露出其"横行"的本性。朱熹见状怒不可遏，从头上摘下儒巾大喝一声："畜生，你践踏庄稼，横行乡里，竟敢冒充我的学子，亵渎士林！"随手将儒巾向螃蟹精天灵盖罩下去。螃蟹精正得意忘形，猛听一声大喝，忙就地一滚现出原形，夺门而出，狼狈逃窜。

从此以后，螃蟹精躲进巢穴再也不敢出来为害乡里了。民间传说，后塘一带的野蟹背壳上都有一个类似儒巾的痕迹，就是那螃蟹精的后代，因被朱熹儒巾罩住所致，以致代代相传，永不消失。

7. 寻国学遗址 [①]

宋淳熙六年（1179），朱熹知南康军，来到星子县。这里自皇祐末至今，"庐山国学"被毁已经一百二十五年。

朱熹刚刚到任，就四处张榜，行牒征询"国学"遗址及有关情况。他在榜文中反复申明，凡知国学遗址及实情者，不拘早晚，都可到军衙"面诉"。

谁知张榜一个多月了，竟无一人揭榜，朱熹只得耐着性子等候。一天，朱熹看书到深夜，正准备关窗上床睡觉，忽然听得夜空中飘荡着一个苍老而洪亮的声音："经九十九道弯，过九十九条畈，溪中石头都朝向。"这声音在夜空中回荡。

朱熹站在窗前，反复默诵着这三句话。突然他心中一亮，这一定是贤人在暗中指点。于是，他连夜把军衙中的衙役都叫来，分成四路，按这三句话的要领第二天分头出去寻找。

东路自县城出发，向东方查找，当他们数过九十九道弯和九十九条畈后，便来到了一个叫卓尔山的山中，卓尔山将这一块数亩大的平地团团围住，一条小溪穿过这块平地流到山外。再看这溪中的石头，也与其他溪中的石头不同。其他溪中的石头是顺流而立，而这溪中的石头是逆

---

① 根据徐顺明、熊炜编著：《白鹿洞书院传说》（删节从略），湖南大学出版社，1997年，第80～83页。

流而立，大头靠地，小头指向卓尔山。朱熹听后，决定明天亲自到卓尔山中察看。

图 10-2　朱子题刻（字径 68cm）

当朱熹一行来到卓尔山，步入山中平地时，顿时被这里的秀色所迷住了，这在四面环合，形似一个洞。故人称白鹿洞。有泉石之胜，无市井之喧，确实是个"聚众讲学，遁迹著书"的好地方。

他暗暗佩服先人的眼光和智慧，选出了这个古木参天，浓荫蔽地的风水宝地作为办学之所。但一看破败残景，一股凉气自心头升起。这里到处是野草丛生，断壁残垣，要想在这样一个废墟上恢复其本来面貌，实在是难。首先要有一张关于国学的布局规划图，然后"考按图径"，按图兴建。但眼下到哪里去找这份图呢？

正当朱熹望址兴叹时，天空乌云滚滚，狂风大作，眼看一场大暴雨就要来临。朱熹从愁绪中缓过神来，领着一帮人朝一个石洞中跑去避雨。他们刚进洞，一场大雨倾盆而降，直下得溪水猛涨，天昏地暗。等到雨停云散，太阳又出来了。朱熹一行如释重负，轻轻地舒了口气，面带笑容地走出洞来。

朱熹刚出洞口，就发现地上有一个耀眼的东西在阳光的照射下，闪闪发光。他走近一看，原来是一方白绸帕，他顺手拾起，展开一看，上面清晰地绘着国学的布局图，图的左右两边还有一副对联："泉声松韵点点文心；白云寒石头头是道"。

杨、王二人走后，朱熹细看"锦图"，他总觉得这对联里有某种提示。想着想着，他终于明白了，这副对联是告诉他，修复书院，不但要注重聘师、招生、讲学、定学规、聚书等事宜，还要注意对自然环境的整治。为了感谢上天指点迷津，朱熹命人将这副对联进行刻制，挂在明伦堂前的门柱上。相传在元代，书院遭兵燹时，所有的房屋和物件都被毁坏，唯独这副对联没有毁掉。

## 二 偏执卑劣暴虐的小人形象

800 年来流传的一阕小词《卜算子》，挂名严蕊，而且伴随着一串指责朱熹人品格调的故事，竟为当今词论家所信，或编注诠释，或欣赏分析，俱广为传播。

朱熹提举浙东，因弹劾台州知州唐仲友而涉天台营妓严蕊的故事，流传最广的当是明末凌濛初编刊《二刻拍案惊奇》中的一篇小说《硬堪案大儒争闲气　甘受刑侠女著芳名》。小说绘声绘色地描写朱熹受人挑拨，偏狭狠毒，到台州硬要弹劾无辜的唐仲友，姎及严蕊：

> 晦庵是有心寻不是的……当日下马，就追取了唐太守印信，交付与郡丞，说："知府不职，听参！"连严蕊也拿来收了监，要问他与太守通奸情状。晦庵道是仲友风流，必然有染；况且妇女柔脆，吃不得刑拷，不论有无，自然招承，便好参奏他罪名了。谁知严蕊苗条般的身躯，却是铁石般的性子，随你朝打暮骂，千捶百拷，只说："循分供唱，吟诗侑酒，是有的，曾无一毫他事。"……晦庵也没奈他何，只得糊涂做了"不合蛊惑上官"，狠毒将他痛杖了一顿，发去绍兴，另加勘问。一面先具本参奏，大略道：唐某不伏讲学，罔知圣贤道理，却诋臣为不识字；居官不存政体，褒昵娼流。……这番京中亏得王丞相帮衬，孝宗有主意，唐仲友官爵安然无事。……这也是晦庵成心不化，偏执之过，以后改调去了。交代的是岳商卿，名霖。到任之时，妓女拜贺。商卿问："那个是严蕊？"严蕊上前答应。商卿抬眼一看，见他举止异人，在一班妓女之中，却像鸡

群内野鹤独立。却是容颜憔悴。商卿晓得前事他受过折挫，甚觉可怜，因对他道："闻你长于词翰，你把自家心事，做成一词诉我，我自有主意。"严蕊领命，略不构思，应声口占《卜算子》道："不是爱风尘，似被前缘误。花落花开自有时，总赖东君主。去也终须去，住也如何住？若得山花插满头，莫问奴归处。"商卿听罢，大加称赏……立刻取伎籍来，与他除了名字，判与从良。

小说中，在儒雅风流的郡守和风尘薄命的才女对照下，朱熹是一个偏执卑劣暴虐的小人形象。我们不能要求小说里的形象完全符合历史人物的原型，但也不可忽视通俗小说丑化毁誉的社会效果。如果说小说流布极广，那毕竟是消闲之作；而直至 20 世纪 80、90 年代问世的一些词论著作，对《卜算子〈不是爱风尘〉》一词的诠释，跟小说也持同样的观点，其影响就完全不同了。诸如唐圭璋《宋词纪事》，唐圭璋、潘君昭、曹济平《唐宋词选注》，王洪《唐宋词百科大辞典》，胡云翼《唐宋词一百首》，郑孟彤《唐宋词赏析》，徐育民、赵慧文《历代词赏析》，张璋、黄畲《历代词萃》，等等，概莫能外。而词论家们的主要依据，看来与小说同出一源，那便是宋末元初人周密所撰《齐东野语》所载：

> 天台营妓严蕊字幼芳，善琴弈歌舞、丝竹书画，色艺冠一时。间作诗词有新语，颇通古今。善逢迎。四方闻其名，有不远千里而登门者。唐与正守台日，酒边尝命赋红白桃花，即成《如梦令》（词略），与正赏之双缣。又七夕，郡斋开宴，座有谢元卿者，豪士也，夙闻其名，因命之赋词，以己之姓为韵。酒方行而已成《鹊桥仙》（词略）。元卿为之心醉，留其家半载，尽客囊橐馈赠之而归。其后朱晦庵以使节行部至台，欲摭与正之罪，遂指其曾与蕊为滥，系狱月余。蕊虽备受垂楚，而一语不及唐，然犹不免受杖，移籍绍兴，且复就越置狱鞫之，久不得其情。狱吏因好言诱之曰："汝何不早认，亦不过杖罪，况已经断，罪不重科，何为受此辛苦邪？"蕊答云："身为贱妓，纵是与太守有滥，科亦不至死罪。然是非真伪，岂可妄言以污士大夫！虽死不可诬也。"其辞既坚，于是再痛杖之，仍

系于狱。两月之间，一再受杖，委顿几死，然声价愈腾，至彻阜陵之听。未几，朱公改除，而岳霖商卿为宪，因贺朔之际，怜其病瘁，命之作词自陈。蕊略不构思，即口占《卜算子》云（词略）。即日判令从良。①

朱熹弹劾唐仲友的公案，发生在孝宗淳熙九年（1182）。周密（1232～1298）是宋末元初人，是该案发生后50年才出生的，他何能详细知情？上引《齐东野语》条文的最后，他承认材料主要来自洪迈《夷坚志》，加上道听途说的传闻。当然，也少不了他的捏合铺张。

洪迈（1123～1202）是朱熹的同时代人，其晚年所著《夷坚志》第十卷"吴淑姬严蕊"条载：

> 台州官奴严蕊，尤有才思，而通书究达今古。唐与正为守，颇属目。朱元晦提举浙东，按部发其事，捕蕊下狱。杖其背，犹以为伍伯行杖轻。复押至会稽，再论决。蕊堕酷刑，而系乐籍如故。岳商卿提点刑狱，因疏决至台，蕊陈状乞自便。岳令作词，应声口占云："不是爱风尘，似被前身误。花落花开自有时，总是东君主。去也终须去，住也如何住？若得山花插满头，莫问奴归处。"岳即判从良。②

这样看来，《卜算子》一词似是严蕊所作，朱熹在浙东似有一段不光彩的经历！然而，所谓岳霖判案，才妓作词，纯属虚构。清末民初的王国维先生在《人间词话》指出："宋人小说多不足信。如《雪舟脞语》谓台州知府唐仲友眷官妓严蕊奴。朱晦庵系治之。及晦庵移去，提刑岳霖行部至台，蕊乞自便。岳问曰：去将安归？蕊赋《卜算子》词云：'住也如何住'云云。案：此词系仲友戚高宣教作，使蕊歌以侑觞者，见朱子《纠唐仲友奏牍》。则《齐东野语》所纪朱、唐公案，恐亦未可信也。"③现代词论家们置王氏的真知灼见于不顾，实在令人费解！

---

① 周密：《齐东野语》卷二〇，中华书局，1983年，第374页。
② 洪迈：《夷坚志》卷十，中华书局，1981年，第1217页。
③ 王国维：《人间词话》滕咸惠校注本，齐鲁书社，1981年，第88页。

## 三　历史事实与双重形象的成因

陆九渊虽然与朱熹学术上形同壁垒，而他在给陈亮的信中却肯定了朱熹在浙东的政绩：

> 朱元晦在浙东，大节殊伟，劾唐与正一事，尤大快众人之心，百姓甚惜其去。虽士大夫议论中间不免纷纭，今其是非已渐明白。①

跟唐仲友为姻亲的陈亮（与唐仲友之兄唐仲义为连襟），他在淳熙十年（1183）给朱熹的信中也秉公而论：

> 台州之事，是非毁誉往往相半，然其为震动则一也。世俗日浅，小小举措已足以震动一世，使秘书得展其所为，于今日断可以风行草偃。②

以上所指，便是"朱熹弹劾唐仲友"的公案，牵涉到一个营妓严蕊，以及一阕小词《卜算子》。

宋孝宗淳熙八年（1181）九月，新任宰相王淮推荐朱熹调任提举浙东茶盐公事，主持浙东赈灾。朱熹深谙官场积弊，入京面奏孝宗，陈述救灾计划，请求增拨救灾粮款，尤其是要求调遣赏罚的人事权力。这些，得到孝宗的口头允诺，似乎可以放手赈灾了。十二月六日朱熹正式上任。浙东连年水、旱、蝗灾，民不聊生，百姓对朱熹前来主持赈荒抱着莫大的希望。此时被劾赋闲山阴镜湖的陆游，便寄诗给朱熹：

寄朱元晦提举③

市聚萧条极，村墟冻馁稠。

劝分无积粟，告籴未通流。

民望甚饥渴，公行胡滞留。

征科得宽否，尚及麦禾秋？

陆游的诗已反映出当地官员救灾不力，荒年催征赋税等严重情况。朱熹到浙东，先巡历绍兴府、婺州、衢州，发现官吏豪绅在赈灾中阳奉

---

① 陆九渊：《象山集》卷七，《四库全书》第 1156 册，第 320 页。
② 陈亮：《龙川集》卷二〇，《四库全书》第 1171 册，第 694 页。
③ 《剑南诗稿》卷一四，《四库全书》第 1162 册，第 242 页。

阴违、营私舞弊问题多起，就一路纠查弹劾。淳熙九年（1182）七月十六日赴台州，路途中发现不堪催逼赋税的台州灾民，成群结队向外地逃亡，朱熹即于十九日上了弹劾台州知州唐仲友的第一状。二十三日抵达台州，马上发现唐仲友在重灾之中提前严催赋税的"舞智徇私"罪行，当日就上了弹劾唐仲友的第二状。接着，陆续查出唐仲友累累骇人罪行：偷盗公库，贪污官钱，伪造纸币，仗势经商，姻党横行，养蓄亡命，科罚虐民，狎妓淫滥，等等。朱熹一面纠查审讯，一面具实上奏。其六篇弹劾状，言之凿凿，触目惊心。据以查办，唐仲友是罪责难逃的。

封建官僚政治的关系网是盘根错节的。宰相王淮，是唐仲友的同乡（婺州）和姻亲（王淮之妹即唐仲友之弟媳）。唐仲友成为独霸台州一方的恶虎，实是依仗王淮的势力。朱熹不因王淮的荐举而包庇唐仲友，是何等光明磊落！而老奸巨猾的王淮，精心策动了一场对朱熹的反扑。一方面，压下了朱熹奏劾唐仲友罪行最详细、最严重的第二、三、四状，只把较简略的第一状连同唐仲友的自辩状呈送孝宗，并以"唐苏学，朱程学""秀才争闲气"的假象蒙蔽孝宗。一方面，策动吏部尚书郑丙（唐仲友的密友）等人纷起荐举唐仲友，以抗衡朱熹的弹劾，唐仲友竟荣迁江西提刑。再一方面，唆使吏部尚书郑丙和监察御史陈贾上疏攻击道学为"不宜信用"的"伪学"，造成孝宗对朱熹的疑虑。在王淮的策划下，唐仲友一案移交浙西提刑审理，朱熹调任江西提刑，正是取代唐仲友的现职（唐仲友名为罢免，实是保护起来），使朱熹处于避嫌而无法接任的难堪境地。朱熹只得辞职，退居武夷山讲学著述。

《宋史》对这场公案的记载虽然简略，但是明明白白的。《宋史》郑丙本传说，丙雅厚仲友，且迎合宰相意，奏曰："近世士大夫有所谓'道学'者，欺世盗名，不宜信用。"盖指熹也。于是监察御史陈贾奏："道学之徒，假名以济其伪，乞摈斥勿用。"道学之目，丙倡贾和，其后为庆元学禁，善类被厄，丙罪为多[①]。《宋史》王淮本传谓："朱熹为浙东提举，劾知台州唐仲友。淮素善仲友，不喜熹，乃擢陈贾为监察御史，俾上疏

---

①《宋史》卷三九四《郑丙传》，中华书局，1977年。

言：'近日道学假名济伪之弊，请诏痛革之。'郑丙为吏部尚书，相与叶力攻道学，熹由此得祠。其后庆元伪学之禁始于此。"① 历史是公正的。朱熹弹劾唐仲友，完全是为民请命、秉公办事的正义行为。

而被朱熹究办的营妓严蕊，并非无辜。她跟唐仲友父子亲戚多人淫滥，并且依仗唐仲友的庇护，逢迎官场，干预讼事，招权纳贿，助纣为虐。她伪称年老，由唐仲友张罗，于淳照九年（1182）五月二十三日落籍。那阕《卜算子》，是在淳熙九年（1182）五月十六日唐仲友张罗为她脱籍而设筵时，唐仲友的表弟高宣教即席所制。这在朱熹《按唐仲友第四状》中叙述得清清楚楚：

> ……追到严蕊，据供：每遇仲友筵会，严蕊进入宅堂，因此密熟，出入无间，上下合千人，并无阻节。今年二月二十六日宴会，夜深仲友因与严蕊逾滥，欲行落籍，遣归婺州永康县亲戚家。说与严蕊："如在彼处不好，却来投奔我。"至五月十六日筵会，仲友亲戚高宣教撰曲一首名《卜算子》。"后一段云："去又如何去，住又如何住，但得山花插满头，休问奴归处。"②

这是严蕊被捕后的供词：既有"后一段"，当然还有上段。那么，《卜算子》系高宣教填制。高宣教以严蕊为抒情描写对象，调侃她当时的处境和心情：去住两难，希望设筵的"东君主"唐仲友尽快替她脱籍。这种描写，完全不符合严蕊以后被捕待罪的景况，把岳霖说成"东君主"则更为荒唐。《卜算子》一词的作者，是高宣教而非严蕊，不是明明白白的吗？这个高宣教本是一名乘轿出入娼家的放浪子弟，专为唐仲友交通关节，受财纳贿的心腹爪牙，朱熹在劾状中一再提到他的秽行丑闻。高宣教深知唐仲友对严蕊的虚情玩弄，则以这首《卜算子》，效法柳永的才笔为娼家子弟代诉艳情。

洪迈既与朱熹同时，又出入于朝廷，不可能不知道朱熹的奏状，为什么却胡乱记载呢？洪迈是王淮的同党，高宗绍兴三十二年（1162），他

---

① 《宋史》卷三九六《王淮传》，中华书局，1977年。
② 《朱熹集》卷一九《按唐仲友第四状》，四川教育出版社，1996年。

以翰林学士身份充"贺登位使"去金国。开始，他不肯在国书中自称"陪臣"，金人便闭锁使馆，断绝使馆粮水供应。三天后，洪迈便屈服了，依屈辱旧礼朝见金主。洪迈归后已是孝宗即位，他厚颜谎夸自己在金国抗礼善辩，被殿中侍御史张震以"使金辱命"弹劾而罢官。这在《宋史·洪迈传》中有记载。民间流传小词《南乡子》嘲讽此事：

> 洪迈被拘留，稽首垂哀告彼酋。一日忍饥犹不耐，堪羞，苏武争禁十九秋？厥父既无谋，阙子安能解国忧？万里归来夸舌辩，村牛，好摆头时不摆头。①

洪迈被罢官，朱熹曾致书魏元履说："近日逐去洪迈，稍快公论。"以后朱熹又不断揭露过洪迈主和反战，勾结近习小人的嘴脸，并同杨万里一起斥其为"奸险谀佞"的"佞臣"。洪迈同时还是善舞文墨的弄臣，《宋史》说他以"考阅典故，渔猎经史，极鬼神事物之变"而"受知孝宗"，"所修《钦宗纪》多本之孙觌，附耿南仲，恶李纲，所纪多失实"。这受到朱熹尖锐的谴责："故朱熹举王允之论，言佞臣不可使执笔，以为不当取觌所纪云。"②此外，由于洪迈窜改周敦颐《太极图说》首句，受到朱熹的责备。③这必然使洪迈怀恨在心。《夷坚志》成书于朱熹提举浙东十几年后，即朱熹晚年受政治迫害最严重的"庆元党禁"之际，时反道学新贵以文字诬人，有关朱熹的谤文谗书猬集，为反道学的采风者信手拈得。洪迈称这则严蕊冤案得自"景裴"（即洪景裴，洪迈字景卢），这一才妓艳闻的收集编造正是洪氏兄弟别有用心的共同杰作。洪迈隐唐仲友恶行，诋毁朱熹政声品格，其乘人之危、报复宿怨之用心，不是昭然若揭吗？交际花式的营妓严蕊，经过洪迈的美化装点，成为风尘才女的角色；淳熙八年（1181）至十年（1183）根本没有浙东提刑仕履的岳霖，被凭空捏造为发落严蕊从良的东君主。《宝庆续会稽志》中前后相接地详列从乾道到庆元任浙江提刑的人名和罢除时间，都没有岳霖，其中淳熙

---

① 洪迈素有摆头恶疾。丁传靖：《宋人轶事汇编》，中华书局，1981年，第882页。
②《宋史》卷三七三，中华书局，1977年。
③ 束景南：《周敦颐〈太极图说〉新考》，《中国社会科学》，1988年第2期。

八年到十年的水质东提刑:

> 傅琪,淳熙八年九月以朝请大夫至任,淳熙九年九月改浙西
> 提刑。
>
> 张诏,淳熙九年十一月以武经大夫到任,淳熙十年五月江东
> 提刑。[①]

岳霖是岳飞之子,岳珂之父,恰同朱熹、张栻一班理学家关系至
密。淳熙四年(1177)他在钦州任上整顿州学,就曾特请张栻作《钦州
学记》。岳霖有一女嫁陈俊卿孙陈址,而陈址和陈俊卿其他的儿子、孙子
都是朱熹的弟子,朱熹每过莆田,都馆于陈家讲学,故朱熹与岳霖相知,
淳熙十四年(1187)岳霖任湖南转运使,曾致书朱熹通问,朱熹在答
书中还附一纸向岳霖了解当年岳飞建储议的情况(载岳珂《宝真斋法书赞》
卷二七),朱熹后来约陈傅良拟上奏札乞褒录首建储议的娄寅亮、岳飞等
人,有关岳飞的材料就问过岳霖,岳珂还将朱熹这篇拟札收进了《金陀
粹编》。仅此王淮也绝不可能选中岳霖这样崇仰道学、与朱熹有交谊的人
来接任浙东宪审理台州案子了。而《卜算子》一词被移花接木,挂名严
蕊,竟讹传了八百多年。

至于周密《齐东野语》说是从"台州世家"所得详情,正是浙东大
官僚地主攻击朱熹的流言蜚语。而陈亮对朱熹却有高度的评价:

> 以秘书壁立万仞,虽群阴之中亦不应有所拖带。至于人之加诸
> 我者,常出于虑之所不及,虽圣人犹不能不致察。奸狡小人虽资其
> 手足之力,犹惧其有所附托,况更亲而用之乎!物论皆以为凡其平
> 时乡曲之冤一皆报尽,秘书岂为此辈所使哉![②]

如上所述,则已关涉到朱熹受毁誉及其双重形象的成因。小说家凌
濛初(1580~1644)生当明季,他天资聪明,早年就已成名,既有深厚
的家学渊源又屡试不第,愤慨之下而作《绝交举子书》[③]。生活在明清社会

---

① 束景蕙:《〈卜算子〉非严蕊作考》,《文学遗产》,1988 年第 2 期。

② 陈亮:《龙川集》卷二十,《四库全书》(1171)。

③ 齐裕焜:《明代小说史》,浙江古籍出版社,1997 年,第 376 页。凌濛初为浙江乌程
(今吴兴)人。曾任上海县丞、徐州通判。仇视李自成领导的农民起义军,曾献《剿
寇十策》。后为起义军所困,呕血而死。

市民意识初崛的时代，加上他个人对尊朱科举制度的反叛心理，则以其生花之笔，借前代野史笔记敷衍故事，同情市井细民，对理学宗师朱熹戏谑不敬，这也是朱熹在其小说中被作为贬抑对象的重要原因。

关于朱熹何以被神化？这既是历代统治阶级造神运动投射在民间的一种文化，也与朱熹学说体系及其理论自身的生命力相关。他接受前辈理学家"理一分殊"说，加以缜密的论证阐发，如其综合分析，以宇宙本原为"理一"（太极），囊括天地万物——有血气者与无血气者（一切生命与非生命物质），致力于"析之极其精而不乱，然后合之尽其大而无余"，最终登上有宋一代的思想高峰。窃以为民间逸事传说之所以视其为感通天地物类的偶像，也是其以"理"（太极）为最高范畴的哲学思想体系的折射反映。

随着社会的发展，那神话般尊朱的故事传说也渐渐淡化了。唯独贬斥朱熹，同情严蕊的才妓艳闻因迎合某种社会心理而尚有市场。自20世纪初叶王国维先生著《人间词话》，提出"《卜算子》系高宣教作，《齐东野语》所记朱、唐公案，恐不可信"的异议。其后对此有过深入研究，做出令人信服结论的也不乏其人，据我所知，有如束景南、余兆鹏、汤兴中诸位学者。然而，洪迈、凌濛初所造成的混淆视听的不良影响，至今未能消除。

# 第十一章  从狐仙怪异传说看朱熹的第三重形象

在朱子传说中，狐仙原形是"层累地""慢慢地""逐步逐步地"演化、添加、拉长起来的。顾颉刚先生（1893～1980）"层累构成说"作为研治历史与传说的极富效力的观念工具，所着重处理的，其实只是传说或故事版本的翻新变异，而非故事或传说本身所著录、附着或反映的原始事实。"实在"的历史或原生形态的历史即使有也不可知，人们所能确知的只是"经验"层面上的"历史"，亦即被记录下来进入研究者视野的"历史"。我们无法知道"某一件事的真确的状况"——原始、"实在"的状况，但可以知道某一件事在传说中的最早的状况。因此，与其"临渊慕鱼，不如退而结网"，与其探讨不易把握的真相，不如退而考订相关的记载，即所谓"不立一真，惟穷流变"[1]。这样，传说赖以产生的历史文化背景与社会心理，将随之呈现。朱子传说由已故著名朱子学家、美籍华人陈荣捷（1901～1994）开其端[2]。然陈氏远隔重洋，于耄耋之年偶赴大陆，来不及深入探讨。余于近年亲访其地，收集新资料，钩沉索隐，阐发传说的演化、流变与成因，揭示程朱提倡妇女守节的社会原因，论证朱熹（1130～1200）在民间的第三重形象及其本质。

## 一  武夷山之演化——平民感情借千古狐魂的理想幻化，怨女旷夫消解性寂寞的精神药剂

"琴书四十年，几作山中客。一日茅栋成，居然我泉石。"[3]这是朱熹长期游居武夷山的真实写照。淳熙十年（1183），朱熹筑武夷精舍于五曲溪畔，著书授徒，学者云集。早在青少年时代，朱熹就随侍刘子翚

---

① 王学典、李扬眉：《层累地造成的中国古史——一个带有普遍意义的知识论命题》，《中国社会科学文摘》，2004年第1期，第100页。
② 陈荣捷：《朱子新探索》，台湾学生书局，1988年，第174～181页。
③《朱熹集》卷九，四川教育出版社，1996年，第376页。

（1101～1147）讲习于武夷山水帘洞。其生活可谓与武夷山居民融为一体。朱熹生前，曾对其门人陈淳说："兽中，狐最易为精怪。"[1] 有趣的是，朱熹死后，武夷山民间则产生朱熹与狐仙的传说，最早见于方志：

### 狐夫人

朱子筑精舍于武夷山中，治学甚勤。夜间，辄有妇人自外来，容仪修整，侍朱子读书，夜深始去以为常。一日平林渡渡夫问朱子曰："襄常见妇人入精舍，有之乎？"朱子曰："然！"渡夫曰："此狐也。狐之元精如玉箸，先生之元精如玉碗。狐欲吸取先生之玉碗以配玉箸，宜慎之。"朱子曰："奈何？"渡夫曰："狐来时宜振作精神，俟其倦然后如此图之，可以入圣而延年。"朱子如其教，狐果倦。隐几而卧，鼻涕流出，双管莹然如碧玉，朱子亟吸而吞之。狐醒凄然曰："甚哉！渡夫陷我也。渡夫本龟精，尝调我，我不从，遂至如此数也！"语毕而死。朱子葬之武夷山中，题其碣曰："狐夫人墓。"询渡夫已失所在。[2]

不知历时几许，上述简略的记载，经民间口碑演化出以《狐夫人》为蓝本，且更加生动具体、更加人性化的新版传说（从略）：

### 朱熹与丽娘

南宋淳熙年间，朱熹辞官回到武夷山，筑武夷精舍于五曲溪畔，四方学子慕名前来求学听经。武夷山修炼千年的狐仙化作五曲溪对面的美丽村姑胡丽娘，拜朱夫子为师。聪明贤惠的丽娘替朱熹誊写了很多诗文，常陪朱熹吟诗作画。时朱熹发妻逝去多年，丽娘天天晚上来侍候朱熹。

早就觊觎着朱熹祖传玉碗和丽娘玉筷的乌龟精——一对被贬为五曲平林渡的摆渡佬，趁朱熹到平林渡口散步之机，阴阳怪气地拨弄是非，恶语中伤丽娘。朱熹初不为所动，并与丽娘结为恩爱夫妻。

后来，摆渡佬指责朱熹背叛圣贤礼教，说朱熹气色不好，中了

① 《语类》卷一三八，中华书局，1986年，第3288页。
② 刘超然：《崇安县新志》，武夷山市市志编纂委员会整理，1944年，第181页。

妖精邪气，即将大难临头。疑信参半的朱熹照着摆渡佬所示的办法一试，果然发现睡眠中的丽娘鼻孔里伸出一对碧绿透明的玉筷。夫子惊叫，玉筷离身落地，狐仙千年道行已破，丽娘回归洞穴，长眠于南螟靖。

朱熹想起丽娘"仰慕大贤"的临终话语，悔恨交加，抄起朱笔掷向窗外一对暗中作祟的黑影。朱笔像箭一样飞去，两个摆渡佬变为一对乌龟原形，逃往九曲上游……

为了纪念丽娘，朱熹在南螟靖立了一块"狐氏夫人"碑。从此，武夷山当地人就把南螟靖叫作"狐狸洞"了。①

图 11-1　朱熹与丽娘

---

① 彭盛友等:《美丽传说》，福建人民出版社，1993 年，第 68～75 页。本章插图采自该书第 70 页。

奇秀甲东南的武夷山，有三十六峰，九十九岩，素有"溪曲三三水，山环六六峰"之称。朱熹酷爱武夷胜似人间仙境的自然美，长期浸染儒释道千年积淀的武夷文化。淳熙十一年（1184）春，朱熹吟咏的《武夷棹歌》有"渔郎更觅桃源路，除是人间别有天"①之句。他大半生游居于此，其思想及生命历程与武夷山密不可分。民间不能不产生一种传说，以表达对朱熹的仰慕之情。狐夫人长眠的"南溟靖"（又称"狐狸洞"），位于武夷隐屏峰半山上。关于《朱熹与丽娘》，陈荣捷先生说，"因其为通俗文章，最足披露民间感情"，"朱子有灵，亦默许也"。②该传说成为当代旅游业的话语空间，经导游、排工的合理想象，日复一日绘声绘色地向游客讲述，愈传愈广。

江淮以南民间淫祀妖怪，自古而然。诚如朱熹"最为笃实"的门人陈淳所言："大抵妖由人兴，凡诸般鬼神之旺，都是人心兴之。人以为灵则灵，不以为不灵则不灵。""盖鬼神幽阴乃藉人之精神发挥，随人知识所至，便见妖非由人不可。"③在深受朱熹教化与惠政的闽赣浙湘等地的民众心目中，朱子学贯天人，道巍德尊。然而，朱熹一生命途多舛，早年丧父（1143年朱松病逝），中年丧妻（1176年刘清四病逝），晚年失子（1191年长子朱塾去世），继而又遭"庆元学禁"的政治迫害。平民百姓祈望朱熹在为"生民立命"而遍注群经，著述千万言的清苦生涯中不受孤寂，借千古之狐魂理想幻化为善良美女，侍朱熹于青灯黄卷之侧，使其"修葺小文字，以待后世庶有小补于天地之间"④。

然而，当我们寻觅传说得以形成的社会原因时，不能不将其与明清时代的节烈现象相联系。地处闽赣浙文化交汇的武夷山一带平民借千古狐魂表达了对朱熹的真挚感情，这传说同时迎合生活在宗法家族伦理束缚下怨女旷夫的精神需求，使传说历经后世的补充完善，得以流传下来。

掀开东南地区的方志，关于节妇烈女的记载俯拾皆是、难以计数，

---

① 《朱熹集》卷九，四川教育出版社，1996年。
② 陈荣捷：《朱子新探索》，台北学生书局，1988年，第172～174页。
③ 陈淳：《北溪字义》，上海古籍出版社，1987年，四库全书影印本（709），第54页。
④ 《朱熹集》卷二五《与吕伯恭书》，四川教育出版社，1996年。

令人触目惊心。据《福建通志》记载，就闽南 12 个县不完全统计，仅未婚妻守节、夫亡殉节一项，明代有 307 人，至清代骤增为 632 人[①]。兹举朱熹晚年定居并建立考亭学派的闽北建阳（与武夷山毗邻）数例：

建阳"七贤"之一黄勉斋（朱熹的女婿，1152～1221）裔孙女，23 岁夫逝之后，就自毁美颜……居母家 50 余年不轻出。清黄生妻袁氏 18 岁夫死，无子依，在娘家自筑土室，只开一个洞门，以通饮食……年 82 无疾而终。朱熹十二世孙女朱无瑕，嫁给李汝梗为妻。三年后李汝梗一病不起，此时朱无瑕已有孕在身，李汝梗便对妻曰："我必不起，娠男则守，娠女若何？"无瑕呜咽不能回答。后来无瑕果生一女，李汝梗一气病急转危，舌涩不能语，便两眼死死瞪住其妻。无瑕明白丈夫怕她改嫁，遂自尽先夫而去，李汝梗才断气，演出了无异活人殉葬的悲剧。[②]王权死于舟楫之祸，其妻黄氏（书坊人）昼夜哀痛不止，因已有孕在身，欲死不能。待遗腹子生下剃发后，悲泣于丈夫灵牌之前，夜间用利刃割喉管自尽，并于梳奁台上留诗一首曰："常说死同穴，而今问水滨。团圆难负约，甘向剑头寻。"死时年方 20。邑中绅士纷纷以诗挽之，知县马世道挽之以"志节维风"匾表彰。[③]

尝读清人笔记，其中有则说一年轻孀妇，难熬那漫漫长夜，每于不眠之际，撒一盒铜钱散乱于地，黑暗中将铜钱一个个寻觅殆尽，耗去精力而后上床。[④]由此可见守节孤苦之一斑。世有孀妇怨女，亦有旷夫，数十年性压抑的孤独生活，其凄苦难以言状，他们沦为封建宗法家族伦理的牺牲品，是生活于社会下层的弱势群体。在现实中得不到情爱的人们，虚幻的爱情传说故事对于她们（他们）无疑是一贴精神药剂。在古代交通、信息闭塞的闽北赣南的山野乡村中，在文化生活十分贫乏的条件下，有着圣人光圈的朱子之传说，在怨女旷夫如幻似梦的讲述、补充、调侃、

① 孙明章：《李光地与后期闽学》，《厦门大学学报》，1987 年第 1 期。
② 刘健：《大潭书》，文物出版社，1994 年，第 423 页。
③ 同上书，第 423～424 页。
④ 青城子：《志异续编》卷三；转引自划达临《中国性史图鉴》，时代文艺出版社，2003 年，第 194 页。

戏谑，直至形成的过程中，渗入其爱憎与情趣，或多或少解除了她们（他们）性寂寞的痛苦，其心理轨迹则充满着迷惘与挣扎、逆反与期待。

## 二　赣南铅山、庐山白鹿书院之流变——失意士人对科举制度的情绪反弹，纵逸之辈放浪形骸的辩护谈资

传说伴随着朱熹生前的行踪，越过武夷山分水关，流布于朱熹与陆九渊（1139～1193）辩论（即"鹅湖之会"）的江西铅山一带。这里距武夷仅80公里，故事情节同中略异，狐狸精为胡玉莲，怪异为黑鹅精——一个作恶的老道：

### 鹅湖山朱熹遇怪

鹅湖山，形不像"鹅"，也没有"湖"，鹅湖之名是怎样来的呢？据说与朱熹遇怪有关。传说朱熹有一次来到铅山鹅湖山地面，见环境清静幽美，便在山麓一座古寺中寓居下来，潜心研究学问。

一天晚上，朱熹秉烛夜读，忽觉窗外有人。朱熹吃惊地探身外望，只见窗外站着一个年轻女子，脸罩愁云，目含悲戚，忙问道："你是何人？为何在此伤心？"女子答道："奴叫胡玉莲，只因父母亡故，来此投奔表哥，遍访无着。"朱熹听后，顿生恻隐之心。将女子唤进寺内，茶饭款待。饭后，女子匍伏在地，哭道："多谢先生救助之恩，但奴举目无亲，还乞先生垂怜，容奴留下服侍先生。"朱熹虽觉不妥，但念女子欲归无门，便点头应允了。从此，女子留在寺中，烧茶做饭，悉心照料朱熹。

光阴荏苒，一晃便是半载。一天，朱熹出门漫步，来到黑水潭边，遇见一个老道。寒暄已毕，老道对朱熹说："先生印堂发暗，脸带晦色，定有妖孽缠身。不知先生身边近来有生人否？"朱熹只好将半年前收留女子一事说了。老道一听，顿足道："先生不知，那女子乃此山中千年狐狸精变化，欲加害于你。贫道教你一法：那女子中午睡觉，鼻孔里必然流出两条清涎。你可乘其熟睡之机，将清涎吸入口中。这样她就不能加害于先生了。"朱熹听罢，将信将疑，辞

了老道，返身回寺。时当正午，女子正在房中歇息，朱熹见她鼻中果然流出两条清涎。便按老道说法，俯身将其吸入口中。女子猛然觉醒，泪流满面，凄然说道："先生既已知晓，请听奴一言：奴素有慕才之意，并无害人之心。奴死后，望先生念奴服侍一场，为奴掘一穴殓葬，奴来世不忘矣！"说罢，大哭一场。又道："那恶道其实是潭中一只黑鹅精，早想谋害先生；因奴在此，才不敢妄动。奴死后，它定会乘机接近，先生可假意应允，十天半月待其麻痹后，必会现出原形。先生只须砍去它额上那个大瘤，它便不能继续作恶了。"说完，倏然而逝。朱熹依嘱在山上刨一墓穴将她安葬，并在墓前立一石碑，上镌"胡氏之墓"。回到寺中，适老道来访，央求暂住。朱熹假意应允。半月之后，一天夜晚，朱熹待老道睡熟，悄悄掀开帐门，果然见老道额上长出一个大瘤。朱熹怒火中烧，抽剑便砍。老道大叫一声，夺门而逃。朱熹紧追不舍。来到黑水潭边，老道纵身跳入潭中，转眼变成一只黑鹅。朱熹飞剑斩去，正中鹅头，黑鹅精一命呜呼。

此后，人们便把这座山叫作"鹅狐山"。有人嫌"狐"字不雅，改为"鹅湖山"。①

淳熙六年（1179）三月，朱熹知南康军（治所在今星子县），十月复建白鹿洞书院，八年辛丑（1181）闰三月去任东归。在南康两年，任内政事繁忙，不能常赴白鹿书院（荐杨日新为堂长主其事）。然庐山白鹿洞一带，则流传着对朱熹不无嘲讽的狐仙故事：

狐狸墓（从略）

朱熹教导学生严守礼法，自己却明知美女是来自五老峰的狐仙而与其结为百年之好。

朝廷派礼部侍郎来查处朱熹。在抉择功名与爱情之际，朱熹既无法舍弃爱情，又同时为功名所惑，以致使狐仙失去命根绿色衣裙（不再是

---

① 铅山县志编委会：《铅山县志》，南海出版社，1990年，第671页。

从鼻孔中流出的元精）而毙。

庐山白鹿洞后山上，朱熹埋葬了狐仙，立碑上刻：胡氏夫人之墓。[①]

《鹅湖山朱熹遇怪》发生在朱陆论辩的所在地。有朱陆鹅湖之会，而后有鹅湖书院。鹅湖山传说对朱熹已初露微讽——"朱熹独坐也无聊"。而庐山白鹿书院的《狐狸墓》对其嘲讽犹甚。兹录该传说（前述从略）借化形女子之口嘲弄朱熹的诗一首：

> 孔门弟子莫轻狂，此是读经学圣堂。
>
> 休趁夜深人静后，逾墙扮演凤求凰。

窃以为渗透于传说中这种戏谑不敬的言辞，以及《狐狸墓》传说的整体构建与基调，如朱熹既难舍爱情，又同时为功名所惑，等等，乃是失意士人对于科举制度的情绪反弹。

书院是培养读书人的地方，亦即士人聚集之所。若谓"负笈而来，学成而归"是多么轻松的话语。实际上，同是读书人，在科举制度面前却命运悬殊。"二十八人初上第，百千万里尽传名"虽是唐人诗句，同样适用于宋明各个时代。一旦得中则平步青云，佼佼者甚至朝为田舍郎而暮登天子堂。但终生困守场屋，郁郁不得志者亦比比皆是。吴敬梓（1701～1754）笔下的范进是中举前后生活境遇反差巨大的典型。鲁迅（1881～1936）小说中的孔乙己，则是读书人穷愁潦倒的真实写照。南宋哲人们洞察科举流弊，故朱熹力倡"为己"之学，陆九渊于1181年在白鹿书院讲席上以"君子小人喻义利"发论，朱熹以为"切中学者隐微深痼之病"[②]。元代蒙古贵族统治者科举取士"明经内四书五经，以程子、朱晦庵注解为主"[③]，开明代八股之先河。明成祖朱棣及其臣子们更是确立以程朱理学作为科考的价值标准。随着时间的推移，科考由"悉去汉儒之说"演变为"专尊程朱之学"，后来则干脆"尽扫百家而归之宋人，又尽扫宋人而归之朱子"[④]。朱熹《四书集注》等著述逐渐异化为读书人

---

① 徐明顺等编著：《白鹿书院的传说》，湖南大学出版社，1997年，第127～133页。

② 吴长庚：《朱陆学术考辨五种》，江西高校出版社，2000年，第705页。

③ 左东岭：《王学与中晚明士人心态》，人民文学出版社，2000年，第44页。

④ 同上书，第56页。

入仕的敲门砖，作为活学的朱子学变成主宰士人命运的僵化教条，造成士子们依朱注等旧文字便可中进士获高官，而刻苦体认经书者却穷年白首，饥冻老死。这种手段（科举）与目的（圣学）的颠倒，使考中者未必有德有才，而才德过人却抱憾终生者亦不乏其人。这从书画家文徵明（1470～1559）为科举失意士人撰写的《戴先生传》《顾春潜先生传》，以及杜允胜、王履吉等墓志铭中可以窥见。①明季屡试不第的小说家凌濛初（1580～1644），以《硬堪案大儒争闲气，甘受刑侠女著芳名》，借前代野史笔记敷衍故事，将朱熹作为丑化贬抑对象，从另一侧面说明这种情绪反弹。

　　既然朱熹及其著作历久不衰地成为支配科举考试的魔棒，愚弄了士人的命运。那么，负笈而来鹅湖书院、白鹿洞书院的一代又一代士人，其中也不乏德才兼备又屡试皆黜者，科举制度的不公使他们痛心疾首，将满腔悲愤炮制幻化成为揶揄、讥讽圣贤的传说，并将诸如功名与爱情都难舍弃而更重功名的价值追求，融入朱子传说这一民间文学的动态载体之中。

　　举凡关涉人生、人性、人世的题材，都能得到人们的普遍关注，朱子传说即属此。传说同时适应纵逸之辈的心理需求，这也是传说之所以有生命力而得以形成流布的原因之一。

　　朱熹生前有感于三代之世天理流行，三代而下人欲流行，故以继承千年不传的道统，整顿世道人心自期。然而北宋开国以来，太祖赵匡胤杯酒释兵权，笼络臣下以广置田产，多蓄奴婢，纵情享乐。统治阶级竭泽而渔，沉迷声色之风，至南宋之世有过犹而无不及。朱熹以天理论匡时济世，其"理欲之辨"的目的，在于规谏统治阶级减赋恤民，以缓和阶级矛盾。宋季以降的统治者一方面神化吹捧朱熹，一方面抛却其"正心诚意"的修身之学说而对劳动人民施以"忠孝""贞节"家族伦理之教化，对民间节妇烈女以树碑立传的方式加以宣扬。然而，历代帝王嫔妃

---

① 左东岭:《王学与中晚明士人心态》，人民文学出版社，2000年，第57～59页。

成群，臣僚们三妻四妾，依旧纵情声色；明清新兴市民阶级冲破压抑个性的伦理樊篱，他们希望打破禁锢去寻找异性的慰藉。这可从皇室、士大夫秘传的房中术，以及适应明清时代初崛市民阶级商业文化生活和精神需要的言情小说大量涌现得到证明。

纵逸之辈放浪形骸必须寻觅偶像作为效法的型范，于是他们把审美眼光投向妇孺皆知且倡言"存天理，去人欲"的朱夫子，从朱熹与狐仙的情爱故事中获取最有说服力的辩护谈资。其心理轨迹可以归结为：圣贤尚有老夫少妻的艳福，吾辈岂无享受人生之尊贵。

## 三　清季之变异——聊斋先生笔下鬼狐的转换移植，反叛传统审美取向的合璧之作

根据陈荣捷先生记载，民国前一年有美国人士数人，游庐山白鹿洞。归美后发表文章，报告白鹿洞书院情况。其中一段叙述狐狸精故事，虽甚简短，然意义颇深。兹录于下：

### 白鹿洞狐狸精

历史未明言朱夫子在此工作若干年，惟历代相传，则彼终生居此书院，死则葬于书院后面之丛林。传说又以为洞悉其超人智慧之原自。当彼来驻山洞之时，有一狐狸精换形少女与之同居而朝夕侍奉。此女带来一贵重宝珠，强朱子吞之。在其苦求之下，朱子难却，于是此珠遂为彼智慧之源泉，而非生灵所能有者。不久又有青蛙精换形少女来与朱子同居。可惜两女不能相得。某日吵闹，青蛙精曰，"你只是一个狐狸精而已"。狐狸精反驳之曰，"你非青蛙精而何"？翌日二精失踪，狐尸与蛙尸均见于书院旧桥之下，乃依礼葬于书院之丛林，立石为碑[①]。

陈荣捷先生认为："在民众心目中，朱子道巍德尊可以感化鬼神。故一精以至两精前来服侍他。乡人其愚可怜，而其志则可嘉也。"[②] 然而，根

---

① 陈荣捷：《朱子新探索》，台湾学生书局，1988 年，第 172 页。
② 同上书，第 173 页。

据我们细读《聊斋》之不同发现，可证"乡人其愚"未必。

清初小说家蒲松龄（1640～1715），也是屡试不第的失意士人，同样终生怀抱不为世用，仅成"孤愤之书"的郁郁情结，经他在路旁设摊、亲自收集，又有朋友们"四方邮简相寄"而"所积益多"[①]，终于写成不朽奇书《聊斋志异》。

蒲松龄《聊斋》中有这样两个人物——莲香与李氏，同侍穷书生桑生。有次两女相遇不合争吵，互揭对方为鬼狐。后来桑生身体日衰，莲香送药为他治病。这个故事与陈荣捷博士所记"民国前白鹿书院两精化形少女同侍朱熹（狐精强朱子吞下宝珠）的传说"何其相似乃尔。请看《莲香》之梗概：

> 穷书生桑生接连碰到两个夜晚来访的美女，一位叫莲香，另一位叫李氏。前者自称"西家妓女"，后者自诩为"良家女"李氏，桑生先后与二女"绸缪甚至"。莲香因视桑生神气萧索，相约十天后再会。李氏却每夜必至。后来莲香告诉桑生，李氏是鬼，李氏则揭莲香为狐，桑生疑为妇人之妒使然。桑生与李氏欢会日久，身体日衰。莲香送药为他治病，一天夜里与李氏相遇，二女争吵时，桑生才明白他们分别是狐和鬼。莲香让李氏用嘴给桑生喂补药，使他亏损元气的身体逐渐恢复……

再读聊斋先生笔下的《青蛙神》：

> 江汉之间，俗事蛙神最虔。祠中蛙，不知几百千万。有大如笼者，或犯神怒，家中辄有异兆……

庐山白鹿书院地濒长江、鄱阳湖，民间祀蛙神。由此可见，两精同侍朱子传说中的青蛙精由此而来。因此，陈荣捷先生记载关于民国前一年之传说，则是蒲松龄笔下鬼狐的转换移植。

纵观我国古代小说以及故事传说的发展史，狐狸在文学领域的"活动"屡见不鲜，描写刻画狐狸，并不是朱子传说的发明创造，可见于诸

---

① 齐慧源：《论〈聊斋志异〉对〈世说新语〉的继承》，《淮阴师范学院学报》，2000 年第 6 期，第 82～83 页。

多记载：

> 狐及狸狼皆寿八百岁，满三百岁暂变为人形。（葛洪《抱朴子·玉策记》）

> 狐者，先古之淫妇也，其名曰阿紫，化而为狐。（干宝《搜神记》卷十八引《名山记》）

> 千岁之狐为淫妇，百岁之狐为美女。（《初学记》卷二十九引郭氏《玄中记》）

> 狐五十岁，能变化为妇人，百岁为美女，为神巫，或为丈夫与女人交接，能知千里外事。善蛊魅，使人迷惑失智。千岁即与天通，为天狐；千年之狐姓赵、姓张，五百年狐姓白、姓康；旧说野狐名紫狐……夜击尾，火出，将为怪，必戴骷髅拜北斗，骷髅不坠，则化为人矣。（冯梦龙《太平广记钞》摘《太平广记》之"狐杂说"）①

唐初以降，民间多事狐神，房中祭祀以乞恩，故时谚曰："无狐魅，不成对。"②钱锺书先生说："古来以狐为兽中黠而淫之尤，传虚成实，已如铁案。"③审视叙述狐狸的文学传统，绝大多数从"狐狸善以媚态惑人"的角度出发，将化形美人的狐精们描绘成狡诈、淫荡的妖物。于是，对狐狸的审美价值取向形成了固定的模式——狐狸精等于淫乱妖媚的女人。例如害死英雄后羿的黑美人玄妻，被称为"纯狐"④；导致商纣亡国的美女妲己，是一个具有妖媚惑乱本性的九尾狐精。总之，在尚礼仪、重伦理，父权制文化占主导地位的古代中国，无数个情节大同小异的故事重复着狐狸精就是"害人精"的话题。作为千夫所指的唾骂对象，狐狸在审美领域的价值取向只能是"丑恶"而已。

朱子传说一反狐性恶的文学传统，打破了流行千年的"铁案"，跳出了"丑恶"这一传统的审美窠臼，为美女狐精翻案。武夷山的胡丽娘与白鹿洞——来自五老峰的狐仙，聪明贤淑，既为朱熹带来欢愉，又以

---

① 肖荣华：《"狐"星高照》，《贵阳师专学报》，2000 年第 4 期。
② 同上。
③ 钱锺书：《管锥篇》，中华书局，1979 年，第 855 页。
④ 阮元：《十三经注疏》，中华书局，1980 年，第 2116～2120 页。

其超乎常人的见识，帮助朱熹著书立说；铅山鹅湖山的美丽村姑胡玉莲，悉心照料朱熹，为朱熹解除了孤寂。而当丽娘、玉莲、胡氏失去命根子——玉筷、鼻中流出的元精、绿色衣裙时，她们临终表达的是未能长久侍候朱子的遗憾，以及揭露怪异——乌龟精、黑鹅精的害人行径，使朱熹奋起铲除祸害。狐精们的最后乞求，仅仅是一抔葬身的黄土，何其微薄。如此本性善良的狐精，简直是深明大义！陈荣捷先生记载关于白鹿洞的狐狸精，带给朱熹一贵重宝珠，成为其超人智慧的源泉。这与文学传统中朝去夕至使书生精气亏损而身体日衰的狐狸精相比较，非善而何？在朱子传说中，女性害人的"丑恶"嘴脸消失殆尽，"狐狸精"成为"可爱女性"的化身，其审美倾向彻底转化成为"美善"。狐精们凄然而逝以身殉圣的结局，颇具悲剧色彩，使传说产生长久的艺术魅力。

《聊斋志异》虽然也写了害人的狐怪狐精，如《贾儿》中霸占商人之妻的狐怪，《刘海石》中的害人白毛狐狸倪氏，《农人》中偷吃农人粥饭，危害富贵人家女儿的狐狸精等，但毕竟是少数。更重要的是，聊斋先生锐意求新，在继承传统的基础上大胆反叛，将狐狸化美女这一题材推陈出新，写出大量赞美狐狸的篇章。因此，我们可做出这样的蠡测，早期的朱子传说——狐性善、反叛传统的审美价值取向影响了清初的蒲松龄。陈荣捷先生所记清末的朱子传说在转换移植聊斋先生笔下鬼狐的同时，对于蒲公《莲香》与《青蛙神》的审美价值选择则既有所接受又有所改造。这样，历经变异的朱子传说，自然就成为反叛传统审美价值取向的合璧之作了。

## 四　朱子在民间第三重形象及其本质：人们深层婚姻文化心理及伦理价值选择的折射反映

从狐仙传说故事中，我们看到的是朱熹理性与情感相矛盾的形象。透过程朱提倡妇女守节的社会原因——从本质上说，这种人妖怪异悲喜剧所隐喻的，正是人们反叛数百年封建礼教的深层婚姻文化心理及伦理价值选择的折射反映。

朱子而后即南宋以降七百年间，就整体而言，官宦士人本身就是社会的精英与权力的实际掌握者，因而这个社会所制订的种种制度与政策也必然会以保证他们的利益为前提（君主皇室自不待言）。随着社会的发展变迁，达官贵人追求利禄欲望的膨胀，使得这种极权的政治制度必然导致具有修身意义的"存天理，去人欲"的理念，逐步演变成"酷吏以法杀人，后儒以理杀人"[①]的治人之术，即戴震（1724～1777）所抨击的后期理学。这是"理欲之辨"成为尊者、长者、贵者的统治工具，而对于卑者、幼者、贱者则不无禁欲主义色彩的真正原因。必须指出，玩弄于统治阶级股掌之上的"理欲之辨"与朱熹的初衷有着质的区别。朱熹的本意并非要消灭人间情欲，他著《诗集传》，一反《毛诗》"温柔敦厚之教"，而以"思无邪"为《诗》教。对其中诸多爱情诗做了新颖的解说。如《野有死麕》："野有死麕，白茅包之；有女怀春，吉士诱之。"解为："吉士以白茅包其死麕，而诱怀春之女也。"麕即獐鹿，一位美男子以白茅包裹猎得的死鹿，去讨好他的女朋友。这同汉儒说的"南国被文王之化，女子有贞洁自守，不为强暴所污者"[②]思想明显要解放得多。朱熹所冀望的德行伦理是不失法度。换言之，即要适度。这个"度"，也就是《中庸》所说的"致中和"，《尚书》所说的"允执厥中"。这种"致中""厥中"之"度"推及伦理道德规范，绝非一成不变，它是随着社会的变迁而改变的。诚如朱熹所言："今礼文觉繁多，使人难行。后圣有作，必是裁减了，方始行得。"[③]

　　然而，研究者往往将明清的节烈现象与朱熹的"理欲之辨"相提并论。汉唐之世虽也彰扬"舍生取义"的志士仁人，但并不极力鼓吹节妇烈女。朱熹并非不谙汉唐史事，他曾经评论唐史说："唐源流出于夷狄，故闺门失礼之事，不以为异。"[④]现代史学家陈寅恪（1890～1969）认为："即此简略之语句亦含有种族及文化二问题。而此二问题实李唐一

---

① 蒙培元：《理学的演变》，福建人民出版社，1984年，第542页。
② 洪波：《论朱熹的理欲之辨》，《朱子学刊》，1990年第1期。
③《语类》卷八九，中华书局，1986年。
④《语类》邓艾民前言，中华书局，1986年，第19页。

代史事关键之所在。"①说明朱熹洞悉汉民族的宗族社会结构及其深层思想文化脉络，深知要整顿纲常，重建伦理，必须从家族宗法入手，在强化"孝""忠"观念的同时，又强调事夫以"节"——伊川有"饿死事极小，失节事极大"之语，为朱熹与吕祖谦（1137～1181）合编的《近思录》采用。这样，经朱熹强化了的家族宗法伦理模式为：事夫以节（不贰）——事父以孝（事兄以悌）——事君以忠以节（不贰）则全面强化了男权制的家族宗法伦理，对于巩固封建统治产生了极为深远的影响。早在 20 世纪 40 年代，贺麟就指出："伊川的错误，似乎不在于提出'饿死事小，失节事大'这一概括的伦理原则，只在于误认妇女当夫死后再嫁为失节。"②然而，如果没有适应"贞节"观念的社会文化土壤，程朱的话力量再大也产生不了有宋以降六七百年的风俗礼教。"五四"以来对理学的批判有其进步意义，但若将作为一定历史时期的节烈现象归罪于程朱理学则未必恰当。窃以为提倡妇女贞操守节，是以家庭、家族的利益和稳定为出发点的。它是生产力低下，生产方式单一，超稳定的农业社会亦即宗法制度的产物，与夫权的消长共存亡。由于理学家的气节理念对宗法社会的伦理需求具有张力，故明清时代节烈尤甚。随着历史的发展，生产力的不断提高，产生这种伦理需求的生产方式不复存在，节烈牌坊就成为一种文化遗迹供人凭吊了。

在朱子学的发源地崇安县（今武夷山市），方志所记载的妇女节烈宋代仅 3 人，明代 10 人，清代最多达 180 人（其中夫死毁容、自杀者不胜枚举）。然而，就在这崇安县，清初茶市渐兴，娼妓亦至：

> 娼妓一业，明以前无可考见。清初茶市渐兴，娼妓亦随之至。清末赤石一隅多至七十余家。夕阳初下，莺燕交飞，遍地笙歌，声闻数里。可谓极一时之盛。然此辈均赣籍，茶市一过，则风流云散矣。③

---

① 《语类》邓艾民前言，中华书局，1986 年，第 19 页。
② 贺麟：《文化与人生》，商务印书馆，1988 年，第 192 页。
③ 刘超然：《崇安县新志》第六卷《礼俗》，1944 年，第 166 页。

由此可见，生产与交换方式决定社会风俗。稳定的农业经济，妇女守节；人口流动的茶市，贞操也成为商品了。就在武夷山下——朱熹理学的发源地，血泪凝成且冰冷无情的贞节牌坊之下，莺燕交飞，遍地笙歌，卖淫嫖娼，清季仅赤石一隅，则"多至七十余家"，这相对于节妇烈女之悲壮，岂非天壤之别？

鲁迅（1881～1936）生在清算批判旧道德，整合重建新文化的清末民初。就在五四运动后的 1924 年，他以如椽大笔写下了愤世嫉俗的《祝福》①。读其著则令人解悟：即使不像明清时代礼教桎梏下的众多妇女那样，用青春与热血去换取冰冷的节烈牌坊，而像祥林嫂那样顽强地苟活于人世，也无补于改善自己的处境。理学老监生鲁四老爷及其周围的人们还是鄙薄她，只因她是寡妇，连普遍人祭祀的物品经她拿过也被视为不吉利。婆婆为了让小叔子娶妻而逼她改嫁，她反抗得一头撞在香案上险些丧命，也难逃被人们取笑的命运，这样的风俗礼教致使祥林嫂由挣扎而麻木，终于沦为乞丐，穷死于鲁镇。因此，对于节妇烈女，鲁迅发出"只要平心一想，便觉得不像人间应有的事情，何况说是道德"的慨叹。同时他还仗义执言："男子决不能将自己不守的事，向女子特别要求。"②从反叛封建礼教的意义上说，鲁迅的节烈观及其《祝福》与朱子传说故事有着异曲同工之妙。

朱子传说在民间历经数百年积淀而成，由山村而城市，竟于 20 世纪80 年代被搬上银幕。有论者认为电视剧《朱熹与丽娘》（虚构的成分多于传说）："这是戏，不是史，固然不足为凭。但此戏多少还是有一些生活的影子。"③我们则进一步以为，投射于此戏中的同样有创作者生活中的影子，包括创作者的深层文化心理、审美情趣与价值取向。

《朱熹与丽娘》传说中的摆渡人指责朱熹背叛圣贤礼教，为师者与拜师者产生爱情并结合在一起，在 800 年前师道尊严的时代实属不该；《鹅

①《鲁迅选集》卷一，中国青年出版社，1957 年，第 105 页。
②《鲁迅选集》卷二，中国青年出版社，1957 年，第 5 页。
③ 李哲良：《中国佛教文化漫笔》，东方出版中心，1999 年，第 1～10 页。

湖山朱熹遇怪》中父母双亡的胡玉莲投靠朱熹，明知不妥（违背礼教）朱熹还是收留了她；《狐狸墓》说朱熹总是谆谆告诫学生要品格端正，"非礼勿视，非礼勿听，非礼勿言，非礼勿动"。然而，当他自己身处空谷寒夜（学生们都回家过年）之际，竟向来自五老峰的狐仙美女求百年之好。先是狐女心有灵犀，吟诗挑逗：

> 夜静更深人未眠，心犹聊诵《有狐》篇。

> 缘何圣化痴情在，欲海贤关一线牵。[1]

"欲海贤关一线牵"摒弃了理与欲的对立，点明了两者的统一。有生命力的伦理学应以理性原则制约感性原则，否则，将会导致快乐主义。[2] 为什么人们要使传说故事中的朱熹在理性（宗法礼教）与情感（生命需求）冲突之际，做出情感高于理性亦即感性原则驾驭理性原则的价值选择？其深层原因是随着社会的发展进步，既有的道德规范与现实不相适合，人们要求冲破传统的宗法礼教与贞节观念。但是，当批判旧道德，整合新伦理的契机尚未到来之际，人们将自己的意志渗透于朱子传说之中，借助朱熹的幽灵消解郁闷情绪，以隐喻的方式宣扬追求两情相悦的幸福婚姻生活理想。其心理轨迹则可做这样的诠释：作为创立礼教的朱夫子自己都已背弃那压抑人性的礼教了，难道芸芸众生还要再枯守身殉吗？

① 徐明顺：《白鹿书院的传说》，湖南大学出版社，1997年，第128页。
② 陈来：《宋明理学》，辽宁教育出版社，1991年，第2～5页。

# 第十二章　朱子与泉州籍缙绅的交游

朱子生平，遍交天下有识之士。其与泉州缙绅之交谊。除本章详述的梁克家、留正、傅自得、陈知柔外，还有两个人值得一提。一是柯国材（1106？～1177），朱熹在同安"职兼学事"，举荐进士出身的柯国材为"直学"。朱柯两人成为"匪同而和"，"肺俯以倾"①的忘年之交（本书第一章第三部分）。淳熙四年（1177）柯国材辞世，朱熹为文祭。二是李缜（1109～1164，退休宰相李邴之子），朱熹仕泉，每来泉州府，几乎退必至其家，李缜常置酒款待朱熹，"留连竟日，论说古今，商略文字，皆极其趣"，②两人相知很深。隆兴二年（1164）李缜辞世，朱熹为撰墓志铭。

## 一　与梁克家："昔岁调饥政"，为宋祚长治久安计

朱熹与梁克家（字叔子，谥文靖，1128～1187）同为闽人，朱为一代理学宗师，梁在南宋乾道、淳熙间两度为相，是颇有影响的政治人物。深入研究朱、梁之间的关系及其游潮事迹，窥视该时代缙绅士人之间、理学与佛学之间的思想交流与沟通方式，阐述闽粤文化的交流互动，有助于展现朱熹与梁克家在社仓救荒中的地位与作用。同时，通过诗史互证，钩稽辨析明清以来流行的朱熹文集的四个版本中，朱熹挽梁克家诗"几岁调娱政"③的讹舛，认为当以清代李清馥《闽中理学渊源考》所录"昔岁调饥政"④订正诸本。

朱熹论孝宗最后所用宰执"多是庸人"，⑤而对梁克家则多以赞许与敬

---

① 《朱熹集》卷八七《祭柯国材文》，四川教育出版社，1996 年。
② 《朱熹集》卷九二《李公墓碣铭》，四川教育出版社，1996 年。
③ 《朱熹集》卷十，《挽梁文靖公二首》，四川教育出版社，1996 年。
④ 李清馥：《闽中理学渊源考》（徐公喜主编）卷一二，凤凰出版社，2011 年，第 207 页。
⑤ 《语类》卷一二七，中华书局，1986 年，第 3061 页。

重：在与朋友通讯中称"梁公"，在"社仓记"中称"清源公"，在与学生讲学时，亲切地称呼"梁叔子"。纵观两人交往的全过程，可谓相见机会少，却长期相知相敬。乾道九年（1173），梁克家出知建宁府，一到任所，即不以贵显自泰，入境问俗，与朱熹相会。这是两人一生中最亲密的接触。淳熙间，在朱熹因弹劾唐仲友，卷入政治风潮而遭受攻击、反道学声浪未雨绸缪之际，梁克家曾写信给朱熹。[①]朱子复函谓："惟明公之心正大光明，表里洞彻，无一豪（毫）有我自私之意。……今天心未豫而民力已殚，国威未振而虏情叵测，惟明公于此深念而亟图之，则熹受赐多矣。"[②]从中可以看出朱子对梁氏充满信赖与期待。

图 12-1　梁克家像

朱子熟知梁克家从政逸事，有如"乾道间，近臣梁克家等始援绍兴二十六年赦书以请"，[③]为被秦桧迫害致死的高登平反昭雪；还有，梁氏

---

① 陈来：《朱子书信编年考证》（上海人民出版社，1989年，第226页）将朱子复函系年于淳熙十二年（1185），云"此书未可考，然以《文集》编次之序推之，当作于乙巳以近。"从复函语意看，陈先生所系之年可信。
②《朱熹集》卷二七《答梁丞相书》，四川教育出版社，1996年，第790页。
③《朱熹集》卷一九，四川教育出版社，1996年，第790页。

曾与莫济俱求外补，陈俊卿奏云："二人皆贤，其去可惜。"[1] 又如关于梁氏为相时所出文字，《语类》说："昔梁叔子将为执政时，曾语刘枢（刘珙）云：某若当地头，有文字从中出，不当如何？如何也须说教住了，始得。'"[2] 朱子仕泉之际，梁氏尚未登第，两人无缘相识。朱梁交往于何时，由于《梁文靖集》已佚，难以确考。然而，泉南名儒陈知柔（号休斋，1142 年进士，1184 年卒）是他们最初彼此了解的中介人物。据《闽中理学渊源考》记载，梁克家曾游学于陈知柔之门[3]。朱子仕泉簿同期间（1153～1157），陈知柔对其"诱掖良厚"，两人相与游历于漳泉间。后来，除了朱熹作为程学传人，以及屡上封事、奏事的影响之外，陈俊卿（1113～1186）、汪应辰（1118～1176）、刘珙（1122～1178）是朱梁相互了解的桥梁。

上述诸人都曾遭到秦桧的猜忌迫害：陈知柔与秦桧之子同榜而独不阿附，以故龃龉，盛年即动归兴，在家乡讲学。[4] 陈俊卿因"秦桧当国，察其不附己，以为南外睦宗院教授"。[5] 汪应辰既忤秦桧，又因笺注前帅诗受牵连，"狱既具，桧死，应辰幸而免"。[6] 刘珙作为主战派将领刘子羽长子，秦桧对他拉拢不成，则"风言者逐之"。[7]

朱子父亲朱松在秦桧决策和议时，"与同列上章，极言其不可。桧怒，风御史论松怀异自贤，出知饶州，未上，卒"[8]。从梁氏所亲近的士大夫可以窥其政治立场。绍兴三十一年（1161）冬，完颜亮被杀，众皆言可乘机进取，梁氏则移书陈俊卿，谓"不量力而动，将有后悔"。[9] 陈归转丞相陈康伯，叹其远虑，召为秘书省正字。俊卿之于梁氏可谓知遇。

① 《朱熹集》卷九六《陈公行状》，四川教育出版社，1996 年。
② 《语类》卷一二三，中华书局，1986 年，第 3178 页。
③ 李清馥：《闽中理学渊源考》（徐公喜主编）卷一二，凤凰出版社，2011 年。
④ 乾隆《泉州府志》卷四一，晋江地区文管会，1982 年。
⑤ 《宋史》卷三八三，中华书局，1977 年。
⑥ 《宋史》卷三八七，中华书局，1977 年。
⑦ 《宋史》卷三八六，中华书局，1977 年。
⑧ 《宋史》卷四二九，中华书局，1977 年。
⑨ 《宋史》卷三八一，中华书局，1977 年。

汪应辰（朱熹从表叔）与梁氏同庚，智慧早成，18 岁则状元及第，梁氏入朝之际，应辰已宦海沉浮二三十年。

汪氏知福州初见朱熹即叹为远器，并于离任时举朱熹自代，梁氏对他格外尊重。梁氏与刘珙同官之际，诸如"某若当地头"这类当隐之话语，对刘珙却敞开心扉而不讳，足见相互间无话不说，刘珙之于梁氏，可谓知音。可惜以上诸人，除朱熹外，都在淳熙间相继去世了。

考朱梁生平行迹，二人于乾道九年（1173）十月至淳熙元年（1174）正月这两三个月间有过两次相会。第一次已如上述，即乾道九年梁克家知建宁府，是冬与朱子相会论社仓事。第二次淳熙元年正月因梁氏丁忧，朱子入城吊之。未入城前，朱子致吕祖谦（1137～1181）信中说："自经新岁，未及上问……梁公至此相会，始知前此请之由衷……开正复扰扰，才得旬日休息，又梁公遭忧，不免入城吊之，计又须旬日往还。"[①]事后归崇安，《答蔡季通》说："一出又半月，临出城，值石宰（子重）、择之（林用中）、顺之（许升）更一二朋友来，遂留北岩两日，同途至建阳而别。"[②]两书合观，可知朱子吊梁氏忧，预计往还十日，实则半月。

淳熙十四年（1187）六月，梁克家病逝，是年朱熹《挽梁文靖公二首》（引自流行版本）诗云：

> 其一：擢第初龙首，登庸再凤池。心期诇温饱，身任必安危。
>
> 　　　几岁调娱政，今年殄瘁诗。恭惟衮敛意，不尽鉴亡悲。
>
> 其二：疏宠无前比，腾章又凤心。极知求士切，端为爱君深。
>
> 　　　卤簿[③]寒笳远，尘埃断稿侵。空令杀公掾[④]，衰涕满寒襟。[⑤]

第一首前四句写梁克家的科举宦履与抗金谋略，即状元及第、两度为相，以及力主"用兵以财用为先"[⑥]，心系社稷安危的深谋远虑。后四句

---

① 《朱熹集》卷三三《答吕伯恭》，四川教育出版社，1996 年。
② 《朱熹集·续集》卷二《答蔡季通》，四川教育出版社，1996 年。
③ 古代天子驾出时扈从的仪仗队，后也用于王公大臣。此指梁克家的送葬仪仗。
④ 《晋书·魏舒传》载，陈留人周震屡被王公要员荐举为府中属吏，每当任命书下时，荐举者便死去，时人称周震为"杀公掾"。朱熹以周震自况，痛悼梁克家之逝。
⑤ 《朱熹集》卷十《挽梁文靖公二首》，四川教育出版社，1996 年。
⑥ 《宋史》卷三八四，中华书局，1977 年。

开头"几岁调娱政"之于梁氏，不得其解。"衮敛"为葬礼加等，"鉴亡"典出李世民悼魏征悲失镜鉴。第二首既写孝宗皇帝与梁氏的君臣关系，又间以睹稿思贤，诉说作者曾在政治上得到梁氏支持与荐举的知遇之恩。

关于《挽梁文靖公二首》中"几岁调娱政"一句，《晦庵集》（四库全书本）卷十与《朱文公文集》（四部丛刊初编缩本）卷十皆同；1996年出版的《朱熹集》（郭齐、尹波点校）卷十与 2002 年出版的《朱子全书·晦庵先生朱文公文集》（朱杰人等主编，刘永翔、朱幼文校点）卷十，这两个新近的版本也是"几岁调娱政"。然而，清代李清馥《闽中理学渊源考》卷十二引录朱熹这二首诗，该句则为"昔岁调饥政"。对照朱梁生平，尤其乾道末淳熙初的交往，以及朱梁之于闽北社仓救灾事迹，"几岁调娱政"不得其解，而"昔岁调饥政"则于人于事于诗皆合。

先说"几岁调娱政"，"调娱"意为调和使娱悦。考梁克家两次居相位，第一次在乾道八年（1172），翌年十月因与张说议事不合求去，既非"几年"亦非"调娱"；第二次在淳熙九年（1182）九月，此前，朱熹因弹劾台州守唐仲友，触动盘根错节的权贵而卷入政潮，是年十二月，左相王淮指使郑丙攻击道学，翌年（1183）六月，陈贾请禁伪学，矛头直指朱熹的"伪学之禁"已未雨绸缪。梁克家既受制于"事无巨细，概呈御览，情无轻重，均由圣裁"[1]的孝宗，又受制于反道学的左相王淮，加上梁氏晚年疾病缠身[2]，此次为相虽达四年之久，但其政亦无"调娱"可言。

再说"昔岁调饥政"，即指上文已提及的梁克家乾道末年（1173）莅闽之事。是年十月，梁以观文殿大学士知建宁府，与朱熹面论社仓，并"出教"题词，使"仓之庶事细大有程，可久而不坏"。[3]

朱熹于淳熙元年（1174）五月作《建宁府崇安县五夫社仓记》回忆说："乾道戊子春夏之交，建人大饥……方且相与讲求仓之利病，具为条

---

① 虞云国：《细说宋朝》，上海人民出版社，2002 年，第 410 页。
② 《宋史》卷三八四，中华书局，1977 年。
③ 《朱熹集》卷七七《五夫社仓记》，四川教育出版社，1996 年。

约。会丞相清源公（梁克家）出镇兹土，入境问俗，予与诸君因得其具以所为条约者迎白于公。公以为便，则为出教。"① 梁克家对朱熹诸君救助饥民的社仓条约，不但称许支持"以为便"，而且为之"出教"题词，朱熹归后"揭之楣间，以示来者"。② 十余年后，梁克家卒，朱熹悼以"昔岁调饥政"，自在情理之中。而作为写诗，"昔岁调饥政，今年疹瘁诗"之"昔"与"今"对仗，乃诗家常识；"几"与"今"相对既不工整，又不符合历史事实，朱熹何以会弃常就悖呢？

《闽中理学渊源考》作者李清馥乃李光地之孙，既有深厚的家学渊源，又有机会见到流传后世的朱子手迹，其所录"昔岁调饥政"或有所本。因此，当以"昔岁调饥政"订正诸本讹舛。南宋最早创立社仓的是朱熹的同门好友魏元履。《建阳县志》说："绍兴间，在青黄不接之际，魏元履请借官米贷给穷苦农民，秋收还纳于仓，百姓赖以度过饥荒岁月。"③朱熹后来立社仓也自陈"其规模大略放（仿）元履。"④然而，尽管社仓为魏掞之首创，但社仓制度获准在全国颁行是在魏氏去世8年之后的淳熙八年（1181），其间朱熹做出了诸多努力，且颇有成效。因此，论者一般认为，社仓之制始于朱熹。但准确地说，朱子社仓之法，上承魏元履，下启江浙各地，也为后来朱子知南康救荒积累了经验。

如上所述，梁克家于乾道末年冬知建宁府。上任伊始，即关心民间疾苦，与朱熹共议社仓条约，其所"出教"题词之内容已不得而知。梁因丁忧在任仅二三个月，仍为百姓修桥造路。据记载："通都桥，淳熙初，郡守梁克家重建。"⑤淳熙六年（1179），梁克家知福州，地方志说他在任上"有治绩，才优识远，谋国尽忠，犹留意民事，不以贵显自泰。尝修《三山志》四十卷"⑥。梁氏知福州之际，朱子正知南康，两人无相见机会。

①《朱熹集》卷七七《五夫社仓记》，四川教育出版社，1996年。
② 同上。
③ 陈明考：《建阳县志》，群众出版社，1994年，第7页。
④《朱熹集》卷七七《五夫社仓记》，四川教育出版社，1996年。
⑤ 李之亮：《宋福建路郡守年表》，巴蜀书社，2001年，第63页。
⑥ 正德《福州府志》卷15，海风出版社，2001年，第500页。

淳熙九年（1182），梁氏再次拜相，他曾多次荐举朱熹。然而，朱熹有于政治圈外建立理论权威的价值追求，他著书立说，"修葺小文字以待后世庶小有补于天地之间"①的自我意识，在祭张南轩文中亦有流露："兄乔木之故家，而我衡茅之贱士。……故我谓兄宜以是而行之当时，兄亦谓我盖以是而传之来裔。"②因此，在政治理想未能付诸社会现实之际，朱子则奋而追求"传之来裔"，影响千秋政治文化的理论目标。

上文所引朱子写给梁克家信中所言"天心未豫"即指"为天地立心"的理论构建尚未完成；而"民力已殚"对于朱梁两人则有共同的深层的心理感受。南宋以来国运衰落和统治阶级奢靡腐败所造成的财政危机迭经层层转嫁，最后全落在老百姓身上，如经总制钱等无名苛赋连孝宗皇帝也承认是巧立名目以榨取百姓。负担最重的人们，也是最无力负担的人们，加上水旱等自然灾害频仍，百姓聚众铤而走险，严重威胁赵宋政权。而朝廷早在隆兴乾道间就设立封桩库，以做备战钱库的库存，但收效颇微，淳熙六年盘点仅存五百三十万缗。③梁克家在孝宗面前力陈"用兵以财用为先，今用度不足，何以集事？"④梁氏去世翌年（1188），朱熹在戊申封事中说："窃观今日天下之势，如人之有重病，内自心腹，外达四肢，盖无一毛一发不受病者。"⑤在国库空虚，百姓贫穷等社会问题日益严重的情况下，朱梁"处江湖之远则忧其君"，既出于儒者仁心，又为宋祚长治久安计，在饿殍四起的闽北，立社仓以解民倒悬。由此来看，朱、梁的交住，不仅是他们相互间的事，同时也关系到国家与民族的命运。

## 二　梁克家游潮："梅花"逸事流变及后世伪托朱熹之作

梁克家为闽南泉州人。八百多年来，闽南粤东盛传梁克家游历潮州的"梅花"逸事，由于不同地域以及文化心态的差异，这种"层累构成"

---

① 《朱熹集》卷二五《与吕伯恭书》，四川教育出版社，1996年。
② 《朱熹集》卷八七《又祭张敬夫殿撰文》，四川教育出版社，1996年。
③ 虞云国：《细说宋朝》，上海人民出版社，2002年，第410页。
④ 《宋史》卷三八四，中华书局，1977年。
⑤ 《朱熹集》卷一一《戊申封事》，四川教育出版社，1996年。

的历史故事，版本颇多、兹据方志、谱牒、笔记以钩稽，再以时空、口碑、情理相印证，略记其概并叙其流变。

相传青年梁克家曾往潮州游学，并探望时知揭阳县的表叔陈彦先。陈彦先因公务远行未归，梁克家闲游于潮州揭阳京冈一带，在孙白（大美）家为馆客，笃教其子。一日偶因写字洗笔，墨汁洒染到隔窗观看书写的孙小姐衣裳之上，被误解为轻浮之举，得不到原先礼遇。梁氏题诗于壁，辞馆而去。诗道是：

> 投杼曾参事可嗟，角弓斜影误杯蛇。
>
> 尘除饭甑疑偷饭，履纳瓜田岂盗瓜？
>
> 马援无心归薏苡，广平有意赋梅花。
>
> 秉烛达旦犹疑忌，何况寒儒隔窗纱。①

意谓流言使曾母以为儿子曾参真的杀了人而停梭痛哭，杯弓蛇影使人产生错觉，原来杯中并不是蛇。颜回为孔子除去饭里的尘埃，被人误以为偷饭。在瓜田旁边蹲下穿鞋，怎能说是盗瓜呢？ 马援南征交趾归来，带车药用的薏苡以做种子，有人以为是珍珠，诬其受贿。广平偶过一家门口，赋诗吟咏帘子上的梅花，有人却说他偷窥良家妇女。关云长秉烛达旦为嫂守门，还是遭到猜忌，我梁克家不慎把墨汁溅到小姐的衣裳上，还隔着一层窗纱呢？

孙家见诗悔悟，追赠甚厚。谱牒中还有"梦龙涤爪"的记载，说是孙白梦见一条黄龙从云层钻到宅前的小溪里，龙爪在水中屈伸翻腾。第二天适逢身穿黄麻布衫的梁克家蹚过小溪，蹲下洗手。孙白便将这位"应梦的黄龙"梁先生请至家中，设馆教子，并将女儿许以终身。②似此诸说美固然美，但很难没有附会的成分，否则梁氏当年怎么会有"履纳瓜田岂盗瓜"的反诘与慨叹呢？

尝读曾与梁克家同官的洪迈（1123～1202）《夷坚志》"九月梅诗"条，记梁克家寓潮州事："绍兴二十八年九月，潮州揭阳县治东斋梅花盛

---

① 梁华星家藏：《象山梁氏族谱》。
② 同上。

开。岭外梅着花固早于江浙，然亦须至冬乃有之，邑人甚以为异，士子多赋诗，大抵皆谄令尹。时梁郑公正为馆客寓此斋，亦作一篇曰：老菊残梧九月霜，谁将先暖入东堂？　不因造物于人厚，肯放南枝特地香。九鼎燮调端有待，百花羞涩敢言芳，看来冰玉浑相映，好取龙吟播乐章.’语意不凡，殊类王沂公，虽然未得和羹，用‘且向百花头上开’之句。明年还泉州，解试第一，又明年，遂魁天下，致位上宰。”① 细考时序，梁氏于孙白家题壁在前，县治东斋咏梅在后。相传县尹陈彦先外出回衙，询知情由之后，便留梁克家在衙中读书。九月季秋，一天陈小姐晨起，花园中一株白梅先开一朵，映入陈小姐梳妆镜中那光彩夺目的梅花影像，令她甚感惊奇。随后即发生上述如洪迈所记的“九月梅诗”事。梁克家因咏梅更得令尹赏识，于是以女归之。

这一传说虽蕴含着人们的美好愿望，但似非历史真实。因为八百年前的那个时代，男子 20 岁成婚尚不为早，绍兴戊寅（1158）梁克家时年 31 岁，且为俊彦，应早就有妻室了。时比梁氏小两岁的朱熹已是两个孩子的父亲了。

然而，梁陈联姻传奇，一时成为泉州、潮州两地美谈，数百年来盛传不衰。20 世纪 80 年代，泉州剧作家杨波先生根据这一题材创作了高甲戏《梅镜记》，演绎梁陈美满姻缘。举凡海内外梁氏族人，总喜欢以“梅镜堂”或“梅镜传芳”作为梁氏堂号。② 明嘉靖七年（1528）梁克家 12 世孙梁怀仁由晋江来潮州揭阳京冈，③ 有《和文靖公梅花诗韵》之吟，其中“葩翻翠圃巡檐笑，影映妆台扑鼻香”④ 句，已把“梅镜传芳”故事融入诗中。

据“孙元霸复梁怀仁书”⑤ 说，梁克家历仕临安期间，对于孙氏族人“进都考课升选”，多以“内府致款”，且“荐拔有加”。后来，孙家因税

---

① 洪迈：《夷坚志》丙卷七，上海古籍出版社（四库全书本），1987 年，第 430 页。
② 叶恩典：《从梁氏族谱看宋梁克家之揭阳游》，《韩山师范学院学报》，1997 年第 4 期。
③ 孙淑彦：《潮汕孙氏志略》，中国文联出版社，2000 年，第 76～83 页。
④ 同上。
⑤ 同上。

物（或谓牛皮）捐输路遥，致有"违时耗蚀"之咎，"郡县诸司不察，遽以忤旨奏闻"。时任隆兴军司理的孙白，"入京疏辩"，赖梁克家"排解咨救之力居多"，使孙家"胥康以宁"。因此，孙氏族人对于梁克家的恩德，追感永世，于梁氏当年讲学之处建隐相堂，并于孙氏家庙之中立下牌位，岁岁祀春秋以报。明万历十六年（1588），族人孙谦吉又主持建成纪念梁克家的"相祠"。

关于梁克家的"九月梅诗"，《潮汕孙氏志略》载录所谓朱子的"和章"说：梁氏之诗，还惹来另一位大名人的和章。《孙氏简谱》载，朱熹也有《和文靖公前韵梅花诗》：

> 嫩玉轻盈最耐霜，花魁何事映妆堂。
>
> 东床试笔联佳句，金屋放娇比艳芳。
>
> 万紫咸揭先占碧，六飞高让吐奇香。
>
> 朱颜索赋怜才子，不是标梅第一章。[1]

且不说将 12 世纪时年 31 岁的梁克家作为未婚青年令人难以采信，而"东床试笔"近乎理想幻化的小说家言。仅就文字上看，此诗如此粗制，多处出律，格调平庸，对比朱熹诗词境界、风格，显系伪作。此外，1987 年《广东文博》刊载所谓朱熹逸文《隐相堂序》。

### 隐相堂序

丞相叔子梁老先生之故人，大司法、大司理、大州牧、孝廉四孙先生之昆季书斋序。

予尝游麻田旧胜，访吴子野夫子讲学问道之场。遥望乎南溪之畔，有厥里居，树木阴翳，车马繁盛。询之父老，繫谁氏之族也？父老曰：京岗孙氏居焉。乃父宰揭令名进士讳乙者，由高邮而来，占籍于兹，生四子，具工举子业。考厥由来，其令善下士，喜赠答，凡游学之英，咸敬礼焉。乃叔子梁先生当茂才时，由晋水而揭岭，不远千里而来，遂握手而订莫逆交。始以诗书相契，继以气谊相投，

---

[1] 孙淑彦:《潮汕孙氏志略》，中国文联出版社，2000 年，第 76～83 页。

异体同姓，如家人父子之亲。结庐数椽，在水中央，六七年间读书明理，饮酒赋诗于其上。令之长嗣讳大荣者，仕江阴县司法；二之子讳大美者，仕隆兴军司理；三之子讳大有者，守领琼州；四之子讳大经者，举孝廉。厥后梁先生亦回籍而选乡贡，再举都魁，擢绍兴庚辰状元矣。其法曹、司理、州牧、孝廉之学，沐梁老先生教泽，能取魁第。故任判簿、入国学、官运金、选评事而拔贡元，济济一堂，雅称多士之庆。噫嘻！好学下贤之报，岂浅鲜欤？予曰：唯唯。但兴贤之地，木茂水秀，未易多遘，岂令湮没不彰，使人与地俱无传焉？因榜其额，曰：隐相堂。事之颠末，既经父老之言。梁老先生，当余在讲官时，曾见嘱于临安矣。厥后详问里人郭子从，亦备述不爽。是为序。

宋淳熙十一年赐进士第提举两浙东路常平茶盐朱熹序于甲辰岁花月之吉[①]

考《揭阳县志》记："孙乙，由进士绍兴三年癸丑任。""孙乙"条下记："曹公，佚其名，绍兴九年己未任。"可知孙乙为揭阳县令之际，梁克家尚在少年时代，既不可能千里来揭阳，也不可能与孙氏有"诗书相契""气谊相投"的交游。同时代的洪迈所记梁克家绍兴二十八年（1158）"九月梅诗"事，梁氏其时寓居"县治东斋"，依附的令尹（县宰）是表叔陈彦先，全然与孙乙无涉。明代文学家王慎中（1509～1559）撰写的《宋承务郎揭阳令五代合传》说："孙讳乙老先生，字次木，金陵高邮州人。宋徽宗朝进士，授揭阳县令……遂占籍渔湖京冈焉。生四子，讳大荣，高宗朝举贤良方正，仕江阴县司法；次讳大美，官名白，隆兴元年（1163）以词赋举乡荐，仕隆兴军司理。宋晋江（泉州）人、状元丞相梁老先生讳克家者，当布衣茂才时，与白父子兄弟有贫贱交。"[②] 由此联系谱牒记载可知，梁克家为馆客并非无稽。然而，梁与孙乙次子孙大美（白）交游，得到教泽的当是孙乙的孙子之辈，而《隐相堂序》谓

---

① 孙淑彦：《潮汕孙氏志略》，中国文联出版社，2000年，第76～83页。
② 陈树芝：雍正《揭阳县志》卷5，潮州市地方志办公室编印，2003年，第83页。

"其法曹、司理、孝廉之学，荷先生教。"说的是孙大美（白）诸兄弟得到梁氏的教泽。这与历史事实不符。此其一。其二，序文对揭阳京岗之描绘，极尽合理想象："余尝游麻田旧胜，访吴子野讲学问道之场"。子野字复古，号远游，蓬州人，与苏东坡友善，曾筑"远游庵"于潮阳之麻田。然而，潮州地方志却查无朱熹游历京冈、访吴子野遗迹的相关记载。序文最后谓"厥后详问里人郭子从，传述不爽"。考《语类》等可知，绍熙间（1190～1194），同往事师朱子者为郑南升与郭叔云（两位都是广东潮州潮阳县人），叔云字子从[1]。郑、郭两人师事朱子之际，梁克家已辞世数年之久。然而，梁氏早年游潮之事，时人知者亦鲜。序文作者大概是唯恐有人追问："朱子何以知梁克家早年寓居揭阳事迹之详"，故虚构了"梁先生事，余在讲官时曾见嘱于临安矣"之辞。然而，梁克家逝于1187年。《宋史》本传说，淳熙"十四年六月，薨，年六十"。即朱熹为侍讲之际（1194），梁克家长眠于地下已7年之久。作伪者欲"天衣无缝"，反而露出死人何能"见嘱于临安"的破绽来。我们通过进一步查证，《隐相堂序》以明代王慎中的《宋承务郎揭阳令五代合传》为仿本，糅合粤东潮州孙氏谱牒部分资料，加以合理想象而作伪。

## 三　与留正："质疑请益，乃有十年之迟"

留正（1129～1206），字仲至，闽南泉州人，五代清源军节度使留从效六世孙。泉州尚有其遗迹，即位于今鲤城区的三朝巷。在开元寺紫云屏南面拐弯处，立有一座"三朝元老"的牌坊，以表彰出入孝宗、光宗和宁宗三朝，任丞相之职的留正。牌坊所在的巷子就叫作"三朝元老巷"，简称三朝巷。留正既为泉人，本书不可不涉。然而，余无意亦无力做出所谓的"宏大叙事"，只是在阅读了相关文献后觉得还有讨论空间，与前贤论者有不同看法，也是在其启发之下提出的，非敢自是。

留正年少时客居惠州，娶徐敦实之女为妻。与同邑状元梁克家、林

---

[1]　陈荣捷：《朱子门人》，台湾学生书局，1982年，第204页。

外同榜为绍兴三十年（1160）进士。梁克家比留正大一岁，卒于淳熙十四年（1187），留正则寿长，活到七十八岁（开禧二年卒）。梁克家于孝宗朝两度为相，留正则于孝宗、光宗、宁宗三朝为相。梁克家年少时寓居广东潮州有"梅花"逸事，留正年少时则客居广东惠州亦有姻缘逸事。

**图 12-2　留正像**

留正生于泉州，青年朱熹仕泉时期（1153～1157），留正寓居广东惠州，两人无缘相识。留正1160年登第后游宦于广东、江浙、四川一带；而朱熹除了知南康，提举浙东之外，大部分时间居闽从事讲学与著述活动。两人亦少有交往的机会。两人书信交往始于朱熹淳熙十五年戊申（1188）去国归途之中。

束景南《朱熹年谱长编》淳熙十五年六月条，引《宋史·孝宗纪》："以新江西提点刑狱朱熹为兵部郎官，熹以疾未就职。侍郎林栗劾熹慢命，熹乞奉祠。"旁以小字按云："林栗之劾朱熹，乃受参知政事留正指使，盖其时留正方反道学也。"[①] 并举刘克庄《林经略墓志铭》的记载为证。《林经略墓志铭》是刘克庄（1187～1269）为林栗的二儿子林行知（1152～1222）所写墓志。其中记林行知生前与刘克庄一段逸事：

"岁在庚辰（1220），见公里第……留语穷日夕，间示余以所笺《诗》数则，多与朱氏本义同。余曰：'公亦宗考亭乎？'公曰：'朱公经学妙处，圣人不能易也，况学者乎？'余因扣公：'简肃素贤朱公，晚有异论，何耶？'公曰：'吾翁有殊眷，朱公负重名，当轴皆

---

① 束景南：《朱熹年谱长编》，华东大学出版社，2001年，第902页。

貌礼①之，内不善也。及翁被夏卿之擢，朱辍臬事而留，俱出独断，不由启拟。当轴愈惎，知二人素刚不相下，翁又新与朱公论《易》撑柱，遂除朱公为兵部郎。二人果以不咸皆去，卒如当轴所料。时台端胡晋臣助朱排翁，相则周益公也。'"②

束景南教授据此③申述："其时王淮罢相，朱乃出周必大荐，宰辅中唯留正反道学，故林行知所云貌礼之而内不善之'当轴'，舍留正别无他人。叶适称林栗'袭用郑炳、陈贾密相付授之说'，可见林之劾朱确有'居要津者'从中'密相付授'。"④

　　然而，当余读了朱子写给留正的全部书信，还有提及留正（卫公、留卫公、留参政、留丞相）的相关文字之后，认为在未能再找到留正写给朱子的书信加以合观互证之际，评判朱留关系以及林栗劾朱熹的动因，据上述由刘克庄所记林行知（林栗的儿子）时隔三十年的回忆仅可作为旁证，而当事人朱熹说的才是尤为直接重要之证据。况且，紧接着"卒如当轴所料"后面有句话即"时台端胡晋臣助朱排翁，相则周益公（必大）也"束先生未引。林行知比刘克庄年长 35 岁，这句话是林行知回忆时所说的，不得不重视。

　　朱熹被林栗所劾去国归途中即戊申（1188）七月写给留正书信《与留参政札子》就对留正"忧其不能保夫晚节末路"怀有感激之辞，以"独未及一见"留正（参政）为憾事，并称留正为"大君子"：

　　　　熹未尝有一日奔走之劳于门下，而参政所以知遇奖借，不后于众人。越自顷年，叨被改秩之恩，参政实掌书命，褒与之词，已浮其实，而所以告戒之者，又若忧其不能保夫晚节末路之难。此其所以爱之之深，可谓至也。熹虽至愚，亦知佩服。……今者之来，一前一却，虽获扶病进望清光，然却独未及一见参政，而衰病复作，

① 清抄本乙为"礼貌"。
② 刘克庄：《林经略墓志铭》，《后村先生大全集》卷一五六。
③ 与本文所引略有差别：其所引前面多十余字，最后少十余字。
④ 束景南：《朱熹年谱长编》，华东大学出版社，2001年，第902页。

遂以烦言逡巡引去。切闻进呈之际，参政犹欲少加意焉，诚不自知
其何以得此于大君子之门也。①

如上所述，留正既对朱熹直言"忧其不能保夫晚节末路"，且对朱熹之
"进呈"，"欲少加意"，何以又会同时对朱熹貌礼之而内不善，授意他人
弹劾朱熹呢？这既有悖常理，也不合留正人品。而朱熹稍前即亦在去国
归途中（六月）《与周丞相（必大）札子》，开头即言"熹区区此来，窃
知皆出丞相推挽之力"。接着综谈"戊申封事"之曲折与感受，最后有些
期望告诫的话十分巧妙地于规谏中暗含指谪，可证林行知回忆所言"相
则周益公"并非无稽。兹录于下：

> 伏惟深以天下之重自任，而引天下之士以图之，使由中及外，
> 自近而濒，无一不出于正而亡有私意奸其间者，则君正而国定矣。
> 若夫阿谀顺指以为固位之术，牢笼媚疾以为植党之计，则固前人之
> 所以自败，而丞相平日所非矣，无所待于愚言。然熹之惓惓，犹愿
> 深以自警，无至于复蹈其辙也。干冒威尊，并深恐惧。②

以朱熹同于去国归途中写给留正、周必大之信函合观，以及后人林行知
（刘克庄记）的回忆相互印证，究竟是谁"貌礼之"而"内不善"，还是
朱熹自言（亲身感受）最为可靠。

"周必大、留正一时俱以相业称。"③史家之评，可谓称道远远大于微
词。朱留书信交往于淳熙十五年至庆元四年。其中两人之龃龉主要在临
漳之政，尤以"经界"问题为甚（其中盘根错节之复杂关系，也包括漳
泉富室"出入门墙之下，承眄睐之恩者"，联合起来干预阻挠经界的推
行）。朱熹对留正之指谪则丝毫不留情面：

> 至于经界一事，乃独屡上而不报，至其甚不得已而阳许之，则
> 为多为疑贰之言，以来谗贼之口，曾不一年而卒罢之。则熹于是始
> 疑相公所以知熹者，不若其于乡里小儿之深；所以爱夫漳之士民者，

---

① 《朱熹集》卷二七《与留参政札子》，四川教育出版社，1996年。
② 《朱熹集》卷二七《与周丞相札子》，四川教育出版社，1996年。
③ 《宋史》卷三九一，中华书局，1977年。

不如其于琐琐姻娅之厚，而匹夫之志，因以慨然自知其决不可以复入相公之门矣。①

在"庆元党禁"中，周必大②、留正也首当其冲，列伪党籍。明代理学家林希元评论留正说："公出入三朝，一时相业，建储之议，视赵忠定为是。邵阳之贬，适表平生。"③患难见真情，兹举朱留之交谊之三数事，以窥其概。

庆元间，朱熹《答巩仲至》两次提到留正，一为关注其行迹说"留（正）徐（谊）方脱囚拘"；二则交代送书（《诗集传》）④；《答蔡伯静》："闻留卫公得旨自便……遂止得量移南剑"⑤。《与田子真》："卫公计时相见，闻欲徙居盘涧，若尔，即尤相近也。""欲作卫公书，道此曲折，数日有苦目昏，不能谨书。"⑥《答储行之》则以"文字结缘"未果为憾："卫公近得书，寄《梅岩图》来。初欲令作记，俄闻溪城之报，且罢休矣。甚愧不得一游其间，并以文字结缘也。"⑦《答黄直卿》尊称"留丞相"并称其"资质之美"："向留丞相来讨'诗传'，今年印得寄之。近得书来云，日读数板，秋来方毕，甚称其间好处，枚举甚详。不意渠信得及，肯如此仔细读。如赵子直，却未必肯如此。渠前此见《中庸》说，极称序中危微精一之论，以为至到。亦是曾入思量，以此见其资质之美。惜乎前此无以此理謦欬于其侧者，而今日闻之之晚也。"⑧因此，朱熹在《与留丞相》中十分动情地说：

　　……不意临老乃有遇于明公也。更有他书，欲遂倾囷倒廪以跪进于几下，而私居乏人，艰于缮写，少假岁月，当遂此心。傥得

①《朱熹集》卷二九《与留丞相》，四川教育出版社，1996年。
② 朱子与周必大也保持联系，如《答黄直卿》："益公每得一书，必问昆仲动静……能以数字报之亦佳。"
③ 李清馥：《闽中理学渊源考》卷三一，凤凰出版社，2011年。
④《朱熹集》卷六四《答巩仲至》，四川教育出版社，1996年。
⑤《朱熹集·续集》卷三《答蔡伯静》，四川教育出版社，1996年。
⑥《朱熹集·续集》卷五《与田子真》，四川教育出版社，1996年。
⑦《朱熹集·续集》卷七《答储行之》，四川教育出版社，1996年。
⑧《朱熹集·续集》卷一《答黄直卿》，四川教育出版社，1996年。

一一悉蒙印证，则亦足以自信而无憾于方来矣。顾所不能无恨者，犹以登门之晚，而其质疑请益，乃有十年之迟。伏想明公于此亦不能不慨然其间也。①

这是朱熹于患难之中遇到学术知音的生动写照。朱熹以"登门之晚，而其质疑请益，乃有十年之迟"为憾，也是他以仁人之心严于律己的自我省察。如早十年"质疑请益"，留正像汪应辰、梁克家与朱熹那样有较深的沟通了解，以留正的地位和影响力，淳熙、绍熙、庆元年间的政治生态即当是另一番景象。千载以降，犹使我们感喟不止。

## 四　与傅自得、陈知柔：温陵同游者

朱熹与傅自得（1116～1183）有"先人之旧"，即其父朱松入闽后与傅氏有过交游，故朱松《韦斋集》于南康出版之际，朱熹请傅自得作序。朱熹仕泉期间有潮州之行，从其《次韵潮州诗六首》②可知，朱熹与自得之弟傅自修亦有交游。陈知柔（？～1184）与朱熹为忘年之交，朱熹仕泉时曾往漳州考察教育工作，为陈氏撰写《漳州壁厅记》。前不久我们考察永春牛姆林，于密林深处发现"朱子古道"，③相传是当年朱陈游历过的地方。兹对朱子与傅陈两氏交谊，略做补充考评。

### （一）泉州地方志记载之误

朱熹初仕，为泉州同安县主簿，年二十七秩满离泉。无独有偶，时隔二十七年，朱熹又重来温陵。④《泉州府志》云："九日山……宋为士大夫饯送雅集之所……绍兴丙子（绍兴二十六年，1156），朱文公尉同安秩满，与傅伯成（伯成字景初，傅自得次子）载酒过此，时文公年二十七。追后三十年，淳熙乙巳（淳熙十二年，1185）复与陈知柔赋诗

---

① 《朱熹集》卷三八《与留丞相》，四川教育出版社，1996年；此外，《朱子语类》卷一百二十一记："留丞相以书问《诗集传》数处，先生以书示学者曰：'他官做到这地位，又年齿之高如此，虽在贬所，亦不曾闲度日，公等岂可不惜寸阴？'"
② 《朱熹集》卷二《次韵潮州诗六首》，四川教育出版社，1996年。
③ 牛姆林风景区标明为"朱子古道"。
④ 温陵为泉州别称。

怀古而诸山愈重。"①《南安县志》载:"朱子……中年后与傅自得游九日山、莲华、金溪诸胜;有题石佛岩、廓然亭、莲华不老峰诸诗,作月夜泛舟之记。"②以上记载有诸多舛误,兹据朱熹《文集》与地方文献,加以订正。

淳熙十年(1183)冬,朱熹撰写的《朝奉大夫直秘阁主管建宁府武夷山冲佑观傅公行状》③(简称《傅公行状》),是叙写傅自得生平的长文。洋洋五六千言,字里行间,充满了朱熹这位理学宗师对傅自得的敬重和感慨。读后不但使人感到朱、傅之间交往情谊不同于一般,还隐约可以看出朱子其时的某些政治倾向。

傅自得其人,《宋史》不见有传。《宋史翼》与《泉州府志》关于他的传文,基本上录于《傅公行状》。《傅公行状》记述了傅自得的家世、早年生涯;中年丢官徙融州④为民,后来复被起用的经历;为官政绩、抗金谋略、交游;病逝过程、享年、葬地;以及朱子对傅自得的诸多评价、吊唁之辞等。兹摘要录于下:

> 公讳自得字安道……年十四赋《玉界尺》诗,语意警拔。故参知政事李公邴大惊异之,因许归以女,既乃定居于泉州。家贫甚,夜然(燃)薪自照,与兄弟读书或至达旦,遂博通六经诸史,百家之言。

> 初,秦丞相桧……遇之甚厚,然亦疑其刚果负气,终不为己用,故虽使连佐两郡,然皆铨格所当,得召试博学宏词科,又已奏名,而故黜之……秦丞相桧因以上旨命公体究(赵)令衿在泉时纳贿事。公……奉命行至泉……不过追纳所受金而已。方事作时,户部曹泳、刑部韩仲通实主之……秦丞相死,泳被逐。仲通恐祸及己,乃以体究事劾公。朝廷亦知非公首事,姑下置对,而仲通章再上,遂罢公

---

① 乾隆《泉州府志》卷六《山川》。
② 民国《南安县志》卷三五《人物志·寓贤》。
③ 《朱熹集》卷九八《傅自得行状》,四川教育出版社,1996年。
④ 今广西境内。

郡事。公在郡不半岁，罢去之日，父老邀遮涕泣其贤，士大夫有追
路越境、持公恸哭而别者。后两年，谏官挟旧怨，复以前事为言，
遂夺公官，徙融州为民。

　　前居丧哀毁得脾疾……既病则屏却药饵，独饮水以待终……时
淳熙十年秋八月也，年六十有八……淳熙十年十二月①。

以上所录，有两点可作为本文述说的根据。

　　其一，秦桧以上旨命自得到泉州"体究（赵）令衿"，自得奉命来
泉，桧死，自得因体究事被劾。"公在郡不半岁"即自得在泉州还不到半
年，就被罢去郡事。秦桧死于绍兴二十五年十月，据此可知傅自得是在
绍兴二十五年（1155）底或绍兴二十六年（1156）初被罢免的。这个时
间，正值朱熹官簿同安，即将任满之际。

　　其二，傅自得卒于南宋淳熙十年（1183）秋，享年六十有八。据此
可推知自得生于北宋政和六年（1116）。这都是《泉州府志》中傅自得的
传文所没有记载的。

　　傅自得去世，朱熹不远千里，从闽北奔赴温陵吊丧。他在"忽惊萧
飒鬓毛秋，起向泉山觅旧游"之际，在"盘谷门前泪沾臆，云台溪上雪
蒙头"②。吊唁了傅自得以后，和名士陈知柔（字体仁，号休斋居士）等人
谈经论义，相与追游于泉山一带，至洛阳惜别，直到年终才回武夷。不
及二月，陈知柔亦去世。

　　朱熹诗《熹去温陵二十七年而复来，显庵益老，见候七里亭，又
以佳句见招，而休斋陈丈、寺丞黄丈，皆属和焉，因次韵奉酬，并呈二
丈》，③这首诗的题目明白地写出朱子离开温陵又重来之日，时隔二十七
年，即淳熙十年（1183）。其中休斋陈丈乃陈知柔。

①《朱熹集》卷九八《傅自得行状》，四川教育出版社，1996年。
②《朱熹集》卷八《熹伏蒙休斋先生惠诗见留谨次高韵二首》，四川教育出版社，1996年。
③《朱熹集》卷八《熹去温陵二十七年而复来，显庵益老，见候七里亭，又以佳句见
　招，而休斋陈丈、寺丞黄丈，皆属和焉，因次韵奉酬，并呈二丈》，四川教育出版
　社，1996年。

淳熙十一年（1184）春，知柔卒。朱熹为文哭祭，云："熹少日游宦，获从公游泉、漳间，蒙公诱掖良厚。其后别去凡三十年。[1]去岁之冬复见公，相与追游莲华、九日、凉峰、凤凰、云台之间。"[2]朱、陈交谊于此可以窥见一斑。朱熹54岁来温陵与同游人和酬作赋之诗有《次韵陈休斋莲华峰之作》《和林择之凤凰山韵》《次林择之凉峰韵》《次韵陈休斋怀古堂》《寄题九日山廓然亭》《用林择之韵别陈休斋》等。

仅以上所录，朱子淳熙十年（1183）冬这次泉山之行的时间、同游人、游踪、诗作，就较为清楚地展现出来了。既然傅自得已于淳熙十年八月去世，那么在此之前，朱熹与傅自得有否同游过呢？有。那是在朱熹同安秩满候批之时。《南安县志·艺文志》载有傅自得撰《金溪泛舟序》一文，可资为证：

> 绍兴丙子八月十一日，携酒襆被，谒朱元晦于九日山。向晚，幅巾藜杖，相与彷徉于金溪渡头，唤舟共载，信流而行。老蟾徐上，四无纤云，两岸古木森然，微风摇动，龙蛇布地。溪光山色，随月照耀；远近上下，更相辉映，殆非尘世境界。朱子曰："乐哉，斯游乎！"举杯引满，击楫而歌楚骚《九章》，声调壮大，潜鱼为之惊跃，栖鸟起而飞鸣。余亦诵东坡先生《赤壁前后赋》以和之。每至会心处，辄递起相献酬……少焉，斗转参横，风作浪涌，余曰："乐不可极，将安之耶？"鼓棹而还，会宿于东峰道场。
>
> 明日，朱子赋诗以纪一时之胜。次韵为谢，殊恨笔力衰退，无杰句以称清游也。[3]

《金溪泛舟序》为后人留下了朱、傅同游的时间——绍兴丙子（1156），正值朱熹秩满候批之秋。初仕任满，志犹未酬的游子朱熹与仕途坎坷、纵情山水、以酒忘怀的傅自得，结为忘年之交。明月高照，泛舟晋水，剧饮高歌，好一个月夜壮游。朱子纪胜之作，即《知郡傅丈，载酒襆被过

---

[1] "凡三十年"为约数而非实指。

[2] 《朱熹集》卷八七《祭陈休斋文》，四川教育出版社，1996年。

[3] 民国《南安县志》卷四六《艺文志》。

熹于九日山，夜泛小舟，弄月剧饮二首》云：

> 扁舟转空阔，烟水浩将平。
>
> 月色中流满，秋声两岸生。
>
> 怀深同醉极，啸罢独魂惊。
>
> 归去空山黑，西南河汉倾。①

傅自得"次韵为谢"之诗，见于《南安县志》，诗《九日泛舟同朱元晦》云：

> 秋月天然白，溪流镜样平。
>
> 唤船共胜赏，把盏话平生。
>
> 击楫鱼频跃，忘机鸟尚惊。
>
> 兹游还可继，家酿为君倾。②

此诗与朱子第一首诗同韵，足以说明是唱和之作，可证《金溪泛舟序》。

朱熹诗《次韵傅丈武夷道中五绝句》，是丙戌之年（乾道二年，1166）朱熹 37 岁时于闽北的诗作。诗中云：

> 常记桐城十载前，几回风雨对床眠。
>
> 他年空忆今年事，却说黄亭共惘然。③

这是朱熹十年后怀念傅自得的心迹表露。可再作为绍兴丙子之年朱、傅同游的佐证。

综上所述，朱熹初仕为同安簿，《泉州府志·山川志》云："朱文公尉同安"，其中"尉"应是"簿"才对。此为笔误之一；朱熹 27 岁秩满候批之时，傅自得载酒到九日山探望他，并与之游山泛舟。《泉州府志·山川志》所载当年"朱熹与傅伯成载酒过此"为笔误之二；"迨后三十年，淳熙乙巳"，陈知柔已去世，应是"迨后二十七年，淳熙癸卯"。此为笔误之三；朱熹五十四岁泉山之行，傅自得已长辞人世，而《南安县志·人物志》的记载，不但把朱、傅同游的时间远远推后了，而且还

---

① 《朱熹集》卷二《知郡傅丈，载酒蹼被过熹于九日山，夜泛小舟，弄月剧饮二首》，四川教育出版社，1996 年。

② 民国《南安县志》卷四六《艺文志》。

③ 《朱熹集》卷三《次韵傅丈武夷道中五绝句》，四川教育出版社，1996 年。

把朱子两度寓泉的诗作弄混了。此为笔误之四。而《题石佛岩》（卧草浮云不记秋）诗见于《王十朋文集》。廓然亭、莲华不老峰两诗是朱熹淳熙十年来泉时作。至于月夜泛舟之记，系傅自得所撰。

## （二）傅自得系赵明诚、李清照之外甥——朱熹仕泉得赵氏《金石录》，极可能是傅自得所赠

傅自得字安道，生平与南宋初某些政治社会重大事件有涉，《宋史翼》卷十二有传。其生平事迹之详载，莫过于朱熹为其所写的行状。近得见傅自得撰文，其弟傅自修书写的《先太夫人墓志》，即傅氏兄弟为其母撰写的墓志铭，从中可以进一步考查出傅自得的家世及生年。王仲闻先生考朱熹最早评论《金石录》。而朱熹来泉南得赵氏《金石录》，极可能是傅自得所赠。

《先太夫人墓志》记："先太夫人姓赵氏，崇宁宰相清宪公挺之之幼女，年十九归先待制府君。"《宋史》卷四百四十四《李格非传》云：格非之"女清照，诗文尤有称于时，嫁赵挺之之子明诚，自号易安居士"。由此并参考诸人生活的年代可见，傅自得乃赵明诚、李清照的外甥。由于傅自得的父亲傅察早在宣和末年抗金殉国，其母亲"携诸孤南度（渡）"，从今存诸多地方史料中，未见与赵明诚、李清照有什么联系。然而，赵明诚于建炎元年（1127）奔母丧南下，先殡江宁，再迁葬泉州（卜居晋水），与这一桩亲戚极可能有关。绍兴八年（1138）赵思诚（明诚之弟）出知泉州，九年提举江州太平观，这可能在傅自得母亲"携诸孤南渡"之后。

《先太夫人墓志》还可补《宋史》卷四百四十六《傅察传》有关婚姻问题记载之不足。其传文中说，傅察中进士时，蔡京"在相位，闻其名，遣子倏往见，将妻以女，拒弗答"。赵挺之与蔡京是政敌，《宋史》卷三百五十一《赵挺之传》云：挺之"既相，与京争权，屡陈其奸恶，且请去位避之"。对于蔡京"将妻以女"，傅察"拒弗答"，而娶赵氏女为妻，我们可透过联姻关系，窥见政治斗争之一斑。

关于傅自得的生年，今人孔凡礼《全宋词补辑》中说他"生于徽宗

政和五年（1115）"。朱熹于孝宗淳熙十年（1183）傅自得谢世时所写的行状中说他享年"六十有八"，由此逆推，傅自得则生于北宋徽宗政和六年（1116）。但《先太夫人墓志》云："自得九岁而孤"，其父傅察殉国于北宋宣和末（1125，据《宋史》本传记载），由此逆推，傅自得当生于北宋徽宗政和七年（1117）。

### （三）朱熹探陈休，浓粥配咸姜

永春（泉州属县）民间有句俗语："朱熹探陈休，浓粥配咸姜。"[①] 陈休是陈知柔号休斋居士的略称。陈知柔于绍兴十二年（1142）登进士（与秦桧之子秦熺同榜），独不阿附秦桧以求宦达。虽历官数州，盛年即动归兴，隐居故乡著书讲学，是一位"异端斥佛老，吾道鸣孟荀"[②] 的经学家。

永春与朱熹交往的除了时为县令的黄瑀（黄幹之父，日后与朱家成为姻亲），其管理赋税的经验为朱熹所采用。还有蔡兹（朱熹举建州乡贡之考官）、陈知柔以及同年陈光。重九登高，朱熹与陈知柔于环翠亭（今永春华侨中学附近）月夜对榻论诗讲道，后来陈知柔作了一首《环翠亭》道是：

> 当年把臂入龙山，犹记相逢醉梦间。
>
> 君似孤云了无疑，我如倦翼早知还。
>
> 茅檐负日真成算，竹榻论诗整破颜。
>
> 欲问太平真气象，夜来风月到松关。[③]

陈休斋在家乡永春蓬壶显应庙附近筑室讲学授徒，曾书写对联以明志。其联云：

> 山水怡情耻与权奸为伍，
>
> 淡泊明志欣同寒士作朋。[④]

相传有一次，朱熹与书童到永春蓬壶陈坂拜见陈知柔，恰是陈知柔

---

① 许在全等编：《泉州掌故》，福建人民出版社，2001 年，第 292 页。
② 乾隆《泉州府志》卷四一《陈知柔传》。
③ 《永春州志》卷一四。
④ 黄四川：《朱熹与陈知柔的交谊》，《泉州师专报》，1998 年 3 月 15 日第 3 版。

依乡俗为先父去世三年超度的日子，本不免宴请一番，而陈知柔却只用浓粥、咸姜招待朱熹，共进午餐。书童心里不乐，埋怨陈知柔没有用山珍海味招待。朱熹说："他老人家跟我深交，晓得我的癖性，用上礼待我。我一贯偏爱这样吃法，对酒肉并不兴趣，其实，姜是山珍，盐是海味，粥是五谷，菜有五味，如此最妙。"朱熹与陈知柔盘桓数日，白天游览名山秀水，诗词唱和，晚上切磋学问，谈论时局，十分投合。朱熹告别时，陈知柔在怀古堂门口端立目送。朱熹走了不少路程，到雨亭稍憩，虽不见怀古堂，却令书童返回请陈知柔回屋休息，书童说"相送"只是做个模样，陈知柔早就回屋了。朱熹却说："不对！老先生一定还站在门外。"果然，书童返回时，陈知柔仍然端立门前拱手低头，凝思默祝。他和朱熹确是深厚的"忘年交"。自此，"朱熹探陈休，浓粥配咸姜"的俗语便广为流传，以此盛赞君子之交。①

据《南安县志》②记载，朱陈曾一起游历泉州第一进士欧阳詹的居住地诗山。欧阳詹一生留下许多美文诗作，后人为纪念这位著名诗人、文学家，便把他居住的高盖山改名为"诗山"，山头城距高盖山最近，又是这一带的集市中心，自然随之改称为诗山。以天柱山之麓至溪流出口处纵横数十里的广大地区冠以"诗"字头取名，诸如诗村、诗宅、诗坂、诗园、诗门、诗溪、诗口等等，千百年沿袭至今。然而，诗山之名最早出自谁之口？有人说早在唐贞元年间，德宗皇帝见欧阳詹诗写得好，便问他家居何处？得知住福建南安高盖山，便赞赏道："真诗山也！"后来朱熹游览高盖山，想到这是欧阳詹的出生地，也禁不住赞叹："实诗山也！"并留下"欧阳故宅"的碑刻。

淳熙十年（1183）冬，朱熹来泉吊唁傅自得，与陈知柔再游泉南诸胜，在九日山附近的莲花峰留下唱和诗（八石天开势绝攀），咸淳六年（1270），南安知县莆田余士明将朱陈唱和之诗刻于莲花峰石上。

---

① 许在全等主编：《泉州掌故》，陈诗忠文，福建人民出版社，2001年，第292页。
② 民国《南安县志》卷三五《人物志·寓贤》。

# 第十三章　朱熹与古代泉州教育

朱熹在泉州府同安县任主簿，职兼学事，即主管教育，有几件值得注意的事：因赡学钱（教育经费）与上司发生争执；于学宫之侧建苏颂祠，为诸生树立道德典范；在同安县兴建经史阁（图书馆）；其父执刘子羽曾修建泉州学宫；青年时代其教育才能则初露锋芒；与古泉州有涉之门人。兹叙说如次：

## 一　朱氏三代与"闽学开宗"

泉州文庙明伦堂旧有一联云："圣域津梁，理学渊源开石井；海滨邹鲁，诗书弦诵遍桐城。"[①]联中"石井"是泉州安海镇在宋元及明中叶前的行政地名，"桐城"即"刺桐城"——泉州别称。联语追怀"二朱过化"的历史作用，称赞泉州的文风之盛。安海还被称为"闽学开宗"之地，朱松、朱熹、朱在三代都与之结下了不解之缘。

图13-1　修葺一新的石井书院　　　　图13-2　朱松讲学图

绍兴初[②]，即绍兴二年（1132）夏至绍兴四年（1134）秋。朱松经抚谕东南的胡世将保举，任石井镇监税。时人有《送朱乔年祠举荐监石井

---

① 许书纪：《泉州对联丛谈》，厦门大学出版社，1995年，第125页。
② 朱松监镇的时间，诸说不一。兹从束景南《朱子大传》（第12页）。

镇》诗云：

> 石井镇初腾一鹗，管城子健斡千钧。
>
> 已然自足雄吾党，其进只应轶古人。
>
> 衣被卉裳殊俗惯，解捐犊佩犷商驯。
>
> 万钟他日扶危手，五斗怡怡为奉亲。①

"抱负经济，耻于自售"②的朱松赴泉州安海（自然地名），携小名沈郎的朱熹及全家人上任，朱熹在安海的幼童生活从朱松的《中秋赏月》诗中可见一斑：

> 今年中秋月，并海窥涛澜。
>
> 坐看郁蓝天，忽涌白玉盘。
>
> ……
>
> 亦复取樽酒，承颜有余欢。
>
> 天涯等牢落，世路方艰难。
>
> 且遵秉烛语，毋为泣河汉。
>
> 停杯玩飞辙，河汉静不湍。
>
> 痴儿亦不眠，苦觅蛙兔看。

（《韦斋集》卷三）

"并海窥涛澜"，指的是在滨海泉州安海的家人听涛对月，共度中秋。这是朱熹第一次来泉州。而朱松监镇之公余，常集优秀士子讲习"义理之学"，里人黄护在官署傍建"鳌头精舍"作为其讲学场所③。20年后，朱熹任泉州同安县主簿，常往来于相距百余里的泉同之间，必经安海，数访朱松遗迹旧事，"见其老幼义理详悉，遂与论说"，士因益勤于学④。嘉定间，朱在（朱熹第三子）以荫补官，通判泉州。嘉定四年（1211），镇官游绛应安海士民的要求，申报泉州知州邹应龙，请建书院。邹拨官帑

---

① 苏籀：《双溪集》卷二，中华书局，1985年，第19页。
② 乾隆《泉州府志》卷二九《名宦》。
③ 俞少川主编：《安海志》卷六《学校》，安海志修编小组，1983年。
④ 同上。

四十万缗以倡，并指令漕、舶二司捐助，命朱在至镇"董其事"，主持营建石井书院事宜①。

**图 13-3　石井书院的朱熹像与楹联手迹**

朱松监镇为税官，"试吏驰驱，厌鱼盐之琐碎"②，并不得志，而公余讲学于"鳌头精舍"，致后人有"谁是当年辟草莱？层轩高栋傍崔嵬"③之思。而后青年朱熹任同安主簿职兼学事，讲学于同安、安海乃至泉南各地，不无振兴泉南文教之凤愿。

朱熹去世 10 年后，赵宋王朝发现了其学说的特殊价值，逐步升级，把朱熹偶像化。自嘉定二年（1209）被尊为"朱文公"以后，其地位不断被抬高。正是在这样的历史条件下，朱熹的儿子朱在才有可能步入政治生涯，并主持营建颇具规模的石井书院。该书院"如州郡学之制"，中有大成殿，后有尊德堂，奉祀朱松、朱熹父子，两畔有富文、敏行、移忠、言信四斋，此外还有杏坛、碑坊、乐轩、庑舍等建筑设施。且置学田，使生员"赡养有田，肆业有舍"，④成为当时泉州地区县属建院最早、规模最大、设备最完善的书院。诚如时人留元刚之感叹："天下如石井者

① 俞少川主编：《安海志》卷六《学校》，安海志修编小组，1983 年。
② 朱松：《书斋集》卷三，《四库全书》（1133），第 460 页。
③ 俞少川主编：《安海志》卷三六《诗咏》，安海志修编小组，1983 年。
④ 俞少川主编：《安海志》卷六《学校》，安海志修编小组，1983 年。

凡几！"① 从《安海志》有关碑记看，书院在明清时代多次重建修葺，今存大成殿及两庑。清人柯敦圃诗《石井书香》道是：

> 石井讹传近碧溪，宋朝书院在鳌西。
>
> 渐峰远照门前凤，笼岫近呈墙外鸡。
>
> 五孔泉中凳影动，四斋堂上学声低。
>
> 温陵理学开安海，泉郡黉宫铁券题！②

"温陵理学开安海"，又是在讴歌"二朱过化"之功。据已故泉州历史研究会会长陈泗东先生考证，"二朱过化"南宋时已尽人皆知。陈先生列举了《舆地纪胜》卷一百三十和《方舆胜览》卷十二的记载，说朱熹的学生傅伯成，曾在安海建"二朱先生祠"并写下碑记。800 年来，回顾安海乃至泉州地区的文化发展史，朱松、朱熹无疑是起过重要作用的历史人物。

　　然而，在朱松监镇之前，安海已有非同一般的经济文化基础了。安海龙山寺，相传始建于隋朝。有的论者认为，在唐开元六年（718）泉州"建城迁治"以前，所谓泉州港，"实际上是围头湾内的安海港"。③唐开元八年（720），安海建造了防止商船触礁的七星石塔。④宋开宝中，安连济徙居本土，"兴筑古陵桥岸，填地却潮以备农耕，济民粒食，是以乡人易湾海为安海"。⑤经济的发达伴随着人文的兴盛，据《安海志·选举》统计，建炎以前从雍熙二年（985）至重和元年（1118）的 133 年间，安海仅出了 20 名进士。但朱熹而后约近 500 年，安海及其所在的晋江县及至整个泉州地区的文化发展，学术风气更是出现空前的盛况。这当与"二朱过化"以及历代统治阶级对朱子学的倡导密切相关。

　　考察《安海志·选举》，以朱熹同安任满的绍兴二十六年（1156年，即朱松监镇 20 余年后）为界，统计对比了绍兴二十六年前 100 年

---

① 俞少川主编：《安海志》卷六《学校》，安海志修编小组，1983 年。
② 俞少川主编：《安海志》卷三六《诗咏》，安海志修编小组，1983 年。
③ 庄为玑：《略论安海港史的兴衰问题》，福建史学会厦门分会学术会议论文（1983）。
④ 蔡永兼：《西山杂志》（手抄本），《安海志》卷十二《海港》。
⑤ 俞少川主编：《安海志》卷二五《鳌海安氏族谱》，安海志修编小组，1983 年。

（1056～1156）和绍兴二十六年后 100 年（1156～1256）的科第人文，
前百年进士 17 名，后百年进士 32 名。可见朱松、朱熹而后，科第远盛
于前。安海人直接受朱熹教化的，如高禾（淳熙八年进士）字永叔，"伯
父倬先第，父伉与叔似复联第……来倅临漳，朱文公时馆府第，禾执子
侄门第子礼，卑以恭，文公深器之"。①

　　学术则以研习儒家经典最为可观。《易》为《五经》之首，且最难。
泉州人研究易学的风气，在朱熹而后，史称"天下言易，皆推晋江"。泉
州历代研《易》且有著作的计 89 人，明代居多，达 69 人②。安海儒生多
学《易》，万历间进士黄志清著《易说》。据《安海志·选举》统计，从
明景泰元年（1450）至清雍正四年（1726）的 276 年间，安海共有 119
个举人（不包括武举），其中注明学《易》者 61 人，占半数以上（余者
多治《诗》《书》《礼》或《春秋》）。明代与唐顺之齐名的文学家王慎中，
同时也是易学家③。

　　除《易》以外，泉州儒林对朱子学的继承阐明，厥功甚大。明清时
代出现了蔡清（安海人庄概的学生，清雍正间入祀孔庙）、陈紫峰、张
岳、林希元、李光地等著名理学家，使泉州成为理学名区。清代探花黄
贻楫为北京的泉州会馆题联云：

　　　　清紫葵罗钟间气，蒙存浅达有遗书。④

上联"清紫葵罗"指泉州的四大名山；下联"蒙存浅达"则指明代泉州
儒林的四部专著，即蔡清《四书蒙引》、林希元《四书存疑》、陈紫峰
《四书浅说》、王振熙《四书达解》。这四部专著曾经是莘莘学子应举考
试必备的指导读物，在全国产生过较大的影响。清初李光地作为康熙皇
帝的理学大臣，涉学广博，著作等身。上述理学家对朱子学的发隐阐微，

① 《安海港史研究》，福建教育出版社，1989 年，第 65 页。
② 《福建通志·艺文志》卷一、卷二《易类》。
③ 王慎中是蔡清的再传弟子。今台湾"中央图书馆"有明抄本《虚斋看河图洛书说》
　 一书，署名"晋江蔡清著，后学同邑王慎中正，门生易时中刊"，可证王氏深研
　 《易》学。
④ 许书纪：《泉州对联丛谈》，厦门大学出版社，1995 年，第 125 页。

以及他们在理学史上的地位，也是值得深入探讨的学术课题。

上文所述的"闽学""理学""朱子学"既有区别，又互为交叉渗透、互为涵盖囊括。后来人们正是把泉州的人文鼎盛、理学景观与"二朱过化"以及石井书院的创建相联系，称誉安海为"温陵始学"①和"闽学开宗"之地的。词虽近夸，实固如是。

## 二　赡学钱·苏颂祠·经史阁

朱熹在泉州同安县任主簿，职兼学事，即主管教育，有几件事值得注意：因赡学钱（教育经费）与上司发生争执；于学宫之侧建苏颂祠，为诸生树立道德典范；在同安县学兴建经史阁（图书馆）。兹叙述如次：

**1.赡学钱**。同安县学经朱熹数月整顿，焕然改观。其间因官拨教育经费与州学李教授发生一场激烈争论。李教授是朱熹所识福州名士李迁仲之弟，朱熹莅职不久，其人即出任泉州州学教授，为朱熹上级。初，朱熹以为所领县学事当得其力助，故遇事常以书喻其意旨。赡学钱为官拨助学经费，李教授议于提学司，欲州学尽得，而县学不与。朱熹有感于同安"民力困竭，官吏愁劳，日不暇给"，教育经费如果一再向百姓摊派，就会导致莘莘学子"不能有以教而将直弃之"②的严重后果。因此据理力争，要求截留二分，既以公状申禀辨析，又以私书致李教授：

> 今执事之议于提学司曰：业于州者得食于县官，而业于县者无与焉。以熹观之，朝廷立学养士之意与夫制财用之法，似皆不如此……如曰县学所以教者不能如州，则诸县者熹所不能知，如熹所领学，其诵说课试大小条科，熹自以为亦无甚愧於执事之门。而其师生相接之勤，则窃自隐度，以为虽执事，力或有所未能也。③

李教授得此书竟勃然大怒，向同安知县指斥朱熹之非。朱熹在给县令的信中则加以反驳：李教授质之"少年锐气"，朱熹驳以"若直以年长

---

① 陈泗三：《宋元石井今何处》，《泉州晚报》，1992年8月31日。
② 《朱熹集》卷二四《与李教授书》，四川教育出版社，1996年。
③ 同上。

者为胜，则是生后于人者，理虽长而终不可以自伸也"；① 李教授自谓其目的在于"推车欲前"，朱熹驳以"郡县之学本一车耶？譬则郡其轸盖而县其衡轭也，后其衡轭，而独以轸盖者驱驰之"。② 其理性思维品质，于此可见一斑。

最后，朱熹以辞学事相挟，同时希望调停其间的知县不得放弃此关系一县久远利害的官钱以徇一旦之私。朱熹所争赡学钱乃公家事，在理论言辞之间，时露讥讽，其与上司直言抗争的道学性格，当始于此。

**2. 苏颂祠**。朱子学派所到之处，倡导建祠，为所在地树立道德典范，朱熹在同安首开风气。

苏颂（1020～1101），字子容，同安人（《宋史》本传谓其"南安人"，误）。朱熹说"自其高曾，世居此县（同安），比因游宦，始寓丹阳"③。苏颂故宅忠义、荥阳二坊基地宛然尚在。朱熹年少时就从父师那里获知苏颂"道德博闻，号称贤相，立朝一节，始终不亏"诸事迹。他对同安人喜谈曾公亮、蔡确、吕惠卿而不知苏颂颇感诧异，认为要改变当地士风凋敝的现状，就必须讲闻前贤风节与学问渊源，使后生晚学"永前烈之风声"。因此，朱熹改荥阳坊为丞相坊，于绍兴二十三年（1153）建苏丞相正简祠堂于县学空闲之地。通过彰显苏颂事迹，让同安地方上的百姓和读书人知道本地五十年前出了个大贤人，是值得学习的楷模。他撰写的《苏丞相祠记》，其文仅两百余字，"守"凡三出，"节"有两用：

### 苏丞相祠记

熹少从先生长者游，闻其道故相苏公之为人，以为博洽古今，通知典故，伟然君子长者也。熙宁中掌外制，时王丞相用事，尝欲有所引拔。公以其人不可用，且非故事，封上之，用此罢归。不自悔，守益坚。当世高其节，与李才元、宋次道并称三舍人云。后得

---

① 《朱熹集》卷二四《答陈宰书》，四川教育出版社，1996年。

② 同上。

③ 《朱熹集》卷二〇《代同安县学职史乞立苏丞相祠堂状》，四川教育出版社，1996年。

毗陵邹公所撰公行状,又知公始终大节,盖章章如是,以是心每慕其为人。属来为吏同安,同安公邑里也。以公所为问县人,虽其族家子不能言。而泉人往往反喜道曾宣靖、蔡新州、吕太尉事以为盛,予不能识其何说也。然尝伏思之,士患不学耳,而世之学者或有所怵于外,则眩而失其守。如公学至矣,又能守之,终其身一不变,此士君子之所难而学者所宜师也。因为之立祠于学,岁时与学官弟子拜祠焉,而记其意如此,以视邑人云①。

作为封建社会有远见的政治家与杰出的科学家,苏颂的道德核心依然是忠君爱国,以民为本。然而,苏颂的忠君爱民是从国家的长治久安出发,关心民瘼,体恤民疾的。他忠君不唯命是从,最典型的是朱熹《苏丞相祠记》中提到的"三舍人",即"熙宁三舍人"事件。熙宁间,苏颂、李大临、宋敏求三人联手,多次拒绝起草皇帝任命李定为太子中允、监察御史里行的诏书,结果被撤职。他们认为,朝廷用才"度越常格","所益者小,所损者大",深恐"幸门一启","不次之擢"的风气滋长。要求皇帝下命令必须遵章循法,不能随意行事。时天下佛道寺观剧增,危害国计民生,苏颂敢于违抗圣意,为民请命,他在《奏乞今后不许特创寺院》中说:"臣近主判尚书祠部,窃见天下寺院宫观三万八千九百余所,近日又赐三十间以上无名寺院以圣寿为额者二千三百余所……窃谓民之财力田土有限,而僧徒资费无涯,以有限之物,而供无涯之求,若不禁止,窃恐三五十年,民被其患,转不细也。"②宋仁宗死后,修建陵墓。英宗与有关机构"以不时难得之物厉诸郡",苏颂站出来劝阻:"遗诏务从俭约,岂有土不产而强赋乎?量其有无,事亦随集。"③他在自己管辖的颍州,"度土产有无高估缓期,民不知扰……颍人德之。"④皇帝为死去的父亲征收修墓的物产过多过急,侵扰百姓,他敢

---

①《朱熹集》卷七七《苏丞相祠记》,四川教育出版社,1996年。

② 苏克福主编:《苏颂与〈本草图经〉研究》,长春出版社,1991年,第2~7页。

③ 同上。

④ 同上。

于站出来说话。在君命不可违抗的封建制度下，苏颂这样做是需要无畏的勇气和牺牲精神的。这种正直无私、敢为老百姓和国家长远利益说真话的品质，对朱熹日后屡上封事，直斥君过，以及救荒恤民的影响是极其深远的。

**3. 经史阁**。经史阁是我国古代的图书馆，朱熹仕泉时曾兴建经史阁。同安县学"故有官书一匮"，但"无籍记文字"，既没有编目，又管理不善。根据县治壁记与故庙学记，可知林道源（名濩）于北宋治平四年（1067）任同安知县，第二年"始新庙学，聚图书"。从知县林道源到朱熹仕泉八十余年间，历经官师解驰，水火盗窃，使所集图书置于"故箱败箧之间"，而"泯泯无余"，①仅存者凡六种一百九十一卷。朱熹认为这样任其荒废是"不仁"，对不起前贤知县林君之德。于是，他先以檄书呈大都督府，申述说："熹为吏同安，得兼治其学事。学有师生诵说而经籍弗具，学者四来，无所业于其间。"②上司为朱熹诚意所感动，则"减省少府用度金钱"，赐书凡九百八十五卷；同时朱熹又"下书募民间"，得故所藏去者复二种三十六卷。经过修整装褫，对总计一千二百多卷图书进行造册登记，严格管理。经史阁兴建之际，朱熹亲撰《同安县学经史阁上梁文》：

> 儿郎伟，抛梁东，晓日瞳昽出海红。
>
> 照见黉堂通复阁，层甍如画插晴空！……
>
> 儿郎伟，抛梁南，沧溟无际水天涵。
>
> 荡滴鱼龙君莫畏，渊源学海更潭潭。
>
> 儿郎伟，抛梁北，错落众星高拱极。
>
> 昭回运转君莫疑，灿烂光明在方册。
>
> 儿郎伟，抛梁上，圣朝硕辅苏丞相。
>
> 鲁无君子定虚言，犹是诸生丈人行。

①《朱熹集》卷七五《泉州同安县学故书目序》，四川教育出版社，1996年。
②《朱熹集》卷七七《泉州同安县学官书后记》，四川教育出版社，1996年。

儿郎伟，抛梁下，人老遗书追董贾。

诸生勉继旧王贡，时泰不忧身在野！①

**图 13-4　2016 年 3 月，大型历史人文纪录片《朱熹》成人礼在洛阳取景拍摄**

## 三　父执刘子羽修建泉州学宫

朱松、刘子羽都是主战派。朱熹 11 岁时，随父离开尤溪，迁到建州（今建瓯），居住城南紫芝上坊。朱松因反对秦桧和议，"与同列上章，极言其不可"。秦桧唆使其同党说朱松"怀异自贤"，朱松被赶出朝廷。刘子羽因辅助张浚抗金，为秦桧所忌，"风谏官论罢之"。政治上的共同遭遇，使朱、刘成为莫逆。在朱熹 14 岁那年，朱松与世长辞，临终"以子熹托子羽，子羽与弟子翚笃教之"。

居崇安五夫里（今属武夷山市，距城 57 公里）的刘氏望族②，在五夫里附近的潭溪为朱熹提供了优厚的物质条件：房五间，用器完备，有

①《朱熹集》卷八五《同安县学经史阁上梁文》，四川教育出版社，1996 年。
② 据《刘氏宗谱》记载，五夫里刘氏，乃刘邦之弟楚元王交之裔，唐末避乱入闽所传。刘氏世代显赫，至子羽兄弟时，尚颇有权势，方士繇、魏掞之等也投靠他们。

地可树，有圃可疏，有池可渔，以供朱熹母子居住。刘子羽（屏山）带朱熹到武夷山讲习，去家颇远，买田200余亩，于途中建歇马庄。屏山去世后，刘珙（子羽之子）将这200亩田，"尽以畀朱子，以资其母"①，朱熹后来在《少傅刘公神道碑》中说："先人晚从公（子羽）游，疾病，寓书以家事为寄。公恻然怜之，收教熹如子侄，故熹自幼得拜公左右。"②

图13-5　刘子羽像

图13-6　泉州府文庙

我们在注意刘胡三先生（刘子翚、刘勉之、胡宪）对朱熹影响的同时，也不能忽略对刘子羽的深入研究。史乘对其戎马生涯、抗金事迹不乏记载，殊不知子羽既叱咤风云于战场，又在知泉任上，有功于地方

① 王懋竑：《朱子年谱》卷一，四库全书影印本（447）。
②《朱熹集》卷八八《少傅刘公神道碑》，四川教育出版社，1996年。

文教。

关于朱松、刘子羽的生年，《中国历史人物生卒年表》①附阙，兹作补证。朱熹谓朱松于绍兴"十三年三月辛亥卒于建州城南之寓舍，年四十有七"②据此逆推，朱松当生于北宋绍圣四年（1097）；朱熹曾遵刘珙遗嘱，撰《少傅刘公神道碑》③，碑文中说子羽去世时，"年五十矣"，又参《宋史》本传记其卒于绍兴十六年（1146），据此逆推，刘子羽与朱松同年生。

据泉州地方志记载，刘子羽于绍兴六年（1136）知泉州，在郡二年，政多泽民，民爱之如父母。他修建学宫（府学文庙）一事，受到地方人士大加称颂。泉州府学的著名碑记《泉州重建州学记》④（简称《州学记》），碑文为张读撰，李邴书，立于绍兴二十年（1150）。张李都是地方上极有影响的人物。"善属文，闽中碑碣多出其手"的张读，安溪人，曾通判泉州，知兴化军，官至直讲；原籍山东的李邴则曾经位至宰辅。《州学记》以刻石的形式，严厉谴责高惠连，极力讴歌刘子羽。

高惠连系泉州安海人，曾任泉州太守，本地人当本地官，却受到地方志书的谴责，当属事出有因。⑤《州学记》说，泉州府学原在州城南之东门，擅山川之壮气，元勋伟节，代有名人。"厥后高侯（惠连）逞私憾，迁而西之，衣冠遂减畴昔"，即迁建破坏了学宫的风水，使泉州登科的人数突然减少。高氏迁学宫事在1011年，此后受到泉州舆论不断攻击，要求迁回原址。直到大观三年（1109）告老还乡的龙图阁学士柯述才主持迁复，但由于基址卑下，经不起长期浸淫，屋壁屡坏，加之行门隙地，以给编户，未仍旧贯，生徒汹汹，至兴狱讼，士气伊郁，积年于兹。刘子羽于绍兴六年（1136）冬出知泉州，"坐席未温，则视事于府学"，见馆舍颓隘，则以"学校不修，太守之责"自励，几经策划实施，

---

① 吴海林、刘延沛：《中国历史人物生卒年表》，黑龙江出版社，1981年。
②《朱熹集》卷九四《少傅刘公神道碑》，四川教育出版社，1996年。
③ 其碑今存武夷山武夷宫。
④ 道光《晋江县志》卷一四《学校志》。
⑤ 陈泗东：《俞大猷、高惠连、李卓吾、许邦光事迹考》，《泉州文史》，第10期。

筹资于旧址重建左学右庙，增旧基二尺余，"凿展河睿青草池，纳潮汐于桥之下"，使学宇告备。

从高惠连迁学宫，到刘子羽在柯述迁复的基础上重修学宫，前后经历了125年。张读、李邴作《州学记》，树碑勒铭，字字千钧，在谴责高氏之余、对刘子羽极尽褒扬：

> 韪矣刘公，忠义蝉联。……学校不修，又谁咎焉？屡入意匠，乃趣工班。材如云委，杞梓楠便。百堵俱兴，如飞如翰。门直于西，前揖紫烟，石梁横跨，虹卧清涟。江山增丽，亘古无前，青衿感慨，淬砺龙泉。鹏搏鲲岩，春榜絮先。遵礼蹈周，密勿朝端。何以报之？绘像岩岩。我公之德业兮，拂日庚天。我公之福履兮，方至犹川。我公之眉寿兮，超百弥千。[1]

刘子羽为政"爱民礼士，敦尚教化"（朱熹《少傅刘公神道碑》）。重修学宫，以及张读、李邴刻石立碑之事，发生在朱熹簿泉州同安之前。如果我们把朱熹于绍兴二十三年（1153）一到同安，就建经史阁于大成殿，建教思堂于明伦堂左，以及"设讲座，集官书贮之"[2]等一系列政教活动联系起来考察，就会感到刘子羽那种以"学校不修，太守之责"自励的为官风范，在初登仕途的青年朱熹身上得以延续。由此，我们可以窥见"收教熹如子侄"的刘子羽对朱熹的影响。

## 四　职兼学事："诸生时往还"

朱熹一生大部分时间在闽讲学著述。作为大教育家，初仕任上，他就开始主管教育，后来他的学生遍布全国各地，影响之大，世罕其匹。他在南康军任上所订的《白鹿洞书院学规》，被后世奉为准则。朱熹初仕所显示出的非凡的教育才能，其干练与成熟，很难想象这是二十几岁的年轻人所为。

朱熹认为："学绝而道丧，至今千有余年，学校之官有教育教养之

---

① 道光《晋江县志》卷一四《学校志》。
② 乾隆《泉州府志》卷一五《学校》。

名，而无教养之实。"因而，他注意聘请当地有才学的进士充当教员，其
所推选的徐应中"留意讲学，议论纯正"。王宾"天资朴茂，操履坚悫"。
柯国材更是"守道恬退，不随流俗，专以讲究经旨为务"。初涉教育的
朱熹，就这样重视教师素质，实属难能可贵。如何教育好学生，朱熹进
而认为，必须由好的教员"专意教导"，"不唯使生徒者，见其言行，得
以矜式，亦庶几士民向风，有所兴劝。"①这样，"必能率励生徒兴于义
理之学，少变奔竞簿恶之风"②。朱熹非常重视教师的作用，他认为士不
能"有志于学"，学者"或患贫贱，势不得学与无所於学而已"，"势得
学又不为，无所于学而又不勉，是亦未尝有志于学而已矣。"但这"非士
之罪"，而主要在于"教不素明而学不素讲也"，假如使"教素明于上而
学素讲于下，则士者固将有以用力，岂有不勉之患哉？！"③有弟子员犯
"淫慝之行"，朱熹领众学生到孔庙告先圣，进行自责："行能寡簿，治教
不孚。""熹窃自惟身不行道，无以率励其人，使至于此，又不能畧正刑
辟，以弹治之，则是德刑两弛，而士不率者终无禁也。"④为人师表，凛然
可畏。

青年朱熹有一个很突出的思想，就是倡导"为己"⑤之学。批评"利
禄诱人"的教学目标，他认为这绝非真正的教学所能容许的。他说："今
之世，父所以诏其子，兄所以勉其弟，师所以教其弟子，弟子之所以学，
舍科举之业则无以也。"从而产生"无事乎汲汲为也，是以至于惰游而不
知反，终身不能有志于学"⑥的不良后果，以至于"语圣贤之余旨，究学

---

① 《朱熹集》卷二〇《请徐王二生充学宾申县札子》，四川教育出版社，1996 年。
② 《朱熹集》卷二〇《举柯翰状》，四川教育出版社，1996 年。
③ 《朱熹集》卷七四《同安县谕学者》，四川教育出版社，1996 年。
④ 《朱熹集》卷八六《屏弟子员告先圣文》，四川教育出版社，1996 年。
⑤ 杜维明先生对此有较为通俗的解释，则所谓"为己之学"就是说求学是为了自己。但
  这个自己的观点不是西方所谓的个人主义的自己，这个己在《论语》里是"己欲立
  而立人，己欲达而达人"，这个"己"是"反躬修己"的"己"，具有强烈的社会性。
  儒家的"道"，是一条完成自己人格一定要行走的路。一个人要完成自己的人格，必
  须从"己"下手，所以才有"吾日三省吾身"的提法。（这是杜先生作《宋明儒学中
  心课题》讲演时说的，经四川省社科院蔡方鹿先生整理）
⑥ 《朱熹集》卷七四《同安县谕学者》，四川教育出版社，1996 年。

问之本原，则周乎莫知所以用其心者。"他在《更同安县学四斋名》中说："汇征之名，乃学优而仕之事，非学者所宜先也，揭而名之，是以利禄诱人，岂教学者之意哉。"他认为斋名应该以"志道""据德""依仁""游艺"之目，如此方为正理。抱着追求科举的目的读书，会产生"学而优则仕"的先入之见。在朱熹看来，"以利禄诱人"就像中了邪一样，会走入歧途。朱熹认为，学子不能"爱日不倦而竞尺寸之阴"，"挟策而相与嬉戏其间"，"惰游而不知反"以至于"安其空虚无实之名，内以傲其父兄，外以骄其闾里，终身不知自力，卒就小人之归者"。凡此种种，都是由于以"利禄诱人"的学习目的所致。封建统治阶级用以取士并利用功名利禄来诱惑控制人民的科举制度，青年时代的朱熹能够看到它对于教育产生的弊端，这是朱熹的深刻之处。

朱熹在同安主管教育的另一突出思想，是学校的教育应"语圣贤之余旨，究学问之本原"，他认为假如能"知古人之所以为学，则将欲罢而不能者。"在《喻诸生》榜文中，他指出："古之学者，十五而入大学，学先圣之礼乐焉，非独教之，固将有以养之也，盖理义以养其心，声音以养其耳，采色以养其目，舞蹈降登、疾徐俯仰以养其血脉。以至于左右起居，盘盂几杖，有铭有戒，其所以养之之具，可谓备至尔矣。夫如是，故学者有成材而庠序有实用，此先王之教所以为盛也。"① 在《补试榜谕》中他还说："劝谕县之父兄，有爱其子之心者，其力求明师良友，使之究义理之指归，而习孝弟驯谨之行以诚其身。"② 同时，对于民间青年男女"贫不能聘""引伴为妻"之俗，朱熹一面颁布法令，"晓谕禁止"，一面亲自制订严格而具体的婚娶仪式，"以凭遵守，约束施行"。

在学习方法上，朱熹"增修讲问之法"，要"诸君子其专心致思，务以渐摩之，无牵于章句，无滞于旧闻，要使之知所以正心诚意于饮食起居之间，而由之以入于圣贤之域，不但为举子而已，岂不美哉。"③ 根据

① 《朱熹集》卷七四《谕诸生》，四川教育出版社，1996 年。
② 《朱熹集》卷七四《补试榜谕》，四川教育出版社，1996 年。
③ 《朱熹集》卷七四《谕诸职事》，四川教育出版社，1996 年。

现存的《策问》三十几条看来，内容相当广泛，数次提"格物致知"。朱熹要学者无牵于章句，无滞于旧闻，"要使之知所以正心诚意于饮食起居之间，而由之以入圣贤之域。"这种"讲问之法"，实际上是引导学生活读书，读活书，循序渐进；并且用之于日用之间，不因循守旧，思想上明义理，融会贯通，行动上才能达到孝弟驯谨，就其学习方法上看，朱熹早年就有独到的见解。有论者引"新加坡南安会馆金禧纪念特刊"说朱熹创办九日山书院，并制订"教条"（一为五教之目：父子有亲，君臣有义，夫妇有别，长幼有序，朋友有信）等，但余查诸方志，不见有此记载。

同安任上，朱熹热心讲学的事迹，从其《教思堂作示诸同志》诗中可见一斑：

> 吏局了无事，横舍终日闲。庭树生悲风，凉气满窗间。
>
> 高阁富文史，诸生时往还。纵谈忽忘倦，时观非云悭。
>
> 咏归同与点，坐忘庶晞颜。尘累日以销，何必栖空山？[1]

## 五　泉籍门人与仕泉门人

朱熹泉州门人的事迹，散见于地方志与《文集》之中，非披阅钩稽无以衰辑。美籍华人陈荣捷先生对朱子门人做过专门研究；刘树勋教授主编的《闽学源流》亦附名录——其中泉州 14 人。

朱熹在同安职兼学事，有感于"学绝而道丧，至今千有余年，学校之宫有教养之名而无教养之实"[2]。所谓"道丧"即指韩愈《原道》："斯吾所谓道也，非向所谓老与佛之道。尧以是传之舜，舜以是传之禹，禹以是传之汤，汤以是传之文武周公，文武周公传之孔子，孔子传之孟轲，轲之死，不得其传焉。"这种未标明道统的道统论，使汉唐以来囿于章句师法、散漫无归的儒学开始有了精神上的大依托，韩愈也一度被排在圣贤的序列内。北宋初的孙复、石介、苏洵等著名人物反复宣传韩愈的道

---

[1]《朱熹集》卷一《教思堂作示诸同志》，四川教育出版社，1996 年。

[2] 民国《同安县志》卷二五《艺文》。

统论，期待着圣贤再世，接续道统①。后来，"伊洛儒宗"（程颢、程颐）始出，被后世视为道学的正宗，同时被视为道学思想体系的主要奠基人。青年朱熹一开始接触教育，就以振兴丧失"千有余年"的道统自期。他首先整顿学风，精选师资。继而选邑秀民充弟子员，"日与讲说圣人修己治人之道"。他在《补试榜谕》中奉劝县之父兄，为其子弟求"明师良友"，使之"究义理之指归，而习为孝弟驯谨之行"，其开宗明义的教学目的，就是要为改变世道人心，重整社会纲纪而培养人才。②我们认为，儒家提倡"为己"之学与科举考试"利禄诱人"确实存在着二律背反的矛盾。这一矛盾与科举制度相始终。这个问题对于现代教育仍然具有现实意义和借鉴价值，有如我们现在怎样处理好追求升学率与提高学生素质两者之间的关系。

先是泉州士子专泥章句，为文竞浮华，析理驾元虚。自朱熹在同安、安海、泉郡等地往来讲授，一时从学者众。后来其门人陈淳、蔡和等人又讲学授徒，以义理之学诏世，条理明备，议论平实。泉南诸生如郑思忱、苏思恭、王次传、卓琮、王隽、黄一翼、江与权、黄必昌等，皆从之游。由是濂、洛、考亭之书，家诵人习，泉南正学之盛称为紫阳别宗③。

兹列泉州籍门人和仕宦讲学于泉州的门人25人，仍属不完全统计。他们除真德秀以外，有的是朱熹初仕时的第一批学生，有的分别于不同时期、不同地域游学于朱子之门。通过他们的事迹，我们可以窥见南宋一代士人的精神风貌——思想观念与价值追求。

### （一）泉籍门人（20人）

**1. 许升**。字顺之，号存斋，同安县人。朱熹任同安主簿时，升年十三，从游最早。熹去任，复从学于建阳。其学"有得于内"，朱熹为书《存斋记》。临别朱熹赠诗《送许顺之南归》：

---

① 姜广辉：《理学与人文精神的重建》，《天津社会科学》，1997年第3期。
② 民国《同安县志》卷二五《艺文》。同安县博物馆保存有朱熹"青云路"石碑，可见朱熹也鼓励士子走科考入仕之路。刘海峰、庄明水《福建教育史》（福建教育出版社，1996年，第53页）说，这是朱熹"劝诱学子应试入仕的重要思想的历史写照"。
③ 民国《南安县志》卷五〇《杂志》。

门前三径长蒿莱，愧子殷勤千里来。

校罢《遗书》却归去，此心元自不曾灰。①

许升居家，偕陈齐仲肄业净隐寺，又与石子重、徐元聘、柯国材、陈汝器、王力行等友善。遍交四方之士，若范伯崇、廖德明、林择之、许敬之。朱熹同湖湘、闽中学者讨论"已发""未发"问题，于乾道二年（1166）季秋，把自己以性为未发、心为已发的认识视为一次重要的思想飞跃，写信《答许顺之》，并示以著名的影响深远的《观书有感》一诗：

秋来老人粗键，心间无事，得一意体验，比之旧日，渐觉明快，方有下工夫处。日前真是一盲引众盲耳，此说在石丈（子重）书中，更不缕缕，试取观之为如何，却一语也。更有一绝云：

半亩方塘一鉴开，天光云影共徘徊。

问渠哪得清如许，为有源头活水来。②

图 13-7  朱子手迹

这首诗写得既清新自然，又略带禅机，富有理趣。然而，有的论者有感于这首被人们广为传诵，奉为经典佳作的诗篇，"作于何时何地，缘何而作，一直令人费解，学人言之不详，颇多歧见"，因而在"登游三清山，观瞻三清宫"之后，撰文说是"对其有了新的

①《朱熹集》卷六《送许顺之南归》，四川教育出版社，1996年。
②《朱熹集》卷三九《答许顺之》书十一，四川教育出版社，1996年。

发现"，认定"朱熹这首《读书有感》诗（《朱文公文集》卷二为《观书有感》，该文数处皆为《读书有感》，不知据何版本），原来就是在三清山的三清宫游憩时触景顿悟，有感而发的"（郑闯、张兵《朱熹穷"理"三清山——兼论朱熹〈读书有感〉诗的哲理内涵》——以下简称郑文，《复旦学报·社科版》，2000 年第 1 期）。郑文还进一步判定"《读书有感》诗写成于南宋淳熙三年（1176）春"。同时加以发挥，说这首诗写于鹅湖之会（1175）后一年，即朱熹如婺源省墓而游学三清山，"格物穷理，警省顿悟，其理学思想由此飞跃飚升"云云。郑文持以立论的主要证据：一是《江西通志》卷二十二《书院》的一条记载，说朱熹曾讲学于江西玉山县北怀玉山下（三清山为怀玉山脉主峰）的草堂书院（朱熹亲书命名）；二是始建于南宋乾道六年（1170）的三清宫，宫观门前的泉水流聚到一池方塘中，方塘位于两座山峰相接的凹地中，正合半亩（330m²），如今怀玉山下尚有"方塘村"及源头活水亭。实际上，朱熹《观书有感》诗的创作时间，可以在乾道二年（1166）秋，朱熹《答许顺之》这一信中找到答案。这一信中所谓"一绝"即《观书有感》之其一，然而，仅读"其一"是容易偏离事实的。《观书有感》尚有其二："昨夜江边春水生，蒙冲巨舰一毛轻。向来枉费推移力，此日中流自在行。"两首合并考察，可以窥见这是朱熹长期思考的心性问题，得到豁然开朗贯通后的心理体验之流露，即所谓"丙戌之悟"（以性为未发，心为已发）。其中曲折，陈荣捷与陈来诸先生都做过考证，兹不赘述。总之，《观书有感》诗作于乾道二年（1166，是年朱熹居闽北崇安五夫里），而不是作于淳熙三年（1176，是年朱熹曾知婺源）。时隔 10 年，以其诗寻证朱熹思想发展脉络，则迥然相异。

可惜许升英年早逝。淳熙十二年（1185），朱熹为文祭，称其"恬淡靖退，无物欲之累"。许升著有《孟子说》《礼记文解》《易解》等。

**2. 王力行。**字近思，同安县人。淳熙间与陈易、杨至、杨履正、刘镜皆游朱熹之门。朱熹谓力行明敏有余而少持重，因勉以为己工夫。自是苦学善问，深得其旨趣。所著有《朱氏传授支派图》《文公语录》

一卷。①

**3. 傅伯成**。字景初，号竹隐，傅自得之子，官至侍郎，泉州人。与兄傅伯寿（景仁）少从朱熹学。隆兴元年（1163）兄弟同登进士第。庆元初，伯成为太府寺丞，进言吕祖俭不当以上书贬，朱熹不当目为伪学。曾出知漳州，任上推熹意而遵行之。后来以集英殿修撰知建昌府，诉蔡元定冤，使得以归葬。傅伯成既尽忠朱熹闽学，又是地方上颇有影响的人物，与杨炳、李忱被尊为温陵三大老。

乾隆《泉州府志·文苑》有傅伯寿传。朱熹曾与伯寿、机仲、宗正等会武夷，朱熹有诗《奉答景仁老兄赠别之句》，同伯寿相与论道，期以"何忧功名与事业，但要溥溥而渊泉"。后来傅伯寿官运亨通，《考亭渊源录》说他"谄事韩侂胄、苏师旦致身显，伯成每切责之"。方伪学之禁，预草诏以诋善类。这个卖身投靠反道学新贵而青云直上的人，在一篇告词中讥斥朱熹"大逊如慢，小逊如伪"，"务徇于名高"。因此，朱熹去世时，傅伯寿虽在附近的建宁任上，也未被通知到场，列为"叛徒"。

**4. 杨至**。字至之，晋江人。以文学名于时。游学于朱熹之门，朱熹称其讲论精细。尝论孟子平正，横渠（张载）高处太高，僻处太僻。又作《天道至德》《圣人至教》二图，蔡元定奇之，把女儿嫁给他。所记有《文公语录》二卷。

**5. 陈易**。字缓之，永春县人。庆元二年进士。朱熹尝称其为学颇得次第。或问朱熹与延平验中于未发之前，是何气象？陈易说："持守良久，亦自可见。"著有《语孟解》。

**6. 黄谦**。字德之，南安县人。其父命入郡学习举业，而黄谦径来受业于朱熹。朱熹说："既父命习举业，云何不习？""郡学举业与理学不相妨。如违父命，则父子相夷矣，何以学为？"②

**7. 蔡和**。字廷杰，号白石，南安县人。居三十五都（今官桥镇石柱

---

① 乾隆《泉州府志》卷四一《宋列传》。
② 民国《南安县志》卷二九《人物志》。

村）蔡山。朱熹赴同安任，经蔡岭，见书室傍菜畦依八卦为塍，谓从者："此地有贤人，予当往谒之。"适在楼上弹琴的蔡和整冠出迎，款洽情殷。蔡和取"君子之交淡如水"之意，以饮明水及茄一豆二宴请朱熹。自此时相往来，谈道论理。

蔡和之家颇为殷实，以耕读为乐，其居有二楼相连，匾曰"铎楼"，以振铎斯民自任。他种植荔枝数百株，名"龙峰荔"，一茎二枚，大小配合，核如米大，不同一般荔枝。居乡，丧祭悉尊古礼，乡间化之。著有《家训集鉴》《易说》等①。

**8. 刘镜**。字叔光，惠安县人。厌科举之习，淳熙间师事朱熹，主于涵养体察践履。别业在龙津之原，是他与张巽讲述晦翁之学的地方。②

**9. 杨履正**。字子顺，晋江县人。从朱熹学，得其堂奥，朱熹称其为学细密。居家讲学，生徒恒数百人。③

**10. 张巽**。字子文，称锦溪先生，惠安县人。出身于仕宦之家，漳州刺史清溪之裔。其父张寓在知临江军任上与张栻共学。淳熙中，张栻讲学于长沙城南书院，寓遣巽从之游。及归，张栻赠诗以"至理无辙迹，妙在日用中"，"于皇太极蕴，精微浩无穷"指示为学根本。而"人言底柱险，袖手不敢迩，孰知人心危，毫厘千万里"④，则使人先察识天理人欲之分，培养扩充以复其性。张巽既得师教以归，杜门玩养，寡交于人。时朱熹之学盛行于泉而成为清源别派。同邑刘镜从学于朱熹，张巽与之素有交往，因所得闻于朱熹者，未能释然。于是巽乃走武夷谒朱熹，得中和之旨。临别又请教，朱熹指点说："南轩记岳麓，某记石鼓，合而观之，知所用力矣。"则示以张巽《岳麓书院记》和他于淳熙十四年夏所作的《衡州石鼓书院记》用功互参。张巽这位先事张栻再事朱熹的典型弟子，赋《武夷留别朱晦翁先生》：

---

① 民国《南安县志》卷二九《人物志》。
② 嘉庆《惠安县志》卷二五《儒林》。
③ 乾隆《泉州府志》卷四一《宋列传》。
④ 嘉庆《惠安县志》卷二五《儒林》。

千灯圣道谁能几，苦卓先贤问一遗。

巨麓清扬知广大，石钟自况示精微。

山中夜冷雪客立，洞口秋深雁望飞。

此际殷勤分手去，明春策杖扣仙扉。[①]

张巽回惠安后，力践"养其全于未发之前，察其几于将发之际，善则扩而充之，恶则克而去之"[②]的师教，涵养体察，久益明净。淳熙九年（1182），朱熹作《四时读书乐》诗：

### 春景

山光照槛水绕廊，舞雩归咏春风香。

好鸟枝头亦朋友，落花水面皆文章。

蹉跎莫遣韶光老，人生唯有读书好。

读书之乐乐何如？绿满窗前草不除。

### 夏景

修竹压檐桑四围，小斋幽寂明朱曦。

昼长吟罢蝉鸣树，夜深烬落萤入帏。

北窗高卧羲皇侣，只因素念读书趣。

读书之乐乐无穷，瑶琴一曲来熏风。

### 秋景

庭前昨夜叶有声，扁豆花开蟋蟀鸣。

不觉秋意满林薄，萧然万籁亦知情。

床头赖有短檠在，对此读书功更倍。

读书之乐乐陶陶，朝弄明月霜天高。

### 冬景

水尽木落千岩枯，自然吾亦见真吾。

坐对遗篇灯幌壁，高歌夜半雪压庐。

香茶地炉恭鼎烹，活水清心足称于。

---

① 嘉庆《惠安县续志》卷十《艺文志》。
②《文集》卷七九《衡州石鼓书院记》，四部丛刊初编缩本。

读书之乐何处寻？数点梅花天地心。①

道光《惠安县续志》卷十《艺文志》载有朱熹弟子张巽（子文）作《和晦庵先生四时读书乐》：

苍痕草色映帘栊，无限春风无限香。

莺转林中催好友，花开水上自成章。

鬓华易逝天易老，始知世上读书好。

读书之乐乐谁如？莫叹吾心腊未除。


草舍三间竹四围，一轮海角吐初曦。

停午蝉鸣来马帐，薄暮萤火灿董帷。

梦成一枕频惊破，仿佛读书神相告。

读书之乐乐无穷，空中楼阁拂凉风。


风来水风度秋声，玉露瀼匕万籁鸣。

天飘蟾桂香半落，壶贮明月色同清。

幸有纸窗并净几，乘兴读书读不已。

读书之乐乐融陶，喜见鹏程九万高。


松柏虽寒自不枯，耿介孤骞惟一吾。

任他霜雪侵山骨，定有风云会蓬庐。

三冬且潜龙蛰首，正好读书忘见肘。

读书之乐乐可寻，孔颜真处是天心。

张巽别朱熹南归于淳熙十四年（1187）秋，而《和晦庵先生四时读书乐》则在归居惠安以后，诗中"草舍"指锦溪草堂，"一轮海角"则惠安滨海之谓。张巽虽然没有著作传世，但从有关诗文可窥其为学节概。《和邵尧

---

① 此诗见《广西朱氏族谱》。引自朱汉滨《介绍朱子的两首读书诗》，《闽学通讯》第二十三期。束景南先生据《庐山志》卷五《山川胜迹》的有关记载，考此诗作于淳熙九年壬寅。兹从之。

夫打乖吟》云："力却兰台宁食贱，只居茅屋不知贫。"①《和杨龟山"此日不再得"韵》道是："奈何志道者，不共惜光阴。努力贵及时，平旦乃初阳……人生无百年，少壮应自强。"② 由于张巽、刘镜"尊闻行知性命之传籍"，讲习讨论，使朱熹理学得以在惠安一带传播。

**11. 高禾**。字永叔，晋江县人。登淳熙八年（1181）进士第，历福清、仙游两县。曾知惠州，提举常平。禾父倅临漳，时朱熹绾府符，禾执子侄门弟子礼，卑以恭，文公深器之③。

**12. 李亢宗**。字子能，南安县人。师事朱熹，刻志励学，服习俭素，俨然儒生，无贵胄习气④。

**13. 杨景陆**。字伯淳，南安县人。居三十四都（今莲塘），开禧元年（1205）进士。据方志记载，朱熹曾因行役按事经其乡，住宿在杨景陆家中，得亲炙以成其学。著有《汉唐通鉴》《史志解》《春秋解》⑤。

**14. 林峦**。朱熹门人，晋江县人。能推所闻以讲学闾里。朱熹曾致书信两封，劝其不要刻意辞章，回到经学义理的正路上⑥。

**15. 诸葛廷材**。字诚之，南安县人。受业朱熹之门，授徒梅山故里。与朱子论陆九渊，朱子答书勉其虚心熟讲，勿以气盛粗心害道⑦。

**16. 许子春**。字景阳，同安县人。朱熹在江西南康任上，许子春与蔡元定、林择之、杨子直、王光朝等门生故友都到南康追随他游山讲学。朱熹曾有书信致景阳⑧。

**17. 陈齐仲**。同安县人。在向朱熹问学过程中，朱熹曾致书与之论《诗解》，论"忠恕"之旨；指出学问当以"穷天理，明人伦，讲圣言，通世故"为本，解经须于"平易明白"中荐取⑨。

---

① 嘉庆《惠安县续志》卷十《艺文志》。
② 同上。
③ 道光《晋江县志》卷三七《人物志·名宦》。
④ 民国《南安县志》卷二九《人物志》。
⑤ 同上。
⑥ 道光《晋江县志》卷五四《人物志》。
⑦ 民国《南安县志》卷二九《人物志》。
⑧ 刘树勋主编：《闽学源流》，福建教育出版社，1993年，第560页。
⑨ 同上。

**18. 戴迈**。同安县人。朱熹在同安主县学时，从第一批学生中见其"若有所蓄积"，讲授《论语》，见迈不仅有突出的理解能力，且手抄口诵而心惟之，因而期望他"共进于此道"。由此可见，朱熹讲学之际对学生观察之细微[①]。

**19. 吕侁**。同安县人。朱熹致书称他"所存诚远且大……不以贫自累"，自愧"禄不足以仁其家"，希望他坚持操守，说"贫者士之常，惟无易其操则甚善"[②]。

**20. 杨宋卿**。同安县人。他把自己的诗作编为一集寄给朱熹，朱熹看后有感于秦桧专权时经学式微，学子忽视义理，片面追逐辞章迷途忘返，故而复信对近世"葩藻之词胜，言志之功隐"的通病，委婉地加以矫正[③]。

## （二）仕泉门人（5人）

**1. 詹体仁**。字元善，闽北崇安人。登隆兴元年进士第（时年二十），乾道间为晋江县丞。居官以利民为心，梁克家荐其入朝为太学录。历龙图阁，知静江府，移鄂州。问居官莅民之法，道是"尽心平心而已，尽则无愧，平则不偏"[④]。朱熹与之有书信往来。

**2. 陈淳**（1153～1217）。字安卿，号北溪，漳州龙溪人。少年时代，林宗臣引导他读《近思录》。朱熹守漳时，淳持《自警诗》请教，朱熹则知其学问根底，相见恨晚，有"吾南来喜得陈淳"之语。[⑤]

乾隆《安溪县志·宦绩》记陈淳讲学于泉州、莆田，"信从者众"。查方志所记陈淳的弟子如永春的卓琮、黄以翼[⑥]，晋江的王隽、王稼[⑦]，南安的王昭复、诸葛珏[⑧]，等等。其弟子"馆陈北溪于家，笔授《字义》行

---

① 《朱熹集》卷三九《答戴迈》，四川教育出版社，1996年。
② 《朱熹集》卷三九《答吕侁》，四川教育出版社，1996年。
③ 《朱熹集》卷三九《答杨宋卿》，四川教育出版社，1996年。
④ 乾隆《泉州府志》卷二九《名宦》。
⑤ 同上。
⑥ 乾隆《永春州志》卷二六《人物·儒林》。
⑦ 道光《晋江县志》卷四八《人物·理学》。
⑧ 民国《南安县志》卷二九《人物志》。

世"，称其学"体认精实"，"详说而反约"，将其著"锓梓行世"。总之，陈淳讲学于泉州，对朱子学辩说条畅，不遗余力地弘扬师道。

嘉定十年（1217），授陈淳安溪县主簿，泉南诸生盼望继续得其教泽，而陈淳在即将上任时辞世。所著有《大学中庸论孟口义》《北溪字义》《诗礼女学》等。

**3. 真德秀**（1178～1235）。字景元，号西山，闽北浦城人。庆元五年（1199）进士及第，又中博学鸿词科，官至参知政事。为朱熹私淑，与魏了翁齐名，时有"西山鹤山"之称。

早年师从朱熹门人詹体仁，是朱熹的再传弟子。嘉定十年与绍定中两知泉州，时海外贸易，因番舶怯苛征，至者岁无三四，德秀至郡首宽之，遂增至三十六艘；裁抑豪强，梗法务在痛绳；恤民减赋，或咎其宽蠲太聚，他则说："民困如此，宁身代其苦"；南外宗司在泉者三千三百余人，经他多方筹措以供给应，敛不伤民。方志说他第二次仕泉之际，百姓迎者塞路，"百岁老人亦扶杖以出，欢声雷动"①。

居泉，与李方子、陈淳、陈宓交游，传播理学。真德秀是继承朱子学的代表人物，他突破当时对朱熹之学的禁锢，大力提倡程朱理学，使之成为官方正统学术思想。其著作有《大学衍义》《心经》《政经》等，后人编纂为《真西山全集》。

**4. 李方子**。字公晦，闽北光泽人。朱熹曾对他寄以"宽大中要规矩，和缓中要果决"之语，因而名其室为"果斋"。

嘉定七年（1214），廷对擢第三，调泉州观察推官。适逢真德秀守泉，以师友厚待他，郡政大小，每以咨决。暇则与辩论经训，至深夜不倦。真德秀曾为《清源文集》作序，序中说李方子奉新知泉郡的程卓之命编纂《清源文集》，"罗网收拾，得诗赋杂文，凡七百余篇，合为四十卷"②。由此可知李方子保存薪传泉州地方文献之功。

李方子著有《朱熹年谱》，然《四库全书》仅见宋袁谱、清王谱与

①　乾隆《泉州府志》卷二十九《名宦》。
②　陈国仕辑：《丰州集稿》，南安县志编委会。

朱谱。

**5. 陈宓**。字思复，号复斋，莆田人。丞相陈俊卿之子。少侍朱熹，长从黄榦游。曾以父荫历监南安盐税。嘉定中知安溪县，任上做安养院以栖行旅，立惠民局以药病者。为蠲减经总制钱等无名赋税而抗争，这与朱熹仕泉时的思想是一脉相承的。他善于断案，方志说，安溪有陈严一者，自己砍断左手次指，诬告其兄之子。陈宓心生疑窦，叫他演示被砍情状，遂诘问："如此，则余指俱伤，安得仅断一指？乃汝自断诬之耳！"其人叹服，再拜曰："公神明也。"归悔，厚待其侄①。

宓居泉，与郡守真德秀友善。他重视文教，刊《司马温公书仪》《唐人诗选》②。自言"居官必如颜真卿，居家必如陶元亮"③。他曾经读书于晋江白虹山，士民称其为复斋先生。所著有《论语注义问答》《春秋三传》等。

---

① 乾隆《安溪县志》卷五《宦绩》。
② 乾隆《安溪县志》卷十《古迹·印书局》。
③ 乾隆《安溪县志》卷五《宦绩》。

# 第十四章　朱熹泉州事迹考评（上）

## 一　牧爱堂、九日山、畏垒庵、夫子泉

**1. 牧爱堂**。作为主簿，朱熹一上任就把同安县署中的"祐贤堂"改为"牧爱堂"[①]，在堂前悬挂"视民如伤"（语出《左传》，意谓爱惜人民）匾额，还在县城藩障的同山上，书写"大同"二字，表示他要以仁爱大同从事政教的儒家理想。

图 14-1　同安县署朱子题刻

朱熹在同安力主经界和蠲减赋税之举，无愧于其"视民如伤"题榜。同时，他还不辞劳苦，跋山涉水，踏勘地理。如登上海拔八百多米的莲花山，留下了"灵源""太华岩"题刻。他沿着"橄榄格"来到沃里一带，见该村四面环山，中间一片平川，水源充足，土壤肥沃，时有"大乱半忧，大旱半收"之谚，于是题赠"安乐村"三字。后来村民在村口建一石塔，于第四层嵌置朱熹"安乐村"石刻。在郭山村崧山岩下，朱熹为官场退隐的郭岩隐卜葬，并书"郭岩隐安乐窝"神道碑，以北宋邵雍隐居洛阳安贫乐道相比附。他发动士民，在县城北面的应城山下，建造了一道大堤以"补龙脉"。又在县治对面的山上造峰耸势，后人谓之"文公尖"。如今马巷一带流传着"五百年后通利地，五百年前利不通"的所谓"朱文公

---

① 陈光敦《泉州名匾录》（紫禁城出版社，1995 年，第 152 页）说："因朱子字美，而堂名亦切。闽、浙、赣多县之大堂皆拓制竖之。"照片系陈允敦教授提供。

谶"，话不一定出自朱熹之口，却反映了人民群众的愿望。

总之，朱熹关心民瘼，体恤民间疾苦。他初仕的作为，如职兼学好，禁妇女为僧道等，在当时有利于教化功能，起到了安定民心的作用，体现了他的民本思想。

**2. 九日山。**坐落于闽南泉州西郊 7.5 公里许，高约 90 多米，有东西两峰，山上的数十方祈风石刻，成为海外交通史迹之瑰宝。

宋代九日山处于鼎盛时期，山上亭、台、轩、阁、堂等人工建筑与自然景观交相辉映，山下佛教禅林鳞次栉比，为士大夫饯送雅集之所。在这里留下足迹的名人如唐代的秦系、姜公辅、韩偓，宋代的蔡襄、李邴、王十朋、陈知柔、梁克家。西峰东坡巨岩峭壁间，"九日山"三字为全山最大字刻，系清乾隆间福建提督马负书所题并有附记。

图 14-2　九日山

朱熹对于泉南诸山所吟咏诗作的数量，以九日山为最。淳熙十年（1183），他重游泉州时，依然与禅僧道人交游唱和，如《奉酬九日东峰道人溥公见赠之作》，诗意雄浑矫健，气势翻腾动荡，读之耐人寻味：

> 几年回首梦云关，此日重来两鬓斑。
>
> 点检梁间新岁月，招呼台上旧溪山。
>
> 三生漫说终无据，万法由来本自闲。
>
> 一笑支郎又相恼，新诗不落语言间。①

诗的前半部分侧重于写情：时光如流水，两鬓已变斑白，故友重逢，有莫大的喜悦；梁间的燕子飞来飞去，不觉又是新的岁月，溪山还是像旧时一样迎候招呼着老友故人。后半部分侧重于写理：三生（前生、今生、来生）无据表明理学与佛教的对立，佛家所谓"心生万法"，由来只在一个"闲"字。而"一笑支郎又相恼"句，即是作者回忆起27年前与此和尚（亦称支郎）口舌上的交锋。这是朱熹仕泉时"逃禅归儒"思想转变的一个印记。

**3. 畏垒庵**。这是朱熹于绍兴二十七年（1157）寓居同安七个月，再候代者的遗迹。

朱熹于绍兴二十六年（1156）七月奉檄走旁郡漳州。秩满候批书在八月初；八月十一日与傅自得游九日山，月夜泛舟金溪；八月二十二日作《家藏石刻序》；闰十月作《一经堂记》《芸斋记》《至乐斋记》。其间九月、十月秋高气爽，是否出游，尚待考证。他离泉州载老幼北归在绍兴二十六年底，诗《还家即事》说："献岁事行役，徂春始还归。"② 即绍兴二十六年底始行，二十七年春初到家。

绍兴二十七年（1157）三月，当朱熹只身重返同安时，又途经延平第二次拜访了李侗。"涉春而返"同安时，主簿廨舍已摧压倾坏，他只好借县医陈良杰馆舍暂住。陈氏馆舍自县西北行数百步而至，垣屋低矮，人迹稀少。朱熹取庄子的畏垒亢桑之说，名之为"畏垒庵"。在这里，他除了接宾友，还诵书史，狂读儒家经典，精研《论》《孟》二书。他开始与李侗通信问学，探索涵养用力的工夫。他或读经著述，或同士子论学。

---

① 《朱熹集》卷八，四川教育出版社，1996年。
② 《朱熹集》卷二，四川教育出版社，1996年。

其门人有的在畏垒庵与之相陪伴。这一时期的生活，其诗《再至同安假民舍以居示诸生》是为生动写照：

> 端居托穷巷，廪食守微官。
>
> 事少心虑怡，吏休庭宇宽。
>
> 晨兴吟诵余，体物随所安。
>
> 杜门不复出，悠然得真欢。
>
> 良朋凤所敦，精义时一殚。
>
> 壶餐虽牢落，此亦非所难。①

从四月到十月他闲等代者，终日只在庵中读经著述，并与诸生讲习《论语》《孟子》。联系其秩满，在郡中候批书读《孟子》有得，这畏垒庵七个月为其集注《四书》做了重要准备。

这一年冬十月代者终于未来，朱熹以四考秩满罢归，但他却又寓居于泉州万如居士李缜宅中，与名士禅僧盘桓唱和。十二月五日为温陵陈养正作《恕斋记》，直至十二月中旬才归家，结束了泉州的仕宦生涯。

**4. 夫子泉**。泉州孔庙大成殿外，绕圣域而南为"夫子泉"。清人侯鸿鉴《晋江乡土志》记："泉曰'夫子泉'，朱子遗迹也。"然而，深入阅读地方文献，就会发现这一记载纯属穿凿附会。

证据之一，朱熹同时人傅自得（比朱嘉年长13岁）有《题夫子泉》云：

> 此泉与皂荚、芙蕖并瑞。图谍按五季间庙有皂荚，本州人举进士，视其生之多寡以为验。梁贞明中，忽生荚，有半人，莫测其祥。是岁，陈逖进士及第，黄仁颖学究出身。后唐同光中，仁颖亦进士及第，半荚之枝遂生全荚。②

皂荚树所结的皂荚（亦称皂角）、荚藻（荷花的古称）与"夫子泉"并瑞，生长之多寡，被视为地方上科第人文兴衰的征兆。傅氏所题，时空姓名俱详，不涉朱熹。

---

① 《朱熹集》卷二《再至同安假民舍以居示诸生》，四川教育出版社，1996年。

② 陈国仕辑：《丰州集稿》，南安县志编纂委员会，1992年，第202页。

　　证据之二，与朱傅同时，且为"朱熹、张栻雅敬之"[1]的王十朋于乾道间知泉，曾题"夫子泉"诗云：

　　　　君不见水经品第天下水，康王谷中泉第一，

　　　　　　但知取水不取人，品第未容无得失。

　　　　又不见武昌山中清冷渊，名因人重逢苏仙，

　　　　　　至今人呼作菩萨，沦入异教非吾泉。

　　　　刺桐城中泮宫里，大成殿下新泉水，

　　　　　　不须更以品第论，混混源源自夫子。

　　　　诸生游泳芹藻间，日饮一瓢心慕颜，

　　　　　　聪明不数远公社，清白大胜卧龙山。

　　　　圣毓尼邱家阙里，泉脉胡为今在是？

　　　　　　周流天下皆美泉，浚井得之泉更美。

　　　　我来酌泉仍叩头，遐思洙泗三千游，

　　　　　　世间何处有此水，此州无愧名泉州。[2]

　　这位深受百姓爱戴的王十朋知泉于乾道四年（1168），在朱熹任同安主簿的10年后，其所作长诗将"夫子泉"与天下名泉相比拟，而"混混源源"则直溯洙泗，把流自文庙大成殿下的泉水与孔夫子教泽相联系，全诗无一字涉及朱熹。

　　道光《晋江县志》卷十四《学校》云："泉旧在礼殿边，隆兴初（1163），清泉并出，甘香特异，教授黄启宗视役夫薙芜得之，率诸生拜视，环甃其旁，名夫子泉。傅秘阁自得为记。"由此可见"夫子泉"则源于孔庙下之泉水，隆兴前已有旧泉，隆兴初，黄启宗又发现新泉。傅自得所题，记梁贞明中和后唐同光中事，当属旧泉。王十朋题诗之际，则已有了新泉。

　　孔庙石栅栏南邻有一小亭，内竖一带座的石碑，上刻"夫子泉"三字，径各约40cm，字体质朴，淳儒笔法，但未署书者名。陈榮仁《闽中

---

① 《宋史》卷三八七《王十朋传》，中华书局，1977年。

② 道光《晋江县志》卷一四《学校志》。

金石录》说此三字系王十朋所书，与道光《晋江县志》所记王十朋诗互为印证，陈氏之说是可信的。陈允敦教授《泉州名匾录》认为，"夫子泉"如同"青云路""洙泗桥"，似是书者在孔圣面前不敢署名，相沿为例。

## 二　采风金门、厦门两岛

金门与厦门一样，原来都隶属于泉州府同安县，在辛亥革命后才分别设县。1912 年在厦门设立思明县，1914 年设立金门县（隶属于泉州）。朱熹仕泉之际，金、厦两岛的开发至少已有数百年的历史。

金门古称浯洲，又名仙洲，自古属泉州辖地。朱熹曾到金门岛，并题咏、评论金门山川风物。明代守御金门的解智《孚济庙志》（孚济庙在南宋时为牧马王祠）记载：

> 朱文公簿邑时，有次牧马侯庙诗曰："此日观风海上驰，殷勤父老远追随。野绕稻黍输王赋，地接扶桑拥帝基。云树葱笼神女室，岗峦连抱圣侯词。黄昏更上丰山望，四际天光蘸碧漪。"[①]

从诗的风格语气看，不似伪托之作。又《沧海纪遗》（金门最早的方志）说：

> 文公尝至鸿渐，叹曰："鸿渐胜已渡江矣。"又曰："鸿渐反背皆是同，乃向浯也。"[②]

如上所述，则朱熹不仅上岛，还游牧马王陈渊祠，登鸿渐山。此外，朱熹因"被府檄，访境内先贤碑碣事传，悉上之府"（《禅正书序》）[③]，即上司派他进行文物普查。金门与同安鸡犬之声相闻，有陈渊祠等古迹，为朱熹必至之地。就朱熹对风俗的影响而言，相传他在同安任职期间，看到海边妇女抛头露面，风吹日晒，则推行妇女出门以花巾兜面的习俗。金门亦如是："老少出，必以帕蒙面，犹漳州人之蒙文公巾也。"[④]因此，地方志说朱熹"采风岛上，以礼导民"[⑤]。金门民间流传所谓"此日山林，

---

① 《沧海纪遗·词翰之纪》。

② 董金裕：《朱子与金门的教化》，《朱子学新论》，上海三联书店，1991 年，第 619 页。

③ 《朱熹集》卷七五《禅正书序》，四川教育出版社，1996 年。

④ 道光《金门志》卷一五《杂俗》；参颜立水：《秋实集》，鹭江出版社，1992 年，第 13 页。

⑤ 道光《金门志》卷一五《士习》。

他日儒林"的文公谶，文献无征，难以确考。然则说明金门在南宋以后人文鼎盛与朱熹教化的关系。

朱熹亦曾渡海登厦门岛（时称嘉禾屿），但方志记载不甚明确。研究者对于朱熹到过厦门，基本上是认同的。其一，他寻访唐代文士陈黯遗迹，从陈氏后人处得《裨正书》49 篇，亲自校订作序。序中说泉州府征召他查访境内文物——碑碣事传。陈黯子孙和薛令之后裔居住在金榜山，为朱熹必访之地。其二，厦门金榜山上有朱熹手书的"谈玄石"和"迎仙"① 等题刻，他初仕时名声未振，非应酬之作，说明他曾亲临其地。其三，厦门郊区坂头民间流传着朱熹所谓"五百年是粟仓，五百年是水塘，五百年是花园"的预言。这一口碑亦可佐证。其四，朱熹 61 岁知漳州时，再次往游厦门岛，还根据他仕泉时收集到的陈黯墓表撰写了《金榜山记》与《金榜山》诗，其诗云：

> 陈场老子读书处，金榜山前石室中。
>
> 人去石存犹昨日，莺啼花落几春风。
>
> 藏修洞口云空集，舒啸岩幽草自茸。
>
> 应喜斯文今不泯，紫阳秉笔纪前功。②

追忆前事，吊旧纪游，也可证明他当年仕泉州同安县时曾经到过厦门岛。

## 三　纠正中唐福建科举次第

韩愈在《欧阳生哀辞》中称："闽越之人举进士繇詹始。"认为欧阳詹首开福建进士榜。其后于北宋嘉祐五年（1060）成书的《新唐书》，沿袭韩愈的观点，仍然坚持"闽人第进士，自詹始"。③ 既为官修正史，主修者又是名气很大的欧阳修，因此，《新唐书》影响所及，直至近、现代报刊上，还不时有"福建第一个进士欧阳詹"的提法，并引以为闽南人的骄傲。

从新发现的相关逸文看，朱熹虽然没有直接指出韩说之误，但从

---

① 乾隆《泉州府志》卷八《山川》。
② 道光《厦门志》卷九《艺文》。
③《新唐书》卷二〇三，中华书局，1975 年，第 5787 页。

他对中唐福建的薛令之、林藻、欧阳詹的科举次第之检讨，可窥其严谨求实的治史精神。

图14-3　欧阳詹像

朱熹"自少喜读韩文"。在同安讲学时为诸生作的《策问》中，就对韩愈"子夏之学其后有田子方，子方之后流而为庄周"①之说提出质疑。作为泉州同安县主簿，朱熹曾"被府檄，访境内先贤碑碣事传，悉上之府"。这使朱熹有机会走遍同安（包括厦门、金门）各地，深入调查地方人文掌故。嘉禾屿（今厦门）金榜山，又称场老山，是唐代名士陈黯隐居读书的地方，朱熹亲自校订陈黯遗著《禆正书》并为之作序，后来又写了《金榜山记》：

> 金榜山在嘉禾廿三都北，有岭曰薛岭。岭之南，唐文士陈黯公居焉；岭之北，薛令之孙徙居于此，时号南陈北薛……②

薛令之字珍君，登神龙二年（706）进士。③开元中，迁右庶子，与贺知章同职为肃宗东宫侍读。由于官次清淡，积岁不迁，令之戏题诗壁间，发泄满腹牢骚。诗云："明月上团团，照见先生盘。盘中何所有，苜蓿长阑于。饭涩匙难绾，羹稀箸易宽。只可谋朝夕，何由度岁寒。"玄宗幸东宫见之，索笔题其旁："啄木嘴距长，凤凰毛羽短。若嫌松桂寒，任逐桑榆暖。"④令之因谢病归闽。玄宗闻其贫而生恻隐之心，曾令地方官给予接济，令之量受而已。等到肃宗即位，以旧恩诏，令之已穷愁老死多年了。⑤

由此可见，在福建的科教史上，薛令之登第远远早于欧阳詹。在薛令之以后85年，即贞元七年（791）登进士第的是莆田人林藻，比欧阳

①《朱熹集》卷七四《策问》，四川教育出版社，1996年。
② 道光《厦门志》卷九《艺文》。
③［清］郑万坤：《全闽诗话》，《四库全书》（1486），第4页。
④ 同上。
⑤ 同上。

詹还早一年。朱熹在《闽林开族千年谱·林氏世系总纪》中记述由晋安温陵迁居莆阳北螺村的林孝宝之后裔：

> 藻廷试赋《合浦还珠》称，擢进士及第，为闽中破天荒。

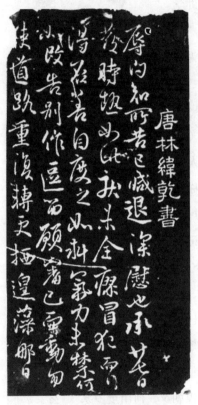

**图 14-4　林藻行书帖**

德宗贞元七年（791）刑部侍郎杜黄裳知贡举，所取 20 人，林藻第 10 人。[①] 由于秦立闽中郡（辖地包括浙江的旧温、台、处三府属）。秦汉以降，多有以"闽中"代称全闽者。然朱熹《林氏世系总纪》中有"举闽州凡称林氏者"之语，其"闽中"指的是莆阳（今莆田）一带，说林藻为莆阳第一进士。

欧阳詹在贞元八年（792）与韩愈、李观、李绛等人同登"龙虎榜"之前，与林藻、林蕴兄弟有过交游。据黄滔《莆山灵岩寺碑铭》记："初，侍御史济南林公藻与其季水部员外郎蕴贞元中居兹而业文，欧阳四门舍泉山诣焉。"[②] 欧阳詹青年时代，其辞章"大振耀瓯闽之乡"，[③] 可惜英年早逝。韩愈在他死后作《哀辞》，盖哀其"生不显荣于前，又惧其泯灭于后"，以溢美之词云："闽越之人举进士繇詹始。"这句话引起历史上关于"谁是福建第一进士"而争论几百年的一桩公案。而 800 年前的朱熹，对欧阳詹在福建科教史的地位，就做出了合乎实际的界定，其题欧阳四门祠（旧址在今泉州市第三医院内）联云：

---

① ［清］郑万坤：《全闽诗话》，《四库全书》（1486），第 4 页。
② 《黄御史集》卷五，《四库全书》（1084），第 144 页。
③ ［唐］李贻孙：《欧阳行周集·序》。

事业经邦，闽海贤才开气运；

文章华国，温陵甲第破天荒。[①]

温陵为泉州别称。朱熹既知薛令之、林藻事迹，就不能不纠正韩愈的说法，称林藻进士及第为"闽中破天荒"，欧阳詹则为"温陵甲第破天荒"。

韩愈为欧阳詹写《哀辞》，时官小职微，无法占有丰富史料，从历史高度鸟瞰中唐福建科第史的发展轨迹。朱熹为欧阳四门祠题联，肯定闽之进士第，系自唐贞元之后才接踵称盛的历史事实，誉詹为"闽海贤才开气运"，但也只能是"泉州第一进士"，留予极容易被忽视的寂寂前史——宦海沉珠的薛令之以及与詹同时的林藻应有的历史地位。

既为悲剧又耐人寻味的是，欧阳詹这位"行为世法，文为世师"[②]，"孝友谦儒，动不踰节"[③]的"龙虎榜"进士，盛年竟死于"一曲动人的爱情悲歌"。然而，以重振纲常与礼教为目标的一代儒宗朱熹仍然还是肯定他的历史地位。贞元十五年（799），欧阳詹因登第七年仍未被重用，志不得申。于是，他远离长安，游山西太原时，在大将军席上偶然结识一位才貌双绝的歌妓。诗酒唱和，两情眷眷，相与为燕婉之乐，累月忘返。这是相互间灵与肉的强烈倾慕，绝非欢场狎院交易。其后，詹欲返长安，妓请同行，詹以"十目所视，不可不畏"为由辞之，但约定到京稍做安置，便遣人接她。詹离太原时，咏《初发太原途中寄太原所思》："驱马觉渐远，回头长路尘。高城已不见，况复城中人。去意自未甘，居情谅犹辛。……流萍与繁匏，早晚期相亲。"字里行间，洋溢着对太原妓的一往情深。不料，到了京都，詹竟迁延失约。当恋情遭到俗念的苦缠时，那"进士"与"歌妓"的砝码在其思想的天平上失衡了。他既爱太原妓，又深恐众目睽睽飞短流长，使之徘徊歧路难以自解。随着时间的流逝，妓因投入真情而"积望成疾"，辗转病榻的她于弥留之际自断发髻藏于缕金箱中，并附诗一首，吩咐侍女说，欧阳生至，以此相赠。其绝笔诗云：

---

① 道光《晋江县志》卷一四《学校》。

② 道光重修《欧阳行周先生文集》附录：宋陈宓《安奉欧阳祠文》。

③ 道光重修《欧阳行周先生文集》附录；明黄仲昭《八闽通志》。

"自从别后减容光，半是思郎半恨郎。欲识旧来云髻样，为奴开取缕金箱。"① 等到詹派人抵太原，妓已殁。詹见所授发髻，极为悲恸自责，涉旬而亡。② 时为贞元十六年（800），詹约45岁，距其登第达八年之久，并非新科进士。③ 我们认为，这是一段纯真的爱情，是欧阳詹丰富内心世界的自然展现，将使其历史形象更加真实丰满。可悲的是，那"神绝照行云"的太原佳人，与饮誉京华的南国才子双双殉情，留下一个令人哀伤的悲剧结局。

欧阳詹而后三四百年，朱熹遭遇了与中唐进士薛令之被皇帝逐出国门的相似命运，这是颇具戏剧性的。朱熹晚年受"庆元党禁"的政治迫害，以朝奉大夫致仕，退出政治舞台。在"亲旧凋零"之际，他想起薛令之当年因不满"盘中何所有，苜蓿长阑干"的待遇，被逐离开京都而老死山野的悲剧，不禁怨愤交织地咏叹道：

> 阑干苜蓿久空槃，未觉清羸带眼宽。
>
> 老去光华奸党籍，向不羞辱侍臣冠。④

薛令之的著作为《明月先生集》。在他的祖籍地闽东长溪（今福安），留下廉村、廉溪、廉山的美称。至于薛令之是否为福建第一进士，有没有早于他的？学界已有新的说法。2000年10月，何敦铧、林剑华二先生撰文认为，福建的第一位进士有可能是"金鲤"。该文指出：

> 根据《福建兴化县志·人物》及《九鲤湖志·艺文志诗话》载："金鲤武德三年（620）进士"，又据（清）徐松《登科记考》卷一载："唐高祖武德一年至四年不贡举，武德五年贡举进士四人，无'金鲤'。武德六年贡举进士四人，无标姓名。"据此金鲤登进士第，不是武德三年，或是武德六年。如果上述材料确切，那福建第一个

---

① 《太平广记》卷二七四。
② 《全唐诗》卷四七三，孟简《咏欧阳行周事》诗序。
③ 名噪海内外的"学术散文"不顾其时间跨度，极尽渲染。
④ 《朱熹集》卷九《蒙恩许遂休致。陈昭远文以诗见贺，已和答之，复赋一首》，四川教育出版社，1996年。

登上科第，福建第一位进士应是唐高祖武德六年（623）金鲤是也。[①]
如上所述，何、林二先生对此问题之研究还没有定论。谓"或是武德六
年"，"如果材料确切"云云，并非肯定之辞，可见福建第一位进士是否
为"金鲤"其人，尚待进一步考证。

## 四　"文公帕（兜）"之流变

余尝见贬斥朱熹者，以其治泉州、漳州推行"文公帕（兜）"说事，
谓其为礼教之产物，是正统理学残害妇女之铁证。厘清事实，须梳理所
谓"文公帕（兜）"习俗的历史流变，又佐以文献之证。

韩山师院吴榕青教授，与余为忘年之交。十年前，在一次学术会上，
拜读其《粤东闽南"文公帕（兜）"之历史考察》[②]一文，其用民俗学、人
类学诸角度来解释这一有趣的文化现象，似可拨除迷雾，呈现"庐山真
面目"。该文揭示了历史的真实：所谓"文公帕（兜）"云云，并非宋
人所记，而是后世文人附会加之。这种头巾遮脸更多的是贫家妇女的专
利，是以中原有别的异俗，上溯其源可近追宋元时期潮州妇女的"敞衣
青盖"，远追历史上闽粤沿海地区土著疍民、畲民的妇女服饰。下觅其流
则可将如今泉州惠安女的"封建头，民主肚"的特殊服饰视作其遗存的
活化石。

当代学者对于文公帕或文公兜起源的解释，或考评韩公帕实为文公
帕，提倡者非韩愈（韩文公）而是朱熹（朱文公）[③]，或辨文公帕（兜）的
"文公"是指韩愈而非朱熹[④]。

由于粤东潮汕与闽南泉州、漳州在历史文化区域的同一性（闽南方
言语系），是故以下叙述不能不涉潮汕及漳州。

清代文人笔下的文公帕（兜）附于理学正统的解释，广泛流行于民

---

① 何敦铧、林剑华：《略论唐五代福建人士登科及其特点》，《福建师范大学学报》，2000
年第 4 期。

② 吴榕青：《粤东闽南"文公帕（兜）"之历史考察》，《民俗研究》，2005 年第 2 期。

③ 曾楚楠：《韩愈在潮州》，文物出版社，1993 年，第 26～28 页。

④ 黄超云：《"文公兜"来历考辨》，《福建文史》，1999 年第 1 期。

间的潮州歌谣，真切地印证了本地妇女曾流行乌巾盖头的事实：如徐娘半老的媒婆："尺二弓鞋六步走，头上乌巾遮面形"[①] 逼夫离婚的少妇："头遮乌巾门带锁，一直离了林家门。"[②] 对簿公堂的少女："共遮乌巾身穿罗，眉似柳叶口英（樱）桃。"[③] 这种用黑色头巾蒙面的服饰，见诸文人笔记及官修方志，被正名为"文公帕"。

清人梁绍壬笔记说："广东潮州妇女出行，则以皂布丈余蒙头，自首以下，双垂至膝。时或双手翕张其布以视人，状甚可怖，名曰文公帕，昌黎（韩愈）遗制也。"[④] 又清中后期方志记载："《礼》曰：'女子出门必拥蔽其面'，我潮风俗之厚，妇人步行必盖丝巾，俗谓之'文公帕'。"[⑤]

与潮州为邻的泉州，旧时妇女出门也用头巾兜面，与潮州稍不同者，则是朱熹礼教下的"文公兜"之说。

泉州方志载"朱子主簿同安及守漳时，见妇女街中露面往来，示令出门须花巾兜面，民遵公训，名曰公兜……一兜一展，防杜之意深矣。"[⑥]"妇女出门，向多以帕幂首，阔袖，执红漆杖。左宗堂曾称为邹鲁遗风。"[⑦] 又道光《厦门志》道是："昔朱子守漳时，教妇人用公兜，出门蒙花帕盖首，俗曰'网巾兜'，外服宽袖蓝袄。岛中尚仍其俗。"[⑧]

与潮州为邻的福建泉州、漳州两地，旧时妇女出门也用头巾兜面，与潮州宣扬韩愈教化稍不同者，则是朱熹礼教下的"文公帕（兜）"或"文公巾""文公斗"之说。乾隆二十四年（1759）举人，曾宦游于福建建安、永定县的彭光斗记载泉、漳州两地妇女，同样喜以布蒙面的"文公帕"说：

> 闽妇女最勤苦，乡间耕种，担粪斫柴等事，悉妇女为之。单裙赤足，逾山过岭，三五成群，有头插花枝而足跣肩负者。故奸拐颇

① 佚名：《刘明珠穿珠衫》（潮州歌册）卷二，李万利刻本。
② 佚名：《龙井渡头残瓦记全歌》（潮州歌册）卷一，李万利刻本。
③ 佚名：《周阿奇》（潮州歌册）卷二，李万利刻本。
④ 梁绍壬：《两般秋雨庵随笔》卷六，上海古籍出版社，1982 年，第 335 页。
⑤ 光绪《潮阳县志》卷一三《纪事·杂录》；嘉庆《潮阳县志·风俗》。
⑥ 道光《福建通志》卷五六《风俗·泉州府》第 2 页引《同安志》。
⑦ 民国《同安县志》卷二二《礼俗》，方志出版社，2007 年。
⑧ 道光《厦门志》卷一五《风俗记》，鹭江出版社，1996 年。

便。惟漳、泉妇人不然，毋论老少，出必以幅布蒙遮头面，宽衫长袖，绰有古装。……（注）一云漳、泉妇女蒙头帕是朱子遗教，今（闽）南称"文公帕"。[①]

诸多材料（从略）表明，罗巾遮面在清代潮、漳、泉等地中下层妇女中普遍流行，绝不限于腼腆少女和少妇，中老年妇女出门同样也用巾帕盖头。在潮州，通常用来盖头的是黑色头巾，其中也有绣上精美图案的，而在闽南的泉州、漳州，用来包首的大多是花巾（杂色帕）或蓝布。这种习俗在民国之后，才开始变得罕见了。但是在闽南的泉州，也有黑色盖头的，而在更早的时候，潮州也有蓝色头巾。

为什么闽南粤东之泉漳潮汕沿海地区女子要以巾帕遮面呢？通常被解释为妇女避免抛头露面的一种做法，官修方志推断是理学教化深入民间的结果，由是才有"邹鲁遗风"的说法。然而，妇女中巾帕遮面之习俗见诸记载，起于康乾年间。谓"城市中罕见妇女，间或有之，必以巾帕蒙面类北方，得古中原风俗之遗"[②]。又说："家贫者出必以巾，男女之别尤兢焉。"[③] 则康乾年间仅把头巾遮面与礼教风化相联系，民间习称为"乌巾"或"网巾兜"，也未确指为朱熹仕泉知漳之躬亲教诲。

大约到了清代中后期，亦即嘉庆、道光以后才多以"文公帕（兜）"命名，且对其解释众口一词。然而，尽管清代士大夫、文人一再强调泉、漳、潮地区妇女盖头巾是中原旧制、邹鲁遗风，其理学教化之说法却是经不起认真稽考的。征诸文献，得《永乐大典》引《三阳图志》一小段简要且珍贵的残文：

> 其弊俗未淳，与中州稍异者，妇女敞衣青盖，多游街陌。子父多或另居，男女多混宴集，婚姻或不待媒妁。是教化未洽也，为政者可不思所以救之哉？[④]

---

① 彭光斗：《闽琐记》卷一。
② 康熙《漳浦县志》卷一九《杂志·丛谭》。
③ 道光《福建通志》卷五六《风俗》。
④ 《永乐大典·潮州府》卷5343之"风俗形胜"引《三阳志》下又接引《三阳图志》做补注。

宋元方志所谓"弊俗"者，即其时潮州妇女"敞衣青盖"的穿戴，竟与如今泉州惠安女的形象存在惊人的相似！惠安女的独特服饰，即现今分布于崇武城外、山霞乡和小岞乡、净峰乡三个半乡镇，可分为崇武、山霞类型和小岞、净峰类型两种。近30年来，媒体所表现的头顶缀花黄斗笠，头围缀花头巾，上身着短衣，露出银裤链、彩色裤带及肚脐的惠安女形象，主要是指崇武城外的。

宋元方志"敞衣青盖"之记载虽简略，但以惠安女的装束为参照，顿觉豁然开朗。所谓"敞衣"即是因上衣短小而露出肚脐部分的肌肤；所谓"青盖"，就是蓝色或蓝黑色的盖头。直接证以如今惠安女之头部服饰，与清代文献说闽南妇女"以蓝夏布一幅围罩其首及项"之"文公兜"形象的记载相吻合，无疑是一脉相承的。

宋元时期，闽南粤东的"敞衣"服饰在后来就逐渐消失了，而"青盖"则演变为黑色、杂色或花色盖头，因与理学家强调妇女"守礼"避免抛头露面的观念相契，而被称为"文公帕"。而泉州惠安女保留至今的特殊服饰则是"敞衣青盖"的活化石。

由于历史上闽粤沿海畲、蛋与汉民族共同生活于东南一隅，互相依存，互为消长。蛋民、畲民的汉化显然是一个绵延持续的过程，"汉"与"蛋、畲"概念之界定亦模糊或变更不常。因此，历史上闽粤沿海地区土著畲、蛋民的妇女服饰，也可为我们提供参照与启示。

清代畲人"妇女高髻垂缨，头戴竹冠蒙布，饰璎珞状"①。潮州饶平、潮安北部妇女戴"帕仔"的起源，有源于凤凰山顶石古坪村的畲族人家之说。后来畲、汉通婚，此习俗便传播开来②。郭志超教授的研究认为，惠安东部文化尤其是惠安女服饰，具有蛋民（水上人家）的文化特征。推测历史上惠东的汉人应与蛋民发生过文化接触，由此产生文化涵化。③其观点可证今之惠安女服饰即旧时"文公帕"承袭了蛋民的文化标志。

---

① 施联朱编著：《畲族风俗志》，中央民族学院出版社，1989年，第33页。
② 詹克武：《"帕仔"》，见刘志文主编《广东民俗大观》（上卷），广东旅游出版社，1993年。
③ 郭志超：《田野调查与文献稽考：惠东文化之谜试解》，《厦门大学学报》，1997年第3期。

由此可见，闽南、粤东、潮汕濒海及沿江地带旧时妇女的传统服饰与"文公帕"彼此之间极可能存在共同的渊源，则清嘉庆、道光以后被视为泉漳、潮汕汉族妇女符合儒家礼教的服饰，其实带有明显的"土著"文化色彩。清代文人以社会风化、理学正统眼光来解释，不能没有穿凿附会之嫌。吴榕青教授认为，随着明清以来闽粤地位的上升，士民对乡邦文化的自信心大大增强了，其对中原文化追慕与攀附的自我意识更为强烈，"文公帕（兜）"的说法始出现清乾嘉之后。一方面地方士子津津乐道于乡邦的美俗，引带宦游闽粤的官师沾沾自喜于教化的业绩；然则另一方面，其地域文化自卑意识仍存，才不断重复并一再强调"文公"教化而恐人所未知。①

诚然，朱熹仕泉知漳，为了规范民间礼仪，曾禁"引伴为妻"②"不待媒娉而潜相奔诱"③的行为。然而，人类社会在不同时间、不同地域的伦理准则是不同的。我们不能用现代自由恋爱的伦理观念去评判800年前农业社会朱熹倡导的婚姻伦理。朱子晚年知漳，其《劝谕榜》谓"此邦之俗，有所谓管顾者，则本非妻妾而公然同室。"《劝谕榜》中还有禁"传习魔教"即禁摩尼教"以礼佛传经为名，聚集男女昼夜混杂"的文告。此类弊俗，与现当代的邪教组织、传销活动有相似之处，即使如今亦在严厉打击之列。

当然，学界见仁见智，会有不同看法。我们期待着新的发现。

## 五　安溪"三日按事未竟"发微

绍兴二十三年（1153）冬④，朱熹奉檄赴安溪按事三日⑤，留下诗歌题刻诸遗迹。兹评析朱熹与安溪人文、风物的关系；阐发隐微，钩稽李光地以退休宰辅之尊，一手制造的民间崇拜神祇易位的重要事件。

---

① 吴榕青：《清代粤东闽南妇女服饰"文公帕（兜）"之考察》，载陈景熙主编《潮青学刊》第1辑，2013年4月。
② 《晦庵集》卷二〇《申严昏（婚）礼状》，四库全书本。
③ 《晦庵集》卷一百《劝谕榜》，四库全书本。
④ 时朱熹已为人父，是年秋七月长子朱塾生；其母祝氏、妻刘清四随来同安。
⑤ 同安与安溪两地县城相距60公里之遥。

### （一）吟咏风物的诗篇——虽直抒胸臆，但多叙写凄凉

雾露方除，时年24岁的青年朱熹趁早出发，从同安县城驱车（当为马车）北行，穿越山峦林莽，至安溪境内，恍如回到闽北建阳南平一带，其《安溪道中泉石奇甚绝类建剑间山水佳处也》吟道：

> 驱车陟连冈，振辔出林莽。
>
> 雾露晓方除，日照川如掌。
>
> 行行遵曲岸，水石穷幽赏。
>
> 地偏寒篠多，涧激淙流响。
>
> 祗役未忘倦，心神暂萧爽。
>
> 感兹怀故山，何日税征鞅。①

但见冬日水平"川如掌"（韦应物《蓝岭精舍》："谷转川如掌"）②。在古代交通条件下，行役于山间偏僻地带，涧激流响，犹觉寒气袭人。然而，王事贤劳，虽车马劳顿，但少了文牍簿书之累，身心暂得舒展。安溪泉石之奇，就像闽北建州、南剑州山水的好去处一样。由此联想起崇安五夫里故家的田园生活，产生了"何日税征鞅"（"税"通"挩""脱"，解下之意），即什么时候才能免去官宦奔波之苦的感慨。三日以后，思想异常活跃的诗人又产生了因外出公干，淹留于山区小城的切身体验，其《留安溪三日按事未竟》道是：

> 县郭四依山，清流下如驶。
>
> 居民烟火少，市列无行次。
>
> 岚阴常至午，阳景犹氛翳。
>
> 向夕悲风多，游子不遑寐。
>
> 我来亦何事？吏桀古所记。
>
> 奉檄正淹留，何当语归计？③

在吟咏县治地理气候和街市秩序之际，对于异乡淹留，诗人夜里难以入

---

① 《朱熹集》卷一《安溪道中泉石奇甚绝类建剑间山水佳处也》，四川教育出版社，1996年。

② 郭齐：《朱熹诗词编年笺注》，巴蜀书社，2000年，第97页。

③ 《朱熹集》卷一《留安溪三日按事未竟》，四川教育出版社，1996年。

睡的原因，似有隐晦之曲笔——才会使朱熹想起古时凶暴的酷吏。由于其奉檄（征召或晓喻）按事的内容不得而知，我们未能加以阐发。乾隆《安溪县志》卷四《气候》收录朱子诗："岚阴常至午，阳景犹氛翳。"然朱子所咏为冬季，其他季节则为其门人述及。陈宓《惠民药局记》："安溪气候多燠，春夏之交雨淖则河鱼腹疾，旱则瘴疠作焉。"又诗曰："蓝水秋来八九月，芒花山瘴一时发。"[1] 同时，朱熹还有《安溪书事》一首：

> 清溪流不极，夕雾起岚阴。
>
> 虚邑带寒水，悲风号远林。
>
> 涵山日欲晦，窥阁景方沉。
>
> 极目无遗眺，空令愁寸心。[2]

透过"虚邑""寒水""悲风"，可以窥见诗人当时的低沉情绪。朱熹同安为簿，曾往返于泉南各地，其笔下无意繁华，却处处叙写凄凉。如《南安道中》："烟火居民少，荒蹊草露侵。悠悠秋稼晚，寥落岁寒心。"《民安道中》："苍茫生远思，憭慄起寒襟。""拙勤终不补，谁使漫劳心。"似此笔调，俯拾皆是。究其原因，是诗人对南宋中原沦陷，偏安一隅的现实充满忧患，同时埋伏着对秦桧为首的主和派的极端不满。他曾为蠲减经总制钱等无名赋税奔走呼号。作为直抒胸臆的诗歌，自然了无升平气象。

**（二）关涉释老的题词——醉心禅宗"翻案法"，后来又作回文诗**

乾隆《安溪县志》记："通元观，在凤山顶，即朱文公临县留题处"。题云：

> 心外无法，满目青山。
>
> 通元山顶，不是人间。[3]

嘉靖《安溪县志》与何乔远《闽书》所载此题为"心外无法，满目青山。通玄峰顶，不是人间"。则"通元山顶"异为"通玄峰顶"。乾隆《安溪县志》卷十《杂记》载为"凤山通玄观"而非"通元观"。因此，

---

① 乾隆版《安溪县志》卷四。

② 《朱熹集》卷一《安溪书事》，四川教育出版社，1996 年。

③ 乾隆版《安溪县志》卷二，厦门大学出版社，1988 年。

应以"通玄峰顶"为是。乾隆《安溪县志》卷三《山川》："凤山在县治北。一峰特立，分为两翼，若凤翥然，故名，按《府志》称'安溪之山，自尤溪九仙山南行，绵亘德化、永春，以抵凤山，实县治主山也。'（在坊里）"① 何乔远《闽书》卷十一《方域志》说，凤山深虑袤长，虚静广莫。珍禽奇羽，多集其中。故曰凤山，又曰凤髻山，又曰展旗山。五代陈乙隐其下。乙仕闽为凤舍人，与周朴、詹君泽友，所作诗有"扫石云随帚，耕山鸟傍人"之句。君泽曾赠以诗："扫石耕山旧子真，布衣草履自随身。石崖壁立题诗处，知是当年凤阁人。"由此可知刘乙为高士。朱熹有感于先人旧事而题壁。束景南《朱熹佚文辑考》指出，此题实本法眼文益大弟子天台德韶国所作偈颂而加以颠倒变化②。《五灯会元》卷十《天台德韶国师》："师有偈曰：'通玄峰顶，不是人间。心外无法，满目青山。'"③ 此偈一出，遂广为禅家各取所需随意自解，如北磵居简禅师改为："通玄峰顶，不是人间。心外无法，壶中有天。"朱熹仿禅师将是偈前后两句颠倒，突出"心外无法""三界唯心"之"吾宗"，改制不露痕迹。其早年以安溪风物为载体"出入释老""驰心空妙之域"，于此亦可窥见其痕迹。

我们可做进一步申论，朱熹颠倒变化的手法源自禅宗偈颂的"翻案法"。禅宗否定外在的权威，突出本心的地位，参禅以"疑情"启其端，顿悟自性以唱反调为重要标志，"即心即佛"可翻作"非心非佛"，破关斩壁，转凡入圣，都需要有点"翻案"精神，所谓"百丈竿头须进步"，所谓："转身一句"，无非这个意思，六祖慧能不仅是南宗禅的开山，也是禅宗"翻案法"的创始人。《坛经》中慧能翻神秀、卧轮之偈，后来屡为禅师们仿效。清人梁章矩云：

　　　　诗文之诀，有翻进一层法，禅家之书亦有之，即所谓机锋也。

《神秀偈》云："身是菩提树，心如明镜台。时时勤拂拭，莫使惹尘

---

① 乾隆《安溪县志》卷三。
② 束景南：《朱熹佚文辑考》，江苏古籍出版社，1991年，第22页。
③ 普济：《五灯会元》卷十，中华书局，1997年，第569页。

埃。"六祖翻之云："菩提本无树，明镜亦非台。本来无一物，何处惹尘埃？"《卧轮偈》云："卧轮有伎俩，能断百思想。对镜心不起，菩提日日长。"六祖翻之云："惠能没伎俩，不断百思想。对镜心数起，菩提作么长。"《庞居士偈》云："有男不婚，有女不嫁。大家团头，共说无生话。"后有杨无知翻之云："男大须婚，女大须嫁。讨甚闲工夫，更说无生话。"海印复翻之云："我无男婚，亦无女嫁。困来便打眠，管甚无生话。"后之主席者，多举此公案相示。①

同一话题，翻来覆去，各抒新见。足见禅师居士们标立异说的习气。正话反做，旧话翻新，常成为禅师们表现个性、不拘成说的特有方式。这在禅家称之为"死蛇弄活""点铁成金"，而在诗家则称之为"以故为新""文章活法"②。曾有"问祖师西来意"旧好的朱熹后来作回文诗，与禅宗"翻案法"之影响当不无关系。如：

次圭父回文韵

暮江寒碧萦长路，路长萦碧寒江暮。

花坞夕阳斜，斜阳夕坞花。

客愁无胜集，集胜无愁客。

醒似醉多情，情多醉似醒。③

江上看花，客愁聊解，此时情绪，似醉似醒，几许流连，付之夕阳之意，尽在诗中。然其借禅机极尽颠倒"翻案"、文字游戏之能事，由此亦可以窥见一斑。对其回文诗，世谓："晦翁先生回文词，几于家弦户诵矣"；（《历代诗话》卷七）甚至把他同苏轼并提说："回文之就句回者，自东坡、晦庵始也。"（《古今词话》卷上《回文》）

## （三）清代考亭书院的朱子崇祀——神祇易位

宋季以降七百年间，理学在安溪薪传不衰。如郑思忱、郑思永，从

---

① 梁章钜：《浪迹丛谈》卷十，福建人民出版社，1983 年，第 163 页。
② 周裕锴：《禅宗偈颂与宋诗翻案法》，四川大学学报（社科版），1999 年第 2 期，第 53～54 页。
③ 《朱熹集》卷十。民间传说安溪"湖头"地名为朱熹所取：时因安溪按事经岭头山，从山上俯瞰其地，见状大如湖，遂称"湖头"，沿用至今（林祖荣采录）。

朱熹后学游；清代位居宰辅的李光地（1642～1718）阐扬性理，著作等身，其弟李光坡亦以理学名世。朱熹在安溪的遗迹历经数百年而益彰：

> 先儒过化碑，在县照墙前。因宋朱文公任同安时，按事临县，爱其山水佳胜，留题于凤山通玄观，后人思之。明嘉靖间，邑令寥同春书此，清隐孙詹仰宪立石①。

此前，"朱子旧祀于凤池庵"②；明正德十六年（1521），县令龚颖以朱子曾憩于此，有诗题壁，遂改庵为书院祀之；嘉靖十六年（1537），学使邵锐徒于学，以朱子门人陈宓、陈淳配享③；清康熙五十四年（1715），年逾古稀的李光地退休荣归故里，取道江西玉山、鹅湖，穿越闽赣分水关，经武夷一路行来，所见凡朱熹生前信宿（连宿两夜）讲学之处，地方官概能修举以纪念。因此，李光地以其退休宰相的至尊地位及影响力，在家乡导演了一出民间崇拜神祇易位的喜剧。这从李光地亲撰的《县令曾之传新建考享书院记》④中可以窥见：

> 昔朱子举进士，筮仕同安，西北壤接安溪，故朱子常往来安溪道中，喜其山水幽奇，以为绝似建阳佳处，有诗在集中，可检也。
>
> 光地于乙未冬告休抵里，拜邑父母曾侯，寓其新落文昌祠中，因请侯曰："俗祀文昌，盖古者司中司命之遗。虽然，星辰河岳必以人配。五百年来，朱子，人师也。今天子崇重之优，风闻天下，学者知所向往……"
>
> 旧有祠在库东，湫陋倾圮。侯乃捐资买地于文昌祠后，架后堂以栖，而以中楹崇祀朱子。考古衣冠，用上公冕服，祔食则复斋、北溪两先生，皆南郡产也。又拓其前为敬业堂，躬与诸生课业讲艺。盖志乎续朱子坠绪，而非特复宇生香，循春秋之故事而已……

以上所述，有两个问题尤其值得注意。其一，安溪原有崇祀文昌（神话中主宰功名、禄位的神）的民俗，故有新落成的文昌祠。康熙

---

① 乾隆《安溪县志》卷十。
② 同上。
③ 乾隆《安溪县志》卷二。
④ 同上。

五十四年（1715），县令曾之传主持拓展文昌祠为书院，祀朱子于中堂，移文昌于后进。根据原始资料分析，这一神祇易位的后台老板是曾经位极人臣的李光地。李光地在《新建考亭书院记》中举重若轻地说，安溪"俗祀文昌"，乃是"古者司中司命之遗"，故以"星辰河岳必以人配"为理由，打发文昌祀于冷落的后院，使"今天子崇重之优"的朱子祀于中堂。仅寥寥数语，就摆平了这一民间崇拜神祇易位的重要事件。其二，朱熹晚年由闽北崇安五夫里迁居建阳，创建考亭书院，其学派亦称考亭学派。安溪创办的书院，以"考亭"命名，表明以李光地为代表的后学对朱熹的尊崇，以及对程朱一脉之理学的承接与开新。

# 第十五章　朱熹泉州事迹考评（下）

## 一　马负书：追寻朱子行迹的武状元

清代，康熙皇帝于 1712 年下诏升朱熹配祀孔庙十哲之列，朱熹的牌位从孔庙东廊进入了大成殿。康熙为李光地御纂《朱子全书》作序，称朱熹"集大成而绪千百年绝传之学，开愚蒙而立亿万世一定之规"。在帝王的倡导与权力的杠杆下，朱熹成为万世圣人。在这场造神运动的感召下，无论缙绅抑或平民，缅怀朱子"过化"之功，不忘求其影、觅其踪者不乏其人，马负书便是非常典型的一位。

马负书（1736 年进士），字羲祥，号易斋，汉军镶黄旗人。乾隆元年（1736）一甲一名武进士，授一等侍卫。曾任山东莱州营参将、福建陆路提督等职，镇守闽疆 20 余年，颇有惠政。

马负书虽是武将，却酷爱书法，善写大字。纪晓岚《阅微草堂笔记》中记载了发生在泉州有关马负书的一则逸事："福建陆路提督马公负书，性耽翰墨，稍暇即临池。一日，所用巨笔悬架上，忽吐焰，光长数尺，自毫端倒注于地，复逆卷而上，蓬蓬然，逾刻乃敛。署中弁卒皆见之。马公画为小照，余尝为题诗。然马公竟卒于官，则亦妖而非瑞矣。"马负书所过之处，多有题留。如其题刻于永春县石鼓镇魁星岩的"魁"字，笔法苍劲有力；还有南安康美镇杨梅山雪峰寺的"玉笏""朝天"石刻，泉州市区东海镇石头山真武庙神龛上巨匾"掌握玄机"，晋江东石镇南天寺山门上的"自在佛"匾等。

马负书对理学大师朱熹极为尊崇，刻意寻觅朱熹的足迹。泉州清源山是青年朱熹游历过的胜地。乾隆十九年（1754），马负书取朱熹诗句"问渠哪得清如许"之意为清源山弥陀岩飞瀑题"清如许"三字，镌于山石之上。乾隆二十四年（1759），马负书与诸同僚"捐廉俸"创建亭、台、轩、榭九处，马负书题刻"鸢飞鱼跃"巨幅榜书于清源山赐恩岩一巨石之上，整幅面积达 3.5m×9.0m，成为清源山最大的石刻。其题赐恩岩七律云："名岩千尺倚天开，面面云峰拱翠来。气吸长江环百雉，灵钟叠嶂接三台。桑麻景色迎眸遍，亭榭规模相地培。盛世恩同山与海，化机何处不春台。"马负书亲撰《赐恩岩记》道是："……仰观俯察，羡海阔天空，万物得所。因并书'鸢飞鱼跃'四字镌之岩石，以志太和翔洽之盛，且以发秀灵活泼之机，谅同志者当必更有为山灵增色也！"合观是诗是记，其胸襟气象跃然纸上。其以"化机春台""太和翔洽""秀灵活泼"喻自然界之"万物得所"，深契朱熹以"鸢飞月窟地，鱼跃海中天"喻自然界之"大化流行"。是故题刻磅礴浩大之"鸢飞鱼跃"于"郡城来脉"赐恩岩，说明这位"提军使者"马负书，也是熟谙朱子本体论的学问家。

**图 15-1 马负书"鸢飞鱼跃"题刻**

泉州西郊外九日山，有"山中无石不刻字"之誉，全山最大的字刻也是马负书所题的"九日山"。朱熹曾游历九日山，并题"九日山"三字，后因年代久远湮而不存。乾隆三十二年（1767），马负书登游九日山，感到叹惜，重书"九日山"三字，刻于西峰东坡峭壁。"九日山"三个楷书大字，单字字径 0.86m。附记云："郡乘山川志，朱文公两游于此，有书'九日山'三字。余游历憩览，考之山僧，谓世远湮没无存，良可慨惜！因重勒三字，以承先哲表彰胜地之至意云。乾隆丁亥（1767）二月，提军使者马负书题。"马负书正好病逝于这一年，这三个大字大概是他的绝笔。

图 15-2　马负书"清如许"题刻

武夷山九曲溪五曲溪南晚对峰的东壁，有一巨幅摩崖石刻，全文为："道南理窟易斋马负书题"。"道南理窟"四个大字，每字215cm×150cm，站在九曲溪北岸的武夷精舍西望，清晰可见。笔力雄厚庄重，铁画银钩，苍郁古雅，内涵深奥，有很高的艺术价值，成为概括武夷山"理学渊薮"的历史徽志，也是清代最雄伟的摩崖石刻。从这一巨刻我们可以窥见马负书忘我地追寻朱子文化遗存之一斑。

马负书对朱熹著述讲学的武夷山十分向往，但由于军务繁忙，一直未能亲临拜诣武夷山寻觅朱熹遗迹。乾隆三十二年（1767），马负书病逝于泉州的提督署。他的儿子马应奎、马应璧到泉州奔丧，看到父亲遗留的"道南理窟"四个大字。知道这是父亲打算勒刻于武夷山的题字。马应奎、马应璧兄弟扶枢归梓后，一直为完成父亲遗愿寻找机会。乾隆四十二年（1777），马应璧补授崇安县（今武夷山市）游击，于是亲临山中勘察选点，将父亲遗墨镌刻于与朱熹构建的武夷精舍隔溪相望的晚对峰东壁。乾隆四十四年（1779）春，摩刻完工，马应璧又撰写一段跋文加刻于后，叙述他了却父亲遗愿的始末：

**图 15-3 马负书"道南理窟"题刻**

　　先大夫别号易斋，赐谥昭毅，丙辰状元，历任封疆，镇闽二十余载，惠政流徽炳海内。丁亥岁以提督福建陆师卒于官。伯兄应奎偕应璧奔丧泉署，得先大夫手挥"道南理窟"四字。从者告将以镌武夷山石壁，疾剧而弗果者。窃念先大夫欲以理学渊薮发山川之秀灵，非寻常题咏岩泉者。此何可弗镌，而遗山灵憾！时应璧等扶梓归，亦未遑敦役，兄弟交勖：再至闽应立完先人未立志。越十年丁酉，应璧蒙圣恩补崇安游击，即所欲镌"道南理窟"之匾，造物者若有以成之，遂鸠工镌葳，厥事于己亥仲春之甲子。应璧之一职，只恐莫绍前徽，是役遭逢，心窃幸焉！拓数（纸）寄伯兄，遂援笔记其巅末并勒之。

　　清乾隆肆拾有肆年（1779）春，三韩马应璧谨识

"道南理窟"意指理学南传之后，武夷山成为理学家荟萃之地。同样

是为纪念朱熹而写。马负书欲"以理学渊薮，发山川之秀灵"来弘扬理学。更耐人寻味的是马家父子题跋的位置——"道南理窟"题刻在五曲之西，晚对峰东麓，与此隔溪遥遥相对的是当年游酢后裔游九言的"水云寮"题刻和朱熹的创建的"武夷精舍"。

## 二 从"小山丛竹"书院看朱子崇祀

泉州书院的朱子崇祀，与朝代的交替、书院的兴废有关，也与统治阶级对理学的倡导密切相关。清初宰相李光地在其家乡安溪制造神祇易位事件，主祀朱熹，移民间世代崇拜的文昌神于后堂，让其坐冷板凳，可谓对朱熹崇拜到登峰造极的地步。这里，我们着重对"小山丛竹"书院进行钩稽，可知泉州书院的朱子崇祀是同其遗迹的修复和保护相联系的，则所谓"爱屋及乌"。朱熹曾经讲学的小山丛竹书院（遗址与今泉州市鲤城区第三医院相邻），虽然不像白鹿洞书院和岳麓书院那样名声显赫而为世人瞩目，但透过"小山丛竹"的兴废，可以从另一侧面窥见朱熹思想及其影响之一斑。

**图 15-4 朱子"小山丛竹"题刻（今存泉州第三医院之侧）**

朱熹于绍兴二十六年（1156）七月同安秩满，在府治等批书，得暇到附近的资寿寺、不二祠讲学。《晋江县志》记："小山丛竹书院在府城隍庙旁，地处高埠，其气独温，温陵之名实肇于此。朱文公种竹讲学其中，匾为朱子手书，镌于石。"[1] 方志中此类记载可谓多见，然叙最详的莫过于

---

[1] 乾隆《晋江县志》卷四《学校志》；方志中有关朱熹"种竹建亭"之说，似为附会。

清康熙间泉州府通判徐之霖《重兴朱夫子小山丛竹亭记》：

> 郡治东北……地气独温，温陵之名实肇诸此。宋徽国文公朱
> 夫子种竹建亭，讲学其中，自题曰"小山丛竹"，固胜迹也。历久
> 倾圮，修复阙人。明嘉靖间通判陈公讳尧典者重构斯亭，更名"过
> 化"，且镂夫子遗像，以崇祀之，其有功于名教岂鲜浅哉！迨后复
> 为兵燹所毁，基址侵作民居，石额没于卒伍，像则碎而为三，委置
> 五贤祠壁隙，亵渎先贤不亦甚欤？岁甲戌予判是郡，访求夫子遗迹，
> 明经吴子方皋为予历历言之，偕往省视，茂草绵芊，几莫能辨，虽
> 寸橡片砾亦荡然无存矣。窃不自揣，锐矢兴复……寻复穷诘石额所
> 往，藏者不能隐，乃得归还故物，为循旧址而楗竖之，躬亲指画，
> 虽寒暑弗避也。亭既成，于五贤祠移夫子石刻像，召匠补缀，祀于
> 亭中……①

**图 15-5　泉州"小山丛竹"遗址**

以上记载值得稽考的是，朱熹讲学于"小山丛竹"，事在同安秩满来郡中
候批书之际。同安距郡治 75 公里之遥，任内政教繁忙，只能偶尔登临，
观赏山川美景，此其一。其二，书院废于朝代交替和"兵燹"之际，则
是理学受冷落的必然结果。其三，明清时代泉州两次重建小山丛竹书院，
都与统治阶级抬高理学的地位有关。明初，朱熹著作被立于学宫；嘉靖

---

① 该碑今存于泉州开元寺内。

间朱熹被尊为"先儒朱子"，受到顶礼膜拜，故通判陈尧典"重构斯亭"，更名"过化"并立朱熹遗像"崇祀之"。清初，康熙皇帝"御纂"《性理精义》《朱子大全》，重用理学名臣李光地等，对程朱理学的提倡不遗余力。因此，作为地方官的徐之霖才会自上任之初的甲戌（1694），就访求朱熹遗迹，锐意兴复，躬亲指画，至"岁次壬午"（1702）撰写碑记，历时八年而重建小山丛竹书院。

陈棨仁《闽中金石略》说朱熹题刻"小山丛竹"的原石已湮没，现存石刻"乃明人集剧迹刻之者"。陈氏此书还记载乾隆年间任承恩官泉时，为小山丛竹书院提供其家"累世宝藏"的朱熹手迹《豳风·七月》镌石嵌壁，以公士林。经文与今通行本同，不具录。经文后仍录"小序"并题署：

> 《七月》陈王业也。周公遭变，故陈后稷先公风化之所由，致王业之艰验难也。八章，章十一句。庆元丁巳元日晦翁 ①

从嵌壁的雁门任承恩"附识"② 可知，乾隆四十九年（1784）该书院修葺之际，任氏献朱熹手迹勒石。善鉴金石的陈棨仁对朱熹《豳风·七月》手迹评述说：

> ……案公书此时年六十八，是时方严伪学之禁。公于前年季冬落职罢祠，纤人壬夫密相摭撝。乃岁朝之辰，从容染翰，若无事者，其所养可知矣。考公四十八岁成《诗集传》，废"小序"不用。然此书于经文后仍录"小序"原文，或晚年定论而诗传未及改正欤。书法结体古雅，以真出公手。其图章云"唐茶院使二十五代孙"。考朱氏世系：一世祖瑰（唐时官制置茶院），瑰生廷隽，廷隽生昭元，昭元生惟甫，惟甫生振，振生绚，绚生森，森生松，松生朱子。实只九世，不应有二十五世之远。或纸本霉黯，钩摹者以意为之，不复考其误也。③

---

① 陈棨仁:《闽中金石略》卷一二，第27页。
② 同上。
③ 同上书，第28页。

上述谓朱熹在"庆元党禁"的险恶环境中，对奸佞小人的窃窃私语置若罔闻，泰然自若，此其一。其二，对经文后仍录小序，疑是"晚年定论而诗传未及改正"所致。其三，确认《七月》为朱熹真迹。其四，考订朱熹为朱瑰的九世孙。

朱熹讲学于"小山丛竹"，其影响历七八百年至近世不衰。1935年，高僧弘一法师应居士叶青眼之请，为书"过化亭"亭额并题跋云："余昔在俗潜心理学，独尊程朱。今来温陵，补题'过化'，何莫非胜缘耶？"[①]"小山丛竹"原为纪念唐欧阳詹的"不二祠"。由此可见，朱熹择此讲学，弘一法师圆寂于此（时为温陵养老院），绝非巧合。朱松、朱熹曾经讲学的地方，如晋江安海一带，至今民间有"朱风屈藻""理学名宦裔，忠臣孝子家"之类的楹联。凡此种种，无不说明所谓朱子"过化"对后世影响之深。

此外，据李玉昆先生研究，泉州的朱子崇祀，因尊崇朱熹之道德建祠祀之。如惠安县《立朱文公祠讲堂记》云："如今惠人所祀于文公先生者，尊其道以为学者宗也。先生后濂洛而兴，以继往开来为己任，殚生平以肆力于学问。"泉州除郡县学宫书院建朱子祠奉祀朱熹外，"山陬海澨，凡浮屠、老子之宫，有丛林胜概瑰玮绝特之处，必建朱祠。岂不以景行高山，人心向往，而闽为生长之地，里居相近，故明禋尤盛耶？"晋江西资岩朱子祠，建于乾隆十五年（1750），"吾乡虽滨海，然频年入胶庠、发科甲者踵接，文气由邑而郊，则祀先贤以动仰慕，启后学"。灵源寺"适文运兴交人盛"建文公祠于寺东。南安诗山城隍庙"建祠以崇奉先哲"，"以祀朱子、欧阳公"。法石海印寺，"最后负山之高者，筑楼其巅，旧为天风海涛楼，因朱子书额"，特建朱子祠祀焉。寺庙建朱子祠，儒释道三教和谐共处，寺庙香火兴盛，佛祖愈显应。如灵源山建朱子祠后，"寺中佛祖愈显灵验"。诗山东岳庙建朱子祠后"嗣是诗山文气日蒸，而东岳庙香火亦渐盛矣"[②]。

---

[①] 弘一法师题跋石刻今存于泉州开元寺。
[②] 李玉昆：《泉州寺庙奉祀神祇与多元宗教文化》，《泉州师范学院学报》，2013年第5期。

又如泉州市属的南安水头镇的朱子祠。该祠历史悠久，清乾隆年间重修时，扩建东西两厅和后厅为观海书院，后来改为观海学堂、观海小学，对水头的文化教育产生巨大的影响。该地方社会贤达、港澳同胞及海外侨胞，于2005年重修朱子祠，使这一文物重光。又如晋江东石朱文公祠又名鳌江书院，始建于明初。清光绪十年（1884）曾重修，内厅中堂祭祀朱熹。1991年，被列为晋江县级文物保护单位，是晋江开办较早的古代书院之一，也是研究朱子文化的重要实物依据。其他书院的朱子崇祀，陈笃彬、苏黎明《泉州古代书院》（齐鲁书社，2003年）已分朝代叙述，兹不赘。

图15-6　南安水头朱子祠（观海书院）

图15-7　晋江东石朱文公祠（鳌江书院）

## 三　永春陈山岩楹联题刻的著作权之谜

"千寻瀑布如飞练，一簇人烟入画图"这一对联，《永春县志》（民国19年版）记载为朱熹游历永春陈山岩之留题，至今仍经常被报刊引用。然而，75年前，弘一法师（1880～1942）则指出此联经李芳远亲往陈山岩现场检视，发现石联原署名"玉山樵人"（韩偓的别字），朱熹之号"晦翁"是涂去"玉山樵人"之后，再改刻的。由于陈山岩石柱现已不存，难以确证，该联的著作权则成为悬而未决之谜。韩偓（约842～923）是晚唐的大诗人，早有诗名，李商隐有"雏凤清于老凤声"的赞誉。在政治上韩偓也以孤忠奇节，抗忤权奸而被推许为晚唐完人，他颇受唐昭宗信任，但为朱温所不容，放逐在外，朱温篡唐后，受王审知延揽入闽，流寓泉州十余年，死后遂葬于泉州。弘一法师早年曾经读过韩偓的诗，由于个人遭际和思想情操与唐季流寓泉州的韩偓相似，虽相隔千年，却犹如神交。1933年十月下旬，弘一法师与广洽上人等途经泉州西门外潘山，发现"唐学士韩偓墓道"碑而"为之惊喜"。据随行的僧人回忆，弘一法师在韩偓墓道碑前"伏碑痛哭流泪，久久不起身"。[1]1935年二月，复往墓道碑后山麓，"寻觅墓地，卒不可得"；同年十一月九日"偕广洽上人往彼摄影"[2]。这引发了弘一法师回忆往事，"儿时居住南燕，尝诵读韩偓诗"，五十年后，七千里外，"遂获展其坟墓，因缘会遇，岂偶然耶"[3]？因此，联想自己的身世而感慨道："余于晚岁遁居南闽，偓以避地亦依闽王而终其身。俯仰古今，能无感怆？"[4]数日后即十一月十三日于厦门鼓浪屿写信给南安在俗弟子高文显（1913～1991），嘱其为韩偓撰辑传记，又亲撰《唐学士韩偓墓道摄影题记》与该书序言，称"偓以孤忠奇节，抗忤权奸，既遭贬谪，因隐南闽"，[5]"略能熏修佛法"。[6]1937年《韩偓评传》稿成，寄上海开明书店出版，不料书稿在排校中毁于日寇"八·一三"战火，幸而法师亲手删改的底稿还在，便让高文显再整理，法师自己也继续不遗余力地搜集韩偓遗事。

1939年农历9月28日，弘一法师给远在菲律宾的高文显写信说："关于韩偓事，录陈于下：永春陈山岩'一簇人烟入画图'之楹联石刻，《永春县志》误作朱晦翁题，前李芳远童子亲至陈山岩寻觅，见石刻署款之处，原有'玉山樵人'之名，竟为他人涂去，复改刻晦翁之名。童子归而检阅《人名大辞典》，乃知'玉山樵人'即偓之别字也。此联，朽人

---

① 林鼎安：《弘一法师在泉州》，《厦门日报》，1985年10月30日。

② 《弘一大师全集·书信卷》，福建人民出版社，2010年（以下同书不再注明出版社与年版）。

③ 《弘一大师全集·序跋卷》，《韩偓全传序》。

④ 同上。

⑤ 《弘一大师全集·序跋卷》，《唐学士韩偓墓道摄影题记》。

⑥ 《弘一大师全集·序跋卷》，《韩偓评传·序》。

屡托人拓摹，皆未成就。只可俟仁者返国时再拓。"① 弘一法师还在信中择录《流寓传补遗·韩偓》寄给高文显。翌年夏，居永春普济寺的弘一法师又写信交代李芳远："韩偓诗及彼居永春之事迹，亦乞写示。"足见法师为搜索韩偓遗事而倾尽心力。

图 15-8　弘一法师谒韩偓墓道

当时新编《永春县志》的主持人郑翘松，弘一法师称其"博闻强记，尤长于史学，当代之名儒也"。当弘一法师发现这一楹联石刻"改刻晦翁"之际，在写给高文显的信中对郑翘松主编之《永春县志》"误作朱晦翁题"，但却因"久已付刊"而无法更正表示遗憾。然而，唐末韩偓入闽"……自剑适泉，经桃林场（永春旧为桃林场治地），留两年，赋

———————
① 《弘一大师全集·书信卷》，福建人民出版社，2010 年。

咏不辍"；朱熹亦曾多次游历永春，访蔡兹、陈光、黄瑀、陈知柔并唱和吟咏。因此，这一楹联石刻的著作权之归属，究竟是南宋理学宗师朱熹，抑或是"唐季名臣"韩偓？两个人同为诗人，都有可能，实在耐人寻味。

余虽然也偏爱朱熹，但就该联的风格而言，觉得还是近于韩偓。由于韩偓南来之前，曾长期居长安，为学士则居深宫，即使外任，所见景色也迥异于闽南。韩偓从西北而来，后梁开平三年（909），他自沙县过龙溪时，看到战乱后的村落一片萧索，发出了这样的感叹："水自潺湲日自斜，尽无鸡犬有鸣鸦；千村万落如寒食，不见人烟空见花。"[1]一路走来，心境凄凉。当韩偓寓居桃林场时，受到闽王礼遇的他对于闽南"四序有花长见雨，一冬无雪却闻雷"的自然景象既敏感又欣赏，题咏具有视觉冲击力的山水新景"千寻瀑布"与赏心悦目田园风光"一簇人烟"，自在情理之中。而朱熹自幼随父亲朱松往来于"溪山清邃"的闽中胜地，十几岁又曾随父执刘子翚讲习于武夷山水帘洞，既早已见惯了山峰沟壑间的"千寻瀑布"，也对散见于丘陵地带的"一簇人烟"习以为常了，何来题咏"飞练"及"画图"之激情？不知读者以为然否？

## 四　逸文：题榜、吉语、楹联、诗赋

逸文辑录之范围，即宋代泉州府之地域，如同安县隶属于泉州府，金门、厦门两岛隶属于同安县。同时，还兼涉朱子主簿任内往游潮州之逸文。由于束景南、高令印二教授已做了大量工作，辑佚考证功不可没。因力求不遗而分类辑录及辨伪考录，非敢掠人先得之美，是故同则略之，异则详之。

### （一）题榜　吉语

1. 小山丛竹　九日山　仰高　与木石居

琴轩　　　普现殿　　天风海涛楼

小山丛竹。"小山丛竹"遗址位于泉州北门街模范巷第三医院之侧，小山丛竹书院曾是泉州古八景之一。《晋江县志》说："小山丛竹书院在府

---

[1]《韩内翰别集·自沙县抵龙溪县，值泉州军过后，村落皆空，因有一绝》，四库全书本。

城隍庙旁，地处高埠，其气独温，温陵之名实肇于此。朱文公种竹讲学其中，匾为朱子手书，镌于石。"① 清康熙间泉州府通判徐之霖有《重兴朱夫子小山丛竹亭记》（从略）。朱熹青年时代任泉州府同安县主簿时，经常来此，因为这里有资寿寺，以及纪念欧阳詹的不二祠。明李光缙（万历乙酉 1585 年福建解元）说："文公为同安主簿，每抵郡城，必登小山，称其山川之美，为郡治龙首之脉。徘徊数日而后去，自书曰：'小山丛竹'。"② "丛竹"一语出自晦堂黄龙祖心禅师豁然彻悟的故事。朱熹手书"小山丛竹"巨额赠给资寿寺寺僧，隐藏着其早年出入佛道的一段心路历程。迨至近代，弘一法师晚年经常住"小山丛竹"之侧的温陵养老院"晚晴室"（今存）。1942 年，弘一法师在此圆寂，这里曾立有"弘一法师最后讲经处"石碑（已移存开元寺内）。

"小山丛竹"之底蕴，诚如明代"一时师表"李光缙所言，一为"道学之祖"，一为"甲第之祖"，乃泉州千年"道脉归儒"③ 之所系。近代弘一大师择此关乎"郡人文之所以兴"之福地讲经布道，亦当有"褒崇往哲，诱进来学"之深意。吾泉多彬彬硕儒俊彦之邑，岂能忘诗书世业之所由来，冠带衣履之所由盛，则于欧阳詹、朱熹、弘一法师启后之功，当有追思。因此，整合诸胜，重建"小山丛竹"，责莫大焉！

九日山。从泉州城西行十五里许即达南安丰州九日山，西峰（高士峰）半山腰上的"九日山"三个大字题刻原为朱熹所书，后因年久无迹可寻，才由清代马负书重勒而成。其旁还有马负书所附跋文："郡乘山川志，朱文公两游于此，有书'九日山'三字。余游历憩览，考之山僧，谓世远湮没无存，良可慨惜！因重勒三字，以承先哲表彰胜地之至意云。乾隆丁亥年（1767）二月，提军使者马负书题。"

仰高。"思古堂，在九日山阿。……《闽书》：宋朱子建。有匾曰'仰

---

① 道光《晋江县志》卷一四《学校志》。

② 《景璧集》卷一一《请重修唐四门助教欧阳行周先生不二堂疏》，福建人民出版社，2012 年。

③ 同上。

高'，盖景行姜（公辅）、秦（系）二公之意。"①

九日山还有一块"与木石居"石刻，似为朱熹所书。此石位于西峰（高士峰）"翻经石"西侧岩上，不远即为"一眺石"。九日山文物管理所胡家其所长称，此前曾有诸多专家来考察过这块石头，从笔迹和年代上判断，倾向于认为是朱熹所题镌的。

图 15-9　"与木石居"疑似朱子手迹　　图 15-10　马负书手迹"九日山"

琴轩。"无可（僧人），建轩于九日山，曰'琴轩'，朱文公为之书匾。"②

普现殿。距泉州城五十里许的晋江安海宋代设石井津，绍兴初朱松为石井津监税。青年朱熹任同安主簿时，往来泉郡途经安海，与父之故旧"谈经论义"，曾为龙山寺"普现殿"题匾。如今，该匾（复制）③仍高悬寺殿之中。

天风海涛楼。"宝觉山　在法石东……上有海印室。旧有'天风海涛楼'，为宋朱子书，今废。"④傅自得曾"客于泉州城东之佛寺（海印寺），

---

① 乾隆《泉州府志》卷七《山川志》。
② 民国《南安县志》卷三八《人物志·十三》。
③ 朱子任泉州同安主簿的时间为绍兴二十三年至绍兴二十七年，此匾复制所题署时间误为"宋绍兴廿三年"。
④ 道光《晋江县志》卷四《山川志》。

间即其寓舍之西偏治一室"①青年朱熹仕泉，与傅自得交游颇深，绍兴二十六年闰月为其书斋作《至乐斋记》并题"天风海涛楼"。

图 15-11　朱子手迹

2. 鹏峰胜地　欧阳古地　铁峰岩　月逢第一峰

居敬　溪山第一　佛国　仙苑　凤麓春荫　拙窝

鹏峰胜地。"五台山，在县北七十里……陈南寿墓在焉。峰头有鹏峰岩，岩下巨石镌'鹏峰胜地'四大字。世传陈知柔与朱文公到此，为其兄南寿指点穴处。文公书此四大字于石，字画苍古，苔藓不侵，洵胜迹也。"②

欧阳古地。"宋朱子尝与陈知柔道经诗村，访其故址，书'欧阳古地'石碑，以志不忘。"③

铁峰岩、月蓬第一峰、居敬。朱熹访同年陈光至岱山，把"岱山岩"更名为"铁峰岩"，并亲自题了匾名。他又为护界亭写了"月蓬第一峰"

① 《朱熹集·别集》卷七《至乐斋记》，四川教育出版社，1996 年。
② 民国《南安县志》卷二《舆地志·二·五台山·高盖山》。
③ 同上。

的题匾。"① 因访陈知柔至蓬壶，经高丽林氏祖祠，父老请其题词。朱熹书"居敬"二字以赠（附照）。②

图 15-12　朱子手迹

溪山第一。鼎仙岩位于永春县湖洋镇岩屏山（又名鼎仙山），风景秀丽的鼎仙岩寺之大悲殿前"溪山第一"石刻，旁署"晦翁"，相传朱熹因拜访恩师蔡兹到此，留题"溪山第一"（附照）。③

图 15-13　朱子手迹

佛国、凤麓春荫、仙苑。永春蓬壶镇彭格村公路旁"佛国"碑（附照），阴镌无款，相传为朱熹所书。20 世纪 80 年代安溪县发现"凤麓春荫"（旁署：晦翁题）和"仙苑"（旁署：晦翁书）二块石碑题刻（附照）。朱熹手迹"仙苑"碑刻甚为逼真。据《安溪县志》记："石碣一通，

---

① 刘汉瑶：《朱熹的故事》，载《永春民间传说》，永春县文化馆，1983 年，第 61 页。照片见陈允敦《泉州名匾录》。
② 同上。
③ 朱子手书"溪山第一"，在福建尤溪、龙溪、长乐、南平、古田、闽清等地方志均有记载。该题刻在浙江台州、广东揭阳也有发现。

高四尺许，上刻'仙苑'二字，大如斗，古劲可爱……国朝康熙丙申，邑令曾之传辇置考亭书院。"①县志所记石碣与此碑刻相吻合，但与今存于北京图书馆（铁琴铜剑楼瞿氏旧藏，丁惠康捐赠）的"仙苑"拓片是否一致，尚须进一步查证。尚有一疑问：青年朱熹莅安溪，题刻不当署"晦翁"。研究者或疑书于淳熙十年（1183）朱熹来泉吊傅自得之时，或疑书于绍熙间漳州任上。然而，《安溪县志》"仙苑石碣"条则记："今碑上有'晦翁书'三字，云系后人添刻。"②窃以为后人添刻的可能性最大，因为1183年吊傅自得仅做短暂停留，且不至安溪，而漳州之任仅路经泉州而已。

图 15–14　朱子手迹

图 15–15　朱子手迹

图 15–16　朱子手迹

① 乾隆《安溪县志》卷十《古迹》。
② 同上。

《安溪县志·艺文志》明确记载朱熹题有"清溪八景名目"，新发现"凤麓春荫"题刻亦可相印证。那么，还有极为珍贵的七景题刻散佚。有心者继续寻觅，或许会有新的发现。此外，既然历史上有"清溪八景"，且有文化名人吟咏，若重建"清溪八景"，复原朱子题刻，这对于彰显地方文化底蕴，成为旅游业话语空间，当是极有现实意义的。

**图 15-17　朱子手迹**

拙窝。朱子在潮州的遗迹，美籍华人陈荣捷（1901～1994）先生引朱子 16 世孙朱玉所编《朱子文集大全类编》（1722）第 8 册第 21 卷朱子墨迹二字匾"拙斋"（下注"潮州金山文惠堂"），作为朱子仕泉时游潮的旁证。[①] 然而，实地考察摹拓，既有一字之异，又非青年朱熹游潮时题刻。2007 年夏，韩山师范学院吴榕青教授及其同人历经辛劳，于潮州市北城区金山南麓中部摩崖拓得朱子题刻"拙窝"二字（旁署"晦翁为子晦书"）赠余（附照）。该题刻位于"凤台壁立"4 字东边约 5 米处，每字约 0.3m 见方。《海阳县志·金石略一》载："'拙窝'在海阳县内金山，旧名遥碧亭，宋廖德明更名，朱子书额并刻周子《拙赋》于崖石间 ……周子《拙赋》今已佚。"[②] 考子晦则廖德明（1168 进士）。《广东通志》记："廖德明字子晦，南剑人，尝从朱子学，得心传之秘 ……庆元间，通判潮州。"[③] 由此可知，"拙窝"手迹，是廖德明庆元间潮州任上请朱熹为题亭

① 陈荣捷：《朱子与大慧禅师及其他僧人的往来》，《朱子学刊》，1989 年第 1 期。

② 谢逸：《潮州市文物志》，潮州市志办公室，1985 年，第 5～44 页。

③《广东通志》卷 39，上海古籍出版社（四库全书本），1987 年，第 662 页。

额，再镌刻于潮洲金山南麓的，与朱子仕泉期间游潮全然无涉。

3. 牧爱堂　同山　大同　　腾紫峰　文山

　　大轮山　战龙松　瞻亭　极目　偃月石　寒竹风松

　　牧爱堂。主簿任上，朱熹把同安县署中的"祐贤堂"改为"牧爱堂"。陈允敦教授说："因朱子字美，而堂名亦切。闽浙赣多县之大堂皆拓制竖之。"①

**图 15-18　朱子手迹**

　　《同安县志》记："'同山'二字，宋朱文公以朱砂书于梅山之石，字约二尺。至今字迹尚明。冯志云：同山上有'大同'二字，亦朱子书。"②同山又名梅山，与大轮山对峙。同安于西晋太康三年（282）设县，取同山之"同"字，配以安定之安，作为县名。《同安县志》又记："腾紫峰距城二里，在同山之东，中有巨石，刻'腾紫峰'三字，朱文公手笔也。是山每有紫气上腾，因以名。"③

　　文山。"十二龙潭，在北辰山，离城东北 25 里。宋朱子为主簿，尝游其处，于山尖大书'文山'二字，因名文山。"④

———————

① 陈允敦：《泉州名匾录》，紫禁城出版社，1995 年，第 152 页。

② 民国《同安县志》卷二六《金石》。

③ 民国《同安县志》卷八《名胜·岩潭》。

④ 同上。

大轮山。"'大轮山'三字，亦宋朱晦翁书。每字大三尺余，风度端正，弈弈有神……山灵有知，亦当长为呵护也。"①

《同安县志》引《闽书》说，"大轮山，朱文公刻'战龙松''瞻亭'（附照）、'极目'七字，皆为胜迹……'偃月石'三字，在大轮山之麓，亦宋朱文公书。"②

**图 15-19　朱子手迹**

寒竹风松石刻。"'寒竹风松'四字乃隶书也。宋朱子以此四字刻于石，在焚天寺后。字苍老古劲，邑人多描之。"③（附照）

**图 15-20　朱子手迹**

---

① 民国《同安县志》卷二六《金石》。
② 同上。
③ 同上。

图 15-21　朱子手迹　　　　　　图 15-22　朱子手迹

4. 望云　太华岩　灵源　　应城山　　同民安

　安乐窝　　留心湖　芦山　并石台　极高明

《同安县志》记："六都中又有望云山，在东陵后，水石清奇，石上有朱紫阳手书'望云'二字，遂名。"①同书又记："县西三十里有莲花山……山腰有石岩，朱子题其上曰'太华岩'（附照），上有泉随海潮汐，号'潮汐泉'。石镌'灵源'（附照）二字，亦晦翁笔也。"②《同安县志》记："冯志云：朱子筑堤山上，刻'应城山'三字。"③同书又记："小盈岭'同民安'三字，亦朱子书。"④

《同安县志》记："佛岭（感化里）有小石塔，傍一大石。朱子刻'安乐窝'三字于石。"⑤同书又记：莲花山"山殊重叠，中有一湖，朱子刻'留心湖'三字于石。"⑥

芦山。长期从事同安文物研究的颜立水先生说："距县城之北里许的大轮山，保存有'芦山'……石刻。"⑦摩崖手迹尚存，但拍照后欠清晰。《同安县志》记："弁石台在东桥溪中，天然一石，可为夏天乘凉之胜，宋

---

① 民国《同安县志》卷四《山川》。

② 同上。

③ 民国《同安县志》卷二六《金石》。

④ 同上。

⑤ 同上。

⑥ 同上。

⑦ 颜立水：《朱熹在同安的遗址》，《厦门日报》，1983 年 11 月 27 日。

朱晦翁刻‘弁石台’三字。"① 从题刻看，《县志》谓"弁石台"非是，应为"并石台"（附照），并通屏即"屏障"之意。

极高明。李金表《朱熹在南安的行踪》（豆丁网）记朱子到杨林书院讲学留下的题刻，今存南安杨子山。

**图 15–23　朱子手迹**

5. 瞻仰　经史阁　苏魏公祠　有泉德邱
　　石镌谈　谈元石　场老　迎仙

据记载，同安还有朱子墨迹"瞻仰""经史阁""苏魏公祠"，② 皆佚。《厦门志》记，马陇山"在城北二十里……上有石名金鸡，石镌'有泉德邱'四字，相传为朱子书"③。同书"金榜山"又记："堂侧石壁高十六丈，名玉笏，又有'石镌谈'三字，相传朱子书。"④《泉州府志》记："嘉禾屿……有金榜山陈黯读书处，堂侧大石高十六丈，名金榜石。朱熹刻'谈元石'三字其上，山上又有'场老''迎仙'等字，皆朱子书也。陈黯自号'场老'。"⑤

6. 真隐处　中流砥柱　安乐村　郭岩隐安乐窝
　　木本水源　正气　勇猛精进　有继

真隐处、中流砥柱。《同安县志》："香山寺，在民安十都……朱子

① 民国《同安县志》卷八《名胜·亭台楼阁泉石》。
② ［清］朱玉编：《朱子文集大全类编》卷二一《墨迹》。
③ 道光《厦门志》卷二《山川·马陇山》。
④ 道光《厦门志》卷二《山川·金榜山》。
⑤ 乾隆《泉州府志》卷八《山川》。

簿同时，已有登眺之迹，手书'真隐处'三字在寺后山麓。"①《泉州府志》
记："同安夹县东西两溪之水……会合处有铜鱼金车两石，为水口雄镇……
石形如鱼色如铜，故名……朱子为题字刻石曰'中流砥柱'。"（附照）②

图 15-24　朱子手迹

图 15-25　此塔上存朱子手迹

图 15-26　朱子手迹

　　"安乐村"塔石刻。安乐村塔位于同安区莲花镇沃溪村南 500 米处
的麒麟山西麓。朱熹任泉州府同安县主簿时，曾跋山涉水，踏勘莲花山。
有一次沿着橄榄格，来到沃溪村，发现此地一岙平川，水足壤沃，四面

<hr />

① 民国《同安县志》卷八《名胜·寺观》。
② 乾隆《泉州府志》卷八《山川》。

环山，仅一径通外，堪称"世外桃源"，便口谶此地是"大旱半收，大乱半忧"的风水宝地，于是欣然书题"安乐村"三字。村民于临溪石上造塔（附照），并拓"安乐村"三字置匾以志。

石塔四层，方形素面实心。底层边长 2.5m，通高 6m，上檐四角起翘，第四层正面嵌"安乐村"竖行楷书石匾，塔刹置葫芦顶。石塔北侧有宋代麒麟寨（又名石佛寨）遗址，南麓有明代石佛洞，洞前右侧有清代道光五年（1825）乡耆订立的"公议"摩崖石刻。石塔以临溪一巨石为塔基。相传巨石像一头"肥猪"，村人怕"肥猪"被水冲走，故于石上建塔，并把朱熹留题的"安乐村"三字拓置石塔顶层。

新加坡侨领陈延谦先生于 1938 年赋《乡思》诗云："巍巍古塔镇山门，朱子题名安乐村。石鼓溪琴应忆我，不知松菊可犹存。"寄寓着海外游子对故乡风物的眷念之情。

郭岩隐安乐窝、木本水源。郭岩隐是现在同安区洪塘镇郭山村人。《同安县志》有传："郭岩隐字石庵。靖康二年（1127），由明经举孝廉。任都转运使，历粤东转运使。朱子簿同时，式其庐。卒，为葬崧山岩下，题其墓曰'安乐窝'。"[1]《同安县志》又记："崧山，在五都郭山保。上有岩……麓为郭岩隐墓。稍西立一碑，盖以小石亭，碑上镌'郭岩隐安乐窝'（附照）六字。字为八分篆，乃朱子亲笔。又西为郭氏祠。祠不加净扫，蛛丝灭迹。堂上榜'木本水源'（附照）四字，旁加朱子戳。字体雄迈，迥异常法。"[2]

正气。"正气"方正斗楷二字，黑匾金字，题款为"朱晦翁"，且有印章。清末后城杨家栋将舍人宫边竖式"正气匾"改为横式匾，悬挂于通淮关岳庙中殿（今存）。

勇猛精进。朱熹题刻"勇猛精进"四字横书木匾，原悬于晋江佘店苏内村万石山（罗山）摩尼教寺——草庵中（可惜该匾于"文化大革命"失落）[3]1933 年冬弘一法师曾挂锡于此，在朱熹匾后半截加书一段小字：

---

① 民国《同安县志》卷二八《乡贤录》。

② 民国《同安县志》卷八《名胜·岩潭》。

③ 陈允敦：《泉州名匾录》，紫禁城出版社，1995 年，第 29 页。

"岁次癸酉，与传贯法师同住草庵度岁，书此以作遗念。除夕朝演音，时五十有四，贻赠庵中。"①

图 15-27　朱子手迹

图 15-28　郭岩隐遗迹保护碑

图 15-29　朱子手迹

图 15-30　朱子手迹

有继。题赠晋江安海高氏家族，后经族人请书家加一"堂"字为"有继堂"（附照）。安海养正中学高荣富先生摄影，福建省姓氏源流研究

---

① 王洪涛:《弘一法师在泉州》,《泉州文史资料》,1962 年 9 月第 7 辑。

会柯蔡委员柯朝硕先生提供。有可能是绍熙间朱熹知漳州时，应安海门人高禾之请所题。

7. 鸢飞鱼跃，海阔天空，松竹拱极，造物成春。山光凝翠，赐我好吟，楼台清静，生涯长年。

此手迹见于刘树勋教授主编的《闽学源流》（福建教育出版社，1993年），说是"福建泉州新发现遗墨"。余系泉州本地人，留心查访数年，后来在泉州师专图书馆馆长蔡祖卿先生宿舍中见到拓品（附照）。

图 15-31　朱子手迹　　　　图 15-32　朱子手迹

8. 永春百丈岩题刻"梦"

2006年初夏，登游百丈岩（泉州永春蓬壶镇鹳山村境内），近山顶于水池侧摩崖上有朱熹题刻，字径约 1m（附照）。百丈岩海拔 999m，峰巅为始建于宋代的道教遗迹马氏庙，因马氏女修炼成仙而得名。该岩现为国家级 AAA 风景区，主要景点有农业观光果园、千年古柏、致云庵、公主殿、火山熔岩、向天烛等，自然与人文景观浑然天趣，置身其间，恍若梦幻仙境。朱熹青年时代为泉州同安县主簿，曾游永春，访考官蔡兹，县令黄瑀、同年陈光，与名儒陈知柔盘桓时间最长，遗迹除环翠亭、鼎仙山以外，近年牛姆林又发现"朱子古道"。青年朱熹有访禅问道之好，百丈岩"梦"字为新发现题刻（旁署朱熹），有可能是当年与陈知柔同游时留下的。

**图 15-33　永春百丈岩题刻"梦"**

## （二）楹联、诗赋、碑铭

### 1.题同安苏颂故居

存小心与宋千古，知大义唯公一人。[①]

上题是朱子为苏颂故居"芦山堂"（同安县城西北隅）所撰楹联。苏颂（1020～1101），字子容，北宋天文学家、药物学家。此联概括了苏颂一生高尚的道德操守与人品风范。苏颂官至吏部尚书、刑部尚书，晚年为宰辅。其《新仪象法要》，是世界上保存至今最早最为完整的天文学、机械学专著。他主编的《本草图经》，把野外采集到的动植物标本绘制成图像，对动植物形态有准确生动的描述，在生物学、博物学、医药

---

① 周旻：《厦门历史人物画传》，厦门大学出版社，2014年，第3页。

文献学等方面都做出了重大贡献。中华书局1988年出版了苏颂著作《苏魏公文集》。西方科技史家李约瑟博士称其为"中国古代和中世纪最伟大的博物学家和科学家之一"。

2. 题泉州开元寺

此地古称佛国，满街都是圣人。

上题今存开元寺内（附照）。1938年，弘一法师为泉州开元寺作《补书泉州开元寺门联题跋》："寺门旧有此联，朱文公撰，久佚，为补书之。戊寅春沙门一音书。"

**图15-34  弘一法师补书朱子题泉州开元寺门联**

3. 题安溪凤山庵

心外无法，满目青山。

通元山顶，不是人间。

上题是朱熹绍兴二十三年（1533）冬赴安溪"按事三月"时所作。乾隆《安溪县志》记："通元观，在凤山顶，即朱文公临县留题处"。题云："心外无法，满目青山。通元山顶，不是人间。"[①]嘉靖《安溪县志》与何乔远《闽书》所载此题为"心外无法，满目青山。通玄峰顶，不是人间。"则"通元山顶"异为"通玄峰顶"。乾隆《安溪县志》卷十《杂记》载为"凤山通玄观"而非"通元观"。因此，似应以"通玄峰顶"

---

① 乾隆《安溪县志》卷二，厦门大学出版社，1988年。

为是。

4. 题欧阳詹不二堂

> 事业经邦，闽海贤才开气运。
>
> 文章华国，温陵甲第破天荒。

此题见明李光缙《景璧集·请重修唐四门助教欧阳行周先生不二堂疏》，说："不二堂，文公曾修之，今所悬对句曰：'事业经邦，闽海贤才开气运。文章华国，温陵甲第破天荒。'此文公华衮之言也。"

5. 题南安雪峰寺

> 地位清高，日月每从肩上过；
>
> 门庭开豁，江山常在掌中看。

南安市康美镇杨梅山雪峰寺寺门联。相传为朱熹所题。原为木刻竖匾，年久失落，20世纪末重修该寺时镌刻于石。雪峰寺背山面水，为重檐歇山式建筑，十分壮观。世传朱熹曾与陈知柔到南安五台山为陈南寿（陈知柔之兄）指点穴处，经游该寺所题。当作于淳熙十年（1183）朱熹来泉，与陈知柔同游之际。

6. 题杨樵遗迹

> 仙子友英贤，一局曾消千日瞬；
>
> 天王旌国手，三军为导万人川。

上联见民国《南安县志》卷三《舆地志·万人川》记云："在三十七都文斗店之瀛溪，引水经溪南村，迤逦而东，至三十九都朴乡，计长八里许。系南唐杨樵为国母医疾愈，国王为遣御林军开为万人川，以为一方水利。宋朱子赠杨樵联云……"相传朱熹任同安主簿期间，应南安士子的邀请到杨子山杨林书院讲学，凭吊杨樵读书处所作此对联。杨樵，又名杨肃（872～？），五代人。随王潮兄弟入闽，居石井欹髻山，悬壶济世。杨肃为闽王王审知夫人医好疮疾，又为南唐皇太后治好乳疾，唐皇赐其进士出身，封为"太乙真人"，欲加赏赐，杨肃不受，而请为家乡修渠引水灌田，果获准派兵拨款帮助乡民筑坝挖渠，渠长八里，称万人川，又称"仙公坝"。（参见李金表《朱熹在南安的行踪》，泉州文

史网）

7. 题梵天寺法堂门

神光不昧，万古徽钦（一作猷）；入此门来，莫存知解。

上题见民国《同安县志》卷八《寺观》："梵天寺在县北大轮山，创于隋唐间……宋熙宁中合为一区，改名梵天禅寺。朱文公为题其法堂门曰……"当作于绍兴二十七年（1157）。

8. 题陈廷左亭

圆荷幕方展，闲花晓日红。

上题见《大同集》。当作于绍兴二十七年（1157）。

9. 廓然亭

迟留访隐古祠旁，眼底樛松老更苍。

山得吾侪应改观，坐无恶客自生凉。

上诗见《朱子文集大全类编补遗》。廓然亭位于九日山东峰半山处，当作于淳熙十年（1183）朱熹来泉吊傅自得，与陈知柔同游九日山之际。

10. 岱山岩访陈世德光同年

一钱一剑出新州，五柳凭谁添酒筹？

岱壑何嫌松共老，碧波偏向桂招游。

不为百年身后计，自是人间第一流。

我欲门前张雀网，先将车辙到山头。

上诗见《永春县志》卷十四《艺文》。朱熹与陈光同为绍兴十八年王佐榜进士。《永春县志》同卷录有陈光《和朱晦翁作》："去年渭北望卿频，今日深山屐齿新。珠树香沾千涧雨，莲峰翠滴四时春。渔人有意休相问，樵子无心可与亲。石榻盘旋忘岁月，瓶罍差馨故人贫。"

11. 题凤山

门前寒水青铜阙，林外晴峰紫帽孤。

记得南坨通柳浪，依稀全是辋川图。

上诗见道光《晋江县志》卷四《山川志》，其凤山条云："凤山　北接大旗，由北山迤逦而来，势如飞凤，故名……'宋朱子诗'。"

12. 题金榜山

> 陈场老子读书处，金榜山前石室中。
>
> 人去石存犹昨日，莺啼花落几春风。
>
> 藏修洞口云空集，舒啸岩幽草自茸。
>
> 应喜斯文今不泯，紫阳秉笔纪前功。

上诗见道光《厦门志》卷九《艺文略》，鹭江出版社，1996年。

13. 题双髻山

> 齐朝谁住古岩阿，绝顶云霄手可摩。
>
> 一掬白泉何处得？源来定自出天河。

上诗见道光《晋江县志》卷四《山川志》双髻山条曰："在四十六都，距郡城北五十余里……《闽书》：上有白水岩，涓若潞浆，五代齐有人搆此山，今石刻有无名氏诗……按此诗有云朱子所作。"此诗是否为朱子所作，尚待进一步考证。

14. 过飞泉岭，并题"落汉鸣泉"

> 梯云石磴羊肠绕，转壑飞泉碧玉斜。
>
> 一路风烟春淡薄，数声鸡犬野人家。

上诗见《广东通志》卷四十三所记："朱熹……尝游揭阳飞泉岭，寓郑进士（国翰）家。览胜亭书'落汉鸣泉'四大字揭诸亭，复留诗（过飞泉岭）。"当作于绍兴二十六年（1156）春，亦则朱熹仕泉期间赴潮州往见大慧禅师之际。

15. 鼓铭

> 击之镗兮，朝既旸兮，巧趋跄兮，德音将兮，思与子偕响兮。

上铭见民国《同安县志》卷二十五《鼓铭》，《朱文公文集》卷八十五《鼓铭》，只有前半。

16. 金榜山记（绍熙二年，1191）

> 金榜山在嘉禾廿三都，北有岭曰"薛岭"。岭之南，唐文士陈黯公居焉。岭之北，薛令之孙徙居于此。时号南陈北薛。黯公十八举不第，作书堂于上，人称曰"场老"。山涧有石，名"钓鱼矶"。堂

侧石高十六丈，名"玉笏"。所居有动石，形甚圆，每潮至，则自动，天将风，则石下有声，名"虎礁"。宋熙宁中，邑尉张矞咏嘉禾风物，有"尤喜石能翻"之句，正谓此也。宋淳（绍）熙二年春，新安朱熹谨拜赞曰："猗欤陈宗，浚发自虞。协帝重华，顺亲底豫。克君克子，裕后有余。胡满受封，平阳继世。至于大邱，节义尤敷。更考相业，声名不虚。深美钓隐，高尚自如。爰及五代，配天耀祖。剖符锡衮，遍满寰区。更秉南越，有分开土。宋室纳款，臣节弗渝。丕显丕承，此其最著。子孙绳绳，别宗寡侣。源深流长，猗欤那欤。"

上记见道光《厦门志》卷九《艺文略》，鹭江出版社，1996年。

17. 答柯国才

《辨孟》不知何处得？仁庙时有一孙抃，仕至枢密副使、参知政事，不知便是此人否？据温公《记闻》说，此人敦厚，无他才，以进士高第，累官至两府。今读此书气象似是，兼纸亦是百十年前物。所论虽无甚奇，《孟子》意亦正不如此，似亦可以见其淳质之风。不审左右以为如何？前辈不可得而见，其遗物要可宝，岂必其贤哉。

上书见《朱子大同集》。

18.《四时读书乐》（见本书第十三章之五"泉籍门人"）。

## 五　辨伪：石佛岩、清溪八景、蔡林社标八景

1.《泉州同安鹤浦祖祠堂记》（见本书第八章之一"真伪考辨"）。

2. 民国《南安县志》卷四十八《艺文志·四》载朱熹作《石佛岩》诗：

　　卧草埋云不记秋，忽然成殿坐岩幽。

　　纷纷香火来求福，不悟前生是石头。

此诗系王十朋作，见《梅溪集·后集》卷十八《石佛》（四库全书本），有"佛""时"二字异文："卧草埋云不记秋，忽然成佛坐岩幽。纷纷香火来求福，不悟前时是石头。"

3. 1982年安溪县人民政府编纂的《安溪县地名录》，其中"历代人士咏安溪风物"载有朱熹《题清溪八景》诗：

风麓春荫驯雉时，龙津夜色赋新诗。

东皋渔舍欢呼彻，南市酒家醉舞欹。

芦濑行舟长破浪，葛磐坐钓闲垂丝。

阆岩夕照冈陵翠，薛坂晓霞花满枝。

乾隆《安溪县志》卷十二《艺文》载："朱文公题清溪八景名目。"同书同页有邑令庄成题清溪八景诗（共8首），知八景名为"凤麓春阴（荫）""龙津夜月""阆岩夕照""薛坂晓霞""葛磐坐钓""芦濑行舟""东皋渔舍""南市酒家"。《地名录》所载之朱熹诗仍据八景之名目衍化而成，写的是春景，与朱熹冬季莅安溪事迹不符，而且与朱熹作诗风格不类。因此，此诗显系伪托之作。

4.民国《同安县志》卷八《名胜》载朱熹游蔡林社标题八景诗：

### 圃山夕照

未向谢家寻旧揽，圃山久已把高风。

莫嫌隔岸风清远，几度斜阳照碧红。

### 珠屿晚霞

宝珠自古任江流，锁断银同一鹭洲。

晓望平原灿日色，霞光映入满山邱。

### 金龟寿石

十朋巨石自天然，忍耐烟云不计年。

此地古称多寿者，金龟寿石出彭坚。

### 玉井泉香

玉井由来橘下延，上池得饮是仙缘。

从今勿慕栏中水，频酌清香觉爽泉。

### 沙堤岸影

一片玉玑耀水明，秋来鸿雁宿沙瀛。

只因海客忘机还，影落长堤字几行。

### 渔纲蝶影

飞飞江上织渔艘，举纲随风汲浪高。

远盼云舟浮绿水，飘然蝴蝶出波涛。

莲道樵歌

樵夫一曲和歌清，莲道响穷鹤浦城。

多少江湖名利客，不如伐木诵丁丁。

文江渔唱

锦江夜色月明多，静听渔人唱棹歌。

昨夜山妻藏斗酒，为余问渡漾秋波。

按：宋代同安若有"蔡林社标八景"，当为游赏之地。既得朱子题咏，自必流行同安。然南宋以降，自陈利用裒集朱子"簿同之文"而编《大同集》，至明林希元增补《大同集》，均未收入此八景诗，可证其为后世伪作。

5.《潮汕孙氏志略》载一序一诗，即《隐相堂序》与《和文靖公前韵梅花诗》（见本书第十二章之二"伪托朱熹之作"）。

## 六　《刘氏宗谱序》与《林氏世系总纪》存疑

1989 年冬，因文字之交，余往老报人刘以健家中阅其珍存的《温陵刘氏宗谱》，发现谱牒中朱熹的诗和序文各一篇①，诗云：

林头枕是溪中石，井底泉通竹下池。

宿客不怀过鸟语，独闻山雨对花时。

按此诗前有叙云"朱晦翁先生簿银同时，高弟家先师丘钓矶邀游芝山，题古洞山房石壁，有'小山丛竹'四大字，又赋七言绝句勒石。"《朱子全书》认为"此诗乃朱熹高弟子丘钓矶所作"②，是令人信服的。但据"谱称绍熙五年（1194）三月朱熹看望刘氏后人南下温陵（泉州），遂为《刘氏宗谱》作序并题诗"云云，将《刘氏宗谱序》列入伪作。同时列为伪作的还有《林氏世系总纪》一文。窃以为对这两篇谱序，应暂以存疑。据陈支平教授《福建族谱》所述，福建有陈、周、刘三氏族谱有同样内

---

① 林振礼：《朱熹佚文辑存》，《泉州师专学报》，1991 年第 3 期。

② 《朱子全书》第二十六册《朱熹佚文辨伪考录》，上海古籍出版社、安徽教育出版社，2002 年，第 853 页。

容（"予尝仰观乾象"）的"朱熹序文"；闽省以外则有黄、郑等氏族谱载有此序。试想，此序是否有一氏非伪托。若有一氏，我们认为应是朱松托孤的刘氏。此其一。其二，刘氏族谱中"绍熙五年三月朱熹看望刘氏后人南下温陵（泉州），遂为《刘氏宗谱》作序并题诗"诸语。这话不能排除后人追记（想当然）之误，绍熙五年（1194）四月朱熹启程赴湖南安抚使之任，尽管古代交通条件差，但也不能排除在闽北作序而后寄往闽南的可能性。其三，也是我们认为此两序应暂存疑的主要理由，兹作考述如下：

### 刘氏宗谱序

余尝仰观乾象，北辰为中天之枢，而三垣九曜旋绕归向，譬犹君之尊而无适不拱焉！俯察坤维，昆仑为华夏之镇，而五岳八表逶迤顾盼，譬犹祖之亲而无适不本焉！故君亲一理，忠孝一道。悖之者谓之逆，遗之者谓之弃，慢之者谓之裹。无将之戒，莫大于不忠；五刑之属，莫大于不孝。为人臣所当鞠躬尽瘁，为人后所当慎终追远，而不可一毫或忽也。今阅刘氏谱牒，上溯姓源之始，下逮继世之宗，明昭穆以尚祖也，系所生以尚嫡也，序长幼以尚齿也，列赞像以尚思也，非大忠大孝者而能之乎！噫！世之去祖未远，问其自而懵然者，愧于刘氏多矣！绍熙五年甲寅春三月新安朱熹顿首拜撰。

序文以《周易》首次二卦——乾坤（乾象为天，坤舆为地）启其论端，进行引申、比类，糅合三才，推天道以明人事，论证封建伦理纲常和宗法制度的合理性。开宗明义地说，臣民对于人君之尊，犹如众星环绕中天之枢——北辰；子孙对于祖宗之亲，犹如万山顾盼华夏之镇——昆仑。

"北辰"又称北极星，在古代人的想象中为天帝所居。四颗星中最明亮的一颗为太一，即所谓玉皇大帝，其他三星为三公（喻人间的太师、太傅、太保）。道教流行以后，北辰又成了道教的至高神太一真君，成为民间信仰中的神圣星辰。[1] 有宋以前，李程曾作《众星拱北辰赋》。[2] 朱熹

---

[1] 王孝廉：《中国的神话世界》，作家出版社会，1991年，第41页。

[2] 《文苑英华》卷八，中华书局，1982年，第43页。

则撰有《北辰辨》，阐发其天文观：

> 帝坐惟在紫微者，据北极七十二度，常见不隐之中，故有北辰
> 之号，而常居其所。盖天形运转昼夜不息，而此为之枢。如轮之毂，
> 如砲之齐，虽欲动而不可得。非有意于不动也，若太微之在翼，天
> 市之在尾，摄提之在亢。其南距赤道也皆近，其北距天极也皆远。
> 则固不容于不动，而不免与二十八宿同其运行矣……①

如上，说北辰为天体运转之枢，其理"如轮之毂，如砲之脐"与《题刘
氏宗谱序》中"北辰为中天之枢，而三垣九曜旋绕归向"互为印证，其
差别仅在表述上换了方式而已。

其实，"众星拱北辰"之说，可远溯孔子。考朱熹《论语集注》：

> 《为政》："为政以德，譬如北辰，居其所而众星共之。"朱熹：
> "……北辰，北极，天之枢也。居其所，不动也。共，向也，言众星
> 四面旋绕而归向之也。为政以德，则无为而天下归之，其象如此。"

与序谱之文互证，如出一辙。可见，朱熹谓"北辰为中天之枢"，本于
《论语》。

"昆仑"见诸史籍，如《山海经》《尔雅》《淮南子》《河图括地象》
等，谓"地之中央昆仑""河自昆仑墟"云云，不乏其例。考朱熹《楚辞
集注》：

> 《离骚》："邅吾道夫昆仑兮，路修远以周流。"朱熹："《后汉书》
> 注，昆仑在肃州酒泉县西南，地之中也。"

> 《天问》："昆仑县圃，其尻安在？增城九重，其高几里？"朱
> 熹："昆仑，据水经在西域，一名阿耨达山，河水所出，非妄言也。
> 但县圃增城高广之度，诸怪妄说，不可信耳。"

此外，还见于《九歌·河伯》《九章·涉江》等，从略不引。可见朱熹谓
"昆仑为华夏之镇"本于《楚辞》等诸古籍。

该谱牒中记载闽北刘锜（与岳飞、韩世忠同时的抗金名将）家族后

---

① 《朱熹集》卷七二《北辰辨》。

裔迁泉州晋江祥芝（芝山）及安溪城关事。朱松入闽投靠的刘子羽，与刘锜为从兄弟，故朱熹晚年（65岁，时居建阳）应刘氏后人之请，为其宗谱作序，自在情理之中。序文与《语类》及其他著作中关于君臣父子的论述相吻合，行文风格亦相类，且不为任何人物事件张扬。而推天地以明人伦，"宇宙界人生界一贯直下"（钱穆语）。其囊括之宏，论证之精，非长于综合者莫属。

## 林氏世系总纪

林氏出自子姓，黄帝之裔，历虞夏商三十三代而生比干，为纣少师。因直谏，纣剖其心而死。夫人有妫氏娠三月，而逃于长林石室之间，已而生男。周武王克商，未下车而封比干之墓，征其所生男，赐姓林氏，命名曰坚。仍诞育地食采于博陵，世为大夫。自周迄东晋以至今，豪生杰出，代不乏人。春秋时，有林回、林放、林雍、林楚、林不狃，或以忠孝，或以文德。秦末子孙居齐郡，后改济南郡，林尊为郡人，以尚书论石渠，官至太傅。林氏之望于济南者，自尊公始也。阅西汉、新室、东汉、曹魏至西晋，有林礼者，徙籍于下邳。礼生颖、显。颖生二子曰懋、曰禄。懋为下邳太守，子孙婚宦皆下邳，遂为徐之冠族。其弟禄，晋永嘉五年诏同陶侃讨杜弢之乱，屡建奇勋，除招远将军，迁合浦太守后奉敕守晋安，未几卒于官，葬于郡之涂岭。林姓入闽居晋安，自禄公始。禄之夫人孔氏，生二子：曰景、曰暹。斯时中州板荡，衣冠卿相士族徙居闽者，林、黄、陈、郑、詹、邱、何、胡八族是也。唐定天下氏族，推晋安之林为甲。景生二子：长曰缓，封南平侯。至七世而生孝宝，孝宝为泉州刺史，由晋安温陵迁居莆阳北螺村，又三世而生玄泰，为号南北二村。万宠生三子：曰韬、曰披、曰昌。韬生尊，尊生三子：季子敳居丧，庐墓有白乌甘露之祥。唐德宗立双阙，以旌其孝，时号阙下林。披生九子：曰苇、曰藻、曰著、曰荐、曰晔、曰蕴、曰蒙、曰迈、曰蔇。藻廷试赋《合浦还珠》称，擢进士及第，为闽中破天荒。蕴辟蜀推官，值刘辟之乱，捐躯不屈，忠义凛然。兄弟九人俱拜官州牧，此九牧之所由名也。举闽州凡称林氏，皆禄公后也。世远支分，播满海内。北自玉融、长乐、以通吴夏。南自晋安以至梁化、潮阳，无不聚斯。今十三代沣走谒，请记于余，因谱其右以归之。

宋淳熙六年己亥岁　吉日　知建康新安朱熹题[①]

《朱熹集》《朱熹佚文辑考》均未收录此序。余于十年前阅闽林始祖文物古迹重修董事会编纂的《闽林开族千年谱》，即复印珍存此文。曾以林禄于"晋永嘉五年诏同陶侃讨杜弢之乱"这一史实请教有关专家，未得到明确答复。故真伪难辨，仅时而取阅细玩而已。1998 年，林树丹先生主编《海内外林姓源流》，该书第九部分为"历史文献"，其中谱序九篇，著者为林蕴、林宝、林英、朱熹、林必先、叶向高、林志、林则徐（两篇）。关于入闽始祖林禄史实，治学严谨的林则徐亦确记无疑。故以如下史事五则，考以朱熹其人其著及其价值取向，佐证其文未必为伪，可暂以存疑，随着研究的深入，或新资料的发现，再做鉴别。

## （一）比干直谏，纣剖其心而死

朱熹少年时代读《楚辞》，青年以后咏《离骚》，晚年游心于韩文屈赋，张扬贬官放臣的忠君去国，为整个受政治迫害的道学党人鸣不平。因此，这是朱熹早已熟知的史事。直接证据见于朱熹《楚辞集注》卷一《离骚经》：

> 夏桀之常违兮，乃遂焉而逢殃；后辛之菹醢兮，殷宗用之不长。
>
> 朱熹：……言背道也，逢殃为汤所放也。后辛即纣也……纣为无道，杀比干醢梅伯，武王诛之，殷宗遂绝，不得长久也。[②]

又《楚辞集注》卷三《天问》：

> 比干何逆而抑沉之，雷开何顺而赐封之。
>
> 朱熹：此言纣之恶辅弼而用谗陷也。比干，纣诸父也，谏纣，纣怒乃杀之而剖其心。雷开，佞人也，何顺于纣，乃赐之金玉而封

---

① 林树丹主编：《海内外林姓源流》，中国华侨出版社，1998 年，第 414～415 页。
② 朱熹：《楚辞集注》卷一，第 308 页；卷三，第 332 页，《四库全书》(1062)。

爵之也。①

朱熹父亲朱松与范如圭等同僚以直谏反对议和被贬去国，他自己屡上封事以正心诚意、循理去欲犯颜直谏而多遭冷落，甚至被斥为"虚名之士"。朱熹张扬比干，表明其人格价值取向，为其忠君爱国寻找历史型范。

## （二）林尊以《尚书》论石渠

《尚书》为五经之一。《书集传》虽然是由朱熹门人蔡沈继其志完成的，但朱熹辨《古文尚书》为伪，则是学术史上的一大贡献。

据《史记·萧相国世家》记载，刘邦入关占领咸阳后，诸将皆争抢金银财宝丝帛瓜分以中饱私囊，唯独萧何不为财货所动。他首先入秦室，把图版、律令、户籍等图书档案妥为收藏保管，避免毁于战火，为刘汉治理天下提供了必备的典籍资料。西汉王朝建立后，令丞相萧何于长安城建造了石渠阁、天禄阁，成为我国最早的国家图书馆和档案馆。石渠阁因其下砻石为渠，以导水，故名。

《汉书》本传说："林尊字长宾，济南人也。事欧阳高，为博士，论石渠……徒众尤盛，知名者也。"②汉宣帝时两阁同时延揽人才，曾为诸多学者开设讲坛。林尊"以《尚书》论石渠"当在其时。

## （三）林禄葬于泉州惠安县涂岭

入闽始祖林禄追随陶侃建立勋业等事迹，《总纪》中陈述不惜笔墨。究其原因，则朱熹十分景仰陶侃且详知其生平：如其勤王节操，朱熹在南康向朝廷《乞加封陶恒公状》③中为之辩诬；如其生前曾有"惜寸阴""惜分阴"④之语，朱熹赋诗附注为之发隐。由陶侃而林禄，朱熹记其归葬之所——郡之涂岭（下引地名同中略异，或因古今变迁，或因雅俗之别），兹有文物可证。林则徐《西河郡林氏族谱序》云：

---

① 朱熹：《楚辞集注》卷一，《四库全书》（1062），第308页。
②《汉书》卷八八《儒林传第五十八》，中华书局，1962年，第3604页。
③《朱熹集》卷二〇《乞加封陶恒公状》，四川教育出版社，1996年，第847页；卷六《观洪遵双陆谱有感呈刘平甫范仲宣二兄》，第267页。
④《朱熹集》卷二〇，第847页；卷六，第267页，四川教育出版社，1996年。

永嘉之乱，晋元帝渡江南巡，禄公扈从，除征南将军，迁合浦太守、晋安太守，卒于官，享寿六十九，葬泉州府惠安县陈同关九龙岗，子孙相继遂居于闽，自成桑梓。唐讨漳南蛮，公显灵助战，歼泉巨魁，郡守疏请特追封晋安郡王，妣孔氏追封鲁国夫人。①

在古陈同关遗址之南——今泉州肖厝泉港区涂岭镇（原属惠安县），即福厦公路 146 公里处西侧，有一座长 50.81m、宽 15.4m 的东晋古墓，其规制宏大，引人注目。乾隆《泉州府志》卷十七《宅墓坊亭》记：惠安县境内"晋晋安郡王林禄墓在龙头岭下"（龙头岭为闽南俗称）。由于族众景仰，此墓代有修葺。明嘉靖四年（1525），刑部尚书林俊重立墓碑，上书"莆林始祖晋安郡王禄公墓"。天启七年（1627），惠安县教谕等立"龙马毓奇"碑于墓前。清乾隆二十四年（1759），兴、泉、漳诸族人集资大修，建石坊一座，上书"闽林始祖"四大字。"文化大革命"期间，此墓难逃浩劫。20 世纪 80 年代印尼、马来西亚、泰国、菲律宾以及港澳等地宗亲联合捐资修复林禄陵园（墓、水渠、暗涵、石坊）。

晋安郡王陵修复后，港澳台以及新加坡、泰国、印尼等海内外林氏宗亲相继组团前来寻根谒祖。

### （四）九牧中的林藻、林蕴

九牧中的林藻、林蕴与韩愈同时，朱熹略知其事迹，自在情理之中。因为朱熹既知与韩愈同登龙虎榜的欧阳詹事迹，对詹在福建文教史上的地位（包括科举次第），做出合乎实际的界定，其题欧阳四门祠联云：

事业经邦，闽海贤才开气运；

文章华国，温陵甲第破天荒。②

联语肯定闽之进士第系自唐贞元以后才接踵称盛的历史事实，誉欧阳詹为"闽海贤才开气运"，但也只能是泉州（别称温陵）第一进士。从而纠正了韩愈"闽越之人举进士繇自詹始"③即欧阳詹首开福建进士榜之说④，

---

① 林树丹主编：《海内外林姓源流》，中国华侨出版社，1998 年，第 419 页。

② 道光《晋江县志》卷一四《学校》。

③ 韩愈：《欧阳生哀辞》，《新唐书》詹本传沿袭其说。

④ 历史事实是林藻比欧阳詹早一年，即贞元七年（791）登第；薛令之比欧阳詹早 86 年即神龙二年（706）登第。

留与极容易被忽视的薛令之以及与欧阳詹同时且为好友①的林藻应有的地位。(朱熹《金榜山记》可证其知薛令之事迹)

林藻以文德为朱熹所称许,其试帖《合浦还珠赋》有神授之誉,且与朱熹格物说相契。兹录于下:

合浦还珠赋

伊至宝兮无胫能至,彼明诚兮有感斯致,昔我往矣,恶贪浊之不恒,今我来兮,表廉平之尤异,去既有意信格物之在修身,而后物致。且夫合浦远郡,溟涨之湾,灵生于彼,宝孕其间,郡振贪人,虽怀土而须去,郡任廉士,即隔海而须还。其去也,山无色兮氛雾冥冥,海无光兮空水浩浩,寻之不知其所宅,望之徒挹其至宝。其来也,川有媚兮祥风习习,地有润兮生物振振,召之莫测其所至,观之俱美其至神。是以哲人察其去来之休咎,鉴此得失之先后,乃曰与其黩货以败名,曷若澡身而无垢。尔以瑰琦自玩,我以清素自守,众所好兮尔所弃,尔所好兮众所否。故得卓尔殊尤,不居然难偶,珠不得不还于旧所,名不得不重于可久。……②

林蕴则以气节为朱熹为重。蕴应贤良方正科之策云:"臣远祖比干以谏而死,天不厌直,更生微臣也。"蕴仕蜀之际,刘辟反,晓以逆顺不听,复遗书切谏。辟怒,械于狱。将就刑,蕴视死如归。辟知不可服,舍之斥唐昌尉。后刘辟败,林蕴则名重京师。

### (五) 请纪之林沣其人:朱熹"嘉其操行","相期甚厚"

《闽中理学渊源考》记"县令林同叔先生沣:林沣,字同叔,仙游人。为建州幕,廉勤自持。朱文公嘉其操行,书问往复,相期甚厚。知崇安县,清净不扰。……民立祠,曰'林长官'"③。可知其与朱熹关系非同一般。另据《艾轩集·提要》说,艾轩"既没,后其族孙同叔哀其遗

①《黄御史集》卷五,《四库全书》第1084册,第144页记,詹诣莆山灵岩寺,与林藻、林蕴一起苦读。
② 林树丹主编:《海内外林姓源流》,中国华侨出版社,1998年,第435页。
③ 李清馥:《闽中理学渊源考》卷一九《朱子兴化门人并交友》,江苏凤凰出版社,2011年。同时感谢一位不知其名的网友提醒"林沣其人"之补证。

文，为十卷，陈宓序之。"①朱子早年仕泉经莆田，访"乾淳间大儒"（刘克庄语）林艾轩（光朝）并"加敬"之。因此，朱熹与传承家学的艾轩后人林沨交游并为之作记，亦在情理之中。

以上钩稽史事五则，或阐以文献，或释以史实，或指点文物，其经学、直臣、文德、交游之称述，皆合朱熹学术品格乃至思想体系，聊证《林氏世系总纪》未必为伪，可存疑以俟来贤再识。至于文末题署"知建康"当为"知南康"之误。淳熙五年（1178）八月，朱熹被任命知南康军，因一再辞免、乞宫观不获准，于淳熙六年（1179）三月三十日到达南康。

除上述之外，光绪十三年（1887），泉州府学教谕江葆熙摹刻《关帝圣迹图志全集》卷之五（板藏泉郡玉犀巷文昌祠）有朱熹"篆迹赞"：

　　百圣在目，千古在心。妙者躬践，敦（傲）者口吟。（读好书）

　　莠言虚妄（蔓），兰言实杯（荄）。九兰一莠，驷追不回。（说好话）

　　圣狂路口，义利关头。择言（行）若游，急行若邮。（行好事）

　　孔称成仁，孟戒非仁（人）。小人穷冬，巨（钜）人盛春。（做好人）

《新安文献志》（四库全书本）卷四十七有朱熹《勉学箴》内容大致相同（有 6 字异文），是逸文抑或伪托，姑且附此存疑。

---

① 《艾轩集·提要》，四库全书本。

# 第十六章　朱子杂识

## 一　朱子后裔

### （一）从 "朱在圹志" 看朱子后裔

　　1984 年冬，在建瓯城东高门外石油站对面的砖窑后面，因工人挖土烧砖发现朱熹第三子朱在的墓圹。经县文化局发掘，得墓志铭（即圹志）碑石两块。该铭石系黄色砚石，碑形圆首方脚，正面水平磨光刻字，背面厚薄凹凸不平，厚约 2 ～ 7cm。两块碑的高度不等，第一块高约 100cm，宽 63cm；第二块高约 103cm，宽 65cm。两块拼合起来的篆体标题写着："宋故太中大夫焕章阁待制朱府君圹志"。第一块刻有 572 个字，第二块刻有 555 个字的楷体铭文。除第二块碎坏 4 个字外，余皆保存相当完好。

　　据《建瓯县志》记载："侍郎朱在墓，文公季子，城东永安寺后，明永乐间，其为寺僧所据。景泰二年（1451），八世孙沅等闻于官，复之。"[①] 与这次挖出的朱在圹志所记地点一致。该圹志是朱在的两个儿子——朱铉、朱铸所立。圹志的发现，为研究南宋官制、朱熹身世和朱在生平，提供了翔实的依据。兹录 "朱在圹志"（经建瓯市志办主任潘渭水先生整理）于下：

宋故太中大夫焕章阁待制，建安郡开国侯，食邑一千一百户，赐紫金鱼袋朱府君圹志

　　朱府君讳在，字叔敬，姓朱氏。曾祖森，故赠承事郎；妣程氏，赠孺人。祖松，故左承议郎，吏部员外郎兼史馆校勘，累赠通议大夫；妣孺人祝氏，赠硕人。父熹，故朝奉大夫，焕章阁待制侍讲，实录院同修撰，特赠太师，追封徽国公，谥曰文；妣孺人刘氏，

---

① 民国《建瓯县志》卷七《名胜·丘墓》。

赠徽国夫人。先世为徽州之婺源人，宣和末通议公官于建，因寓焉。文公始居崇安之五夫，徙建阳之考亭，甚欲卜城居而未遂。府君以乾道己丑正月朔日寅时生。绍熙甲寅明堂补承务郎，庆元庚申始铨议福州海口镇，丁外艰；嘉泰壬戌再调度庆府山口镇；开禧丁卯以督饷授承奉郎，嘉定戊辰转承事郎；蜀帅吴公猎辟成都，实属不就。己巳得占，故待制朱之子，可特与职事官差遣，遂除耕田令，寻除将簿。庚午补外添卒泉州转宣义郎，壬申转宣教郎除司农簿。癸酉除丞，甲戌除大理正，乙亥转通直郎，丙子知南康军，丁丑转奉议郎，改知衡州，未赴，得主管台州崇道观。己卯转承议郎，差知湖州，力辞乞宫观，改知信州。庚辰趣奏事之任，又改除浙西仓。辛巳除右曹郎官，暂兼嘉兴府。壬午宝玺恩授朝奉郎，以和籴赏授朝散郎，再权仓事，入除司农少卿。癸未课嘉兴旧最，授朝请郎，继除焕章阁枢密副都承旨，转朝奉大夫，遂除直宝文阁，两浙运副。甲申课监最，授朝散大夫。上登极。恩授朝大夫；乙未宁宗山陵竣事，除秘阁修撰，依旧运副，寻除司农少卿。丙戌御笔除权工部侍郎，奏对敷陈家学，上嘉纳之，赐衣带鞍马。丁亥郊恩封建阳开国男，食邑三百户。绍定戊子转朝议大夫，御笔除吏部右侍郎，再赐衣带鞍马，辞，除不允。己丑乞补外，奏三上始除宝阁待制，知平江府。庚寅丐祠，除焕章阁待制，知袁州，再辞，不允，辛卯道中辞，丐祠愈力，不报，转中奉大夫，以明堂恩进封开国子，加食邑二百户。得旨与宫观，提举隆兴府玉隆万寿宫，以慈明太后庆寿，恩授中大夫。壬辰进封国伯，加食邑二百户。端平甲午转太中大夫，乙未祠满不复宫请，嘉熙丁酉得旨，依旧焕章阁待制，提举江州太平兴国宫明，进封建安郡开国侯，加食邑二百户。己亥九月二日，以疾卒于正寝，年七十一。娶吕氏，东莱成公之女弟，继黄岩赵氏，并封硕人，皆先府君卒。男铉，宣义郎，特差知安庆府太湖县；钦，早逝；铸，承奉郎；铅，蚤逝。女锽、镃皆夭。孙男泾，登仕郎；渤，蚤逝；铎，登仕郎；浩，尚幼；女瀚、汉皆夭；淑，尚幼。

其年十一月七日壬子，府君柩葬建安县永安寺后黄华山麓，从治命
也。府君自退闲，经营寿藏，卜吉于此。今秋末寝疾时，躬视茔夷。
凡墙垣门径莫不修具，深自慰喜。不数日而疾作，殆若先知也。痛
念府君天资既高，自幼侍文公左右，熏陶濡染于学问理义之中，垂
二十年，及为时用，所至以道行志，爱君忧国务，以实惠及惠，不
为骄骄之行，以求声誉。往年乡邦士大夫得于朝，立文公先生祠堂
于郡治之东，因居其侧，当题门符之。筑室承先志，卜宅本贻谋，
盖以此也；于是倏然自适，不复世念，有终焉丘壑之意，时与善类
从容讲学，深造闽奥；识者咸谓典型犹存焉。奏议文集若干卷，藏
于家。呜呼苍天，其已矣夫，诸孤攀号擗踊，五内崩裂！日月有期
将奉窀穸，衔哀茹苦，窃次叙府君世阀出处之大概，纳诸幽堂。呜
呼痛哉！孤铉、铸泣血谨志。

该圹志说，朱在生于乾道己丑（1169）正月朔日（初一），死于嘉熙
三年（1239）己亥九月二日，年七十有一。死的时候，已有"太中大夫、
焕章阁待制、建安郡开国侯、食邑一千一百户，赐紫金鱼袋"等一连串
荣耀的职官头衔。

朱在出生时，朱熹四十岁；朱熹辞世时，他才三十岁。淳熙六年
（1179），朱熹知南康军，兴复白鹿洞书院，时年十一岁的朱在侍行。后
三十七年，即嘉定九年（1216），朱在以大理正知南康军。他顺应时势，
继承先志，新修白鹿洞书院，黄榦为之作记。记称："嘉定十年，先生之
子在以大理正来践世职，思所以……成先志，鸠工庀材。缺者增之，为
前贤之祠，寓宾之馆，阁东之斋，趋洞之路；狭者广之，为礼殿，为直
舍，为门，为墉……弊者新之。""其规模闳壮，皆它郡学所不及，于康
庐绝特之观甚称，于诸生讲肄之所甚宜，宣圣朝崇尚之风，成前人教育
之美，可无憾矣！"①朱熹临终前夕写了三封遗书，其中一封是写给朱在
的，要朱在为他"收拾遗文"。潘渭水先生认为，这可能就是圹志里说

---

① 李才栋：《朱在有惭考亭说（外一篇）》，2000年10月江西铅山"纪念朱子诞辰870
周年国际学术讨论会"（亦谓"新鹅湖之会"）论文。

的，朱在"天资既高，自幼侍文公左右，熏陶濡染于学问理义之中，垂二十年，及为时用，所至以道行志"的缘故。

朱在曾娶有两房妻室，原配吕氏（东莱之女），继室赵氏，都比朱在早死。朱在生有四个男孩——朱铉、朱钦、朱铸、朱铅。钦、铅早亡。所以朱在圹志只有朱铉、朱铸具名。他生两个女儿——朱锽、朱镪都夭折了。朱在有四个孙子即泾、渤、泽、浩。二孙渤夭折了。大、三孙已成年，都受荫封登仕郎（正九品下），四孙朱浩当时尚年幼。有孙女三人，大、二两个都夭折了，第三的叫朱淑，当时尚年幼。从圹志中可以看到一个现象。朱熹在他的后代宗序中，以"木、火、土、金、水"五行的部首作字辈，五代一转，繁衍生息，至今建瓯的朱熹子孙已传至二十八代，多数尚能遵守成例。对此，陈荣捷《朱子新探索》之（6）"朱子世系之命名"有专门讨论，兹不赘。

### （二）朱浚：被宋理宗招为驸马·抗元殉国

朱熹三世孙朱浚（字深源），被理宗皇帝招为驸马。元兵攻入建宁府后，守臣工积翁弃城逃遁。朱浚偕公主撤退福州，誓与福州知府王刚中死守孤城。后来元军占领福安，王刚中献城投降。朱浚仰天大哭对公主说："卿帝室王姬，吾大儒世胄，义不可辱。"于是双双饮药自杀[1]。这件事，邑人熊禾《重修考亭书院记》道是：

> 宋亡，公（朱熹）之曾孙浚以死节著。呜呼！大圣大贤之生，其有关于天地之化，盛衰之运者，岂可浅言哉！

在国家危难之际，朱浚夫妇的民族气节激励闽北人民丢下犁耙拿起刀，与元军拼一死战。与建阳密切相关的是至元十五年（1278）十一月邻县政和爆发的黄华和许夫人领导的畲民起义。黄华的队伍"剪发文面"，号"头陀军"。建阳和闽北各县民众奋起响应，起义军发展到三万余众，最后遭元军镇压，黄华自焚而死。然而，元初江南人民的抗元斗争此起彼伏，遍及福建、浙江、江西、广东、广西各地，"凡四百余处"，持续时

---

① 道光《建阳县志》卷十一《人物志》，1989年，第436页。

间长达二三十年之久。

### （三）从"南闽阙里"之行看韩国朱子后裔

2000 年 8 月 14 日，应邀到被誉为"南闽阙里"的闽北建阳，参加中韩学者纪念朱子诞辰 870 周年暨学术交流活动。

韩国程朱学会一行由会长赵骏河教授率领，首次访问朱子之乡，适逢福建闽学研究会成立 10 周年。8 月 15 日，中韩学者聚集于建阳宾阳会议厅举行学术交流活动。建阳市副市长致欢迎辞说，朱熹学说 13 世纪传入朝鲜和日本，成为李朝 500 年的传统思想、日本 300 年的官方哲学。因此，中韩之间的交流，具有深厚的学术文化基础。原福建省社科院院长刘树勋教授、厦门大学何乃川教授代表闽学研究会向韩国朋友赠匾：

共研程朱理学，复兴东方文明。

国际儒学联合会理事、韩国程朱学会会长赵骏河先生回顾了近几年来中国参与的学术活动：1998 年 7 月河南洛阳"中韩程朱思想学术研讨会"暨二程朱夫子林碑揭幕仪式；1999 年 7 月四川重庆涪陵"伊川先生涪陵点易 900 周年"纪念活动。韩国学者宣读的论文，诸如《展望程朱理学与东亚哲学的前景》《丽末鲜初朱子家礼的展开过程》《朱子之生涯与思想》《朱子易学与韩国易学》等，体现了该国的研究方向和学术水平。

朱熹生于闽之尤溪，长于建瓯及崇安（武夷山）五夫里，晚年定居于建阳考亭，死后葬于建阳。建阳考亭书院是朱熹创立考亭学派的大本营。8 月 16 日，与韩国学者及朱子后裔赴黄坑祭朱子墓，同时举行"朱夫子林"揭碑仪式。从建阳城区出发，驱车约 80 公里到达黄坑镇大林谷。这里山环水抱，是堪舆家视为"凤飘罗带"的风水宝地，相传为朱熹生前与门人蔡元定选定的归葬之所。途中车上，闽学研究会副会长杨青先生告诉我，韩国朋友极其虔诚，祭祀之前既沐浴又节欲（住宾馆夫妇分开不同房间）；祭祀之际，庄严肃穆，高温之下穿上专用的长衫长裙服饰，大汗淋漓却一丝不苟（附照）。供品有三牲：猪头、鱼干、红枣等，其传统礼仪保存完好。亲临其境，从世俗的仪式体验到心灵的洗礼。在朱子墓前，我们读到韩国新安朱氏中央宗亲代表团于 1991 年立下的碑记，兹录于下：

　　南宋嘉定十七年（公元一二二四年）先祖徽国文公熹曾孙清溪公潜目睹蒙元奴隶主步步南侵，朝廷权臣主和误国。叹报国无门，遂愤而携二子一女及门人叶公济、赵旭、陈祖舜、周世显、刘应奎、杜行秀、陶成河七学士浮海而东，隐于箕圣攸封之朝鲜半岛，其后子孙繁衍历七百六十余载，世代不忘考亭世泽。公元一九九〇年十月三十五代裔孙昌均率韩国新安朱氏中央宗亲会代表团，返故土寻根祭拜先祖爰立碑建亭，以表慎终追远永怀祖德之情。韩国新安朱氏中央宗亲代表团公元一九九一年十月拜立。

**图 16-1　韩国学者及朱子后裔在朱子墓前举行祭拜活动**　**图 16-2　中韩人士共同举行"朱夫子林"揭碑仪式**

韩国朋友介绍说，朱潜的父亲朱钜（朱墅之子），当蒙古族占领黄河以北地区，步步南侵时，亲自率军参加北伐，不幸捐躯。目睹蒙古辽金入侵，干戈不息，生灵涂炭，神州沉沦，而朝廷权臣主和误国，毫无救亡图存之计，喟然叹曰："海外青邱，其圣攸封，素称礼壤，吾属可居。"遂于嘉定十七年（1224 年）袖家谱携二男一女，与门人（七学士）浮海而东，[①]不久舟泊全罗南道之锦城，因以为家。后遭元朝追缉又隐匿绫城，为防不测，改名"积德"，其长子改名"余庆"，躬耕读书，接物宽仁，受到当地士民的爱戴，其居住地被称为"君子里"。朱潜身后，子孙繁衍，在丽朝的名臣名人世代相传。现在人口发展到十五万。

　　在韩国全罗南道绫州，今存庄严肃穆的朱子庙和东源祠（即韩国开

---

① 民间传说朱潜当年由闽南惠安一带下海东渡，然而，我们至今没有找到相关记载。

基祖清溪朱潜祖祠），清溪后裔每年都进行一次拜祭活动。是日一早，绫州条条通衢大道车水马龙，人声鼎沸，来自韩国各地朱氏长老穿着明代的礼服，率领全体参祭者恭恭敬敬地对朱子像行三跪九叩礼，并高举银杯，献上一杯杯人参酒，一切都循朱子家礼进行。这就是韩国的绫州大祭。

8月17日晚，离开"南闽阙里"。在武夷至泉州的列车上，回想起已故的国际知名学者陈荣捷先生所言："体制性儒学"已无可亦无须挽救，"理知性儒学"则另有生命历程，联系韩国朱子后裔与朱子学的薪传历史，这从一个侧面说明了朱子学说的现当代价值和历史命运。

### （四）闽南漳州百花村朱子后裔

闽南芗城南郊的龙海县九湖乡，有个闻名遐迩的花乡——百花村，它那迷人的传说和美丽的景色，吸引了无数的海内外游客。

元代至正四年（1344），朱熹的第七代后裔朱填从建州来到漳州府任长泰尹。刚上任三天，县城被劫、库银尽失，朱填夫人翁氏不忍受辱，自刎身亡，女儿投井自尽。朱填当时正在漳州拜谒郡守，闻噩耗不胜哀痛。他唯恐上司追究，故携儿子朱庸逃往莆田朱氏宗族家里避难，一晃数十年。朱填病故。朱庸长大成人，婚后夫妻生育四个儿子。明建文二年（1400），莆田朱氏家族被奸佞诬害，族人四散，朱庸的四个儿子逃往闽南隐匿。长子以仁避于漳州南郊，老二以德隐于漳浦罗山，老三以义住于诏安鹤山，老四以懿留居镇海涧头，朱以仁（名茂林）来到漳州圆山东麓，发现这里的风景宜人，山清水秀，草木茂盛，不觉神往，于是择地居住下来。他颇有书香子弟风骨，平时吟诗作赋，栽花种果，引耕田亩。不久与赵氏联姻，夫妻以种花为业，辛勤劳动，生活虽然清贫，却也怡然自得。传说明永乐年间，有一天，适逢八月初十朱以仁生日，赵氏往漳州卖花回来，略备薄酌为丈夫祝寿，晚上一家人在花园饮酒、赏月观花。天上碧空如水，玉露流波，清辉照人。朱以仁一时高兴，多饮了几杯，醉卧于花园之中。他蒙眬中忽见云朵流动，一阵乐声随风飘扬，随即一行仙女手捧鲜花，冉冉降落园中，翩翩起舞，若惊鸿飞雁，如玉树临风，轻歌曼舞美不胜收，听她们唱道：

> 种得水仙一园香，花中玉女式南漳，
>
> 长留倩影凌波在，福满人间春满堂。

舞罢歌停，众仙女把手中捧着的水仙花、兰花、梅花、玫瑰花……馈赠朱以仁，齐道："种花长福。"朱以仁慌忙深揖拜谢。待定神一看，只见彩云飘然。亭中放着一束束美丽的鲜花，异香扑鼻。啊，原来是南柯一梦。可是，这些鲜花从何而来呢？仙女的歌词含义是什么呢？朱以仁反复揣摩后，终于豁然明白，仙女赐花时所唱的是一首藏头诗。诗文的要旨是"种花长福"。于是，这里的地名，从此就叫作"长福村"。

　　1963 年 3 月，朱德委员长亲临长福村视察，兴致勃勃地观赏了村里的花木。看到家家户户都有庭院花圃，满眼绿色葱茏，繁花烂漫，绚丽多彩，白如雪，黄似金，红若飞霞……他对村干部说："你们这里真是个'百花村'呀！"朱德同志还赠送长福村一套《兰花谱》，勉励花农把这个花乡建成名副其实的百花村。陆定一同志亲自题了"百花村"三大字。从此，长福村被誉为"百花村"名扬四方①。

## 二　朱门预测

　　见微知著，识乎前而知于后。预测是人们在一定条件下通过观察思考，对人物、事件、环境将来的发展做出的一种陈述与判断。朱门预测含义相对宽泛，包括朱熹及其门人对人物、事件、环境所做的推想、估计、判断、预言等。

### （一）庆元间偶涉"卜筮"，测党禁事态之变化

　　荀子曾说："善为易者不占"。②意则精通易学的人是不用占卜算卦的。然而，在危难之际，即使著《周易本义》《易学启蒙》的朱熹，也难免涉及卜筮。③

---

① 1986 年 1 月郑灿先生采录，原题为"百花村"，《中国民间故事集成·福建卷·漳州市分卷》，第 121 ～ 122 页。

② 转引白《平砂玉尺经》序言，海南出版社，2003 年。

③ 陈荣捷：《朱子新探索》，台湾学生书局 1988 年版，第 94 ～ 96 页。

庆元元年（1195），朱熹罢归武夷。韩侂胄指使右正言李沐弹劾赵汝愚，诬其"谋危社稷"，二月二十二日，汝愚罢右丞相，除观文殿大学士，知福州。朝野震动，正直之士再也不能沉默。四月二日，太府寺丞吕祖俭上书攻韩侂胄，为朱熹、赵汝愚辩诬，送韶州安置。六日，杨宏中等六位太学生伏阙上书，送五百里外编管。朱熹遂感"义不容默"，草封事数万言，极陈奸邪蔽主之祸，因以明汝愚之冤。缮写已具，诸生更进劝谏，以为必致贾祸。熹不听，门人蔡元定入谏，请以蓍决之，遇遯之家人，遂焚奏稿，自号遯翁。这是因卜而改变行为方式的事例。

此外，其门人辅广亦于庆元三年（1197）初因蔡元定被"州县捕索甚急"之际，为先生（朱子）筮。《语类》记：

> 季通被罪，台（谓）及先生。先生饭罢，楼下起西序行数回，即中位打坐。贺孙退归精舍，告诸友。汉卿筮之，得小过"公弋取彼在穴"，曰："先生无虞，蔡所遭必伤。"[①]

### （二）文公谶："此地二百年后，当为车马之区"

晋江金鞍山俗称小嶅山（今属石狮市），距闽南泉州城50里许。山上有永嘉室，室长二丈许，为道士赵永嘉隐居之所。

相传赵永嘉曾在同安主簿朱熹手下做事，后来则去修炼道术。他学到驯虎守室的本领，住处有老虎镇守，他则四处游览。当时晋江出海口的小山上生长一种芝草，凡乡人送给赵永嘉食物，赵则赠予一束芝草，有人用以饲牛，牛吃后酣睡数日不醒。牛主人怕牛死掉，又来找他，得草药使牛苏醒。赵永嘉采草之山名为芝山，出海口称祥芝澳。

朱熹曾应赵永嘉邀请，往游于永宁、祥芝一带，见其地背靠五虎山，面向深沪湾，为兵家必争之地。故朱熹预言说："此地二百年后，当为车马之区。"[②]也许是历史的巧合，明太祖朱元璋派江夏侯周德兴来闽建永宁卫，成为海防重镇，刚好距朱熹莅其地二百余年。

此外，金门民间流传所谓"此日山林，他日儒林"的文公谶；厦门

---

①《语类》卷一〇七，中华书局，1986年，第2669页。
② 道光《晋江县志》卷一二《古迹》。

郊区坂头民间流传着朱熹所谓"五百年是粟仓，五百年是水塘，五百年是花园"的预言。①

### （三）门人廖德明之仕途

廖德明，朱文公高弟也。少时梦谒大乾，谒者出索刺，出诸袖，视题字云："宣教郎"。后登第改秩，以宣教郎宰闽。思前梦，恐官止此，不欲行。质之文公，文公曰："人与器物不同，如笔止能为笔，不能为砚，剑止能为剑，不能为琴，故其成毁久速有一定不易之数。人则不然，虚灵知觉，万理兼赅，吉凶祸福，随之而变，难以一定言。子赴官但当充广德性，力行好事，前梦不足芥蒂。"德明拜受教。后把麾持节，官至正郎。②

### （四）闽东长溪：他县残破，州独完

庆元间，朱熹以伪学之禁，避地至长溪。相其山川回合，临危不危，临险不险，遂主于武曲朱氏，托宗人之分，为题"文章华国，诗礼传家"一联于门。又为一农家书"水云长日神仙府，禾黍丰年富贵家"。皆有石刻。后为一州守取去。当宋、元之季，及嘉靖末倭乱，他县残破，州独完，朱之言验矣。③

### （五）尝忧陆游："不得全此晚节"

庆元五年（1199）春，朱熹写给巩仲至的信中提到陆游（1125～1210）说：

> 放翁诗书录寄……此亦得其近书，笔力愈精健。顷尝忧其迹太近，能太高，或为有力者牵挽，不得全此晚节。④

研究者或认为，陆游后来为韩侂胄所利用，朱熹之言验矣。

### （六）蔡元定推演后世子孙

绍兴三十一年（1161），蔡元定在显庆堂，推演后世子孙休咎，赋诗云："显庆堂将后世推，子孙绍复承吾书。四传学业家还在，五世因贪人

---

① 详见本书第十四章第二节："采风金门、厦门两岛"。
② 《鹤林玉露》，丁传靖辑《宋人轶事汇编》卷一七，中华书局，1981年，第943～944页。
③ 《长鬴琐语》，丁传靖辑《宋人轶事汇编》卷一七，中华书局，1981年，第943页。
④ 《文集》卷六四《答巩仲至》书四，四部丛刊编缩本；参见陈来《朱子信编年考证》，第482页。

产除。缵俗流风六七代，继兴遗迹八九渠。数终轮奂犹有代，御史尹仁为吹嘘。"厥后子沈集书经传注盛行于世，孙模、杭辈相继表扬，曾孙希仁因贪酷籍没。成化丙申，巡按御史尹仁入闽，梦一老人嘱求栖身之地，叩其姓名，蔡某也。及至建阳，访蔡氏子孙，得其家谱阅之，见西山推演诗，预有姓名，不觉悚然，即捐俸为建传心堂。(《涌幢小品》)①

## 三 "惜分阴"的时间观念

20 世纪 90 年代末，武夷山碑拓店中出现了朱子手迹（附照）：

**图 16-3　朱子手迹**

少年易老学难成，

一寸光阴不可轻。

未觉莲塘春草梦，

阶前梧叶已秋声。②

然而，这首诗极为深刻地反映了朱熹的时间观念。早在青年时代，

---

① 丁传靖辑：《宋人轶事汇编》卷一七，中华书局，1981 年，第 947 页。
② 有研究者经查证说，这首诗原在日本《续群书类从》卷九百八十一《滑稽诗文》中，题为《小人诗》，乃室町至江户时代一佚名禅林僧侣所作，明治以后才被误作为朱熹诗，编入中学课文中。《朱子学刊》总第八辑，福建人民出版社，1996 年，第 212 页。

作为职兼学事的同安主簿，朱熹就以教育学生珍惜时间作为整顿学风的突破口，在《同安县谕学者》中，批评学校学习时间不能保证，"未及日中而各已散去"的涣散现象：

> 学如不及，犹恐失之，此君子所以孜孜焉爱日不倦而竟尺寸之阴也。今或闻诸生晨起入学，未及日中而各已散去，此岂爱日之意也哉？夫学者所以为己，而士者或患贫贱，势不得学，与无所于学而已。势得学，又不为无所于学，而犹不勉，是亦未尝有志于学而已矣。①

在同安县、武夷山九曲溪等地都发现有朱熹"逝者如斯"题刻。朱子借以察体用、动静、理欲诸哲学范畴，抒发其对"东江曾无间断时"，"川流一去不复还"的慨叹。他曾作《训蒙绝句百首》，其中"逝者如斯二首"道是：

> 如何物欲能形道，只为皆存理一端。
>
> 偶感斯川存动理，故言逝者可同观。
>
>
> 渊流万古只如斯，东江曾无间断时。
>
> 后学不因川上叹，安行体用亦难窥。②

由此可见，朱熹的时间观念，既具本体空间，又是多维变化，有极其深刻的哲学蕴含。

绍兴末年，朱熹作《观洪遵双陆谱有感呈刘平甫范仲宣二兄》道是：

> 近从新谱识枭庐，拟唤安阳旧博徒。
>
> 只恐分阴闲过了，更教人诮牧猪奴。③

诗下注云："陶恒公尝语人曰：'大禹圣者，乃惜寸阴，至于众人，当惜分阴，岂可逸游荒醉，生无益于时，死无闻于后？是自弃也。'诸参佐或以谈戏废事者，乃命取其酒器蒲博之具悉投之江。吏将则加鞭扑，曰：

---

① 《朱熹集》卷七四《杂著》，四川教育出版社，1996年，第3869页。

② 《朱熹集·外集》卷一，四川教育出版社，1996年，第5738页。束景南先生将《训蒙绝句》系于隆兴元年（1163），朱熹34岁。

③ 《朱熹集》卷六，四川教育出版社，1996年，第267页。

'樗蒲者，牧猪奴戏耳。君子当正其衣冠，摄其威仪，何有蓬头跣足，自谓宏达耶？'"①

　　洪遵（1120.～1174），字景严，鄱阳人。"双陆谱"为洪氏所作的博戏之书，成于绍兴二十一年（1151）。双陆、蒲博均为古代博戏之种类。陶恒公即陶侃（259～334），晋浔阳人。他任广州刺史时，唯恐久逸废事，朝夕运砖以习劳；他以精勤吏职，戒酒戒赌为人所称。刘平甫与范仲宣均为朱子门人，朱熹于绍兴三十年（1160）在《答刘平甫》书中，诚以谨交游，屏戏玩，惜光阴。此诗则以陶侃勉人珍惜点滴时间的事迹启发学生。

　　朱熹的时间观念影响极为深远。后世儒学童蒙读物中，勤俭与惜时作为伦理价值，受到特别的重视。陈来先生指出，清人谢泰阶撰小学诗，起因是因读朱熹《小学》有感而作……作者曾以之课门下童子，中云：

　　　　正事须常干，休寻逸乐方，试看勤力者，家自有余量。
　　　　技艺随人学，营生到处寻，一生勤与俭，免得去求人。②

《三字经》最后两句：

　　　　勤有功，戏无益，戒之哉，宜勉力。③

在《弟子规》中也强调"应勿缓""行勿懒""朝起早，夜眠迟，老易至，惜此时"。《神童诗》同样重视"勤"，指出"少小须勤学""学问勤中得"。

　　总之，朱熹"惜分阴"的时间观念，其价值是长久的。

## 四　何以恐昭穆失序并试释昭穆根源于官制

　　朱熹《胡氏宗谱叙》谓："自宗子法废，而族无统。唐人重世族，故谱牒家有之。唐以后不能然，苟非世之富贵多文儒，族氏派系往往湮沦而莫考矣。"④寥寥数语，言简意深，既关涉谱学的盛衰、复苏与发展，又

---

① 郭齐：《朱熹诗词编年笺注》卷六，巴蜀书社，2000年，第575页。
② 谢泰阶：《小学诗·敬身第三》，转引自陈来《中国近世思想史研究》，商务印书馆，2003年，第430页。
③《蒙学十篇》，第26页。
④《朱熹集·外集》卷二《杂著》，四川教育出版社，1996年，第5761页。

可窥见朱熹的谱学思想。如其慨叹族氏派系湮沦，则寄望谱学与道统同时兴复。

周秦汉代，谱学始创；魏晋隋唐，谱学发展；唐末五代，谱学衰落。历经唐末农民大起义，世家大族遭受打击，百姓流离失所。随后五代十国分裂割据，战争连绵不断，社会动乱使谱学走向衰落：第一，族谱数量减少。五代之季，谱渐疏弛，如观郑樵所志谱系，凡六种一百七十部，至马端临《文献通考》所载，则仅存数家，作为专门之学多不可考。由于社会大动乱，国家大分裂，北方新兴势力侵入中原，政权如同走马灯似的交替频繁，官方无力继续修谱，连原有的谱牒也不断流失。世家大族陷入纷争，败者政治上垮台，经济上衰落，胜者疲于行军作战，争王称霸，既无力量又无心思修撰族谱。同时，由于战火残酷无情，文化典籍遭受破坏，散佚殆尽。第二，族谱质量下降。五季之乱，故籍散佚，多有不知姓氏之源者，家自为谱，往往造作名字，杜撰爵里，谱学遂以大坏。尤其是在战争中取得胜利的新贵，借修谱虚夸祖宗荣贵以光耀门庭，从而使修谱走入弄虚作假的歧途。

宋代以降，欧阳修、苏询所创谱例即欧谱法与苏谱法风行于世，史称"谱学至两公，称极盛矣。后之学者不师眉山，则法欧阳，咸莫能出其范围"。[1]但据社会学家潘光旦研究，认为欧苏之后，言小宗谱法者，有两种不同趋向。一则师承二氏，尤以欧阳法为广，另一趋向则与欧苏无涉。[2]

迄今为止发现的朱熹谱序不涉欧苏，然其正本清源，明确修谱的宗旨在于以男性血缘为纽带，"述祖宗之既往，启后人之将来"《王氏族谱序》）；以文献"详其本传、诰、表、铭、状、祭祀之类"，以世系"别其亲疏、尊卑、嫡庶、继统之分"。对于借修谱以"夸示祖宗之富贯，矜言氏族之强大"（《济南辛氏宗谱原序》），朱熹讥其不知修谱之深意。若

---

[1]《陶文毅公全集》，台湾文海出版社，影印本。

[2] 潘光旦：《中国家谱学略史》，东方杂志（26卷1号）。转引自李志铭《陶澍的谱序及其价值》，《益阳师专学报》，2000年第3期。

"亲疏无以明，士庶无以分，长幼无以别，昭穆无以序"，就失去修谱的意义了。宗牒追求"征宁文献之盛，明乎世系之遥，详审脉络贯通而为百世不易之法"《王氏族谱序》）。朱熹赋予其终极目标在于实现"忠孝"而已，则使族人子孙遵守孝道，修身正家，扩而充之，则可以忠君爱国，事君治人。这样，由修身齐家而达到治国平天下，是谓"吾道一以贯"。

　　值得注意的是，朱熹在谱序中尤为重视"昭穆"制度（语凡七出）。既以继承道统自期，又以"天理论"整顿宗法伦常，重振三纲，就不能没有系统的礼学。有感于修谱"亲疏无以明，士庶无以分，长幼无以别，昭穆无以序"的时弊，朱熹谱序中尤其强调"左昭右穆"，联系其向光宗皇帝进谏的《祧庙议状》①拟定昭穆庙次，仍似周礼为法。按殷周有昭穆制度。《周礼·春官》载，小宗伯的职责是"辨庙社交之昭穆"；小史的职责是"掌邦国之志，奠系世，辨昭穆"。昭穆庙次不同于世系世次，世次是按顺序一世、二世、三世……排下去的；昭穆只有二元：自始祖之后，父为昭，子为穆，昭再生穆，穆再生昭。始祖统昭穆，自己不落昭穆。这样，除始祖外，凡双数世次为昭，凡单数世次为穆。朱熹晚年，朝廷议祧迁僖祖于夹室，以太祖祭初室。朱熹"接以礼经"，辩以"四不可"，煞费苦心地为皇族草拟昭穆，以正千载之谬，成一王之法：

　　　　然今日宗庙之制未能如古，姑以权宜而论之，则莫若以僖祖拟周之后稷而祭于太祖之初室，顺祖为昭，翼祖为穆，宣祖为昭，而藏其祧主于西夹室。太祖为穆，拟周之文王为祖而祭于太庙之第二室。太宗为昭，拟周之武王为宗而祭于太庙之第三室。其太祖、太宗又皆百世不迁而谓之世室……三岁祫享，则僖祖东向如故，而自顺祖以下至于孝宗，皆合食焉，则于心为安而于礼为顺矣。②

太祖、太宗属兄弟传国，太祖为穆、太宗为昭，则兄弟不同昭穆。朱熹说：

---

① 《朱熹集》卷一五《祧庙议状》，四川教育出版社，1996 年，第 597 页。
② 同上书，第 607 页。

　　谨按礼家先儒之说，兄弟传国者，以其尝为君臣，便同父子，各为一世，而天子七庙，宗者不在数中，此为礼之正法。若今日见行庙制，则兄弟为一世，而太庙增为九世，宗者又在数中，此为礼之末失也。[①]

　　这样，兄弟传国则不同庙次，不是昭昭或穆穆相连了。这是朱熹按殷周礼制及礼家先儒阐释的昭穆规则。这一规则对于考察昭穆制度的根源是十分重要的。

　　庞朴教授曾撰文考察昭穆制度的根源。他说："古往今来，讲《礼》的人成千上万，讲礼书的无计其数，似乎还没有谁在哪里这样提出过问题。他们都是从昭穆制的既定存在开始，去论证它的意义，去规范人的位置；却从未一究此一制度本身存在的理由。"[②]在远离周礼创制时代，摆脱了礼乐震慑余威的 20 世纪末，出于一种崇高的学术文化责任感，庞先生将昭穆制与海外一种比氏族更古老的区分成员的婚级制相比拟。这种婚级制就是摩尔根（L. H. Morgan）在他的名著《古代社会》中，向文明世界介绍的澳大利亚的卡米拉罗依人（Gamilaroi）的男女性分开组成的婚媾制度。他们把成员分为八个婚级，其中四个纯属男性，加四个纯为女性；某一男性婚级，只能与另一女性婚级通婚；而所生子女，却又归入与父母均不相同的另外婚级。这样，一、三、五……奇数代都属于同一个婚级，二、四、六……偶数代也是一样。庞先生列表对这种经过两代"繁殖"，量扩张了；经过两代"异化"，"质回复了"的婚媾关系做出分析后说：

　　这应该就是周礼中昭穆制度的根源！虽然我们从中国文献中和中国人类学的调查中尚未发现这种婚级制的材料，但舍此确无力解释昭穆习俗。当然，文献中亦非全无踪迹可寻，春秋时代齐鲁两国贵族长期通婚，秦晋两国贵族世代结缘，便可能是这种婚级制的孑遗。

---

① 《朱熹集》卷一五《祧庙议状》，四川教育出版社，1996 年，第 608 页。
② 庞朴：《昭穆新考》，《国学今论》，辽宁教育出版社，1991 年，第 169～172 页。

我们期待着更多的新发现。①

作为学界耆宿，庞先生以其学术成就之卓著，仍没有断然下定结论，而留有学术空间——"期待着更多的新发现"。余因读书困惑而献疑，绝不敢以"新发现"自诩，作为浅陋的后学，谨此向庞先生讨教而已。令人困惑的是，青年时代初仕就力图兴复礼制，晚年向朝廷乞修《三礼》未果则自己组织门人修纂的朱熹，明言周礼先儒以兄弟传国，尝为君臣则不同昭穆庙次的规则。兄弟不同庙次就意味着昭穆制度只有严格的等级秩序，缺乏严格的人伦秩序。而严格区分人伦关系与秩序恰恰是婚级制的基础，因为人伦一旦失序划分婚级的意义就不复存在。周代是昭穆制的初始时期，那么，昭穆习俗根源于婚级制的说法似乎就需要重新审视了。

关于昭穆的得名，朱熹说：

　　昭穆本以庙之居东居西、主之向南向北而得名，初不为父子之号也。必为父子之号，则穆之子又安可复为昭哉？②（附图）

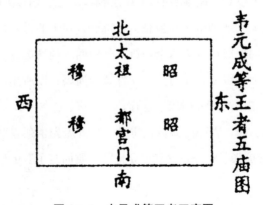

**图 16-4　韦元成等王者五庙图**

昭穆因祭祀之庙的坐向（居东居西）、受祭之主的位置（向南向北）而得名（初不以左右为尊卑）。颜师古曰："父为昭，子为穆，孙复为昭。昭，明也。穆，美也。"③那么，昭穆制度又是根源于什么呢？朱熹在追溯周代

① 庞朴：《昭穆新考》，《国学今论》，辽宁教育出版社，1991 年，第 169～172 页。
②《朱熹集》卷六九《禘祫议》，四川教育出版社，1996 年，第 3611 页。
③ 同上书，第 3602 页。

庙制"天子七庙，三昭三穆，与太祖之庙而七。诸侯、大夫、士降杀以两"①之后又说：

> 三代之制，其详中虽不得闻，然其大略不过如此。汉承秦敝，不能深考古制，诸帝之庙各在一处，不容合为都宫，以序昭穆。贡禹、韦玄成、匡衡之徒虽欲正之，而终不能尽合古制，旋亦废罢。后汉明帝又欲遵俭自抑，遗诏无起寝庙，但藏其主于光武庙扎更衣别室。其后章帝又复如之，后世遂不敢加，而公私之庙皆为同堂异室之制。自是以来，更历魏、晋，下及隋、唐，其间非无奉先思孝之君，据经守礼之臣，而皆不能有所裁正其弊，至使太祖之位下同孙子，而更僻处于一隅，既无以见其为七庙之尊，群庙之神则又上厌祖考，而不得自为一庙之主。以人情而论之，则生居九重，穷极壮丽，而没祭一室，不过寻丈之间，甚或无地以容鼎俎而阴损其数。孝子顺孙之心，于此宜有所不安矣。②

诚如所言，帝王生前位"居九重，穷极壮丽"，而历代"奉先思孝之君"与"据经守礼之臣"恢复周代庙制、昭穆制的目的在于使帝王死后不至于"无以见其为七庙之尊"。天子如是，诸侯、大夫、士则依次递减"降杀以两"，生前权势的大小决定死后昭穆庙次的多寡。可做佐证者如《中庸》："宗庙之礼，所以序昭穆也；序爵，所以辨贵贱也。"朱熹注："宗庙之次，左为昭，右为穆，而子孙亦以为序，有事于太庙，则子姓、兄弟、群昭、群穆咸在不失其伦焉。爵，公、侯、卿、大夫也。"③宗庙作为古代帝王、诸侯或大夫、士祭祀祖宗的处所，左昭右穆与公侯、卿、大夫的并列，这也说明两者的密切关系。由此似可做这样的解释，昭穆习俗是三代官制对宗法制度的模式投射，或谓昭穆制仿效、根源于官制。有如官制的左史右史对于宗法左昭右穆的模式投射，以及受祭者庙制的规模之大小和昭穆数量之多少，与其生前的官阶爵位成对应关系，就是

---

① 《朱熹集》卷六九《禘祫议》，四川教育出版社，1996 年，第 3603 页。
② 同上书，第 3601～3603 页。
③ 《四书章句集注》，中华书局，1983 年，第 27 页。

我们之所以做出如是说的主要依据。而朱熹关于昭穆得名的解释，为揭示昭穆制度的起源，提供了重要的前提条件。

昭穆习俗是宗法礼制的集中表现，故视"礼"为"天理之节文"的朱熹唯恐昭穆失序，在谱序中反复强调左昭右穆云云，他希望宗法礼仪从官僚体制通向家族体制，即从君权通向族权，形成"众星拱北辰""五岳八表顾盼昆仑"，体现君之尊、祖之亲的社会结构体系，是谓六经之道同归，而礼、乐之用为急。①

兹又录朱熹关于"昭穆"之说，以做参照：

今不立昭穆，即所谓"祔于曾祖、曾祖姑"者，无情理也。

古人所以祔于祖者，以有庙制昭穆相对，将来祧庙，则以新死者安于祖庙。②

昭穆制是以丧葬，宗庙建筑，祖先神位安置，祭祀等宗族活动为中心，以血缘关系为依据，以划分族人的等级为手段，最终达到维护父系家长家族私有制为目的的制度。由于昭穆制与上述丧葬、祭祀等活动关系密切，有的论者就认为昭穆制起源是氏族公社时期的丧葬习俗，并进一步认为，由于氏族有公共葬地，族人死后被整齐地排列成行，葬在墓中，而这种排列正反映着氏族当时盛行的班辈婚制，所以对把昭穆制的起源又与氏族的婚级制联系到一起了。孙祖眉先生撰文认为，上述这种分析方法的错误在于它没有从昭穆制度的现象上去把握本质。其实昭穆制与氏族婚级制，丧葬习俗由于产生的时代不同，其实质也是不同的。③

# 五  临终何以"挥妇人无得近"

陈荣捷先生于耄耋之年出版《朱子新探索》，共计 126 个条目，约 60 万言。举凡世系、思想、交游、教育，个人之衣、食、住、行，乃至

---

①《朱熹集》卷一四《乞修三礼札子》，四川教育出版社，1996 年，第 569 页。

②《语类》卷八九，中华书局，1986 年，第 2282 页。昭、穆，昭常为昭，穆常为穆。中间始祖，太庙门向南，两边分昭穆。周家则自王季以上为主，皆祧于后稷始祖庙之夹室；自成王昭以下则随昭、穆递迁于昭穆之首庙，至首庙而止。《语类》卷九〇，中华书局，1986 年，第 2298 页。

③ 孙祖眉：《昭穆制度浅议》，《社科纵横》，1997 年第 3 期。

逸事传说无所不包，对于朱子生活史之研究，世罕其匹。诸多有如大海捞针的细小问题，陈老先生却如数家珍，信手拈来而略不费力。在《朱子之于妇女》条目内，涉及朱熹"临死挥妇人无得近"，陈先生说：

> 有一事颇难解者，朱子临死挥妇人无得近是也。王懋竑（1668～1741）朱子年谱引李默《朱子年谱》（1552）云，朱子"就枕误触巾，目门人使正之。挥妇人无得近。诸生揖而退"。大概懋竑以黄榦《朱子行状》与蔡沈（1167～1230）之《梦奠记》均无挥妇人去之事，故于考异言之而不采入正谱。且是时朱子已不能言，亦不能自正其巾，何由挥手？然早于李本年谱数十年戴铣（1508）之朱子实纪（1513）内之年谱，所载与李本同，王懋竑未之见耳。两处年谱似同出一源，则此传说由来已久。且张栻（张南轩，1133～1180）之父张浚（1097～1164）将死亦命妇女悉去，则此是儒家之传统也。问题是妇人为佣仆抑亲属？至今已不可考。[①]

为什么不许其近，陈先生做出四种解释（前三种自己提出后，均加以否定）：一者以妇人为不祥。此说无据。因朱子言行，未尝有此意。二者妇女属阴，朱子或欲死后阳气为盛，不以阴气稍减其势。此说与前说同，朱子言行上并无可据，况朱子绝无死后为鬼之观念。三者道家影响。庄子谓"子来有病，喘喘然将死，其妻子环而泣之。子犁往问之，曰，'叱避，无怛化'"。叱令其妻避去，勿惊子来之将化也。然儒家原始反终，不信化为何物。陈先生认为第四种解释最为合理，则根据妇女之仁流于爱与朱子劝吕伯恭约情，朱子必以妇人易于过伤啼哭，故使之去也。儒家传统迁居正寝，安枕而逝。司马光（1019～1086）所撰《书仪》云，"悲哀哭泣，伤病者心。叫呼憾悴，尤为不可。使病者惊怛摇头而死，皆未免为不终天年。故不若安恬静默，以待其气息自尽为最善也。"如是解说，乃情理之常。[②]余细读《礼记·丧大记》第二十二之开篇云：

> 疾病，外内皆扫。君、大夫撤县，士去琴瑟。寝东首于北牖下。

① 陈荣捷：《朱子新探索》，台湾学生书局，1988年，第784～785页。
② 同上书，第786页。

废床，撤亵衣，加新衣，体一人。男女改服。属纩以俟绝气。男子不死于妇人之手，妇人不死于男子之手。①

根据上述记载，对于朱子临终"就枕误触巾，目门人使正之，挥妇人无得近，"李默之年谱，以及早于李本年谱数十年戴铣之实纪所记皆同。窃以为古文无标点，若重新标点："目门人使正之"我们认为应以逗号断句。然后合并联系起来考察，做出第五种补充解释，聊以备考。

余之解释是：朱子弥留之际，欲寿终正寝而"就枕误触巾"，目视门人，使之正巾，但毕生重视礼制，熟谙《礼》经的朱子唯恐妇人趋前正巾，犯了男子死于妇人之手的忌讳（如前引《丧大记》谓"男子不死于妇人之手"），是故"挥妇人无得近"。不知研究者以为然否？

# 六　遗墨与新发现逸文

陈荣捷先生生前唯恐福建以外诸省之朱子墨迹不免遗漏，因而呼吁中、韩、日诸国学者与学术团体携手合作，全面调查，编成《朱子遗墨全集》。②长期以来，余亦留心其遗墨与逸文之收集（包括其他学者发现并刊载的），兹择鲜见者裒集于下（本书已引用的一般不再重复）：

## （一）遗墨

**1. 鼎山堂。**《浙江档案》1998年第1期刊载鲁非先生的《朱熹墨宝"鼎山堂"拍摄记》，文中说：

南宋淳熙九年（1182）朱熹以提举浙东常平茶盐公事，又主管台州崇道观身份，先后两次莅临仙居。据《光绪志·学校》载："桐江书院，在县西四十五里，宋方斫本唐方干之裔，居台州，号韦溪，朱子因行部，为'鼎山堂'匾。""行部"即巡行所部，指朱熹因公事巡行检查到此时，题下了这三个字（附照）。……为什么这块匾又

---

① 江小涛等主编：《礼记》，北京燕山出版社，1995年，第298页。

② 陈荣捷：《朱子新探索》，台湾学生书局，1988年，第815～816页。实际上，即使闽省之内，朱子遗墨亦时有所见。

落到相距几十公里的偏僻山村呢，陪同我们的村支书说，抗战初期，为躲避战乱，许多城关学校纷纷迁往山里，这块匾也一同从"桐江书院"搬到了现在地——方宅村。

鲁非先生冒着大雨，从杭州出发，历经近 10 个小时的艰难跋涉，至仙居县境内的方宅村，抢救了这一手迹。

**图 16-5　朱子手迹**

**2. 继往开来**。该题刻为巨幅拓品，长约 2.8m，宽约 1.3m，拍摄于武夷山风景区工艺品店中，据说拓自崇安五夫里屏山书院。

**图 16-6　朱子手迹**

**3. 孝**。黄山市旅游局编《古黟楹联》，2001 年版（李志伟教授提供）第 38 页刊有"孝"（附照），旁题云："西递《敬爱堂》中的孝字乃朱熹所书，运笔浑厚、气势恢宏。上部酷似一仰面作揖、敬老孝顺的后生形象，面此人后脑却像猴头，其间寓意令人深思。"

**4. 淡泊明志，清白传家；继代有清风，承家多旧德**。《古黟楹联》第

**图 16-7　朱子手迹**

17页刊有"淡泊明志，清白传家"；第21页刊有"继代有清风，承家多旧德"两联。无署名，然酷似朱子书法（附照），请研究者共同鉴别。

图 16-8　朱子手迹

**5. 博学慎思　鸢飞鱼跃。**均署"晦翁"，摄于武夷山工艺品店。

图 16-9　朱子手迹

**6. 不远复　静我神。**均署"朱熹"，摄于武夷山工艺品店。

**7. 国恩家美　诗礼传家。**均署"晦翁"，摄于武夷山工艺品店。

**8. 明月虚涵处，和风静养时。**署"朱熹"，摄于武夷山工艺品店。

**9. 日月两轮天地眼，诗书万卷古人心。**署"朱熹"，摄于庐山白鹿洞书院。

图 16-10　朱子手迹

## （二）逸文

朱熹思想的宏观把握必须以微观考察为基础，故辑佚的重要性是不言而喻的。高令印、束景南二先生已经做了大量工作。然深入阅读方志、碑刻、谱牒等地方文献，仍有所获。

1. 民国《南安县志》卷二《舆地志·高盖山》：

> 宋朱子尝与陈知柔道经诗村，访其故址（按：指欧阳詹遗迹），书"欧阳古地"石碑，以志不忘，乾隆间，碑为乡人埋去。今宜清

出，俾百世后兴"高山仰止"之思云。

2. 据郑镛先生主编《漳州文史资料》2003 年《庙宇·宫观专辑》记载，淳熙十五年（1188），漳州知州傅伯寿上疏请为高东溪（登）平反，而诏书一直未下。绍熙二年（1191）朱熹接任漳州知州，再次奏请，朝廷才下诏为高东溪平反昭雪，追复迪功郎官阶，并予褒扬（朱熹《乞褒录高登状》全文载府、县志）。朱熹曾到高东溪祠拜祭，作《谒高东溪祠文》，次日再谒祠，作《又谒高东溪祠文》。朱熹手书"忠孝两全"制成匾额，挂在高东溪祠大门上；并手书楹联用木板刻制，悬挂于祀殿两边：

　　　　获鹿感鱼，千秋称孝子；

　　　　朋东仇桧，万古识忠臣。

"朋东仇桧"指高东溪为太学生时，与陈东等上书钦宗皇帝请斩卖国权臣蔡京等"六贼"，请求恢复主战派李纲兵权，积极抗金；及任官时反对奸相秦桧的种种事迹。"获鹿感鱼"指高东溪的孝行。据传记，高东溪十一岁丧父，与寡母相依为命，母病后，高东溪苦于无钱买肉为她补养身体，适有老虎咬来一头小鹿，丢在他门口；他中进士后赴广东任官，带母同行，所搭乘的小船航行在封州（今封开县）至康州（今德庆县）之间，途中遇风，暂停泊于荒岸，正苦于没有菜肴供母亲佐餐，忽有一条白鱼跳入船中，人们认为是高东溪的孝心感动神明所致。

3. 据仇乃桐《徽州呈坎》2000 年版记载，朱熹曾为呈坎村写过一副对联云：

　　　　呈坎双贤里，江南第一村。

仇乃桐先生说，呈坎罗氏，始于唐，兴于宋，盛于明。宋代呈坎罗氏第八世祖汝楫，登政和进士，官居侍讲、大理寺丞、吏部尚书。他有 6 个儿子，个个读书做了官。其中罗颂、罗愿官居知州，罗愿还荣登进士。后来二人都成为宋代的贤人。兄弟二人的事迹进了乡贤祠。这是呈坎历史上众多名人中非常少有的殊荣。二人同朱熹有交往。明初翰林学士宋濂，于洪武二年（1369）为呈坎这对兄弟贤人立过一块大匾，称"文献"，这块匾就是后来罗氏祠堂的祠名匾。这块已历 629 年的古匾，至今还在村中的"牌匾展览"室中呈列着。古时，呈坎村曾一度称双贤里，前村曾一度称仁里。20世纪50年代呈坎还曾是两个行政村，前村称呈坎村，后村称双贤村。

朱熹《婺源茶院朱氏世谱后序》（《新安文献志》卷十八）道是："吾家先世居歙州歙县之黄墩，旧谱云长春乡呈坎人。"那么，朱熹先世居呈坎并非无稽，但是否与罗氏兄弟交游与题写对联，则有待进一步考证。

4. 据《国际性理研究》创刊号"点易洞"载：

> 涪陵（今重庆涪陵区）城的北山居长江南岸，北沿江水，这里是天然的大岩石，地名叫北岩。在北岩西头有一个人工开凿的石洞，因伊川先生（晚年被贬于此）在这里撰写《程氏易传》而得名"点易洞"。洞高12尺。宽11尺4寸，深6尺6寸。洞壁棕黄色，痕可辨。朱熹在北岩题壁：
>
> 渺然方寸神明舍，天下经伦具此中；
>
> 每向狂澜观不足，正如有本出不穷。[①]

朱熹生平未尝入川，涪陵之诗或他处移题，或伪托之作，有待进一步考查。

5. 林镜清、游恒派撰《壁诗题四季，雪梅冠三春》（2000年武夷山"朱子与21世纪国际学术会议"论文），其中云：

> 在邵武莲花山下昔有漱玉亭，相传有朱熹题匾"漱玉"二字，
>
> 有楹联一副曰：
>
> 漱玉谈经参圣学，河图载酒乐开机。

朱子晚年，阴云密布，暗箭纷来，犹如蟋蟀鸣叫，不停干扰，夜不成寐，但他能像联句所云，参圣学……抵御万箭袭来。足见朱子威武不能屈，坚持正义的顽强意志。

6.《古今图书集成》方舆汇编"山川典"第一百五十一卷"玉笥山部"艺文记朱熹诗一首：

---

① 韩国程朱学会编：《国际性理研究》创刊号，第408页。

飞仙石

大地何人凿小空，翛然一榻卧相容。

巨灵擘破三千丈，西竺飞来第二峰。

出洞风生疑有虎，藏舟夜半忽乘龙。

怪来索我题诗句，稽首何君六石供。

玉笥山在今江西省新淦县城南 20 公里。按《方舆胜览》江西路临江军玉
笥山在新干县。上有群玉峰、九仙台、金牛坡、白龙岩、栖霞谷，山中
有萧子云宅。

7.2002 年孟冬，余在漳州参加高校学报年会之余，访朱子遗迹。归
泉后接漳州历史研究会会长郑镛教授函，其中云：

云岩洞有晦翁绝句一。据余揣度，"溪山第一"应由建阳摹来，
而此绝句则是手题云洞。惜年月久远，多有漫漶。特从友人处借出
清拓片录下以呈兄：

君家一编书，不自圮上得。

石室寄林端，时来玩幽赜。

晦　翁

该诗不见诸文集，可备考证。另见谱序数篇，因鱼龙混杂，真伪尚待考
辨，兹不录。

# 参考文献

## 一　古籍资料

蔡元定等:《潭阳蔡氏九儒书》,福建建阳蔡氏九儒学术研究会编。

陈淳:《北溪字义》,四库全书本。

陈亮:《龙川集》,四库全书本。

程颢、程颐:《二程集》,中华书局,1981年。

丁传靖辑:《宋人轶事汇编》,中华书局,1981年。

黄榦:《黄勉斋先生文集》,四库全书本。

纪昀等:《四库全书总目》,中华书局,1965年。

江小涛主编:《礼记》,北京燕山出版社,1995年。

李清照:《李清照集》,人民文学出版社,1997年。

李心传:《建炎以来系年要录》,中华书局,1988年。

凌濛初:《二刻拍案惊奇》,上海古籍出版社,1992年。

刘秉忠:《平砂玉尺经》,海南出版社,2003年。

刘子翬:《屏山集》,四库全书本。

陆九渊:《象山集》,四库全书本。

陆游:《老学庵笔记》,中华书局,1979年。

陆游:《陆放翁集》,中国书店,1986年。

罗大经:《鹤林玉露》(笔记小说大观第七册),江苏广陵古籍出版社,1983年。

欧阳修:《新唐书》,中华书局,1975年。

普济:《五灯会元》,中华书局,1984年。

阮元:《十三经注疏》,中华书局,1980年。

脱脱主编:《宋史》,中华书局,1977年。

王懋竑:《朱子年谱》,四库全书本。

谢枋得:《叠山集》,四库全书本。

熊克：《中兴小纪》，福建人民出版社，1985 年。

杨时：《杨时集》，林海权点校，福建人民出版社，1993 年。

张栻：《张栻全集》，长春出版社，1999 年。

张孝祥：《于湖居士文集》，上海古籍出版社，1980 年。

真德秀：《西山先生真文忠公文集》，万有文库本。

周密：《齐东野语》，中华书局，1983 年。

朱杰人、严佐之、刘永翔主编：《朱子全书》，上海古籍出版社、安徽教育出版社，2002 年。

朱松：《韦斋集》，四库全书本。

朱熹：《朱子语类》，黎靖德编，中华书局，1986 年。

朱熹、吕祖谦：《近思录》，上海古籍出版社，2000 年。

《朱文公文集》，四部丛刊初编缩本。

《楚辞集注》，四库全书本。

《四书章句集注》（新编诸子集成本），中华书局，1983 年。

《延平答问》，四库全书本。

# 二　地方志书

陈明考主编：《建阳县志》，群众出版社，1994 年。

陈棨仁：《闽中金石录》。

陈衍：《福建通志》。

道光版《晋江府志》；道光版《建阳县志》；道光版《建瓯县志》；道光版《厦门志》。

董天工：《武夷山志》，方志出版社，1997 年。

光绪版《漳州府志》；光绪版《金门志》。

何乔远：《闽书》。

黄柏龄编著：《九月山志》，上海辞书出版社，2006 年。

黄仲昭：《八闽通志》。

嘉庆版《惠安县志》。

李梦阳等：《白鹿洞书院古志五种》，中华书局，1995 年。

刘超然主编:《崇安县新志》,武夷山市志编委会,1996年。

同治版《南康府志》;同治版《星子县志》《尤溪县志》。

刘健:《大潭书》,文物出版社,1994年。

民国版《同安县志》;民国版《南安县志》;民国版《建瓯县志》。

乾隆版《泉州府志》;乾隆版《安溪县志》;乾隆版《永春县志》;乾隆版《德化县志》。

叶义银主编:《婺源县志》,档案出版社,1993年。

俞少川主编:《安海志》,安海志修编小组,1983年。

郑维雄主编:《铅山县志》,南海出版社会公司,1990年。

# 三 当代著作

蔡方鹿:《朱熹与中国文化》,贵州人民出版社,2000年。

蔡耀平等主编:《学术泉州》,中央文献出版社,2003年。

陈代湘:《现代新儒家与朱子学》,湖南人民出版社,2002年。

陈笃彬、苏黎明:《泉州古代书院》,齐鲁书社,2003年。

陈来:《宋明理学》,辽宁教育出版社,1991年。

陈来:《朱子哲学研究》,华东师大出版社,2000年。

陈来:《朱子书信编年考证》,上海人民出版社,1989年。

陈来:《中国近世思想史》,商务印书馆,2003年。

陈荣捷:《朱子新探索》,学生书局,1988年。

陈荣捷:《朱子门人》,学生书局,1988年。

陈荣捷:《朱学论集》,学生书局,1988年。

陈允敦:《泉州名匾录》,紫禁城出版社,1995年。

陈支平:《福建族谱》,福建人民出版社,1998年。

方彦寿:《建阳刻书史》,中国社会出版社,2003年。

傅金星:《泉山采璞》,华星出版社,1992年。

高令印:《朱熹事迹考》,上海人民出版社,1987年。

高友谦:《方位艺术》,团结出版社,2004年。

顾颉刚:《民俗学论集》,上海文艺出版社,1998年。

关长龙:《两宋道学命运的历史考察》,学林出版社,2001年。

郭齐:《朱熹传》,四川大学出版社,2000年。

郭齐:《朱熹诗词编年笺注》,巴蜀书社,2000年。

郭齐:《朱熹新考》,电子科技大学出版社,1994年。

汉宝德:《风水与环境》,天津古籍出版社,2003年。

贺麟:《文化与人生》,商务印书馆,1988年。

侯外庐、邱汉生等主编:《宋明理学史》,人民出版社,1984年。

黄仁宇:《赫逊河畔谈中国历史》,三联书店,1998年。

黄胜科等编著:《朱熹故事精选》,福建教育出版社,1997年。

李申:《中国儒教史》,上海人民出版社,2000年。

林中泽主编:《华夏文明与西方世界》,博士苑出版社,2003年。

刘树勋主编:《闽学源流》,福建教育出版社,1993年。

鲁迅:《鲁迅选集》,中国青年出版社,1957年。

蒙培元:《理学的演变——从朱熹到王夫之、戴震》,福建人民出版社,1984年。

蒙培元:《理学范畴系统》,人民出版社,1989年。

蒙培元:《心灵超越与境界》,人民出版社,1998年。

蒙培元:《情感与理性》,中国社会科学出版社,2002年。

牟宗三:《心体与性体》,上海古籍出版社,1999年。

南怀瑾:《原本大学微言》,世界知识出版社,1998年。

欧小牧:《陆游年谱》,天地出版社,1998年。

钱穆:《朱子新学案》,巴蜀书社,1986年。

钱锺书:《管锥篇》,中华书局,1979年。

卿希泰:《道教与中国传统文化》,福建人民出版社,1992年。

上饶师院朱子研究所编:《朱子学刊》(1～13辑),福建人民出版社、黄山书社1989、2003年。

束景南:《朱子大传》,福建教育出版社,1992年。

束景南:《朱熹佚文辑考》,江苏古籍出版社,1991年。

束景南:《朱熹年谱长编》, 华东师大出版社, 2001 年。

田浩:《朱熹的思维世界》, 陕西师大出版社, 2002 年。

王国维:《人间词话》, 齐鲁书社, 1981 年。

吴长庚主编:《朱陆学术考辨五种》, 江西高校出版社, 2000 年。

吴文良:《泉州宗教石刻》, 科学出版社, 1957 年。

吴幼雄:《泉州宗教文化》, 鹭江出版社, 1993 年。

武夷山朱熹研究中心编:《朱子研究》, 三秦出版社, 1993 ～ 2004 年。

武夷山朱熹研究中心编:《朱子学与二十一世纪》, 三秦出版社, 2001 年。

徐明顺等编著:《白鹿书院的传说》, 湖南大学出版社, 1997 年。

许在全等编:《泉州掌故》, 福建人民出版社, 2001 年。

虞云国:《细说宋朝》, 上海人民出版社, 2002 年。

张岱年等:《国学今论》, 辽宁教育出版社, 1992 年。

张立文:《朱熹思想研究》, 中国社会科学出版社, 1981 年。

张立文:《朱熹评传》, 南京大学出版社, 1998 年。

张脉贤主编:《朱熹与徽州》, 黄山市新安朱子研究会, 2000 年。

漳州市民间文学编委会:《中国民间故事集成·福建卷》, 漳州市分卷, 1992 年。

朱杰人主编:《迈入二十一世纪的朱子学》, 华东师大出版社, 2001 年。

邹永贤主编:《朱熹思想论丛》, 厦门大学出版社, 1993 年。

左东岭:《王学与中晚明士人心态》, 人民文学出版社, 2000 年。

# 后 记

《朱熹新探》由中国广播电视出版社于2004年出版，迄今已有13年了。其间，我又陆续在《厦门大学学报》《福建论坛》《东南学术》《泉州师范学院学报》刊发一些研究朱子学的文章，经整合收入此书。

我早年就读于南安华侨中学，假日登临毗邻校园的九日山与莲花峰，瞻朱子遗迹（石刻），闻父老师长言，此大儒"过化"之证也！这是我对朱熹发生兴趣之所自。1981年以来，我因从事资料与出版工作之便，既得以披阅史籍，又有幸得到中国社会科学院哲学研究所蒙培元教授、厦门大学哲学系高令印教授与何乃川教授的悉心指导，频繁参加海内外朱子学与儒学的各种学术会议，亲聆专家名师宏论，在旧学新知的交流中，吸取了诸多学者的研究成果。30余年间，拾掇晨昏，时常沉潜于夜深人静之际，铢积寸累，孜孜以求，终成拙著。

本书出版缘起于2015年泉州孔子学会洪辉煌会长之建议。同时，得到厦门大学校长、中国朱子学会会长朱崇实教授，厦门大学国学研究院副院长、中国朱子学会秘书长朱人求教授，上饶师范学院朱子学研究所所长、中国朱子学会副秘书长徐公喜教授的鼎力支持与资助；泉州师院的党政领导对我的研究工作提供了种种方便和资助；商务印书馆太原分馆的穆葳女士尽心尽力，为本书的出版付出了艰辛的劳动；《泉州师范学院学报》编辑部的杨珠编辑为书稿的文字处理提供了帮助。谨此致谢！

限于作者的学识水平，书中疏漏或错误之处，唯望方家不吝赐教，读者多予批评。

林振礼丁酉年仲夏谨识于泉州丰泽新村